suhrkamp taschenbuch
wissenschaft 113

Man würde dieses Buch als das Hauptwerk Adornos bezeichnen, schlösse sein Denken nicht den traditionellen Begriff des Hauptwerks aus. Adorno rechtfertigt in diesem Buch sein philosophisches Verfahren; er legt seine Karten auf den Tisch, gibt eine Methodologie seiner materialen Arbeiten. »Spricht man«, schrieb Adorno 1966, »in der jüngsten ästhetischen Debatte vom Antidrama und vom Antihelden, so könnte die Negative Dialektik ... Antisystem heißen«. Exemplarische Modelle legen den Weg zu einer nicht nur versicherten philosophischen Konkretion frei, die den schlecht abstrakten Gegensatz von »reiner« Philosophie und sachhaltigen Wissenschaften aufhebt. Die Einleitung exponiert den Begriff philosophischer Erfahrung. Der erste Teil liefert eine immanente Kritik der Ontologie, von deren Ergebnissen der zweite Teil zur Idee einer negativen Dialektik fortschreitet. Der dritte Teil führt Modelle negativer Dialektik aus: »Freiheit. Zur Metakritik der praktischen Vernunft«; »Weltgeist und Naturgeschichte. Exkurs zu Hegel«; »Meditationen zur Metaphysik« – Modelle, die zugleich Entwürfe einer neuen Moral- und Geschichtsphilosophie darstellen.

Theodor W. Adorno
Negative Dialektik

Suhrkamp

Die vorliegende Ausgabe der Negativen Dialektik ist text- und seitenidentisch mit der in Band 6 der Gesammelten Schriften Adornos erschienenen durchgesehenen Ausgabe.

suhrkamp taschenbuch wissenschaft 113
Erste Auflage 1975

Druck: Ebner, Ulm · Printed in Germany
Umschlag nach Entwürfen von Willy Fleckhaus und Rolf Staudt.

Inhalt

Vorrede

Die Formulierung Negative Dialektik verstößt gegen die Überlieferung. Dialektik will bereits bei Platon, daß durchs Denkmittel der Negation ein Positives sich herstelle; die Figur einer Negation der Negation benannte das später prägnant. Das Buch möchte Dialektik von derlei affirmativem Wesen befreien, ohne an Bestimmtheit etwas nachzulassen. Die Entfaltung seines paradoxen Titels ist eine seiner Absichten.

Was, nach der herrschenden Vorstellung von Philosophie, Grundlage wäre, entwickelt der Autor erst, nachdem er längst vieles ausgeführt hat, wovon jene Vorstellung annimmt, es erhebe sich auf einer Grundlage. Das impliziert ebenso Kritik am Grundlagenbegriff, wie den Primat inhaltlichen Denkens. Seine Bewegung gewinnt einzig im Vollzug ihr Selbstbewußtsein. Sie bedarf des nach den stets noch wirksamen Spielregeln des Geistes Sekundären.

Nicht allein wird eine Methodologie der materialen Arbeiten des Autors gegeben: nach der Theorie negativer Dialektik existiert kein Kontinuum zwischen jenen und dieser. Wohl aber wird solche Diskontinuität, und was aus ihr an Anweisungen fürs Denken herauszulesen ist, behandelt. Das Verfahren wird nicht begründet sondern gerechtfertigt. Der Autor legt, soweit er es vermag, die Karten auf den Tisch; das ist keineswegs dasselbe wie das Spiel.

Als Benjamin, 1937, den Teil der ›Metakritik der Erkenntnistheorie‹ las, den der Autor damals abgeschlossen hatte – in jener Publikation das letzte Kapitel –, meinte er dazu, man müsse durch die Eiswüste der Abstraktion hindurch, um zu konkretem Philosophieren bündig zu gelangen. Die Negative Dialektik nun zeichnet retrospektiv einen solchen Weg auf. Konkretion war in der zeitgenössischen Philosophie meist nur erschlichen. Demgegenüber will der weithin abstrakte Text ihrer Authentizität nicht weniger dienen als der Erklärung der konkreten Verfahrungsweise des Autors. Spricht man in der jüngsten ästhetischen Debatte vom Antidrama und vom Antihelden, so könnte die Negative Dialektik, die von allen ästhetischen Themen sich fernhält, Antisystem heißen. Mit konsequenzlogischen Mitteln trachtet sie, anstelle des Einheitsprinzips und der Allherrschaft des übergeordneten Begriffs die Idee dessen zu rücken, was außerhalb des Banns solcher Einheit wäre. Seitdem der Autor den eigenen geistigen Impulsen vertraute, empfand er es als seine Aufgabe, mit der Kraft des Subjekts den Trug konstitutiver Subjektivität zu durchbrechen; nicht länger mochte er diese Aufgabe vor sich herschieben. Stringent über die offizielle Trennung von reiner Philosophie und Sachhaltigem oder Formalwissenschaftlichem hinauszugelangen, war dabei eines der bestimmenden Motive.

Die Einleitung exponiert den Begriff philosophischer Erfahrung. Der erste Teil geht vom Stand der in Deutschland dominierenden Ontologie aus. Über sie wird nicht von oben her geurteilt, sondern sie wird aus dem seinerseits problematischen Bedürfnis verstanden und immanent kritisiert. Von den Ergebnissen schreitet der zweite Teil fort zur Idee einer negativen Dialektik und ihrer Stellung zu einigen Kategorien, die sie festhält sowohl wie qualitativ verändert. Der dritte Teil dann führt Modelle negativer Dialektik aus. Sie sind keine Beispiele; erläutern nicht einfach allgemeine Erwägungen. Indem sie ins Sachhaltige geleiten, möchten sie zugleich der inhaltlichen Intention des zunächst, aus Not, allgemein Behandelten gerecht werden, im Gegensatz zu dem Gebrauch von Beispielen als einem an sich Gleichgültigen, den Platon einführte und den die Philosophie seitdem wiederholte. Während die Modelle verdeutlichen sollen, was negative Dialektik sei, und diese, ihrem eigenen Begriff gemäß, ins reale Bereich hineintreiben, erörtern sie, nicht unähnlich der sogenannten exemplarischen Methode, Schlüsselbegriffe philosophischer Disziplinen, um in diese zentral einzugreifen. Für die Philosophie der Moral will das eine Dialektik der Freiheit leisten; ›Weltgeist und Naturgeschichte‹ für die der Geschichte; das letzte Kapitel umkreist tastend die metaphysischen Fragen, im Sinn einer Achsendrehung der Kopernikanischen Wendung durch kritische Selbstreflexion.

Ulrich Sonnemann arbeitet an einem Buch, das den Titel Negative Anthropologie tragen soll. Weder er noch der Autor wußten vorher etwas von der Übereinstimmung. Sie verweist auf einen Zwang in der Sache.
Der Autor ist auf den Widerstand gefaßt, dem die Negative Dialektik sich aussetzt. Ohne Rancune läßt er all denen, hüben und drüben, ihre Freude, die verkünden werden, sie hätten es immer gesagt und nun sei der Autor geständig.

Frankfurt, Sommer 1966

Einleitung

Philosophie, die einmal überholt schien, erhält sich am Leben, weil der Augenblick ihrer Verwirklichung versäumt ward. Das summarische Urteil, sie habe die Welt bloß interpretiert, sei durch Resignation vor der Realität verkrüppelt auch in sich, wird zum Defaitismus der Vernunft, nachdem die Veränderung der Welt mißlang. Sie gewährt keinen Ort, von dem aus Theorie als solche des Anachronistischen, dessen sie nach wie vor verdächtig ist, konkret zu überführen wäre. Vielleicht langte die Interpretation nicht zu, die den praktischen Übergang verhieß. Der Augenblick, an dem die Kritik der Theorie hing, läßt nicht theoretisch sich prolongieren. Praxis, auf unabsehbare Zeit vertagt, ist nicht mehr die Einspruchsinstanz gegen selbstzufriedene Spekulation, sondern meist der Vorwand, unter dem Exekutiven den kritischen Gedanken als eitel abzuwürgen, dessen verändernde Praxis bedürfte. Nachdem Philosophie das Versprechen, sie sei eins mit der Wirklichkeit oder stünde unmittelbar vor deren Herstellung, brach, ist sie genötigt, sich selber rücksichtslos zu kritisieren. Was einst, gegenüber dem Schein der Sinne und jeglicher nach außen gewandten Erfahrung, als das schlechthin Unnaive sich fühlte, ist seinerseits, objektiv, so naiv geworden, wie Goethe schon vor hundertfünfzig Jahren die kümmerlichen Kandidaten empfand, die subjektiv an der Spekulation sich gütlich taten. Der introvertierte Gedankenarchitekt wohnt hinter dem Mond, den die extrovertierten Techniker beschlagnahmen. Die begrifflichen Gehäuse, in denen, nach philosophischer Sitte, das Ganze sollte untergebracht werden können, gleichen angesichts der unermeßlich expandierten Gesellschaft und der Fortschritte positiver Naturerkenntnis Überbleibseln der einfachen Warenwirtschaft inmitten des industriellen Spätkapitalismus. So unmäßig ist das mittlerweile zum Topos herabgesunkene Mißverhältnis zwischen Macht und jeglichem Geist geworden, daß es die vom eigenen Begriff des Geistes inspirierten Versuche, das Übermächtige zu begreifen, mit Vergeblichkeit schlägt. Der Wille dazu bekundet einen Machtanspruch, den das zu Begreifende widerlegt. Die von den Einzelwissenschaften erzwungene Rückbildung der Philosophie zu einer Einzelwissenschaft ist der sinnfälligste Ausdruck ihres historischen Schicksals. Hatte Kant, nach seinen Worten, vom Schulbegriff der Philosophie zu deren Weltbegriff[1] sich befreit, so ist sie, unter Zwang, auf ihren Schulbegriff regrediert. Wo sie ihn mit dem Weltbegriff verwechselt, verfallen ihre Prätentionen der Lächerlichkeit. Hegel wußte, trotz der Lehre vom absoluten Geist, dem er die Philosophie zurechnete, diese als bloßes Moment in der Realität, als arbeitsteilige Tätigkeit, und schränkte sie damit ein. Daraus ist seitdem ihre eigene Beschränktheit, ihre Disproportion zur Realität geworden, und zwar desto mehr, je gründlicher sie jene Einschränkung vergaß und es als ein ihr Fremdes von sich wies, auf ihre eigene Stellung in einem Ganzen sich zu besinnen, das sie als ihr Objekt monopolisiert, anstatt zu erkennen, wie sehr sie bis in ihre inwendige Zusammensetzung, ihre immanente Wahrheit hinein davon abhängt. Nur Philosophie, die solcher Naivetät sich entledigt, ist irgend wert, weitergedacht zu werden. Ihre kritische Selbstreflexion darf aber nicht innehalten vor den höchsten Erhebungen ihrer Geschichte. An ihr wäre, zu fragen, ob und wie sie nach dem Sturz der Hegelschen überhaupt noch möglich sei, so wie Kant der Möglichkeit von Metaphysik nach der Kritik am Rationalismus nachfragte. Stellt die Hegelsche Lehre von der Dialektik den unerreichten Versuch dar, mit philosophischen Begriffen dem diesen Heterogenen gewachsen sich zu zeigen, so ist Rechenschaft vom fälligen Verhältnis zur Dialektik zu geben, wofern sein Versuch scheiterte.

Dem Markt entgeht keine Theorie mehr: eine jede wird als mögliche unter den konkurrierenden Meinungen ausgeboten, alle zur Wahl gestellt, alle geschluckt. So wenig indessen der Gedanke dagegen sich Scheuklappen umbinden kann; so gewiß die selbstgerechte Überzeugung, die eigene Theorie sei jenem Schicksal enthoben, in Anpreisung ihrer selbst ausartet, so wenig braucht Dialektik auf solchen Vorwurf hin und den daran haftenden ihrer Überflüssigkeit, des Beliebigen einer von außen aufgeklatschten Methode, zu verstummen. Ihr Name sagt zunächst nichts weiter, als daß die Gegenstände in ihrem Begriff nicht aufgehen, daß diese in Widerspruch geraten mit der hergebrachten Norm der adaequatio. Der Widerspruch ist nicht, wozu Hegels absoluter Idealismus unvermeidlich ihn verklären mußte: kein herakliteisch Wesenhaftes. Er ist Index der Unwahrheit von Identität, des Aufgehens des Begriffenen im Begriff. Der Schein von Identität wohnt jedoch dem Denken selber seiner puren Form nach inne. Denken heißt identifizieren. Befriedigt schiebt begriffliche Ordnung sich vor das, was Denken begreifen will. Sein Schein und seine Wahrheit verschränken sich. Jener läßt nicht dekretorisch sich beseitigen, etwa durch Beteuerung eines Ansichseienden außerhalb der Totalität der Denkbestimmungen. Insgeheim liegt es in Kant, und wurde von Hegel gegen ihn mobilisiert, es sei das dem Begriff jenseitige An sich als ganz Unbestimmtes nichtig. Dem Bewußtsein der Scheinhaftigkeit der begrifflichen Totalität ist nichts offen, als den Schein totaler Identität immanent zu durchbrechen: nach ihrem eigenen Maß. Da aber jene Totalität sich gemäß der Logik aufbaut, deren Kern der Satz vom ausgeschlossenen Dritten bildet, so nimmt alles, was ihm nicht sich einfügt, alles qualitativ Verschiedene, die Signatur des Widerspruchs an. Der Widerspruch ist das Nichtidentische unter dem Aspekt der Identität; der Primat des Widerspruchsprinzips in der Dialektik mißt das Heterogene am Einheitsdenken. Indem es auf seine Grenze aufprallt, übersteigt es sich. Dialektik ist das konsequente Bewußtsein von Nichtidentität. Sie bezieht nicht vorweg einen Standpunkt. Zu ihr treibt den Gedanken seine unvermeidliche Insuffizienz, seine Schuld an dem, was er denkt. Wendet man, wie seit den Aristotelischen Kritikern Hegels repetiert wurde[2], gegen die Dialektik ein, sie bringe ihrerseits alles, was in ihre Mühle gerät, auf die bloß logische Form des Widerspruchs und lasse darüber – so argumentierte noch Croce[3] – die volle Mannigfaltigkeit des nicht Kontradiktorischen, des einfach Unterschiedenen beiseite, so schiebt man die Schuld der Sache auf die Methode. Das Differenzierte erscheint so lange divergent, dissonant, negativ, wie das Bewußtsein der eigenen Formation nach auf Einheit drängen muß: solange es, was nicht mit ihm identisch ist, an seinem Totalitätsanspruch mißt. Das hält Dialektik dem Bewußtsein als Widerspruch vor. Widersprüchlichkeit hat vermöge des immanenten

Wesens von Bewußtsein selber den Charakter unausweichlicher und verhängnisvoller Gesetzmäßigkeit. Identität und Widerspruch des Denkens sind aneinandergeschweißt. Die Totalität des Widerspruchs ist nichts als die Unwahrheit der totalen Identifikation, so wie sie in dieser sich manifestiert. Widerspruch ist Nichtidentität im Bann des Gesetzes, das auch das Nichtidentische affiziert.

Dies Gesetz aber ist keines von Denken, sondern real. Wer der dialektischen Disziplin sich beugt, hat fraglos mit bitterem Opfer an der qualitativen Mannigfaltigkeit der Erfahrung zu zahlen. Die Verarmung der Erfahrung durch Dialektik jedoch, über welche die gesunden Ansichten sich entrüsten, erweist sich in der verwalteten Welt als deren abstraktem Einerlei angemessen. Ihr Schmerzhaftes ist der Schmerz über jene, zum Begriff erhoben. Ihr muß Erkenntnis sich fügen, will sie nicht Konkretion nochmals zu der Ideologie entwürdigen, die sie real zu werden beginnt. Eine veränderte Version von Dialektik begnügte sich mit deren unkräftiger Renaissance: ihrer geistesgeschichtlichen Ableitung aus den Aporien Kants und dem in den Systemen seiner Nachfolger Programmierten, aber nicht Geleisteten. Zu leisten ist es nur negativ. Dialektik entfaltet die vom Allgemeinen diktierte Differenz des Besonderen vom Allgemeinen. Während sie, der ins Bewußtsein gedrungene Bruch von Subjekt und Objekt, dem Subjekt unentrinnbar ist, alles durchfurcht, was es, auch an Objektivem, denkt, hätte sie ein Ende in der Versöhnung. Diese gäbe das Nichtidentische frei, entledigte es noch des vergeistigten Zwanges, eröffnete erst die Vielheit des Verschiedenen, über die Dialektik keine Macht mehr hätte. Versöhnung wäre das Eingedenken des nicht länger feindseligen Vielen, wie es subjektiver Vernunft anathema ist. Der Versöhnung dient Dialektik. Sie demontiert den logischen Zwangscharakter, dem sie folgt; deshalb wird sie Panlogismus gescholten. Als idealistische war sie verklammert mit der Vormacht des absoluten Subjekts als der Kraft, welche negativ jede einzelne Bewegung des Begriffs und den Gang insgesamt bewirkt. Solcher Primat des Subjekts ist, auch in der Hegelschen Konzeption, die das einzelmenschliche Bewußtsein und noch das Kantische und Fichtesche transzendentale überflügelte, geschichtlich verurteilt. Nicht nur wird er verdrängt von der Unkraft des erschlaffenden Gedankens, der vor der Übermacht des Weltlaufs daran verzagt, diesen zu konstruieren. Keine der Versöhnungen vielmehr, die der absolute Idealismus – jeder andere blieb inkonsequent – behauptete, von den logischen bis zu den politisch-historischen, war stichhaltig. Daß der folgerechte Idealismus anders denn als Inbegriff des Widerspruchs gar nicht sich konstituieren konnte, ist ebenso seine konsequenzlogische Wahrheit wie die Strafe, welche seine Logizität als Logizität ereilt; Schein ebenso wie notwendig. Die Wiederaufnahme des Prozesses über die Dialektik, deren nicht-idealistische Gestalt unterdessen zum Dogma verkam wie die idealistische zum Bildungsgut, entscheidet aber nicht einzig über die Aktualität einer historisch tradierten Weise des Philosophierens oder der philosophischen Struktur des Gegenstandes von Erkenntnis. Hegel hatte der Philosophie Recht und Fähigkeit wiederverschafft, inhaltlich zu denken, anstatt mit der Analyse leerer und im emphatischen Sinn nichtiger Formen von Erkenntnis sich abspeisen zu lassen. Die gegenwärtige fällt entweder, wo überhaupt von Inhaltlichem gehandelt wird, ins Belieben der Weltanschauung zurück oder in jenen Formalismus, jenes »Gleichgültige«, wogegen Hegel aufgestanden war. Die Entwicklung der Phänomenologie, die einmal vom Bedürfnis nach Inhalt beseelt war, zu einer jeden Inhalt als Verunreinigung fortweisenden Anrufung des Seins belegt das historisch. Hegels inhaltliches Philosophieren hatte zum Fundament und Resultat den Primat des Subjekts oder, nach der berühmten Formulierung aus der Eingangsbetrachtung der Logik, die Identität von Identität und Nichtidentität[4]. Das bestimmte Einzelne war ihm vom Geist bestimmbar, weil seine immanente Bestimmung nichts anderes als Geist sein sollte. Ohne diese Supposition wäre Hegel zufolge Philosophie nicht fähig, Inhaltliches und Wesentliches zu erkennen. Birgt der idealistisch gewonnene Begriff der Dialektik nicht Erfahrungen, die, entgegen der Hegelschen Emphase, unabhängig sind von der idealistischen Apparatur, so bleibt der Philosophie eine Entsagung unausweichlich, die inhaltliche Einsicht sich verwehrt, sich auf die Methodik der Wissenschaften einschränkt, diese für Philosophie erklärt und sich virtuell durchstreicht.

Philosophie hat, nach dem geschichtlichen Stande, ihr wahres

Interesse dort, wo Hegel, einig mit der Tradition, sein Desinteressement bekundete: beim Begriffslosen, Einzelnen und Besonderen; bei dem, was seit Platon als vergänglich und unerheblich abgefertigt wurde und worauf Hegel das Etikett der faulen Existenz klebte. Ihr Thema wären die von ihr als kontingent zur quantité négligeable degradierten Qualitäten. Dringlich wird, für den Begriff, woran er nicht heranreicht, was sein Abstraktionsmechanismus ausscheidet, was nicht bereits Exemplar des Begriffs ist. Bergson wie Husserl, Träger philosophischer Moderne, haben das innerviert, wichen aber davor zurück in traditionelle Metaphysik. Bergson hat dem Nichtbegrifflichen zuliebe, mit einem Gewaltstreich, einen anderen Typus der Erkenntnis kreiert. Das dialektische Salz wird im unterschiedslosen Fließen von Leben weggeschwemmt; das dinghaft Verfestigte als subaltern abgefertigt, nicht samt seiner Subalternität begriffen. Haß gegen den starren Allgemeinbegriff stiftet einen Kultus irrationaler Unmittelbarkeit, souveräner Freiheit inmitten des Unfreien. Er entwirft seine beiden Weisen von Erkenntnis so dualistisch gegeneinander, wie nur je die von ihm befochtenen Lehren des Descartes und Kant es waren; die kausalmechanische bleibt, als pragmatistisches Wissen, von der intuitiven so unbehelligt wie das bürgerliche Gefüge von der gelockerten Unbefangenheit derer, die ihr Privileg jenem Gefüge verdanken. Die gefeierten Intuitionen erscheinen in Bergsons Philosophie selbst recht abstrakt, gehen kaum hinaus über das phänomenale Zeitbewußtsein, das sogar bei Kant der chronologisch-physikalischen, nach Bergsons Einsicht räumlichen Zeit zugrunde liegt. Wohl existiert die intuitive Verhaltensweise des Geistes tatsächlich, obzwar mühsam zu entwickeln, fort, archaisches Rudiment mimetischen Reagierens. Ihr Vorvergangenes verspricht etwas über die verhärtete Gegenwart hinaus. Nur desultorisch jedoch gelingen Intuitionen. Jede Erkenntnis, auch Bergsons eigene, bedarf der von ihm verachteten Rationalität, gerade wenn sie sich konkretisieren soll. Die zum Absoluten erhobene Dauer, das reine Werden, der actus purus, schlüge um in die gleiche Zeitlosigkeit, die Bergson an der Metaphysik seit Platon und Aristoteles tadelt. Ihn bekümmerte nicht, daß, wonach er tastet, soll es nicht Fata Morgana bleiben, einzig mit dem Instrumentarium der Erkenntnis, durch Reflexion ihrer eigenen Mittel, zu visieren wäre und zur Willkür ausartet in einem Verfahren, das von vornherein unvermittelt ist zu dem der Erkenntnis. – Der Logiker Husserl dagegen hat zwar den Modus, des Wesens innezuwerden, scharf gegen die generalisierende Abstraktion pointiert. Ihm schwebte eine spezifische geistige Erfahrung vor, die das Wesen aus dem Besonderen sollte herausschauen können. Das Wesen indessen, dem sie galt, unterschied sich in nichts von den gängigen Allgemeinbegriffen. Krasses Mißverhältnis waltet zwischen den Veranstaltungen der Wesensschau und deren terminus ad quem. Beide Ausbruchsversuche gelangten nicht aus dem Idealismus heraus: Bergson orientierte sich, wie seine positivistischen Erzfeinde, an den données immédiates de la conscience, Husserl ähnlich an den Phänomenen des Bewußtseinsstroms. Dieser wie jener verharrt im Umkreis subjektiver Immanenz[5]. Gegen beide wäre zu insistieren auf dem, was ihnen vergebens vorschwebt; gegen Wittgenstein zu sagen, was nicht sich sagen läßt. Der einfache Widerspruch dieses Verlangens ist der von Philosophie selbst: er qualifiziert sie als Dialektik, ehe sie nur in ihre einzelnen Widersprüche sich verwickelt. Die Arbeit philosophischer Selbstreflexion besteht darin, jene Paradoxie auseinanderzulegen. Alles andere ist Signifikation, Nachkonstruktion, heute wie zu Hegels Zeiten vorphilosophisch. Ein wie immer fragwürdiges Vertrauen darauf, daß es der Philosophie doch möglich sei; daß der Begriff den Begriff, das Zurüstende und Abschneidende übersteigen und dadurch ans Begriffslose heranreichen könne, ist der Philosophie unabdingbar und damit etwas von der Naivetät, an der sie krankt. Sonst muß sie kapitulieren und mit ihr aller Geist. Nicht die einfachste Operation ließe sich denken, keine Wahrheit wäre, emphatisch wäre alles nur nichts. Was aber an Wahrheit durch die Begriffe über ihren abstrakten Umfang hinaus getroffen wird, kann keinen anderen Schauplatz haben als das von den Begriffen Unterdrückte, Mißachtete und Weggeworfene. Die Utopie der Erkenntnis wäre, das Begriffslose mit Begriffen aufzutun, ohne es ihnen gleichzumachen.

Ein solcher Begriff von Dialektik weckt Zweifel an seiner Möglichkeit. Die Antezipation durchgängiger Bewegung in Widersprüchen scheint, wie immer auch abgewandelt, Totalität des Geistes zu lehren, eben die außer Kraft gesetzte Identitätsthese.

Der Geist, der unablässig auf den Widerspruch in der Sache reflektiere, müsse diese selbst sein, wenn anders sie sich nach der Form des Widerspruchs organisieren solle. Die Wahrheit, die in der idealistischen Dialektik über jedes Partikulare als ein in seiner Einseitigkeit Falsches hinaustreibe, sei die des Ganzen; wäre sie nicht vorgedacht, so entrieten die dialektischen Schritte der Motivation und Richtung. Dem ist zu entgegnen, daß das Objekt der geistigen Erfahrung an sich, höchst real, antagonistisches System sei, nicht erst vermöge seiner Vermittlung zum erkennenden Subjekt, das darin sich wiederfindet. Die zwangshafte Verfassung der Realität, welche der Idealismus in die Region von Subjekt und Geist projiziert hatte, ist aus ihr zurückzuübersetzen. Übrig bleibt vom Idealismus, daß die objektive Determinante des Geistes, Gesellschaft, ebenso ein Inbegriff von Subjekten ist wie deren Negation. Sie sind unkenntlich in ihr und entmächtigt; darum ist sie so verzweifelt objektiv und Begriff, wie der Idealismus als Positives es verkennt. Das System ist nicht das des absoluten Geistes, sondern des allerbedingtesten derer, die darüber verfügen und nicht einmal wissen können, wie sehr es ihr eigener ist. Die subjektive Präformation des materiellen gesellschaftlichen Produktionsvorgangs, grundverschieden von theoretischer Konstitution, ist sein Unaufgelöstes, den Subjekten Unversöhntes. Ihre eigene Vernunft, welche, bewußtlos wie das Transzendentalsubjekt, durch den Tausch Identität stiftet, bleibt den Subjekten inkommensurabel, die sie auf den gleichen Nenner bringt: Subjekt als Feind des Subjekts. Die vorgängige Allgemeinheit ist wahr sowohl wie unwahr: wahr, weil sie jenen »Äther« bildet, den Hegel Geist nennt; unwahr, weil ihre Vernunft noch keine ist, ihre Allgemeinheit Produkt partikularen Interesses. Darum überschreitet philosophische Kritik an der Identität die Philosophie. Daß es aber gleichwohl des nicht unter die Identität zu Subsumierenden – nach der Marxischen Terminologie des Gebrauchswerts – bedarf, damit Leben überhaupt, sogar unter den herrschenden Produktionsverhältnissen, fortdauere, ist das Ineffabile der Utopie. Sie reicht hinein in das, was verschworen ist, daß sie nicht sich realisiere. Angesichts der konkreten Möglichkeit von Utopie ist Dialektik die Ontologie des falschen Zustandes. Von ihr wäre ein richtiger befreit, System so wenig wie Widerspruch.

Philosophie, auch die Hegelsche, exponiert sich dem generellen Einwand, daß sie, indem sie zwangsläufig Begriffe zum Material habe, sich idealistisch vorentscheide. Tatsächlich kann keine, selbst nicht der extreme Empirismus, die facta bruta an den Haaren herbeischleppen und präsentieren wie Fälle in der Anatomie oder Experimente in der Physik; keine, wie manche Malerei lockend ihr vorgaukelt, die Einzeldinge in die Texte kleben. Aber das Argument, in seiner formalen Allgemeinheit, nimmt den Begriff so fetischistisch, wie er innerhalb seines Bezirks naiv sich auslegt, als eine sich selbst genügende Totalität, über die philosophisches Denken nichts vermag. In Wahrheit gehen alle Begriffe, auch die philosophischen, auf Nichtbegriffliches, weil sie ihrerseits Momente der Realität sind, die zu ihrer Bildung – primär zu Zwecken der Naturbeherrschung – nötigt. Das, als was die begriffliche Vermittlung sich selbst, von innen her, erscheint, der Vorrang ihrer Sphäre, ohne die nichts gewußt sei, darf nicht mit dem verwechselt werden, was sie an sich ist. Solchen Schein des Ansichseienden verleiht ihr die Bewegung, welche sie aus der Realität eximiert, in die sie ihrerseits eingespannt ist. Aus der Not der Philosophie, mit Begriffen zu operieren, darf so wenig die Tugend von deren Priorität gemacht werden, wie umgekehrt aus der Kritik dieser Tugend das summarische Verdikt über Philosophie. Die Einsicht indessen, daß deren begriffliches Wesen trotz seiner Unentrinnbarkeit nicht ihr Absolutes sei, ist wieder durch die Beschaffenheit des Begriffs vermittelt, keine dogmatische, gar naiv realistische These. Begriffe wie der des Seins am Anfang der Hegelschen Logik bedeuten zunächst emphatisch Nichtbegriffliches; sie meinen, mit Lasks Ausdruck, über sich hinaus. Zu ihrem Sinn gehört, daß sie in ihrer eigenen Begrifflichkeit nicht sich befriedigen, obwohl sie dadurch, daß sie das Nichtbegriffliche als ihren Sinn einschließen, es tendenziell sich gleichmachen und damit in sich befangen bleiben. Ihr Gehalt ist ihnen sowohl immanent: geistig, wie ontisch: ihnen transzendent. Durchs Selbstbewußtsein davon vermögen sie ihres Fetischismus ledig zu werden. Philosophische Reflexion versichert sich des Nichtbegrifflichen im Begriff. Sonst wäre dieser, nach Kants Diktum, leer, am Ende überhaupt nicht mehr der Begriff von etwas und damit nichtig. Philosophie, die das erkennt, die Autarkie des Begriffs tilgt, streift die

Binde von den Augen. Daß der Begriff Begriff ist, auch wenn er von Seiendem handelt, ändert nichts daran, daß er seinerseits in ein nichtbegriffliches Ganzes verflochten ist, gegen das er durch seine Verdinglichung einzig sich abdichtet, die freilich als Begriff ihn stiftet. Der Begriff ist ein Moment wie ein jegliches in dialektischer Logik. In ihm überlebt sein Vermitteltsein durchs Nichtbegriffliche vermöge seiner Bedeutung, die ihrerseits sein Begriffsein begründet. Ihn charakterisiert ebenso, auf Nichtbegriffliches sich zu beziehen – so wie schließlich nach traditioneller Erkenntnistheorie jede Definition von Begriffen nichtbegrifflicher, deiktischer Momente bedarf –, wie konträr, als abstrakte Einheit der unter ihm befaßten Onta vom Ontischen sich zu entfernen. Diese Richtung der Begrifflichkeit zu ändern, sie dem Nichtidentischen zuzukehren, ist das Scharnier negativer Dialektik. Vor der Einsicht in den konstitutiven Charakter des Nichtbegrifflichen im Begriff zerginge der Identitätszwang, den der Begriff ohne solche aufhaltende Reflexion mit sich führt. Aus dem Schein des Ansichseins des Begriffs als einer Einheit des Sinns hinaus führt seine Selbstbesinnung auf den eigenen Sinn.

Die Entzauberung des Begriffs ist das Gegengift der Philosophie. Es verhindert ihre Wucherung: daß sie sich selbst zum Absoluten werde. Eine Idee ist umzufunktionieren, die vom Idealismus vermacht ward und mehr als jede andere von ihm verdorben, die des Unendlichen. Nicht ist es an Philosophie, nach wissenschaftlichem Usus zu erschöpfen, die Phänomene auf ein Minimum von Sätzen zu reduzieren; Hegels Polemik gegen Fichte, der von einem »Spruch« ausgehe, meldet das an. Vielmehr will sie buchstäblich in das ihr Heterogene sich versenken, ohne es auf vorgefertigte Kategorien zu bringen. Sie möchte ihm so nah sich anschmiegen, wie das Programm der Phänomenologie und das Simmels vergebens es sich wünschten: sie zielt auf ungeschmälerte Entäußerung. Einzig dort ist der philosophische Gehalt zu ergreifen, wo Philosophie ihn nicht oktroyiert. Die Illusion, sie könne das Wesen in die Endlichkeit ihrer Bestimmungen bannen, ist dranzugeben. Vielleicht ging den idealistischen Philosophen das Wort unendlich nur darum so fatal leicht von den Lippen, weil sie den nagenden Zweifel an der kargen Endlichkeit ihrer Begriffsapparatur, trotz seiner Absicht noch der Hegels, beschwichtigen wollten. Die traditionelle Philosophie glaubt, ihren Gegenstand als unendlichen zu besitzen, und wird darüber als Philosophie endlich, abschlußhaft. Eine veränderte müßte jenen Anspruch kassieren, nicht länger sich und anderen einreden, sie verfüge übers Unendliche. Sie würde aber statt dessen selber, zart verstanden, unendlich insofern, als sie verschmäht, in einem Corpus zählbarer Theoreme sich zu fixieren. Ihren Gehalt hätte sie in der von keinem Schema zugerichteten Mannigfaltigkeit der Gegenstände, die ihr sich aufdrängen oder die sie sucht; ihnen überließe sie sich wahrhaft, benützte sie nicht als Spiegel, aus dem sie wiederum sich herausliest, ihr Abbild verwechselnd mit der Konkretion. Sie wäre nichts anderes als die volle, unreduzierte Erfahrung im Medium begrifflicher Reflexion; sogar die »Wissenschaft von der Erfahrung des Bewußtseins« degradierte die Inhalte solcher Erfahrung zu Exempeln der Kategorien. Was Philosophie zur riskierten Anstrengung ihrer eigenen Unendlichkeit veranlaßt, ist die unverbürgte Erwartung, jedes Einzelne und Partikulare, das sie enträtselt, stelle gleich der Leibniz'schen Monade jenes Ganze in sich vor, das als solches stets wieder ihr entgleitet; freilich nach prästabilierter Disharmonie eher als Harmonie. Die metakritische Wendung gegen prima philosophia ist zugleich die gegen die Endlichkeit einer Philosophie, die über Unendlichkeit schwadroniert und sie nicht achtet. Erkenntnis hat keinen ihrer Gegenstände ganz inne. Sie soll nicht das Phantasma eines Ganzen bereiten. So kann es nicht die Aufgabe einer philosophischen Interpretation von Kunstwerken sein, ihre Identität mit dem Begriff herzustellen, sie in diesem aufzuzehren; das Werk jedoch entfaltet sich durch sie in seiner Wahrheit. Was dagegen, sei's als geregelter Fortgang der Abstraktion, sei's als Anwendung der Begriffe aufs unter ihrer Definition Befaßte, sich absehen läßt, mag als Technik im weitesten Sinn nützlich sein: für Philosophie, die nicht sich einordnet, ist es gleichgültig. Prinzipiell kann sie stets fehlgehen; allein darum etwas gewinnen. Skepsis und Pragmatismus, zuletzt noch dessen überaus humane Version, die Deweysche, haben das einbekannt; es wäre aber als Ferment einer nachdrücklichen Philosophie zuzuführen, nicht auf diese zugunsten ihrer Bewährungsprobe vorweg zu verzichten. Gegenüber der totalen Herrschaft von Methode enthält Philosophie, korrektiv, das Moment des Spiels, das die Tradition ihrer Verwissenschaftlichung ihr austreiben möchte. Auch für Hegel war es ein neuralgischer Punkt, er verwirft »... Arten und Unterschiede, die vom äußerlichen Zufalle und vom Spiele, nicht durch Vernunft bestimmt sind«[6]. Der unnaive Gedanke weiß, wie wenig er ans Gedachte heranreicht, und muß doch immer so reden, als hätte er es ganz. Das nähert ihn der Clownerie. Er darf deren Züge um so weniger verleugnen, als sie allein ihm Hoffnung eröffnen auf das ihm Versagte. Philosophie ist das Allerernsteste, aber so ernst wieder auch nicht. Was abzielt auf das, was es nicht a priori schon selber ist und worüber es keine verbriefte Macht hat, gehört, dem eigenen Begriff nach, zugleich einer Sphäre des Ungebändigten an, die vom begrifflichen Wesen tabuiert ward. Nicht anders vermag der Begriff die Sache dessen zu vertreten, was er verdrängte, der Mimesis, als indem er in seinen eigenen Verhaltensweisen etwas von dieser sich zueignet, ohne an sie sich zu verlieren. Insofern ist das ästhetische Moment, obgleich aus ganz anderem Grund als bei Schelling, der Philosophie nicht akzidentell. Nicht minder jedoch ist es an ihr, es aufzuheben in der Verbindlichkeit ihrer Einsichten in Wirkliches. Diese und das Spiel sind ihre Pole. Die Affinität der Philosophie zur Kunst berechtigt jene nicht zu Anleihen bei dieser, am wenigsten vermöge der Intuitionen, die Barbaren für die Prärogative der Kunst halten. Auch in die künstlerische Arbeit schlagen sie kaum je isoliert, als Blitze von oben ein. Sie sind mit dem Formgesetz des Gebildes zusammengewachsen; wollte man sie herauspräparieren, zergingen sie. Denken vollends hütet keine Quellen, deren Frische es vom Denken befreite; kein Typus von Erkenntnis ist verfügbar, der absolut verschieden wäre von dem verfügenden, vor dem der Intuitionismus panisch und vergebens flieht. Philosophie, die Kunst nachahmte, von sich aus Kunstwerk werden wollte, durchstriche sich selbst. Sie postulierte den Identitätsanspruch: daß ihr Gegenstand in ihr aufgehe, indem sie ihrer Verfahrungsweise eine Suprematie einräumte, der das Heterogene als Material a priori sich fügt, während der Philosophie ihr Verhältnis zum Heterogenen geradezu thematisch ist. Kunst und Philosophie haben ihr Gemeinsames nicht in Form oder gestaltendem Verfahren, sondern in einer Verhaltensweise, welche Pseudomorphose verbietet. Beide halten ihrem eigenen Gehalt die Treue durch ihren Gegensatz hindurch; Kunst, indem sie sich spröde macht gegen ihre Bedeutungen; Philosophie, indem sie an kein Unmittelbares sich klammert. Der philosophische Begriff läßt nicht ab von der Sehnsucht, welche die Kunst als begriffslose beseelt und deren Erfüllung ihrer Unmittelbarkeit als einem Schein entflieht. Organon des Denkens und gleichwohl die Mauer zwischen diesem und dem zu Denkenden, negiert der Begriff jene Sehnsucht. Solche Negation kann Philosophie weder umgehen noch ihr sich beugen. An ihr ist die Anstrengung, über den Begriff durch den Begriff hinauszugelangen.

Sie kann, auch nach Absage an den Idealismus, der Spekulation, freilich in weiterem Sinn als dem allzu positiv Hegelschen*, nicht entraten, die der Idealismus zu Ehren brachte und die mit ihm verpönt ward. Positivisten fällt es nicht schwer, dem Marxischen Materialismus, der von objektiven Wesensgesetzen, keineswegs von unmittelbaren Daten oder Protokollsätzen ausgeht, Spekulation vorzurechnen. Um sich vom Ideologieverdacht zu reinigen, ist es neuerdings gelegener, Marx einen Metaphysiker zu nennen, als den Klassenfeind. Aber der sichere Boden ist dort ein Phantasma, wo der Wahrheitsanspruch erheischt, daß man darüber sich erhebt. Philosophie ist nicht abzuspeisen mit Theoremen, die ihr wesentliches Interesse ihr ausreden wollen, anstatt es, sei es auch durchs Nein, zu befriedigen. Das haben die Gegenbewegungen gegen Kant seit dem neunzehnten Jahrhundert gespürt, freilich stets wieder durch Obskurantismus kompromittiert. Der Widerstand der Philosophie aber bedarf der Entfaltung. Auch

* »Wenn übrigens der Skepticismus noch heut zu Tage häufig als ein unwiderstehlicher Feind alles positiven Wissens überhaupt und somit auch der Philosophie, insofern es bei dieser um positive Erkenntniß zu thun ist, betrachtet wird, so ist dagegen zu bemerken, daß es in der That blos das endliche, abstrakt verständige Denken ist, welches den Skepticismus zu fürchten hat und demselben nicht zu widerstehen vermag, wohingegen die Philosophie das Skeptische als ein Moment in sich enthält, nämlich als das Dialektische. Die Philosophie bleibt dann aber bei dem blos negativen Resultat der Dialektik nicht stehen, wie dieß mit dem Skepticismus der Fall ist. Dieser verkennt sein Resultat, indem er dasselbe als bloße, d. h. als abstrakte Negation festhält. Indem die Dialektik zu ihrem Resultat das Negative hat, so ist dieses, eben als Resultat, zugleich das Positive, denn es enthält dasjenige, woraus es resultirt, als aufgehoben in sich, und ist nicht ohne dasselbe. Dieß aber ist die Grundbestimmung der dritten Form des Logischen, nämlich des Spekulativen oder Positiv-Vernünftigen.« (Hegel, WW 8, S. 194 ff.)

Musik, und wohl jegliche Kunst, findet den Impuls, der jeweils den ersten Takt beseelt, nicht sogleich erfüllt, sondern erst im artikulierten Verlauf. Insofern übt sie, wie sehr auch Schein als Totalität, durch diese am Schein Kritik, dem der Gegenwart des Gehalts jetzt und hier. Solche Vermittlung ziemt der Philosophie nicht minder. Maßt sie kurzschlüssig sich an, es zu sagen, so trifft sie das Hegelsche Verdikt über die leere Tiefe. Wer das Tiefe in den Mund nimmt, wird dadurch so wenig tief wie ein Roman metaphysisch, der die metaphysischen Ansichten seiner Person referiert. Von Philosophie zu verlangen, daß sie auf die Seinsfrage oder andere Hauptthemen der abendländischen Metaphysik eingehe, ist primitiv stoffgläubig. Wohl kann sie der objektiven Dignität jener Themen nicht sich entziehen, kein Verlaß aber ist darauf, daß ihr die Behandlung der großen Gegenstände entspräche. So sehr hat sie die eingeschliffenen Bahnen der philosophischen Reflexion zu fürchten, daß ihr emphatisches Interesse Zuflucht sucht in ephemeren, noch nicht von Intentionen überbestimmten Objekten. Die überlieferte philosophische Problematik ist bestimmt zu negieren, gekettet freilich an deren Fragen. Die objektiv zur Totalität geschürzte Welt gibt das Bewußtsein nicht frei. Unablässig fixiert sie es dort, wovon es wegwill; Denken jedoch, das frisch-fröhlich von vorn anfängt, unbekümmert um die geschichtliche Gestalt seiner Probleme, wird erst recht deren Beute. An der Idee der Tiefe hat Philosophie teil nur vermöge ihres denkenden Atems. Modell dafür ist, in neuerer Zeit, die Kantische Deduktion der reinen Verstandesbegriffe, deren Autor, in abgründig apologetischer Ironie, sagte, sie sei »etwas tief angelegt«[7]. Auch Tiefe ist, wie Hegel nicht entging, ein Moment der Dialektik, keine isolierte Qualität. Nach einer abscheulichen deutschen Tradition figurieren als tief die Gedanken, welche auf die Theodizee von Übel und Tod sich vereidigen lassen. Verschwiegen und unterschoben wird ein theologischer terminus ad quem, als ob über die Dignität des Gedankens sein Resultat, die Bestätigung von Transzendenz, entscheide oder die Versenkung in Innerlichkeit, das bloße Fürsichsein; als ob der Rückzug von der Welt umstandslos eins wäre mit dem Bewußtsein des Weltgrundes. Den Phantasmen der Tiefe gegenüber, die in der Geschichte des Geistes dem Bestehenden stets wohlgesinnt waren, das ihnen zu platt ist, wäre Widerstand deren wahres Maß. Die Macht des Bestehenden errichtet die Fassaden, auf welche das Bewußtsein aufprallt. Sie muß es zu durchschlagen trachten. Das allein entrisse das Postulat von Tiefe der Ideologie. In solchem Widerstand überlebt das spekulative Moment: was sich sein Gesetz nicht vorschreiben läßt von den gegebenen Tatsachen, transzendiert sie noch in der engsten Fühlung mit den Gegenständen und in der Absage an sakrosankte Transzendenz. Worin der Gedanke hinaus ist über das, woran er widerstehend sich bindet, ist seine Freiheit. Sie folgt dem Ausdrucksdrang des Subjekts. Das Bedürfnis, Leiden beredt werden zu lassen, ist Bedingung aller Wahrheit. Denn Leiden ist Objektivität, die auf dem Subjekt lastet; was es als sein Subjektivstes erfährt, sein Ausdruck, ist objektiv vermittelt.

Das mag erklären helfen, warum der Philosophie ihre Darstellung nicht gleichgültig und äußerlich ist sondern ihrer Idee immanent. Ihr integrales Ausdrucksmoment, unbegrifflich-mimetisch, wird nur durch Darstellung – die Sprache – objektiviert. Die Freiheit der Philosophie ist nichts anderes als das Vermögen, ihrer Unfreiheit zum Laut zu verhelfen. Wirft das Ausdrucksmoment als mehr sich auf, so artet es in Weltanschauung aus; wo sie des Ausdrucksmoments und der Pflicht zur Darstellung sich begibt, wird sie der Wissenschaft angeglichen. Ausdruck und Stringenz sind ihr keine dichotomischen Möglichkeiten. Sie bedürfen einander, keines ist ohne das andere. Der Ausdruck wird durchs Denken, an dem er sich abmüht wie Denken an ihm, seiner Zufälligkeit enthoben. Denken wird erst als Ausgedrücktes, durch sprachliche Darstellung, bündig; das lax Gesagte ist schlecht gedacht. Durch Ausdruck wird Stringenz dem Ausgedrückten abgezwungen. Er ist kein Selbstzweck auf dessen Kosten, sondern entführt es aus dem dinghaften Unwesen, seinerseits einem Gegenstand philosophischer Kritik. Spekulative Philosophie ohne idealistische Substruktion erheischt Treue zur Stringenz, um deren autoritären Machtanspruch zu brechen. Benjamin, dessen ursprünglicher Passagenentwurf unvergleichlich spekulatives Vermögen mit mikrologischer Nähe zu den Sachgehalten verband, hat in einer Korrespondenz über die erste, eigentlich metaphysische Schicht jener Arbeit später geurteilt, sie sei nur als »unerlaubt ›dichterische‹«[8]

zu bewältigen. Diese Kapitulationserklärung designiert ebenso die Schwierigkeit von Philosophie, die nicht abgleiten will, wie den Punkt, an dem ihr Begriff weiterzutreiben ist. Sie wurde gezeitigt wohl von der gleichsam weltanschaulichen Übernahme des dialektischen Materialismus mit geschlossenen Augen. Daß aber Benjamin zur endgültigen Niederschrift der Passagentheorie nicht sich entschloß, mahnt daran, daß Philosophie nur dort noch mehr als Betrieb ist, wo sie dem totalen Mißlingen sich exponiert, als Antwort auf die traditionell erschlichene absolute Sicherheit. Benjamins Defaitismus dem eigenen Gedanken gegenüber war bedingt von einem Rest undialektischer Positivität, den er aus der theologischen Phase, der Form nach unverwandelt, in die materialistische mitschleppte. Demgegenüber hat Hegels Gleichsetzung von Negativität mit dem Gedanken, welcher die Philosophie vor der Positivität der Wissenschaft wie vor amateurhafter Kontingenz behüte, ihren Erfahrungsgehalt. Denken ist, an sich schon, vor allem besonderen Inhalt Negieren, Resistenz gegen das ihm Aufgedrängte; das hat Denken vom Verhältnis der Arbeit zu ihrem Material, seinem Urbild, ererbt. Ermuntert die Ideologie heute mehr denn je den Gedanken zur Positivität, so registriert sie schlau, daß eben diese dem Denken konträr sei und daß es des freundlichen Zuspruchs sozialer Autorität bedarf, um es zur Positivität zu gewöhnen. Die Anstrengung, die im Begriff des Denkens selbst, als Widerpart zur passivischen Anschauung, impliziert wird, ist bereits negativ, Auflehnung gegen die Zumutung jedes Unmittelbaren, ihm sich zu beugen. Urteil und Schluß, die Denkformen, deren auch Kritik des Denkens nicht entraten kann, enthalten in sich kritische Keime; ihre Bestimmtheit ist allemal zugleich Ausschluß des von ihnen nicht Erreichten, und die Wahrheit, die sie organisieren wollen, verneint, wenngleich mit fragwürdigem Recht, das nicht von ihnen Geprägte. Das Urteil, etwas sei so, wehrt potentiell ab, die Relation seines Subjekts und seines Prädikats sei anders als im Urteil ausgedrückt. Die Denkformen wollen weiter als das, was bloß vorhanden, »gegeben« ist. Die Spitze, die Denken gegen sein Material richtet, ist nicht einzig die spirituell gewordene Naturbeherrschung. Während das Denken dem, woran es seine Synthesen übt, Gewalt antut, folgt es zugleich einem Potential, das in seinem Gegenüber wartet, und gehorcht bewußtlos der

Idee, an den Stücken wieder gutzumachen, was es selber verübte; der Philosophie wird dies Bewußtlose bewußt. Unversöhnlichem Denken ist die Hoffnung auf Versöhnung gesellt, weil der Widerstand des Denkens gegen das bloß Seiende, die gebieterische Freiheit des Subjekts, auch das am Objekt intendiert, was durch dessen Zurüstung zum Objekt diesem verloren ging.

Die traditionelle Spekulation hat die Synthesis der von ihr, auf Kantischer Basis, als chaotisch vorgestellten Mannigfaltigkeit entwickelt, schließlich jeglichen Inhalt aus sich herauszuspinnen getrachtet. Demgegenüber ist das Telos der Philosophie, das Offene und Ungedeckte, so antisystematisch wie ihre Freiheit, Phänomene zu deuten, mit denen sie unbewehrt es aufnimmt. Soviel aber bleibt ihr am System zu achten, wie das ihr Heterogene als System ihr gegenübertritt. Darauf bewegt die verwaltete Welt sich hin. System ist die negative Objektivität, nicht das positive Subjekt. In einer geschichtlichen Phase, welche die Systeme, soweit sie ernstlich Inhalten gelten, ins ominöse Reich der Gedankendichtung relegierte und von ihnen einzig den blassen Umriß des Ordnungsschemas übrigbehielt, fällt es schwer, lebendig sich vorzustellen, was einmal den philosophischen Geist zum System trieb. Die Tugend der Parteiischkeit darf die Betrachtung der Philosophiegeschichte nicht daran verhindern, zu erkennen, wie überlegen es mehr als zwei Jahrhunderte hindurch, rationalistisch oder idealistisch, seinen Widersachern war; sie erscheinen, damit verglichen, trivial. Die Systeme führen es aus, interpretieren die Welt; die anderen beteuern eigentlich immer nur: es geht nicht; resignieren, versagen im doppelten Sinn. Hätten sie am Ende mehr Wahrheit, so spräche das für die Vergänglichkeit von Philosophie. An ihr wäre es jedenfalls, solche Wahrheit der Subalternität zu entreißen und gegen die Philosophien durchzufechten, die nicht nur aufgeblasen sich die höheren nennen: zumal dem Materialismus hängt bis heute nach, daß er in Abdera erfunden ward. Nach Nietzsches Kritik dokumentierte das System bloß noch die Gelehrtenkleinlichkeit, die für politische Ohnmacht sich entschädigte durch begriffliche Konstruktion ihres gleichsam administrativen Verfügungsrechts übers Seiende. Aber das systematische Bedürfnis; das, nicht mit den membra disiecta des Wissens vorlieb zu nehmen, sondern das absolute zu erlangen, dessen Anspruch unwillentlich bereits in der Bündigkeit eines jeden Einzelurteils erhoben wird, war zuzeiten mehr als Pseudomorphose des Geistes an die unwiderstehlich erfolgreiche mathematisch-naturwissenschaftliche Methode. Geschichtsphilosophisch hatten die Systeme zumal des siebzehnten Jahrhunderts kompensatorischen Zweck. Dieselbe ratio, die, im Einklang mit dem Interesse der bürgerlichen Klasse, die feudale Ordnung und ihre geistige Reflexionsgestalt, die scholastische Ontologie, zertrümmert hatte, fühlte sogleich den Trümmern, ihrem eigenen Werk gegenüber Angst vor dem Chaos. Sie zittert vor dem, was unterhalb ihres Herrschaftsbereichs drohend fortdauert und proportional zu ihrer eigenen Gewalt sich verstärkt. Jene Angst prägte in ihren Anfängen die fürs bürgerliche Denken insgesamt konstitutive Verhaltensweise aus, jeden Schritt hin zur Emanzipation eilends zu neutralisieren durch Bekräftigung von Ordnung. Im Schatten der Unvollständigkeit seiner Emanzipation muß das bürgerliche Bewußtsein fürchten, von einem fortgeschritteneren kassiert zu werden; es ahnt, daß es, weil es nicht die ganze Freiheit ist, nur deren Zerrbild hervorbringt; darum weitet es seine Autonomie theoretisch zum System aus, das zugleich seinen Zwangsmechanismen ähnelt. Bürgerliche ratio unternahm es, aus sich heraus die Ordnung zu produzieren, die sie draußen negiert hatte. Jene ist aber als produzierte schon keine mehr; deshalb unersättlich. Solche widersinnig-rational erzeugte Ordnung war das System: Gesetztes, das als Ansichsein auftritt. Seinen Ursprung mußte es in das von seinem Inhalt abgespaltene formale Denken verlegen; nicht anders konnte es seine Herrschaft übers Material ausüben. Das philosophische System war von Anbeginn antinomisch. In ihm verschränkte sich der Ansatz mit seiner eigenen Unmöglichkeit; sie hat gerade die frühere Geschichte der neuzeitlichen Systeme zur Vernichtung des einen durchs folgende verurteilt. Die ratio, die, um als System sich durchzusetzen, virtuell alle qualitativen Bestimmungen ausmerzte, auf welche sie sich bezog, geriet in unversöhnlichen Widerspruch zu der Objektivität, welcher sie Gewalt antat, indem sie sie zu begreifen vorgab. Von ihr entfernte sie sich desto weiter, je vollkommener sie sie ihren Axiomen, schließlich dem einen der Identität, unterwarf. Die Pedanterien aller Systeme, bis zu den architektonischen Umständlichkeiten Kants und, trotz dessen Programm, selbst Hegels, sind Male eines a priori bedingten und in den Brüchen des Kantischen Systems mit unvergleichlicher Redlichkeit aufgezeichneten Mißlingens; bei Molière bereits ist Pedanterie ein Hauptstück der Ontologie bürgerlichen Geistes. Was an dem zu Begreifenden vor der Identität des Begriffs zurückweicht, nötigt diesen zur outrierten Veranstaltung, daß nur ja an der unangreifbaren Lückenlosigkeit, Geschlossenheit und Akribie des Denkprodukts kein Zweifel sich rege. Große Philosophie war vom paranoischen Eifer begleitet, nichts zu dulden als sie selbst, und es mit aller List ihrer Vernunft zu verfolgen, während es vor der Verfolgung weiter stets sich zurückzieht. Der geringste Rest von Nichtidentität genügte, die Identität, total ihrem Begriff nach, zu dementieren. Die Auswüchse der Systeme seit der Cartesianischen Zirbeldrüse und den Axiomen und Definitionen Spinozas, in die schon der gesamte Rationalismus hineingepumpt ist, den er dann deduktiv herausholt, bekunden durch ihre Unwahrheit die der Systeme selbst, ihr Irres.

Das System, in dem der souveräne Geist sich verklärt wähnte, hat seine Urgeschichte im Vorgeistigen, dem animalischen Leben der Gattung. Raubtiere sind hungrig; der Sprung aufs Opfer ist schwierig, oft gefährlich. Damit das Tier ihn wagt, bedarf es wohl zusätzlicher Impulse. Diese fusionieren sich mit der Unlust des Hungers zur Wut aufs Opfer, deren Ausdruck dieses zweckmäßig wiederum schreckt und lähmt. Beim Fortschritt zur Humanität wird das rationalisiert durch Projektion. Das animal rationale, das Appetit auf seinen Gegner hat, muß, bereits glücklicher Besitzer eines Überichs, einen Grund finden. Je vollständiger, was es tut, dem Gesetz der Selbsterhaltung folgt, desto weniger darf es deren Primat sich und anderen zugestehen; sonst würde der mühsam erreichte Status des ζῶον πολιτικόν, wie es neudeutsch heißt, unglaubwürdig. Das zu fressende Lebewesen muß böse sein. Dies anthropologische Schema hat sich sublimiert bis in die Erkenntnistheorie hinein. Im Idealismus – am ausdrücklichsten bei Fichte – waltet bewußtlos die Ideologie, das Nichtich, l'autrui, schließlich alles an Natur Mahnende sei minderwertig, damit die Einheit des sich selbst erhaltenden Gedankens getrost es verschlingen darf. Das rechtfertigt ebenso dessen Prinzip, wie es die Begierde steigert. Das System ist der Geist gewordene Bauch, Wut die Signatur eines jeglichen Idealismus; sie entstellt noch Kants Humanität, widerlegt den Nimbus des Höheren und Edleren, mit dem sie sich zu bekleiden verstand. Die Ansicht vom Menschen in der Mitte ist der Menschenverachtung verschwistert: nichts unangefochten lassen. Die erhabene Unerbittlichkeit des Sittengesetzes war vom Schlag solcher rationalisierten Wut aufs Nichtidentische, und auch der liberalistische Hegel war nicht besser, als er mit der Superiorität des schlechten Gewissens die abkanzelte, welche dem spekulativen Begriff, der Hypostasis des Geistes sich weigern*. Nietzsches Befreiendes, wahrhaft eine Kehre des abendländischen Denkens, die Spätere bloß usurpierten, war, daß er derlei Mysterien aussprach. Geist, der die Rationalisierung – seinen Bann – abwirft, hört kraft seiner Selbstbesinnung auf, das radikal Böse zu sein, das im Anderen ihn aufreizt. – Der Prozeß jedoch, in dem die Systeme vermöge ihrer eigenen Insuffizienz sich zersetzten, kontrapunktiert einen gesellschaftlichen. Die bürgerliche ratio näherte als Tauschprinzip das, was sie sich kommensurabel machen, identifizieren wollte, mit wachsendem, wenngleich potentiell mörderischen Erfolg real den Systemen an, ließ immer weniger draußen. Was in der Theorie als eitel sich überführte, ward ironisch von der Praxis bestätigt. Daher ist die Rede von der Krisis des Systems als Ideologie beliebt geworden auch bei all den Typen, die zuvor in rancuneerfüllten Brusttönen übers Aperçu, nach dem bereits obsoleten Ideal des Systems, nicht sich genugtun konnten. Die Realität soll nicht mehr konstruiert werden, weil sie allzu gründlich zu konstruieren wäre. Ihre Irrationalität, die unterm Druck partikularer Rationalität sich verstärkt: die Desintegration durch Integration, bietet dafür Vorwände. Wäre die Gesellschaft, als geschlossenes und darum den Subjekten unversöhntes System, durchschaut, so würde sie den Subjekten, solange sie irgend noch welche sind, allzu peinlich. Das angebliche

* »Das Denken oder Vorstellen, dem nur ein bestimmtes Seyn, das Daseyn, vorschwebt, ist zu dem erwähnten Anfange der Wissenschaft zurück zu weisen, welchen Parmenides gemacht hat, der sein Vorstellen und damit auch das Vorstellen der Folgezeit zu dem reinen Gedanken, dem Seyn als solchem, geläutert und erhoben, und damit das Element der Wissenschaft erschaffen hat.« (Hegel, WW 4, S. 96.)

Existential Angst ist die Klaustrophobie der System gewordenen Gesellschaft. Ihren Systemcharakter, gestern noch das Schibboleth der Schulphilosophie, verleugnen deren Adepten geflissentlich; ungestraft dürfen sie sich dabei als Sprecher freien, ursprünglichen, womöglich unakademischen Denkens aufspielen. Solcher Mißbrauch annulliert nicht die Kritik am System. Aller nachdrücklichen Philosophie war, im Gegensatz zur skeptischen, die dem Nachdruck sich versagte, der Satz gemeinsam, sie sei nur als System möglich. Er hat die Philosophie kaum weniger gelähmt als die empiristischen Richtungen. Worüber sie erst triftig zu urteilen hätte, das wird postuliert, ehe sie anhebt. System, Darstellungsform einer Totalität, der nichts extern bleibt, setzt den Gedanken gegenüber jedem seiner Inhalte absolut und verflüchtigt den Inhalt in Gedanken: idealistisch vor aller Argumentation für den Idealismus.

Kritik liquidiert aber nicht einfach das System. Mit Grund unterschied, auf der Höhe von Aufklärung, d'Alembert zwischen esprit de système und esprit systématique, und die Methode der Encyclopédie trug dem Rechnung. Nicht nur das triviale Motiv einer Verbundenheit, die doch eher im Unverbundenen sich kristallisiert, spricht für den esprit systématique; nicht nur befriedigt er die Bürokratengier, alles in ihre Kategorien zu stopfen. Die Form des Systems ist adäquat der Welt, die dem Inhalt nach der Hegemonie des Gedankens sich entzieht; Einheit und Einstimmigkeit aber sind zugleich die schiefe Projektion eines befriedeten, nicht länger antagonistischen Zustands auf die Koordinaten herrschaftlichen, unterdrückenden Denkens. Der Doppelsinn philosophischer Systematik läßt keine Wahl, als die einmal von den Systemen entbundene Kraft des Gedankens in die offene Bestimmung der Einzelmomente zu transponieren. Der Hegelschen Logik war das nicht durchaus fremd. Die Mikroanalyse der einzelnen Kategorien, zugleich als deren objektive Selbstreflexion auftretend, sollte, ohne Rücksicht auf ein von oben Aufgestülptes, einen jeden Begriff in seinen anderen übergehen lassen. Die Totalität dieser Bewegung dann bedeutete ihm das System. Zwischen dessen Begriff, als abschließendem und damit stillstellendem, und dem der Dynamik, als dem der reinen autarkischen Erzeugung aus dem Subjekt, die alle philosophische Systematik konstituiert, herrscht Widerspruch ebenso wie Verwandtschaft. Die Spannung von Statik und Dynamik konnte Hegel ausgleichen nur vermöge der Konstruktion des Einheitsprinzips, des Geistes, als eines zugleich Ansichseienden und rein Werdenden, unter Wiederaufnahme des aristotelisch-scholastischen actus purus. Die Ungereimtheit dieser Konstruktion, die subjektive Erzeugung und Ontologie, Nominalismus und Realismus, auf dem archimedischen Punkt synkopiert, verhindert auch systemimmanent die Auflösung jener Spannung. Gleichwohl erhebt sich ein solcher philosophischer Systembegriff hoch über bloß wissenschaftliche Systematik, die geordnete und wohlorganisierte Darstellung von Gedanken verlangt, den konsequenten Aufbau von Fachdisziplinen, ohne doch strikt, vom Objekt her, auf der inneren Einheit der Momente zu bestehen. So befangen deren Postulat ist in der Präsupposition der Identität alles Seienden mit dem erkennenden Prinzip, so legitim erinnert andererseits jenes Postulat, einmal derart belastet wie in der idealistischen Spekulation, an die Affinität der Gegenstände zueinander, die von dem szientifischen Ordnungsbedürfnis tabuiert wird, um dann dem Surrogat seiner Schemata zu weichen. Das, worin die Gegenstände kommunizieren, anstatt daß jeder das Atom wäre, zu dem die klassifikatorische Logik ihn zurichtet, ist Spur der Bestimmtheit der Objekte an sich, die Kant leugnete und die Hegel gegen ihn durchs Subjekt hindurch wiederherstellen wollte. Eine Sache selbst begreifen, nicht sie bloß einpassen, auf dem Bezugssystem antragen, ist nichts anderes, als das Einzelmoment in seinem immanenten Zusammenhang mit anderen gewahren. Solcher Antisubjektivismus regt sich unter der knisternden Hülle des absoluten Idealismus in der Neigung, die je zu behandelnden Sachen aufzuschließen durch den Rekurs darauf, wie sie wurden. Die Konzeption des Systems erinnert, in verkehrter Gestalt, an die Kohärenz des Nichtidentischen, die durch die deduktive Systematik gerade verletzt wird. Kritik am System und asystematisches Denken sind so lange äußerlich, wie sie es nicht vermögen, die Kraft der Kohärenz zu entbinden, welche die idealistischen Systeme ans transzendentale Subjekt überschrieben.

Das systemstiftende Ichprinzip, die reine jeglichem Inhalt vorgeordnete Methode war von je die ratio. Sie ist durch nichts ihr Auswendiges begrenzt, auch nicht durch sogenannte geistige Ordnung. Attestiert der Idealismus auf all seinen Stufen seinem Prinzip positive Unendlichkeit, so macht er aus der Beschaffenheit des Denkens, seiner historischen Verselbständigung, Metaphysik. Er eliminiert alles heterogen Seiende. Das bestimmt das System als reines Werden, reinen Prozeß, schließlich jenes absolute Erzeugen, zu welchem Fichte, insofern der authentische Systematiker der Philosophie, das Denken erklärt. Bereits bei Kant war die emanzipierte ratio, der progressus ad infinitum, aufgehalten einzig noch durch die wenigstens formale Anerkennung von Nichtidentischem. Die Antinomie von Totalität und Unendlichkeit – denn das ruhelose Ad infinitum sprengt das in sich ruhende System, das doch der Unendlichkeit allein sich verdankt – ist eine des idealistischen Wesens. Sie ahmt eine zentrale der bürgerlichen Gesellschaft nach. Auch diese muß, um sich selbst zu erhalten, sich gleichzubleiben, zu »sein«, immerwährend sich expandieren, weitergehen, die Grenzen immer weiter hinausrücken, keine respektieren, sich nicht gleich bleiben[9]. Man hat ihr demonstriert, daß sie, sobald sie einen Plafond erreicht, nicht länger über nichtkapitalistische Räume außerhalb ihrer selbst verfügt, ihrem Begriff nach sich aufheben müßte. Das erhellt, warum der Antike, trotz Aristoteles, der neuzeitliche Begriff der Dynamik ebenso wie der des Systems ungemäß war. Auch dem Platon, von dessen Dialogen so viele die aporetische Form wählen, könnte beides nur retrospektiv imputiert werden. Der Tadel, den Kant deswegen den Alten spendete, ist nicht so schlicht logisch, wie er vorgetragen wird, sondern geschichtlich: durch und durch modern. Andererseits ist Systematik dem neuzeitlichen Bewußtsein so eingefleischt, daß sogar die unter dem Namen Ontologie einsetzenden antisystematischen Bestrebungen Husserls, von denen dann die Fundamentalontologie sich abzweigte, unwiderstehlich, um den Preis ihrer Formalisierung, ins System sich zurückbildeten. Dergestalt miteinander verschränkt, liegen statisches und dynamisches Wesen des Systems immer wieder im Streit. Soll das System tatsächlich geschlossen sein, nichts außerhalb seines Bannkreises dulden, so wird es, sei es noch so dynamisch konzipiert, als positive Unendlichkeit endlich, statisch. Daß es so sich selbst trägt, wie Hegel dem seinen nachrühmte, stellt es still. Geschlossene Systeme müssen, grob gesagt, fertig sein. Skurrilitäten wie die Hegel immer wieder vorgerechnete, die Weltgeschichte sei im preußischen Staat vollendet, sind weder bloße Aberrationen zu ideologischem Zweck noch irrelevant gegenüber dem Ganzen. An ihrem notwendigen Widersinn zerfällt die beanspruchte Einheit von System und Dynamik. Diese hat, indem sie den Begriff der Grenze negiert und als Theorie dessen sich versichert, daß immer etwas noch draußen sei, auch die Tendenz, das System, ihr Produkt, zu desavouieren. Nicht unfruchtbar wäre es, die Geschichte der neueren Philosophie unter dem Aspekt zu behandeln, wie sie mit dem Antagonismus von Statik und Dynamik im System sich abfand. Das Hegelsche war nicht in sich wahrhaft ein Werdendes, sondern implizit in jeder Einzelbestimmung bereits vorgedacht. Solche Sicherung verurteilt es zur Unwahrheit. Bewußtlos gleichsam müßte Bewußtsein sich versenken in die Phänomene, zu denen es Stellung bezieht. Damit freilich veränderte Dialektik sich qualitativ. Systematische Einstimmigkeit zerfiele. Das Phänomen bliebe nicht länger, was es bei Hegel trotz aller Gegenerklärungen doch bleibt, Exempel seines Begriffs. Dem Gedanken bürdet das mehr an Arbeit und Anstrengung auf, als was Hegel so nennt, weil bei ihm der Gedanke immer nur das aus seinen Gegenständen herausholt, was an sich schon Gedanke ist. Er befriedigt sich, trotz des Programms der Entäußerung, in sich selbst, schnurrt ab, so oft er auch das Gegenteil fordert. Entäußerte wirklich der Gedanke sich an die Sache, gälte er dieser, nicht ihrer Kategorie, so begänne das Objekt unter dem verweilenden Blick des Gedankens selber zu reden. Hegel hatte gegen die Erkenntnistheorie eingewandt, man werde nur vom Schmieden Schmied, im Vollzug der Erkenntnis an dem ihr Widerstrebenden, gleichsam Atheoretischen. Darin ist er beim Wort zu nehmen; das allein gäbe der Philosophie die von Hegel so genannte Freiheit zum Objekt zurück, die sie im Bann des Freiheitsbegriffs, der sinnsetzenden Autonomie des Subjekts, eingebüßt hatte. Die spekulative Kraft, das Unauflösliche aufzusprengen, ist aber die der Negation. Einzig in ihr lebt der systematische Zug fort. Die Kategorien der Kritik am System sind zugleich die, welche das Besondere begreifen. Was einmal am System legitim das Einzelne überstieg, hat seine Stätte außerhalb des Systems. Der Blick, der deutend am

Phänomen mehr gewahrt, als es bloß ist, und einzig dadurch, was es ist, säkularisiert die Metaphysik. Erst Fragmente als Form der Philosophie brächten die vom Idealismus illusionär entworfenen Monaden zu dem Ihren. Sie wären Vorstellungen der als solche unvorstellbaren Totalität im Partikularen.

Der Gedanke, der nichts positiv hypostasieren darf außerhalb des dialektischen Vollzugs, schießt über den Gegenstand hinaus, mit dem eins zu sein er nicht länger vortäuscht; er wird unabhängiger als in der Konzeption seiner Absolutheit, in der das Souveräne und das Willfährige sich vermengen, eines vom anderen in sich abhängig. Vielleicht zielte darauf die Kantische Exemtion der intelligibeln Sphäre von jeglichem Immanenten. Versenkung ins Einzelne, die zum Extrem gesteigerte dialektische Immanenz, bedarf als ihres Moments auch der Freiheit, aus dem Gegenstand herauszutreten, die der Identitätsanspruch abschneidet. Hegel hätte sie gerügt: er verließ sich auf die vollständige Vermittlung in den Gegenständen. In der Erkenntnispraxis, der Auflösung des Unauflöslichen, kommt das Moment solcher Transzendenz des Gedankens daran zutage, daß sie als Mikrologie einzig über makrologische Mittel verfügt. Die Forderung nach Verbindlichkeit ohne System ist die nach Denkmodellen. Diese sind nicht bloß monadologischer Art. Das Modell trifft das Spezifische und mehr als das Spezifische, ohne es in seinen allgemeineren Oberbegriff zu verflüchtigen. Philosophisch denken ist soviel wie in Modellen denken; negative Dialektik ein Ensemble von Modellanalysen. Philosophie erniedrigte sich erneut zur tröstlichen Affirmation, wenn sie sich und andere darüber betröge, daß sie, womit immer sie ihre Gegenstände in sich selbst bewegt, ihnen auch von außen einflößen muß. Was in ihnen selbst wartet, bedarf des Eingriffs, um zu sprechen, mit der Perspektive, daß die von außen mobilisierten Kräfte, am Ende jede an die Phänomene herangebrachte Theorie in jenen zur Ruhe komme. Auch insofern meint philosophische Theorie ihr eigenes Ende: durch ihre Verwirklichung. Verwandte Intentionen fehlen nicht in der Geschichte. Der französischen Aufklärung verleiht ihr oberster Begriff, der der Vernunft, unterm formalen Aspekt etwas Systematisches; die konstitutive Verflochtenheit ihrer Vernunftidee jedoch mit der einer objektiv vernünftigen Einrichtung der Gesellschaft entzieht dem System das Pathos, das es erst wieder gewinnt, sobald Vernunft als Idee ihrer Verwirklichung absagt und sich selbst zum Geist verabsolutiert. Denken als Enzyklopädie, ein vernünftig Organisiertes und gleichwohl Diskontinuierliches, Unsystematisches, Lockeres drückt den selbstkritischen Geist von Vernunft aus. Er vertritt, was dann aus der Philosophie, ebensowohl durch ihren anwachsenden Abstand von der Praxis wie durch ihre Eingliederung in den akademischen Betrieb, entwich, Welterfahrung, jenen Blick für die Realität, dessen Moment auch der Gedanke ist. Nichts anderes ist Freiheit des Geistes. So wenig zu entbehren freilich wie das vom kleinbürgerlichen Wissenschaftsethos diffamierte Element des homme de lettres ist dem Denken, was die verwissenschaftlichte Philosophie mißbraucht, das meditative sich Zusammenziehen, das Argument, das soviel Skepsis sich verdiente. Wann immer Philosophie substantiell war, traten beide Momente zusammen. Aus einigem Abstand wäre Dialektik als die zum Selbstbewußtsein erhobene Anstrengung zu charakterisieren, sie sich durchdringen zu lassen. Sonst degeneriert das spezialisierte Argument zur Technik begriffsloser Fachmenschen mitten im Begriff, so wie es heute in der von Robotern erlernbaren und kopierbaren sogenannten analytischen Philosophie akademisch sich ausbreitet. Legitim ist das immanent Argumentative, wo es die zum System integrierte Wirklichkeit rezipiert, um wider sie ihre eigene Kraft aufzubieten. Das Freie am Gedanken dagegen repräsentiert die Instanz, die vom emphatisch Unwahren jenes Zusammenhangs schon weiß. Ohne dies Wissen käme es nicht zum Ausbruch, ohne Zueignung der Gewalt des Systems mißglückte er. Daß die beiden Momente nicht bruchlos verschmelzen, hat seinen Grund in der realen Macht des Systems, die einbezieht, auch was es potentiell übersteigt. Die Unwahrheit des Immanenzzusammenhangs selber jedoch erschließt sich der überwältigenden Erfahrung, daß die Welt, welche so systematisch sich organisiert, wie wenn sie die von Hegel glorifizierte verwirklichte Vernunft wäre, zugleich in ihrer alten Unvernunft die Ohnmacht des Geistes verewigt, der allmächtig erscheint. Immanente Kritik des Idealismus verteidigt den Idealismus, insofern sie zeigt, wie sehr er um sich selber betrogen wird; wie sehr das Erste, das ihm zufolge immer der Geist ist, in Komplizität mit der blinden Vormacht des bloß Seienden steht. Die Lehre vom absoluten Geist befördert jene unmittelbar. – Geneigt wäre der wissenschaftliche Consensus, zuzugestehen, auch Erfahrung impliziere Theorie. Sie aber sei ein »Standpunkt«, bestenfalls hypothetisch. Konziliante Vertreter des Szientivismus verlangen, was ihnen anständige oder saubere Wissenschaft heißt, solle von derlei Voraussetzungen Rechenschaft ablegen. Gerade diese Forderung ist unvereinbar mit geistiger Erfahrung. Wird ihr ein Standpunkt abverlangt, dann wäre er der des Essers zum Braten. Sie lebt von ihm, indem sie ihn aufzehrt: erst wenn er unterginge in ihr, wäre das Philosophie. Bis dahin verkörpert Theorie in der geistigen Erfahrung jene Disziplin, die Goethe bereits im Verhältnis zu Kant schmerzlich empfand. Überließe Erfahrung allein sich ihrer Dynamik und ihrem Glück, so wäre kein Halten. Ideologie lauert auf den Geist, der, seiner selbst sich freuend wie Nietzsches Zarathustra, unwiderstehlich fast sich zum Absoluten wird. Theorie verhindert das. Sie berichtigt die Naivetät seines Selbstvertrauens, ohne daß er doch die Spontaneität opfern müßte, auf welche Theorie ihrerseits hinaus will. Denn keineswegs verschwindet der Unterschied zwischen dem sogenannten subjektiven Anteil der geistigen Erfahrung und ihrem Objekt; die notwendige und schmerzliche Anstrengung des erkennenden Subjekts bezeugt ihn. Im unversöhnten Stand wird Nichtidentität als Negatives erfahren. Davor weicht das Subjekt auf sich und die Fülle seiner Reaktionsweisen zurück. Einzig kritische Selbstreflexion behütet es vor der Beschränktheit seiner Fülle und davor, eine Wand zwischen sich und das Objekt zu bauen, sein Fürsichsein als das An und für sich zu supponieren. Je weniger Identität zwischen Subjekt und Objekt unterstellt werden kann, desto widerspruchsvoller, was jenem als erkennendem zugemutet wird, ungefesselte Stärke und aufgeschlossene Selbstbesinnung. Theorie und geistige Erfahrung bedürfen ihrer Wechselwirkung. Jene enthält nicht Antworten auf alles, sondern reagiert auf die bis ins Innerste falsche Welt. Was deren Bann entrückt wäre, darüber hat Theorie keine Jurisdiktion. Beweglichkeit ist dem Bewußtsein essentiell, keine zufällige Eigenschaft. Sie meint eine gedoppelte Verhaltensweise: die von innen her, den immanenten Prozeß, die eigentlich dialektische; und eine freie, gleichwie aus der Dialektik heraustretende, ungebundene. Beides indessen ist nicht nur disparat. Der unreglementierte Gedanke ist wahlverwandt der Dialektik, die als Kritik am System an das erinnert, was außerhalb des Systems wäre; und die Kraft, welche die dialektische Bewegung in der Erkenntnis entbindet, ist die, welche gegen das System aufbegehrt. Beide Stellungen des Bewußtseins verbinden sich durch Kritik aneinander, nicht durch Kompromiß.

Dialektik, die nicht länger an die Identität »geheftet« [10] ist, provoziert, wo nicht den Einwand des Bodenlosen, der an seinen faschistischen Früchten zu erkennen ist, den des Schwindelerregenden. Der großen Dichtung der Moderne seit Baudelaire ist das Gefühl davon zentral; der Philosophie wird anachronistisch bedeutet, sie dürfe an nichts dergleichen teilhaben. Man soll sagen, was man will; Karl Kraus mußte erfahren, daß, je genauer jeder seiner Sätze das bekundete, eben um solcher Genauigkeit willen das verdinglichte Bewußtsein zeterte, es ginge ihm wie ein Mühlrad im Kopf herum. Der Sinn solcher Beschwerden ist an einem Usus der herrschenden Meinung zu greifen. Mit Vorliebe präsentiert sie Alternativen, zwischen denen zu wählen, deren eine anzukreuzen sei. So reduzieren Entscheidungen einer Verwaltung häufig sich auf das Ja oder Nein zu vorgelegten Entwürfen; insgeheim ist Verwaltungsdenken zum ersehnten Vorbild auch eines vorgeblich noch freien geworden. Aber am philosophischen Gedanken ist es, in seinen wesentlichen Situationen, dabei nicht mitzuspielen. Die vorgegebene Alternative ist bereits ein Stück Heteronomie. Über die Legitimität alternativer Forderungen wäre erst von dem Bewußtsein zu urteilen, dem die Entscheidung vorweg moralistisch zugemutet wird. Die Insistenz auf dem Bekenntnis zu einem Standpunkt ist der in die Theorie hinein verlängerte Gewissenszwang. Ihm entspricht Vergröberung. Sie behält nicht einmal bei den großen Theoremen deren Wahres zurück nach Ausmerzung des Beiwerks; Marx und Engels haben dagegen etwa sich gesträubt, daß man die dynamische Klassentheorie und ihren zugespitzten ökonomischen Ausdruck durch den einfacheren Gegensatz von Arm und Reich

verwässere. Das Wesen wird durchs Résumé des Wesentlichen verfälscht. Philosophie, die zu dem sich herabließe, worüber schon Hegel spottete; geneigten Lesern sich anbequemte in Erklärungen darüber, was man nun bei dem Gedanken sich zu denken habe, gliederte der vordringenden Regression sich ein, ohne doch mit ihr Schritt zu halten. Hinter der Sorge, wo sie denn wohl zu packen sei, steht meist nur Aggression, die Begierde, sie zu packen, wie historisch die Schulen einander fraßen. Die Äquivalenz von Schuld und Buße hat sich auf die Folge der Gedanken übertragen. Eben diese Assimilation des Geistes an das herrschende Prinzip ist von der philosophischen Reflexion zu durchschauen. Das traditionelle Denken und die Gewohnheiten des gesunden Menschenverstandes, die es hinterließ, nachdem es philosophisch verging, fordern ein Bezugssystem, ein frame of reference, in dem alles seine Stelle finde. Nicht einmal allzuviel Wert wird auf die Einsichtigkeit des Bezugssystems gelegt – es darf sogar in dogmatischen Axiomen niedergelegt werden –, wofern nur jede Überlegung lokalisierbar wird und der ungedeckte Gedanke ferngehalten. Demgegenüber wirft Erkenntnis, damit sie fruchte, à fond perdu sich weg an die Gegenstände. Der Schwindel, den das erregt, ist ein index veri; der Schock des Offenen, die Negativität, als welche es im Gedeckten und Immergleichen notwendig erscheint, Unwahrheit nur fürs Unwahre.
Die Demontage der Systeme und des Systems ist kein formal-erkenntnistheoretischer Akt. Was ehedem das System den Details anschaffen wollte, ist einzig in ihnen aufzusuchen. Weder ob es dort sei noch was es sei, ist vorher dem Gedanken verbürgt. Damit erst käme die durchweg mißbräuchliche Rede von der Wahrheit als dem Konkreten zu sich selbst. Sie nötigt das Denken, vorm Kleinsten zu verweilen. Nicht über Konkretes ist zu philosophieren, vielmehr aus ihm heraus. Hingabe an den spezifischen Gegenstand aber wird des Mangels an eindeutiger Position verdächtigt. Was anders ist als das Existente, gilt diesem für Hexerei, während in der falschen Welt Nähe, Heimat und Sicherheit ihrerseits Figuren des Bannes sind. Mit diesem fürchten die Menschen alles zu verlieren, weil sie kein anderes Glück, auch keines des Gedankens kennen, als daß man sich an etwas halten kann, die perennierende Unfreiheit. Verlangt wird wenigstens ein Stück

Ontologie inmitten von deren Kritik; als ob nicht die kleinste ungedeckte Einsicht besser ausdrückte, was gewollt ist, als eine declaration of intention, bei der es dann bleibt. An Philosophie bestätigt sich eine Erfahrung, die Schönberg an der traditionellen Musiktheorie notierte: man lerne aus dieser eigentlich nur, wie ein Satz anfange und schließe, nichts über ihn selber, seinen Verlauf. Analog hätte Philosophie nicht sich auf Kategorien zu bringen sondern in gewissem Sinn erst zu komponieren. Sie muß in ihrem Fortgang unablässig sich erneuern, aus der eigenen Kraft ebenso wie aus der Reibung mit dem, woran sie sich mißt; was in ihr sich zuträgt, entscheidet, nicht These oder Position; das Gewebe, nicht der deduktive oder induktive, eingleisige Gedankengang. Daher ist Philosophie wesentlich nicht referierbar. Sonst wäre sie überflüssig; daß sie meist sich referieren läßt, spricht gegen sie. Aber eine Verhaltensweise, die nichts Erstes und Sicheres hütet und doch, allein schon vermöge der Bestimmtheit ihrer Darstellung, dem Relativismus, dem Bruder des Absolutismus, so wenig Konzessionen macht, daß sie der Lehre sich nähert, bereitet Ärgernis. Sie treibt, bis zum Bruch, über Hegel hinaus, dessen Dialektik alles haben, auch prima philosophia sein wollte und im Identitätsprinzip, dem absoluten Subjekt, tatsächlich es war. Durch die Lossage des Denkens vom Ersten und Festen indessen verabsolutiert es nicht sich als freischwebend. Die Lossage gerade befestigt es an dem, was es nicht selbst ist, und beseitigt die Illusion seiner Autarkie. Das Falsche der losgelassenen, sich selbst entlaufenden Rationalität, der Umschlag von Aufklärung in Mythologie, ist selbst rational bestimmbar. Denken ist dem eigenen Sinn nach Denken von etwas. Noch in der logischen Abstraktionsform des Etwas, als eines Gemeinten oder Geurteilten, die von sich aus kein Seiendes zu setzen behauptet, lebt untilgbar dem Denken, das es tilgen möchte, dessen Nichtidentisches, das, was nicht Denken ist, nach. Ratio wird irrational, wo sie das vergißt, ihre Erzeugnisse, die Abstraktionen, wider den Sinn von Denken hypostasiert. Das Gebot seiner Autarkie verurteilt es zur Leere, am Ende zur Dummheit und Primitivität. Der Einwand gegen das Bodenlose wäre gegen das sich in sich selbst erhaltende geistige Prinzip als Sphäre absoluter Ursprünge zu wenden; dort aber, wo die Ontologie, Heidegger voran, aufs Bodenlose schlägt, ist der Ort von Wahrheit. Schwebend ist sie, zerbrechlich vermöge ihres zeitlichen Gehalts; Benjamin kritisierte eindringlich Gottfried Kellers urbürgerlichen Spruch, die Wahrheit könne uns nicht davonlaufen. Auf die Tröstung, Wahrheit sei unverlierbar, hat Philosophie zu verzichten. Eine, die nicht abstürzen kann in den Abgrund, von dem die Fundamentalisten der Metaphysik salbadern – es ist nicht der behender Sophistik sondern des Wahnsinns –, wird, unterm Gebot ihres Sekuritätsprinzips, analytisch, potentiell zur Tautologie. Nur solche Gedanken bieten der allmächtigen Ohnmacht des sicheren Einverständnisses die Stirn, die bis zum Äußersten gehen; nur Gehirnakrobatik hat noch Beziehung zu der Sache, die sie nach der fable convenu ihrer Selbstbefriedigung zuliebe verachtet. Kein unreflektiert Banales kann, als Abdruck des falschen Lebens, noch wahr sein. Reaktionär ist heute jeder Versuch, den Gedanken, zumal seiner Verwendbarkeit zuliebe, mit der Phrase von seiner selbstgefälligen Überspitztheit und Unverbindlichkeit aufzuhalten. Das Argument ließe auf die vulgäre Form sich bringen: wenn du willst, kann ich ungezählte solche Analysen machen. Dadurch wird eine jede entwertet. Die Antwort erteilte Peter Altenberg einem, der nach demselben Muster seine Kurzformen verdächtigte: ich will es aber nicht. Gegens Risiko des Abgleitens ins Beliebige ist der offene Gedanke ungeschützt; nichts verbrieft ihm, ob er hinlänglich mit der Sache sich gesättigt hat, um jenes Risiko zu überstehen. Die Konsequenz seiner Durchführung aber, die Dichte des Gewebes trägt dazu bei, daß er trifft, was er soll. Die Funktion des Begriffs von Sicherheit in der Philosophie schlug um. Was einmal Dogma und Bevormundung durch Selbstgewißheit überholen wollte, wurde zur Sozialversicherung einer Erkenntnis, der nichts soll passieren können. Dem Einwandfreien passiert tatsächlich nichts.

In der Geschichte der Philosophie wiederholt sich die Verwandlung epistemologischer Kategorien in moralische; Fichtes Kantinterpretation ist dafür der auffälligste, nicht der einzige Beleg. Ähnliches trug sich zu mit dem logisch-phänomenologischen Absolutismus. Das Ärgernis bodenlosen Denkens für Fundamentalontologen ist der Relativismus. Diesem setzt Dialektik so schroff sich entgegen wie dem Absolutismus; nicht, indem sie eine mittlere Position zwischen beiden aufsucht, sondern durch die Extreme hindurch, die an der eigenen Idee ihrer Unwahrheit zu überführen sind. So mit dem Relativismus zu verfahren ist fällig, weil Kritik an ihm meist so formal angelegt war, daß die Fiber relativistischen Denkens einigermaßen unbehelligt blieb. Das wider Spengler, seit Leonard Nelson, beliebte Argument etwa, der Relativismus setze zumindest ein Absolutes, nämlich die Geltung seiner selbst voraus und widerspreche sich damit, ist armselig. Es verwechselt die allgemeine Negation eines Prinzips mit ihrer eigenen Erhebung zur Affirmation, ohne Rücksicht auf die spezifische Differenz des Stellenwertes von beidem. Mehr dürfte es fruchten, den Relativismus als eine beschränkte Gestalt des Bewußtseins zu erkennen. Zunächst war es die des bürgerlichen Individualismus, der das seinerseits durchs Allgemeine vermittelte individuelle Bewußtsein fürs letzte nimmt und darum den Meinungen der je einzelnen Individuen gleiches Recht zuspricht, als ob kein Kriterium ihrer Wahrheit wäre. Die abstrakte These von der Bedingtheit jeden Denkens ist höchst inhaltlich an die eigene zu erinnern, die Verblendung gegen das überindividuelle Moment, durch welches individuelles Bewußtsein allein Denken wird. Hinter jener These steht die Verachtung des Geistes zugunsten der Vormacht materieller Verhältnisse als des Einzigen, das da zähle. Der Vater hält unbequemen und dezidierten Ansichten seines Sohnes entgegen, alles sei relativ, Geld sei, wie im griechischen Sprichwort, der Mann. Relativismus ist Vulgärmaterialismus, der Gedanke stört den Erwerb. Feindselig gegen den Geist schlechthin, bleibt solche Haltung notwendig abstrakt. Die Relativität aller Erkenntnis kann immer nur von außen behauptet werden, solange keine bündige Erkenntnis vollzogen wird. Sobald Bewußtsein in eine bestimmte Sache eintritt und deren immanentem Anspruch auf Wahrheit oder Falschheit sich stellt, zergeht die angeblich subjektive Zufälligkeit des Gedankens. Nichtig aber ist der Relativismus darum, weil, was er einerseits für beliebig und zufällig, andererseits für irreduzibel hält, selbst aus der Objektivität – eben der einer individualistischen Gesellschaft – entspringt, abzuleiten ist als gesellschaftlich notwendiger Schein. Die nach relativistischer Doktrin dem je Einzelnen eigentümlichen Reaktionsweisen sind präformiert, stets fast Geblök; insbesondere das Stereotyp von der Relativität. Der individualistische Schein ist denn auch von gewitzigteren Relativisten wie Pareto auf Gruppeninteressen gebracht worden. Aber die wissenssoziologisch gesetzten, schichtenspezifischen Schranken von Objektivität sind ihrerseits erst recht deduzibel aus dem Ganzen der Gesellschaft, dem Objektiven. Wähnt eine späte Version des soziologischen Relativismus, die Mannheimsche, aus den verschiedenen Perspektiven der Schichten mit »freischwebender« Intelligenz wissenschaftliche Objektivität destillieren zu können, so verkehrt sie Bedingendes in Bedingtes. In Wahrheit haben die divergenten Perspektiven ihr Gesetz in der Struktur des gesellschaftlichen Prozesses als eines vorgeordneten Ganzen. Durch dessen Erkenntnis verlieren sie ihre Unverbindlichkeit. Ein Unternehmer, der nicht in der Konkurrenz unterliegen will, muß so kalkulieren, daß ihm der unvergütete Teil des Ertrags fremder Arbeit als Profit zufällt, und muß denken, dabei gleich um gleich – die Arbeitskraft gegen ihre Reproduktionskosten – zu tauschen; ebenso stringent aber ist darzutun, warum dies objektiv notwendige Bewußtsein objektiv falsch ist. Dies dialektische Verhältnis hebt seine partikularen Momente in sich auf. Die angeblich soziale Relativität der Anschauungen gehorcht dem objektiven Gesetz gesellschaftlicher Produktion unterm Privateigentum an den Produktionsmitteln. Bürgerliche Skepsis, die der Relativismus als Doktrin verkörpert, ist borniert. Doch die perennierende Geistfeindschaft ist mehr als bloß ein Zug subjektiv bürgerlicher Anthropologie. Sie wird gezeitigt davon, daß der einmal emanzipierte Begriff der Vernunft innerhalb der bestehenden Produktionsverhältnisse fürchten muß, daß seine Konsequenz diese sprengt. Deshalb begrenzt sich die Vernunft; das bürgerliche Zeitalter hindurch war die Idee der Autonomie des Geistes von dessen reaktiver Selbstverachtung begleitet. Er verzeiht es sich nicht, daß ihm die Verfassung des von ihm gesteuerten Daseins jene Entfaltung zur Freiheit verbietet, die in seinem eigenen Begriff liegt. Relativismus ist dafür der philosophische Ausdruck; kein dogmatischer Absolutismus braucht gegen ihn aufgeboten zu werden, ihn bricht der Nachweis seiner Enge. Stets war dem Relativismus, mochte er noch so progressiv sich gebärden, das reaktionäre Moment gesellt, schon in der Sophistik als

Verfügbarkeit für die stärkeren Interessen. Eingreifende Kritik des Relativismus ist das Paradigma bestimmter Negation. Entfesselte Dialektik entbehrt so wenig wie Hegel eines Festen. Doch verleiht sie ihm nicht länger den Primat. Hegel betonte es nicht so sehr im Ursprung seiner Metaphysik: es sollte aus ihr am Ende, als durchleuchtetes Ganzes, hervortreten. Dafür haben seine logischen Kategorien eigentümlichen Doppelcharakter. Sie sind entsprungene, sich aufhebende und zugleich apriorische, invariante Strukturen. Mit der Dynamik werden sie in Einklang gebracht durch die Doktrin von der auf jeder dialektischen Stufe erneut sich wiederherstellenden Unmittelbarkeit. Die bereits bei Hegel kritisch tingierte Theorie der zweiten Natur ist einer negativen Dialektik unverloren. Sie nimmt die unvermittelte Unmittelbarkeit, die Formationen, welche die Gesellschaft und ihre Entwicklung dem Gedanken präsentiert, tel quel an, um durch Analysis ihre Vermittlungen freizulegen, nach dem Maß der immanenten Differenz der Phänomene von dem, was sie von sich aus zu sein beanspruchen. Das sich durchhaltende Feste, das »Positive« des jungen Hegel, ist solcher Analyse, wie diesem, das Negative. Noch in der Vorrede zur Phänomenologie wird Denken, Erzfeind jener Positivität, als das negative Prinzip charakterisiert*. Darauf führt die einfachste Besinnung: was nicht denkt, sondern der Anschauung sich überläßt, neigt zum schlecht Positiven vermöge jener passivischen Beschaffenheit, die in der Vernunftkritik die sinnliche Rechtsquelle der Erkenntnis bezeichnet. Etwas so empfangen, wie es jeweils sich darbietet, unter Verzicht auf Reflexion, ist potentiell immer schon: es anerkennen, wie es ist; dagegen veranlaßt jeder Gedanke virtuell zu einer negativen Bewegung. Bei Hegel freilich bleibt trotz aller Behauptung des Gegenteils der Primat von Subjekt übers Objekt unangefochten. Ihn cachiert eben nur das semitheologische Wort

* »Die Thätigkeit des Scheidens ist die Kraft und Arbeit des Verstandes, der verwundersamsten und größten, oder vielmehr der absoluten Macht. Der Kreis, der in sich geschlossen ruht und als Substanz seine Momente hält, ist das unmittelbare und darum nicht verwundersame Verhältniß. Aber daß das von seinem Umfange getrennte Accidentelle als solches, das Gebundene und nur in seinem Zusammenhange mit anderem Wirkliche ein eigenes Daseyn und abgesonderte Freiheit gewinnt, ist die ungeheure Macht des Negativen; es ist die Energie des Denkens, des reinen Ichs.« (Hegel, WW 2, S. 33 f.)

Geist, an dem die Erinnerung an individuelle Subjektivität nicht getilgt werden kann. Der Hegelschen Logik wird dafür die Rechnung präsentiert in ihrem überaus formalen Charakter. Während sie dem eigenen Begriff nach inhaltlich sein müßte, scheidet sie im Bestreben, alles zugleich zu sein, Metaphysik und Kategorienlehre, das bestimmte Seiende aus sich aus, an dem ihr Ansatz erst sich legitimieren könnte; darin gar nicht so weit weg von Kant und Fichte, die als Sprecher abstrakter Subjektivität zu verurteilen Hegel nicht müde wird. Die Wissenschaft von der Logik ist ihrerseits abstrakt im einfachsten Sinn; die Reduktion auf die allgemeinen Begriffe merzt vorweg schon deren Widerspiel aus, jenes Konkrete, das idealistische Dialektik in sich zu tragen und zu entfalten sich rühmt. Der Geist gewinnt seine Schlacht gegen den nicht vorhandenen Feind. Hegels geringschätzige Äußerung über das kontingente Dasein, die Krugsche Feder, welche Philosophie aus sich zu deduzieren verschmähen dürfe und müsse, ist ein Haltet den Dieb. Indem die Hegelsche Logik immer schon es mit dem Medium des Begriffs zu tun hat und auf das Verhältnis des Begriffs zu seinem Inhalt, dem Nichtbegrifflichen, selber nur allgemein reflektiert, ist sie der Absolutheit des Begriffs, welche sie zu beweisen sich anheischig macht, vorher schon sicher. Je mehr aber die Autonomie von Subjektivität kritisch sich durchschaut, sich ihrer als eines ihrerseits Vermittelten bewußt wird, desto bündiger die Verpflichtung des Gedankens, mit dem es aufzunehmen, was ihm die Festigkeit einbringt, die er nicht in sich hat. Sonst wäre nicht einmal jene Dynamik, mit welcher Dialektik die Last des Festen bewegt. Nicht ist jegliche als primär auftretende Erfahrung blank zu verleugnen. Fehlte der Erfahrung des Bewußtseins gänzlich, was Kierkegaard als Naivetät verteidigte, so willfahrte Denken, irrgeworden an sich selbst, dem, was das Etablierte von ihm erwartet, und würde erst recht naiv. Selbst Termini wie Urerfahrung, kompromittiert durch Phänomenologie und Neu-Ontologie, designieren ein Wahres, während sie es gespreizt beschädigen. Wenn sich nicht spontan, unbekümmert um die eigenen Abhängigkeiten, der Widerstand gegen die Fassade regte, so wären Gedanken und Tätigkeit trübe Kopie. Was am Objekt dessen vom Denken ihm auferlegte Bestimmungen übersteigt, kehrt es dem Subjekt erst einmal als Unmittelbares zu;

wo das Subjekt seiner selbst ganz gewiß sich fühlt, in der primären Erfahrung, ist es wiederum am wenigsten Subjekt. Das Allersubjektivste, unmittelbar Gegebene, entzieht sich seinem Eingriff. Nur ist solches unmittelbare Bewußtsein weder kontinuierlich festzuhalten noch positiv schlechthin. Denn Bewußtsein ist zugleich die universale Vermittlung und kann auch in den données immédiates, welche die seinen sind, nicht über seinen Schatten springen. Sie sind nicht die Wahrheit. Idealistischer Schein ist die Zuversicht, aus Unmittelbarem als Festem und schlechterdings Erstem entspringe bruchlos das Ganze. Unmittelbarkeit bleibt der Dialektik nicht, als was sie unmittelbar sich gibt. Sie wird zum Moment anstatt des Grundes. Am Gegenpol verhält es mit den Invarianten reinen Denkens sich nicht anders. Einzig kindischer Relativismus bestritte die Gültigkeit der formalen Logik oder Mathematik und traktierte sie, weil sie geworden ist, als ephemer. Nur sind die Invarianten, deren eigene Invarianz ein Produziertes ist, nicht aus dem, was variiert, herauszuschälen, als hätte man dann alle Wahrheit in Händen. Diese ist zusammengewachsen mit dem Sachhaltigen, das sich verändert, und ihre Unveränderlichkeit der Trug der prima philosophia. Während die Invarianten nicht unterschiedslos in der geschichtlichen Dynamik und der des Bewußtseins sich lösen, sind sie in ihr Momente; sie gehen in Ideologie über, sobald sie als Transzendenz fixiert werden. Keineswegs gleicht Ideologie allemal der ausdrücklichen idealistischen Philosophie. Sie steckt in der Substruktion eines Ersten selbst, gleichgültig fast welchen Inhalts, in der impliziten Identität von Begriff und Sache, welche die Welt auch dann rechtfertigt, wenn summarisch die Abhängigkeit des Bewußtseins vom Sein gelehrt wird.

In schroffem Gegensatz zum üblichen Wissenschaftsideal bedarf die Objektivität dialektischer Erkenntnis nicht eines Weniger sondern eines Mehr an Subjekt. Sonst verkümmert philosophische Erfahrung. Aber der positivistische Zeitgeist ist allergisch dagegen. Zu solcher Erfahrung seien nicht alle fähig. Sie bilde das Vorrecht von Individuen, determiniert durch ihre Anlage und Lebensgeschichte; sie als Bedingung von Erkenntnis zu verlangen, sei elitär und undemokratisch. Zu konzedieren ist, daß tatsächlich nicht jeder gleichermaßen philosophische Erfahrungen etwa derart machen kann, wie alle Menschen von vergleichbarem Intelligenzquotienten naturwissenschaftliche Experimente wiederholen oder mathematische Deduktionen müßten einsehen können, obwohl dazu nach gängiger Meinung erst recht spezifische Begabung notwendig ist. Jedenfalls behält der subjektive Anteil an Philosophie, verglichen mit der virtuell subjektlosen Rationalität eines Wissenschaftsideals, dem die Ersetzbarkeit aller durch alle vor Augen steht, einen irrationalen Zusatz. Er ist keine Naturqualität. Während das Argument demokratisch sich gebärdet, ignoriert es, was die verwaltete Welt aus ihren Zwangsmitgliedern macht. Geistig können nur die dagegen an, die sie nicht ganz gemodelt hat. Kritik am Privileg wird zum Privileg: so dialektisch ist der Weltlauf. Fiktiv wäre es, zu unterstellen, unter gesellschaftlichen Bedingungen, zumal solchen der Bildung, welche die geistigen Produktivkräfte gängeln, zurechtstutzen, vielfach verkrüppeln; unter der vorwaltenden Bilderarmut und den von der Psychoanalyse diagnostizierten, keineswegs indessen real veränderten pathogenen Prozessen der frühen Kindheit könnten alle alles verstehen oder auch nur bemerken. Würde das erwartet, so richtete man die Erkenntnis nach den pathischen Zügen einer Menschheit ein, der die Möglichkeit, Erfahrungen zu machen, durchs Gesetz der Immergleichheit ausgetrieben wird, sofern sie sie überhaupt besaß. Die Konstruktion der Wahrheit nach Analogie einer volonté de tous – äußerste Konsequenz des subjektiven Vernunftbegriffs – betröge im Namen aller diese um das, dessen sie bedürfen. An denen, die das unverdiente Glück hatten, in ihrer geistigen Zusammensetzung nicht durchaus den geltenden Normen sich anzupassen – ein Glück, das sie im Verhältnis zur Umwelt oft genug zu büßen haben –, ist es, mit moralischem Effort, stellvertretend gleichsam, auszusprechen, was die meisten, für welche sie es sagen, nicht zu sehen vermögen oder sich aus Realitätsgerechtigkeit zu sehen verbieten. Kriterium des Wahren ist nicht seine unmittelbare Kommunizierbarkeit an jedermann. Zu widerstehen ist der fast universalen Nötigung, die Kommunikation des Erkannten mit diesem zu verwechseln und womöglich höher zu stellen, während gegenwärtig jeder Schritt zur Kommunikation hin die Wahrheit ausverkauft und verfälscht. An dieser Paradoxie laboriert mittlerweile alles Sprachliche. Wahrheit ist objektiv und nicht plausibel. So wenig sie unmittelbar irgendeinem zufällt und so sehr sie der subjektiven Vermittlung bedarf, so sehr gilt, für ihr Geflecht, was Spinoza allzu enthusiastisch schon für die Einzelwahrheit reklamierte: daß sie der Index ihrer selbst sei. Den Privilegcharakter, welchen die Rancune ihr vorrechnet, verliert sie dadurch, daß sie sich nicht auf die Erfahrungen herausredet, denen sie sich verdankt, sondern in Konfigurationen und Begründungszusammenhänge sich einläßt, die ihr zur Evidenz helfen oder sie ihrer Mängel überführen. Elitärer Hochmut stünde der philosophischen Erfahrung am letzten an. Sie muß sich Rechenschaft darüber geben, wie sehr sie, ihrer Möglichkeit im Bestehenden nach, mit dem Bestehenden, schließlich dem Klassenverhältnis kontaminiert ist. In ihr wenden sich Chancen, die das Allgemeine Einzelnen desultorisch gewährt, gegen das Allgemeine, das die Allgemeinheit solcher Erfahrung sabotiert. Wäre diese Allgemeinheit hergestellt, so veränderte damit sich die Erfahrung aller Einzelnen und würfe vieles ab von der Zufälligkeit, die bis dahin unheilbar sie entstellt, auch wo sie noch sich regt. Hegels Lehre, das Objekt reflektiere sich in sich selbst, überdauert ihre idealistische Version, weil einer veränderten Dialektik das Subjekt, seiner Souveränität entkleidet, virtuell erst recht zur Reflexionsform der Objektivität wird. Je weniger die Theorie definitiv, allumfassend sich geriert, desto weniger vergegenständlicht sie sich auch gegenüber dem Denkenden. Ihm gestattet die Verflüchtigung des Systemzwangs, aufs eigene Bewußtsein und die eigene Erfahrung unbefangener sich zu verlassen, als die pathetische Konzeption einer Subjektivität es duldete, die ihren abstrakten Triumph mit dem Verzicht auf ihren spezifischen Gehalt zu bezahlen hat. Das ist jener Emanzipation der Individualität gemäß, die in der Periode zwischen dem großen Idealismus und der Gegenwart sich zutrug, und deren Errungenschaften, trotz und wegen des gegenwärtigen Drucks kollektiver Regression, theoretisch so wenig zu widerrufen sind wie die Impulse der Dialektik von 1800. Wohl hat der Individualismus des neunzehnten Jahrhunderts die objektivierende Kraft des Geistes – die zur Einsicht in die Objektivität und zu deren Konstruktion – geschwächt, aber auch ihm eine Differenziertheit erworben, welche die Erfahrung des Objekts kräftigte.

Sich dem Objekt überlassen ist soviel wie dessen qualitativen Momenten gerecht werden. Die szientifische Objektivierung neigt, einig mit der Quantifizierungstendenz aller Wissenschaft seit Descartes, dazu, die Qualitäten auszuschalten, in meßbare Bestimmungen zu verwandeln. Rationalität selbst wird in steigendem Maß more mathematico dem Vermögen der Quantifizierung gleichgesetzt. So genau das dem Primat der triumphierenden Naturwissenschaft Rechnung trägt, so wenig liegt es im Begriff der ratio an sich. Verblendet ist sie nicht zuletzt darin, daß sie gegen die qualitativen Momente als ein seinerseits vernünftig zu Denkendes sich sperrt. Ratio ist nicht bloß συναγωγή, Aufstieg von den zerstreuten Erscheinungen zu ihrem Gattungsbegriff[11]. Ebenso fordert sie die Fähigkeit des Unterscheidens. Ohne sie wäre die synthetische Funktion des Denkens, abstraktive Vereinheitlichung, nicht möglich: Gleiches zusammenzunehmen heißt notwendig, es von Ungleichem zu sondern. Das ist aber das Qualitative; Denken, das es nicht denkt, ist selber bereits verschnitten und uneins mit sich. Platon, der als erster die Mathematik als methodisches Vorbild instaurierte, hat, zu Beginn der europäischen Vernunftphilosophie, dem qualitativen Moment der ratio noch kräftigen Ausdruck verliehen, indem er der συναγωγή die διαίρεσις gleichberechtigt zur Seite stellte. Sie läuft auf das Gebot hinaus, Bewußtsein solle, eingedenk der Sokratischen und sophistischen Scheidung von φύσει und θέσει, der Natur der Dinge sich anschmiegen, nicht willkürlich mit ihnen verfahren. Damit wird qualitative Unterscheidung nicht nur der Platonischen Dialektik, seiner Lehre vom Denken, einverleibt, sondern als Korrektiv der Gewalttätigkeit losgelassener Quantifizierung interpretiert. Ein Gleichnis aus dem Phaidros läßt daran keinen Zweifel. In ihm balancieren sich zurichtendes Denken und Gewaltlosigkeit. Man müsse, heißt es, in Umkehrung der begrifflichen Bewegung von Synthesis »imstande sei(n), beim Zerlegen in Unterarten den Schnitt nach den Gelenken zu führen, der Natur entsprechend, und nicht versuche(n), nach der Weise eines schlechten Kochs, irgendein Glied zu zerbrechen«[12]. Aller Quantifizierung bleibt als Substrat des zu Quantifizierenden jenes qualitative Moment er-

halten, das nach der Mahnung des Platon nicht soll zerbrochen werden, damit nicht die ratio, als Beschädigung des Gegenstandes, den sie erlangen soll, in Unvernunft umschlage. Rationaler Operation ist gleichsam als Moment des Gegengifts in zweiter Reflexion die Qualität gesellt, welche die beschränkte erste Reflexion der Wissenschaft in der ihr hörigen und fremden Philosophie unterschlug. Keine quantifizierte Einsicht, die nicht ihren Sinn, ihren terminus ad quem erst in der Rückübersetzung in Qualitatives empfinge. Das Erkenntnisziel selbst von Statistik ist qualitativ, Quantifizierung einzig ihr Mittel. Die Verabsolutierung der Quantifizierungstendenz der ratio kommt mit deren Mangel an Selbstbesinnung überein. Dieser dient Insistenz auf dem Qualitativen, beschwört nicht Irrationalität. Später hat einzig Hegel ohne retrospektiv-romantische Neigung Bewußtsein davon gezeigt, zu einer Zeit freilich, da die Suprematie der Quantifizierung noch nicht so unbestritten galt wie heute. Ihm ist zwar, in Einklang mit der szientifischen Überlieferung, »die Wahrheit der Qualität selbst die Quantität«[13]. Aber er erkennt sie im ›System der Philosophie‹ als »gegen das Seyn gleichgültige, demselben äußerliche Bestimmtheit«[14]. Der Großen Logik zufolge ist Quantität »selbst eine Qualität«. Sie behält ihre Relevanz im Quantitativen; und das Quantum kehrt zur Qualität zurück[15].
Der Quantifizierungstendenz entsprach auf der subjektiven Seite die Reduktion des Erkennenden zu einem qualitätslos Allgemeinen, rein Logischen. Wohl würden die Qualitäten erst in einem objektiven Stande frei, der nicht länger auf Quantifizierung limitiert wäre und nicht länger dem, der geistig sich anpassen muß, Quantifizierung einbläute. Aber diese ist nicht das zeitlose Wesen, als welches Mathematik, ihr Instrument, sie erscheinen läßt. Wie ihr Anspruch auf Exklusivität wurde, ist er vergänglich. In der Sache wartet das Potential ihrer Qualitäten auf das qualitative Subjekt, nicht dessen transzendentales Residuum, wiewohl das Subjekt dazu allein durch seine arbeitsteilige Einschränkung sich kräftigt. Je mehr indessen von seinen Reaktionen als angeblich bloß subjektiv verpönt werden, um so mehr an qualitativen Bestimmungen der Sache entgeht der Erkenntnis. Das Ideal des Differenzierten und Nuancierten, das Erkenntnis trotz alles Science is measurement bis zu den jüngsten

Entwicklungen nie ganz vergaß, bezieht sich nicht allein auf eine individuelle, für Objektivität entbehrliche Fähigkeit. Seinen Impuls empfängt es von der Sache. Differenziert ist, wer an dieser und in ihrem Begriff noch das Kleinste und dem Begriff Entschlüpfende zu unterscheiden vermag; einzig Differenziertheit reicht ans Kleinste heran. In ihrem Postulat, dem des Vermögens zur Erfahrung des Objekts – und Differenziertheit ist dessen zur subjektiven Reaktionsform gewordene Erfahrung – findet das mimetische Moment der Erkenntnis Zuflucht, das der Wahlverwandtschaft von Erkennendem und Erkanntem. Im Gesamtprozeß der Aufklärung bröckelt dies Moment allmählich ab. Aber er beseitigt es nicht ganz, wofern er nicht sich selbst annullieren will. Noch in der Konzeption rationaler Erkenntnis, bar aller Affinität, lebt das Tasten nach jener Konkordanz fort, die einmal der magischen Täuschung fraglos war. Wäre dies Moment gänzlich getilgt, so würde die Möglichkeit, daß Subjekt Objekt erkennt, unverständlich schlechthin, die losgelassene Rationalität irrational. Das mimetische Moment seinerseits jedoch verschmilzt auf der Bahn seiner Säkularisierung mit dem rationalen. Dieser Prozeß faßt sich als Differenziertheit zusammen. Sie enthält ebenso mimetisches Reaktionsvermögen in sich wie das logische Organ fürs Verhältnis von Genus, Species und differentia specifica. Dabei bleibt dem differenzierenden Vermögen soviel an Zufälligkeit gesellt wie jeglicher ungeschmälerten Individualität gegenüber dem Allgemeinen ihrer Vernunft. Diese Zufälligkeit indessen ist nicht so radikal, wie es den Kriterien des Szientivismus gefiele. Hegel war sonderbar inkonsequent, als er das individuelle Bewußtsein, Schauplatz der geistigen Erfahrung, die sein Werk beseelt, der Zufälligkeit und Beschränktheit zieh. Erklärbar ist das nur aus der Begierde, das kritische Moment zu entmächtigen, das mit individuellem Geist sich verknüpft. In seiner Besonderung spürte er die Widersprüche zwischen dem Begriff und dem Besonderen. Individuelles Bewußtsein ist stets fast, und mit Grund, das unglückliche. Hegels Aversion dagegen versagt sich eben dem Sachverhalt, den er, wo es ihm paßt, unterstreicht: wie sehr jenem Individuellen das Allgemeine innewohnt. Nach strategischem Bedürfnis traktiert er das Individuum, als wäre es das Unmittelbare, dessen Schein er selbst zerstört. Mit diesem verschwindet aber auch der absoluter Kontingenz individueller Erfahrung. Sie hätte keine Kontinuität ohne die Begriffe. Durch ihre Teilhabe am diskursiven Medium ist sie der eigenen Bestimmung nach immer zugleich mehr als nur individuell. Zum Subjekt wird das Individuum, insofern es kraft seines individuellen Bewußtseins sich objektiviert, in der Einheit seiner selbst wie in der seiner Erfahrungen: Tieren dürfte beides versagt sein. Weil sie in sich allgemein ist, und soweit sie es ist, reicht individuelle Erfahrung auch ans Allgemeine heran. Noch in der erkenntnistheoretischen Reflexion bedingen logische Allgemeinheit und die Einheit individuellen Bewußtseins sich wechselfältig. Das betrifft aber nicht nur die subjektiv-formale Seite von Individualität. Jeder Inhalt des individuellen Bewußtseins wird ihm zugebracht von seinem Träger, dessen Selbsterhaltung zuliebe, und reproduziert sich mit ihr. Durch Selbstbesinnung vermag das individuelle Bewußtsein davon sich zu befreien, sich zu erweitern. Dazu treibt es die Qual, daß jene Allgemeinheit die Tendenz hat, in der individuellen Erfahrung die Vorherrschaft zu erlangen. Als »Realitätsprüfung« verdoppelt Erfahrung nicht einfach die Regungen und Wünsche des Einzelnen, sondern negiert sie auch, damit er überlebe. Anders als in der Bewegung einzelmenschlichen Bewußtseins läßt Allgemeines vom Subjekt überhaupt nicht sich ergreifen. Würde das Individuum coupiert, so spränge kein höheres, von den Schlacken der Zufälligkeit gereinigtes Subjekt heraus, sondern einzig ein bewußtlos nachvollziehendes. Im Osten hat der theoretische Kurzschluß in der Ansicht vom Individuum kollektiver Unterdrückung zum Vorwand gedient. Die Partei soll der Zahl ihrer Mitglieder wegen a priori jeglichem Einzelnen an Erkenntniskraft überlegen sein, auch wenn sie verblendet oder terrorisiert ist. Das isolierte Individuum jedoch, unbeeinträchtigt vom Ukas, mag zuzeiten der Objektivität ungetrübter gewahr werden als ein Kollektiv, das ohnehin nur noch die Ideologie seiner Gremien ist. Brechts Satz, die Partei habe tausend Augen, der Einzelne nur zwei, ist falsch wie nur je die Binsenweisheit. Exakte Phantasie eines Dissentierenden kann mehr sehen als tausend Augen, denen die rosarote Einheitsbrille aufgestülpt ward, die dann, was sie erblicken, mit der Allgemeinheit des Wahren verwechseln und regredieren. Dem widerstrebt die Individuation der Erkenntnis.

Nicht nur hängt von dieser, der Differenzierung, die Wahrnehmung des Objekts ab: ebenso ist sie selber vom Objekt her konstituiert, das in ihr gleichsam seine restitutio in integrum verlangt. Gleichwohl bedürfen die subjektiven Reaktionsweisen, deren das Objekt bedarf, ihrerseits unablässig der Korrektur am Objekt. Sie vollzieht sich in der Selbstreflexion, dem Ferment geistiger Erfahrung. Der Prozeß philosophischer Objektivation wäre, metaphorisch gesprochen, vertikal, innerzeitlich, gegenüber dem horizontalen, abstrakt Quantifizierenden der Wissenschaft; soviel ist wahr an Bergsons Metaphysik der Zeit. Dessen Generation, auch Simmel, Husserl und Scheler haben vergebens nach einer Philosophie sich gesehnt, die, rezeptiv zu den Gegenständen, sich verinhaltlicht. Was die Tradition kündigt, danach begehrte Tradition. Das dispensiert aber nicht von der methodischen Überlegung, wie inhaltliche Einzelanalyse zur Theorie der Dialektik steht. Unkräftig ist die idealistisch-identitätsphilosophische Beteuerung, diese ginge in jener auf. Objektiv jedoch, nicht erst durchs erkennende Subjekt, ist das Ganze, das von der Theorie ausgedrückt wird, in dem zu analysierenden Einzelnen enthalten. Die Vermittlung von beidem ist selbst inhaltlich, die durch die gesellschaftliche Totalität. Sie ist aber auch formal vermöge der abstrakten Gesetzmäßigkeit der Totalität selbst, der des Tausches. Der Idealismus, der daraus seinen absoluten Geist abdestillierte, verschlüsselt zugleich das Wahre, daß jene Vermittlung den Phänomenen als Zwangsmechanismus widerfährt; das birgt sich hinter dem sogenannten Konstitutionsproblem. Philosophische Erfahrung hat dies Allgemeine nicht, unmittelbar, als Erscheinung, sondern so abstrakt, wie es objektiv ist. Sie ist zum Ausgang vom Besonderen verhalten, ohne zu vergessen, was sie nicht hat, aber weiß. Ihr Weg ist doppelt, gleich dem Heraklitischen, der hinauf und der hinab. Während sie der realen Determination der Phänomene durch ihren Begriff versichert ist, kann sie diesen nicht ontologisch, als das an sich Wahre, sich vorgeben. Er ist fusioniert mit dem Unwahren, dem unterdrückenden Prinzip, und das mindert noch seine erkenntniskritische Dignität. Er bildet kein positives Telos, in dem Erkenntnis sich stillte. Die Negativität des Allgemeinen ihrerseits fixiert die Erkenntnis ans Besondere als das zu Errettende. »Wahr sind nur die Gedanken, die sich selber nicht verstehen.« In ihren unabdingbar allgemeinen Elementen schleppt alle Philosophie, auch die mit der Intention auf Freiheit, Unfreiheit mit sich, in der die der Gesellschaft sich verlängert. Sie hat den Zwang in sich; aber er allein schützt sie vor der Regression in Willkür. Den ihm immanenten Zwangscharakter vermag Denken kritisch zu erkennen; sein eigener Zwang ist das Medium seiner Befreiung. Die Freiheit zum Objekt, die bei Hegel auf die Entmächtigung des Subjekts hinauslief, ist erst herzustellen. Bis dahin divergieren Dialektik als Methode und als eine der Sache. Begriff und Realität sind des gleichen widerspruchsvollen Wesens. Was die Gesellschaft antagonistisch zerreißt, das herrschaftliche Prinzip, ist dasselbe, das, vergeistigt, die Differenz zwischen dem Begriff und dem ihm Unterworfenen zeitigt. Die logische Form des Widerspruchs aber gewinnt jene Differenz, weil ein jegliches der Einheit des herrschaftlichen Prinzips nicht sich Fügendes, nach dem Maß des Prinzips, nicht als ein gegen dieses gleichgültiges Verschiedenes erscheint, sondern als Verletzung der Logik. Andererseits bezeugt der Rest an Divergenz zwischen philosophischer Konzeption und Durchführung auch etwas von der Nichtidentität, die weder der Methode gestattet, ganz die Inhalte zu absorbieren, in denen allein sie doch sein soll, noch die Inhalte zu vergeistigen. Der Vorrang des Inhalts äußert sich als notwendige Insuffizienz der Methode. Was als solche, in der Gestalt allgemeiner Reflexion, gesagt werden muß, um nicht wehrlos zu sein vor der Philosophie der Philosophen, legitimiert sich allein in der Durchführung, und dadurch wird Methode wiederum negiert. Ihr Überschuß ist angesichts des Inhalts abstrakt, falsch; Hegel bereits mußte das Mißverhältnis der Vorrede der Phänomenologie zu dieser in den Kauf nehmen. Philosophisches Ideal wäre, daß die Rechenschaft über das, was man tut, überflüssig wird, indem man es tut.

Der jüngste Versuch des Ausbruchs aus dem Begriffsfetischismus – aus akademischer Philosophie, ohne den Anspruch von Verbindlichkeit fahren zu lassen – ging unter dem Namen des Existentialismus. Gleich der Fundamentalontologie, von der er sich durch politisches Engagement abgespalten hatte, blieb er idealistisch befangen; es behielt übrigens gegenüber der philosophischen Struktur etwas Zufälliges, ersetzbar durch konträre Politik, wofern diese nur der Characteristica formalis des Existentialismus genügt. Partisanen gibt es hüben und drüben. Keine theoretische Grenze zum Dezisionismus ist gezogen. Gleichwohl ist die idealistische Komponente des Existentialismus ihrerseits Funktion der Politik. Sartre und seine Freunde, Kritiker der Gesellschaft und nicht willens, bei theoretischer Kritik sich zu bescheiden, übersahen nicht, daß der Kommunismus überall, wo er zur Macht gelangt war, als Verwaltungssystem sich eingrub. Die Institution der zentralistischen Staatspartei ist Hohn auf alles, was einmal über das Verhältnis zur Staatsmacht gedacht worden war. Darum hat Sartre alles auf das Moment abgestellt, das von der herrschenden Praxis nicht mehr geduldet wird, nach der Sprache der Philosophie die Spontaneität. Je weniger objektive Chancen ihr die gesellschaftliche Machtverteilung bot, desto ausschließlicher hat er die Kierkegaardsche Kategorie der Entscheidung urgiert. Bei jenem empfing sie ihren Sinn vom terminus ad quem, der Christologie; bei Sartre wird sie zu dem Absoluten, dem sie einmal dienen sollte. Trotz seines extremen Nominalismus* organisierte sich Sartres Philosophie in ihrer wirksamsten Phase nach der alten idealistischen Kategorie der freien Tathandlung des Subjekts. Wie für Fichte ist für den Existentialismus jegliche Objektivität gleichgültig. Folgerecht wurden in Sartres Stücken die gesellschaftlichen Verhältnisse und Bedingungen allenfalls aktueller Zusatz, strukturell jedoch kaum mehr als Anlässe für die Aktion. Diese ward von Sartres philosophischer Objektlosigkeit zu einer Irrationalität verurteilt, die der unbeirrbare Aufklärer gewiß am wenig-

* Hegels Restitution des Begriffsrealismus, bis zur provokativen Verteidigung des ontologischen Gottesbeweises, war nach den Spielregeln unreflektierter Aufklärung reaktionär. Unterdessen hat der Gang der Geschichte seine antinominalistische Intention gerechtfertigt. Im Gegensatz zum groben Schema der Schelerschen Wissenssoziologie ging der Nominalismus seinerseits in Ideologie über, die des augenzwinkernden Das gibt es doch gar nicht, dessen die offizielle Wissenschaft gern sich bedient, sobald peinliche Entitäten wie Klasse, Ideologie, neuerdings überhaupt Gesellschaft erwähnt werden. Das Verhältnis genuin kritischer Philosophie zum Nominalismus ist nicht invariant, es wechselt geschichtlich mit der Funktion der Skepsis (vgl. Max Horkheimer, Montaigne und die Funktion der Skepsis, in: Zeitschrift für Sozialforschung, VII. Jg. 1938, passim). Jegliches fundamentum in re der Begriffe dem Subjekt zuzurechnen, ist Idealismus. Mit ihm entzweite der Nominalismus sich nur dort, wo der Idealismus objektiven Anspruch erhob. Der Begriff einer kapitalistischen Gesellschaft ist kein flatus vocis.

sten meinte. Die Vorstellung absoluter Freiheit zur Entscheidung ist so illusionär wie je die vom absoluten Ich, das die Welt aus sich heraus entläßt. Bescheidenste politische Erfahrung reichte hin, die zur Folie der Entscheidung von Helden aufgebauten Situationen als Kulissen wackeln zu machen. Nicht einmal dramaturgisch wäre derlei souveräne Entscheidung in konkreter geschichtlicher Verflochtenheit zu postulieren. Ein Feldherr, der ebenso irrational dazu sich entschließt, keine Greuel mehr begehen zu lassen, wie er diese vorher auskostete; der die Belagerung einer ihm bereits durch Verrat ausgelieferten Stadt abbricht und eine utopische Gemeinde gründet, wäre auch in den wilden Zeiten einer possenhaft romantisierten deutschen Renaissance sogleich, wenn nicht von meuternden Soldaten umgebracht, so von seinen Oberen abberufen worden. Dazu stimmt nur allzu genau, daß Götz bramarbasierend wie Nestroys Holofernes, nachdem er immerhin durch die Ausmordung der Lichtstadt über seine freie Tathandlung belehrt ward, sich einer organisierten Volksbewegung zur Verfügung stellt, dem durchsichtigen Deckbild jener, gegen welche Sartre die absolute Spontaneität ausspielt. Sogleich begeht denn auch der Butzenscheibenmann, nur offenbar jetzt mit dem Segen der Philosophie, abermals die Greuel, denen er aus Freiheit abgeschworen hatte. Das absolute Subjekt kommt aus seinen Verstrickungen nicht heraus: die Fesseln, die es zerreißen möchte, die der Herrschaft, sind eins mit dem Prinzip absoluter Subjektivität. Es ist zu Sartres Ehre, daß das in seinem Drama und gegen sein philosophisches Hauptwerk sich manifestiert; seine Stücke desavouieren die Philosophie, die sie thesenhaft verhandeln. Die Torheiten des politischen Existentialismus jedoch, gleich der Phraseologie des entpolitisierten deutschen, haben ihren philosophischen Grund. Der Existentialismus befördert das Unvermeidliche, das bloße Dasein der Menschen, zu einer Gesinnung, die der Einzelne wählen soll ohne Bestimmungsgrund der Wahl, und ohne daß er eigentlich eine andere Wahl hätte. Lehrt der Existentialismus mehr als solche Tautologie, so macht er sich gemein mit der für sich seienden Subjektivität als dem allein Substantiellen. Die Richtungen, welche Derivate des lateinischen existere als Devisen tragen, möchten die Wirklichkeit leibhaftiger Erfahrung wider die entfremdete Einzelwissenschaft aufbieten. Aus Angst vor Verdinglichung weichen sie vor dem Sachhaltigen zurück. Es wird ihnen unter der Hand zum Exempel. Was sie unter ἐποχή setzen, rächt sich an ihnen, indem es hinter dem Rücken der Philosophie, in den dieser zufolge irrationalen Entscheidungen, seine Gewalt durchsetzt. Der begriffslosen Einzelwissenschaft ist das von Sachgehalten expurgierte Denken nicht überlegen; all seine Versionen geraten, ein zweites Mal, in eben den Formalismus, den sie um des wesentlichen Interesses der Philosophie willen befehden. Nachträglich wird er dann, mit zufälligen Anleihen insbesondere bei der Psychologie, aufgefüllt. Die Intention des Existentialismus zumindest in seiner radikalen französischen Gestalt wäre nicht in der Distanz von den Sachgehalten, sondern in bedrohlicher Nähe zu diesen realisierbar. Die Trennung von Subjekt und Objekt ist nicht durch die Reduktion aufs Menschenwesen, und wäre es das absoluter Vereinzelung, aufzuheben. Ideologisch ist die heute bis in den Marxismus Lukács'scher Provenienz hinein populäre Frage nach dem Menschen darum, weil sie der puren Form nach das Invariante der möglichen Antwort, und wäre es Geschichtlichkeit selber, diktiert. Was der Mensch an sich sein soll, ist immer nur, was er war: er wird an den Felsen seiner Vergangenheit festgeschmiedet. Er ist aber nicht nur, was er war und ist, sondern ebenso, was er werden kann; keine Bestimmung reicht hin, das zu antezipieren. Wie wenig die um Existenz gruppierten Schulen, auch die extrem nominalistischen, zu jener Entäußerung fähig sind, die sie im Rekurs auf einzelmenschliche Existenz ersehnen, bekennen sie ein, indem sie über das in seinem Begriff nicht Aufgehende, ihm Konträre allgemeinbegrifflich philosophieren, anstatt es aufzudenken. Sie illustrieren Existenz am Existierenden.

Wie statt dessen zu denken wäre, das hat in den Sprachen sein fernes und undeutliches Urbild an den Namen, welche die Sache nicht kategorial überspinnen, freilich um den Preis ihrer Erkenntnisfunktion. Ungeschmälerte Erkenntnis will, wovor zu resignieren man ihr eingedrillt hat und was die Namen abblenden, die zu nahe daran sind; Resignation und Verblendung ergänzen sich ideologisch. Idiosynkratische Genauigkeit in der Wahl der Worte, so als ob sie die Sache benennen sollten, ist keiner der geringsten Gründe dafür, daß der Philosophie die Darstellung wesentlich ist. Der Erkenntnisgrund für solche Insistenz des Ausdrucks vorm τόδε τι ist dessen eigene Dialektik, seine begriffliche Vermittlung in sich selbst; sie ist die Einsatzstelle, das Unbegriffliche an ihm zu begreifen. Denn die Vermittlung inmitten des Nichtbegrifflichen ist kein Rest nach vollzogener Subtraktion, auch nichts, was auf eine schlechte Unendlichkeit von dergleichen Prozeduren verwiese. Vielmehr ist die Vermittlung der ὕλη deren implizite Geschichte. Philosophie schöpft, was irgend sie noch legitimiert, aus einem Negativen: daß jenes Unauflösliche, vor dem sie kapitulierte und von dem der Idealismus abgleitet, in seinem So-und-nicht-anders-Sein doch wiederum auch ein Fetisch ist, der der Irrevokabilität des Seienden. Er zergeht vor der Einsicht, daß es nicht einfach so und nicht anders ist, sondern unter Bedingungen wurde. Dies Werden verschwindet und wohnt in der Sache, so wenig auf deren Begriff stillzustellen, wie von seinem Resultat abzuspalten und zu vergessen. Ihm ähnelt zeitliche Erfahrung. Im Lesen des Seienden als Text seines Werdens berühren sich idealistische und materialistische Dialektik. Während jedoch dem Idealismus die innere Geschichte der Unmittelbarkeit diese als Stufe des Begriffs rechtfertigt, wird sie materialistisch zum Maß der Unwahrheit der Begriffe nicht nur sondern mehr noch des seienden Unmittelbaren. Womit negative Dialektik ihre verhärteten Gegenstände durchdringt, ist die Möglichkeit, um die ihre Wirklichkeit betrogen hat und die doch aus einem jeden blickt. Doch selbst bei äußerster Anstrengung, solche in den Sachen geronnene Geschichte sprachlich auszudrücken, bleiben die verwendeten Worte Begriffe. Ihre Präzision surrogiert die Selbstheit der Sache, ohne daß sie ganz gegenwärtig würde; ein Hohlraum klafft zwischen ihnen und dem, was sie beschwören. Daher der Bodensatz von Willkür und Relativität wie in der Wortwahl so in der Darstellung insgesamt. Noch bei Benjamin haben die Begriffe einen Hang, ihre Begrifflichkeit autoritär zu verstecken. Nur Begriffe können vollbringen, was der Begriff verhindert. Erkenntnis ist ein τρώσας ἰάσεται. Der bestimmbare Fehler aller Begriffe nötigt, andere herbeizuzitieren; darin entspringen jene Konstellationen, an die allein von der Hoffnung des Namens etwas überging. Ihm nähert die Sprache der Philosophie sich durch seine Negation. Was sie an den Worten kritisiert, ihren Anspruch unmittelbarer Wahrheit, ist stets fast die Ideologie positiver, seiender Identität von Wort und Sache. Auch die Insistenz vorm einzelnen Wort und Begriff, dem ehernen Tor, das sich öffnen soll, ist einzig ein wenngleich unabdingbares Moment. Um erkannt zu werden, bedarf das Inwendige, dem Erkenntnis im Ausdruck sich anschmiegt, stets auch eines ihm Äußeren.

Nicht länger ist mit dem Hauptstrom der neueren Philosophie – das Wort klingt schmählich – mitzuschwimmen. Die neuzeitliche, bis heute dominierende möchte die traditionalen Momente des Denkens ausscheiden, es dem eigenen Gehalt nach enthistorisieren, Geschichte einer Sonderbranche feststellender Tatsachenwissenschaft zuweisen. Seitdem man in der vermeintlichen Unmittelbarkeit von subjektiv Gegebenem das Fundament aller Erkenntnis suchte, hat man, hörig gleichsam dem Idol purer Gegenwart, dem Gedanken seine geschichtliche Dimension auszutreiben getrachtet. Das fiktive eindimensionale Jetzt wird zum Erkenntnisgrund des inneren Sinnes. Unter diesem Aspekt harmonieren die offiziell als Antipoden angesehenen Patriarchen der Moderne: in den autobiographischen Erklärungen Descartes' über den Ursprung seiner Methode und der Baconschen Idolenlehre. Was im Denken geschichtlich ist, anstatt der Zeitlosigkeit der objektivierten Logik zu parieren, wird dem Aberglauben gleichgesetzt, der die Berufung auf kirchlich institutionelle Tradition wider den prüfenden Gedanken tatsächlich war. Die Kritik an Autorität hatte allen Grund. Aber sie verkennt, daß Tradition der Erkenntnis selbst immanent ist als das vermittelnde Moment ihrer Gegenstände. Erkenntnis verformt diese, sobald sie kraft stillstellender Objektivierung damit tabula rasa macht. Sie hat an sich, noch in ihrer dem Gehalt gegenüber verselbständigten Form, teil an Tradition als unbewußte Erinnerung; keine Frage könnte nur gefragt werden, in der Wissen vom Vergangenen nicht aufbewahrt wäre und weiterdrängte. Die Gestalt des Denkens als innerzeitlicher, motiviert fortschreitender Bewegung gleicht vorweg, mikrokosmisch, der makrokosmischen, geschichtlichen, die in der Struktur von Denken verinnerlicht ward. Unter den Leistungen der Kantischen Deduktion rangiert obenan, daß er noch in der reinen Form der Erkenntnis, der Einheit des Ich denke, auf der Stufe der Reproduktion in der Einbildungskraft, Erinnerung, die Spur des Geschichtlichen gewahrte. Weil jedoch keine Zeit ist ohne das in ihr Seiende, kann, was Husserl in seiner Spätphase innere Historizität nannte, nicht inwendig, nicht reine Form bleiben. Innere Historizität des Denkens ist mit dessen Inhalt verwachsen und damit der Tradition. Das reine, vollendet sublimierte Subjekt dagegen wäre das absolut Traditionslose. Erkenntnis, welche dem Idol jener Reinheit, dem totaler Zeitlosigkeit, gänzlich willfahrte, koinzidierte mit der formalen Logik, würde Tautologie; nicht einmal einer transzendentalen Logik gewährte es mehr Raum. Zeitlosigkeit, der das bürgerliche Bewußtsein, vielleicht zur Kompensation der eigenen Sterblichkeit, zustrebt, ist die Höhe von dessen Verblendung. Benjamin hat das innerviert, als er dem Ideal der Autonomie schroff abschwor und sein Denken einer Tradition unterstellte, die freilich, als freiwillig installierte, subjektiv gewählte der Autorität ebenso entbehrt, wie sie es dem autarkischen Gedanken vorrechnet. Wenngleich Widerspiel des transzendentalen Moments, ist das traditionale quasi transzendental, nicht die punktuelle Subjektivität, sondern das eigentlich Konstitutive, der laut Kant verborgene Mechanismus in der Tiefe der Seele. Unter den Varianten der allzu engen Ausgangsfragen der Kritik der reinen Vernunft dürfte die nicht fehlen, wie Denken, das der Tradition sich entäußern muß, verwandelnd sie aufbewahren könne[11]; nichts anderes ist geistige Erfahrung. Die Philosophie Bergsons, mehr noch der Roman Prousts hingen ihr nach, nur ihrerseits unterm Bann von Unmittelbarkeit, aus Abscheu vor jener bürgerlichen Zeitlosigkeit, die mit der Mechanik des Begriffs die Abschaffung des Lebens vorwegnimmt. Die Methexis der Philosophie an der Tradition wäre aber einzig deren bestimmte Verneinung. Sie wird gestiftet von den Texten, die sie kritisiert. An ihnen, welche die Tradition ihr zuträgt und die die Texte selbst verkörpern, wird ihr Verhalten der Tradition kommensurabel. Das rechtfertigt den Übergang von Philosophie an Deutung, die weder das Gedeutete noch das Symbol zum Absoluten erhöht, sondern, was wahr sei, dort sucht, wo der Gedanke das unwiederbringliche Urbild heiliger Texte säkularisiert.

Durch die sei's offenbare, sei's latente Gebundenheit an Texte gesteht die Philosophie ein, was sie unterm Ideal der Methode vergebens ableugnet, ihr sprachliches Wesen. In ihrer neueren Geschichte ist es, analog der Tradition, verfemt worden als Rhetorik. Abgesprengt und zum Mittel der Wirkung degradiert, war es Träger der Lüge in der Philosophie. Die Verachtung für die Rhetorik beglich die Schuld, in die sie, seit der Antike, durch jene Trennung von der Sache sich verstrickt hatte, die Platon verklagte. Aber die Verfolgung des rhetorischen Moments, durch welches der Ausdruck ins Denken sich hinüberrettete, trug nicht weniger zu dessen Technifizierung bei, zu seiner potentiellen Abschaffung, als die Pflege der Rhetorik unter Mißachtung des Objekts. Rhetorik vertritt in Philosophie, was anders als in der Sprache nicht gedacht werden kann. Sie behauptet sich in den Postulaten der Darstellung, durch welche Philosophie von der Kommunikation bereits erkannter und fixierter Inhalte sich unterscheidet. Gefährdet ist sie, wie alles Stellvertretende, weil sie leicht zur Usurpation dessen schreitet, was die Darstellung dem Gedanken nicht unvermittelt anschaffen kann. Unablässig korrumpiert sie der überredende Zweck, ohne den doch wieder die Relation des Denkens zur Praxis aus dem Denkakt entschwände. Die Allergie der gesamten approbierten philosophischen Überlieferung gegen den Ausdruck, von Platon bis zu den Semantikern, ist konform dem Zug aller Aufklärung, das Undisziplinierte der Gebärde noch bis in die Logik hinein zu ahnden, einem Abwehrmechanismus des verdinglichten Bewußtseins. Läuft das Bündnis der Philosophie mit der Wissenschaft virtuell auf die Abschaffung der Sprache hinaus, und damit der Philosophie selbst, so überlebt sie nicht ohne ihre sprachliche Anstrengung. Anstatt im sprachlichen Gefälle zu plätschern, reflektiert sie darauf. Mit Grund verbündet sich sprachliche Schlamperei – wissenschaftlich: das Unexakte – gern mit dem wissenschaftlichen Gestus der Unbestechlichkeit durch die Sprache. Denn die Abschaffung der Sprache im Denken ist nicht dessen Entmythologisierung. Verblendet opfert Philosophie mit der Sprache, worin sie zu ihrer Sache anders sich verhält als bloß signifikativ; nur als Sprache vermag Ähnliches das Ähnliche zu erkennen. Die permanente Denunziation der Rhetorik durch den Nominalismus, für den der

Name bar der letzten Ähnlichkeit ist mit dem, was er sagt, läßt sich indessen nicht ignorieren, nicht das rhetorische Moment ungebrochen dagegen aufbieten. Dialektik, dem Wortsinn nach Sprache als Organon des Denkens, wäre der Versuch, das rhetorische Moment kritisch zu erretten: Sache und Ausdruck bis zur Indifferenz einander zu nähern. Sie eignet, was geschichtlich als Makel des Denkens erschien, seinen durch nichts ganz zu zerbrechenden Zusammenhang mit der Sprache, der Kraft des Gedankens zu. Das inspirierte die Phänomenologie, als sie, wie immer naiv, der Wahrheit in der Analyse der Worte sich versichern wollte. In der rhetorischen Qualität beseelt Kultur, die Gesellschaft, Tradition den Gedanken; das blank Antirhetorische ist verbündet mit der Barbarei, in welcher das bürgerliche Denken endet. Die Diffamierung Ciceros, noch Hegels Antipathie gegen Diderot zeugen vom Ressentiment derer, denen Lebensnot die Freiheit, sich zu erheben, verschlägt, und denen der Leib der Sprache für sündhaft gilt. In der Dialektik ergreift das rhetorische Moment, entgegen der vulgären Ansicht, die Partei des Inhalts. Es vermittelnd mit dem formalen, logischen, sucht Dialektik, das Dilemma zwischen der beliebigen Meinung und dem wesenlos Korrekten zu meistern. Sie neigt sich aber dem Inhalt zu als dem Offenen, nicht vom Gerüst Vorentschiedenen: Einspruch gegen den Mythos. Mythisch ist das Immergleiche, wie es schließlich zur formalen Denkgesetzlichkeit sich verdünnte. Erkenntnis, die den Inhalt will, will die Utopie. Diese, das Bewußtsein der Möglichkeit, haftet am Konkreten als dem Unentstellten. Es ist das Mögliche, nie das unmittelbar Wirkliche, das der Utopie den Platz versperrt; inmitten des Bestehenden erscheint es darum als abstrakt. Die unauslöschliche Farbe kommt aus dem Nichtseienden. Ihm dient Denken, ein Stück Dasein, das, wie immer negativ, ans Nichtseiende heranreicht. Allein erst äußerste Ferne wäre die Nähe; Philosophie ist das Prisma, das deren Farbe auffängt.

Erster Teil

Verhältnis zur Ontologie

I
Das ontologische Bedürfnis

Die Ontologien in Deutschland, zumal die Heideggersche, wirken stets noch weiter, ohne daß die Spuren der politischen Vergangenheit schreckten. Stillschweigend wird Ontologie verstanden als Bereitschaft, eine heteronome, der Rechtfertigung vorm Bewußtsein enthobene Ordnung zu sanktionieren. Daß derlei Auslegungen höheren Orts als Mißverständnis, Abgleiten ins Ontische, Mangel an Radikalismus der Frage dementiert werden, verstärkt nur die Würde des Appells: Ontologie scheint um so numinoser, je weniger sie auf bestimmte Inhalte zu fixieren ist, die dem vorwitzigen Verstand einzuhaken erlaubten. Ungreifbarkeit wird zur Unangreifbarkeit. Wer die Gefolgschaft verweigert, ist als geistig vaterlandsloser Geselle verdächtig, ohne Heimat im Sein, gar nicht soviel anders, als einmal die Idealisten Fichte und Schelling jene, welche ihrer Metaphysik widerstrebten, niedrig schalten. In all ihren einander sich befehdenden und sich gegenseitig als falsche Version ausschließenden Richtungen ist Ontologie apologetisch. Ihre Wirkung wäre aber nicht zu verstehen, käme ihr kein nachdrückliches Bedürfnis entgegen, Index eines Versäumten, die Sehnsucht, beim Kantischen Verdikt übers Wissen des Absoluten solle es nicht sein Bewenden haben. Als man in der Frühzeit der neu-ontologischen Richtungen mit theologischer Sympathie von Auferstehung der Metaphysik redete, lag das noch krud, aber offen zutage. Schon der Husserlsche Wille, anstelle der intentio obliqua die intentio recta zu setzen, den Sachen sich zuzuwenden, hatte etwas davon; was in der Vernunftkritik die Grenzen der Möglichkeit von Erkenntnis gezogen hatte, war nichts anderes als die Rückbesinnung aufs Erkenntnisvermögen selbst, von der das phänomenologische Programm zunächst dispensieren wollte. In dem »Entwurf« der ontologischen Konstitution von Sachgebieten und Regionen, schließlich der »Welt als dem Inbegriff alles Daseienden« regte deutlich sich der Wille, das

Ganze ohne seiner Erkenntnis diktierte Grenzen zu ergreifen; die Husserlschen εἴδη, aus denen dann beim Heidegger von ›Sein und Zeit‹ Existentialien wurden, sollten umfassend antezipieren, was jene Regionen bis zur obersten eigentlich seien. Unausdrücklich stand dahinter, die Entwürfe der Vernunft könnten aller Fülle des Seienden ihre Struktur vorzeichnen; zweite Reprise der alten Philosophien des Absoluten, deren erste der nach-Kantische Idealismus war. Zugleich aber wirkte die kritische Tendenz fort, weniger gegen dogmatische Begriffe denn als Anstrengung, die nun ihrer systematischen Einheit entäußerten und gegen einander abgesetzten Absoluta nicht mehr zu setzen oder zu konstruieren, sondern rezeptiv, in einer an dem positivistischen Wissenschaftsideal gebildeten Haltung hinzunehmen und zu beschreiben. Dadurch wird das absolute Wissen abermals, wie bei Schelling, intellektuelle Anschauung. Man hofft, die Vermittlungen zu durchstreichen, anstatt sie zu reflektieren. Das nichtkonformistische Motiv, Philosophie brauche in ihren Schranken – denen der organisierten und verwertbaren Wissenschaft – nicht sich zu bescheiden, kippt in Konformismus um. Das als solches ohne Kritik hingenommene kategoriale Gefüge, Gerüst bestehender Verhältnisse, wird als absolut bestätigt, und die reflexionslose Unmittelbarkeit der Methode leiht sich jeglicher Willkür. Kritik des Kritizismus wird vorkritisch. Daher die geistige Verhaltensweise des permanenten Zurück zu. Das Absolute wird, was es am wenigsten möchte und was freilich die kritische Wahrheit darüber sagt, ein Naturgeschichtliches, aus dem rasch und grob genug die Norm, sich anzupassen, entnommen werden konnte. Demgegenüber versagte die idealistische Schulphilosophie, was der von Philosophie erwartet, der unpräpariert mit ihr sich einläßt. Das war die Kehrseite ihrer von Kant erzwungenen wissenschaftlichen Selbstverantwortung. Das Bewußtsein davon, daß die als Sparte betriebene Philosophie mit den Menschen nichts mehr zu tun hat, denen sie die Fragen als eitel abgewöhnt, um derentwillen sie einzig mit ihr sich befassen, rumort schon im deutschen Idealismus; ohne kollegiale Vorsicht ist es ausgesprochen von Schopenhauer und Kierkegaard, und Nietzsche hat jegliches Einverständnis mit dem akademischen Wesen aufgesagt. Unter diesem Aspekt aber machen die gegenwärtigen Ontologien nicht einfach die anti-akademische Tradition der Philosophie sich zu eigen, indem sie, wie Paul Tillich einmal formulierte, nach dem fragen, was einen unbedingt angeht. Sie haben das Pathos des Unakademischen akademisch etabliert. In ihnen vereint sich angenehmes Gruseln vorm Weltuntergang mit dem beruhigenden Gefühl, auf festem, womöglich auch noch philologisch gesichertem Boden zu operieren. Kühnheit, Prärogative des Jünglings wie je, weiß vom allgemeinen Einverständnis und der mächtigsten Bildungsinstitution sich gedeckt. Aus der Gesamtbewegung wurde das Gegenteil dessen, was ihre Anfänge zu verheißen schienen. Die Befassung mit Relevantem schlug in eine Abstraktheit zurück, die von keiner neukantischen Methodologie übertrumpft wird. Diese Entwicklung ist von der Problematik des Bedürfnisses selber nicht zu trennen. So wenig ist es durch jene Philosophie zu stillen wie einst durchs transzendentale System. Deshalb hat Ontologie sich mit ihrem Dunstkreis umgeben. Einer älteren deutschen Tradition gemäß stellt sie die Frage höher denn die Antwort; wo sie das Versprochene schuldig bleibt, hat sie das Scheitern seinerseits tröstlich zum Existential erhoben. Tatsächlich sind in der Philosophie Fragen von anderem Gewicht als in den Einzelwissenschaften, wo sie durch die Lösung fortgeschafft werden, während ihr philosophiegeschichtlicher Rhythmus eher der von Dauern und Vergessen wäre. Das sagt aber nicht, wie man unentwegt Kierkegaard nachbetet, die Existenz des Fragenden sei jene Wahrheit, welche die Antwort vergebens bloß sucht. Sondern in Philosophie schließt stets fast die authentische Frage in gewisser Weise ihre Antwort ein. Sie kennt nicht, wie die Forschung, ein Erst-danach von Frage und Antwort. Sie muß ihre Frage modeln nach dem, was sie erfahren hat, damit es eingeholt werde. Ihre Antworten sind nicht gegeben, gemacht, erzeugt: in sie schlägt die entfaltete, transparente Frage um. Der Idealismus möchte eben das übertäuben, immerzu seine eigene Gestalt, womöglich jeden Inhalt hervorbringen, »deduzieren«. Denken dagegen, das nicht als Ursprung sich behauptet, sollte nicht verbergen, daß es nicht erzeugt sondern wiedergibt, was es, als Erfahrung, bereits hat. Das Moment des Ausdrucks im Denken veranlaßt es, nicht more mathematico mit Problemen und dann Lösungen zum Schein aufzuwarten. Worte wie Problem und Lösung klingen in der Philosophie verlogen, weil sie die Unabhängigkeit des Gedachten vom Denken gerade dort postulieren, wo Denken und Gedachtes durch einander vermittelt sind. Philosophisch verstehen läßt sich eigentlich nur, was wahr ist. Der erfüllende Mitvollzug des Urteils, in dem verstanden wird, ist eins mit der Entscheidung über wahr und falsch. Wer nicht über die Stringenz eines Theorems, oder deren Abwesenheit, mitvollziehend urteilt, versteht es nicht. Seinen eigenen Sinngehalt, der zu verstehen wäre, hat es im Anspruch solcher Stringenz. Dadurch unterscheidet sich das Verhältnis von Verständnis und Urteil von der üblichen Zeitordnung. Ohne Urteil kann so wenig verstanden werden wie geurteilt ohne Verständnis. Das entzieht dem Schema sein Recht, die Lösung sei das Urteil, das Problem die bloße Frage, im Verständnis fundiert. Vermittelt ist die Fiber der sogenannten philosophischen Beweisführung selbst, kontrastierend zum mathematischen Modell, ohne daß dieses doch einfach verschwände. Denn die Stringenz des philosophischen Gedankens gebietet, daß seine Verfahrungsart an den Schlußformen sich messe. Beweise in der Philosophie sind die Anstrengung, dem Ausgedrückten Verbindlichkeit zu verschaffen, indem es den Mitteln des diskursiven Denkens kommensurabel wird. Es folgt aber nicht rein aus diesem: die kritische Reflexion solcher Produktivität des Denkens ist selbst ein Inhalt der Philosophie. Obwohl bei Hegel der Anspruch auf die Ableitung des Nichtidentischen aus der Identität aufs äußerste gesteigert ist, impliziert die Denkstruktur der Großen Logik in den Problemstellungen die Lösungen, anstatt nach Schlußstrichen Resultate vorzulegen. Während er die Kritik am analytischen Urteil bis zur These von dessen »Falschheit« pointiert, ist bei ihm alles analytisches Urteil, Hin- und Herwenden des Gedankens ohne Zitation eines ihm Auswendigen. Daß das Neue und Andere wiederum das Alte und Bekannte sei, ist ein Moment von Dialektik. So evident sein Zusammenhang mit der Identitätsthese, so wenig wird es von dieser umschrieben. Je mehr der philosophische Gedanke seiner Erfahrung sich überläßt, desto mehr nähert er sich, paradox, dem analytischen Urteil. Eines Desiderats der Erkenntnis recht sich bewußt werden, ist meist diese Erkenntnis selber: Widerpart des idealistischen Prinzips immerwährender Produktion. Im Verzicht auf die traditionelle Apparatur des Be-

weises, im Akzent auf dem bereits gewußten Wissen setzt in der Philosophie sich durch, daß sie keineswegs das Absolute ist.
Das ontologische Bedürfnis garantiert so wenig, was es will, wie die Qual der Verhungernden die Speise. Kein Zweifel an solcher Garantie aber plagt eine philosophische Bewegung, der es nicht an der Wiege gesungen ward. Darum nicht zuletzt geriet sie ins unwahr Affirmative. »Die Verdüsterung der Welt erreicht nie das Licht des Seyns.«[1] Jenen Kategorien, denen die Fundamentalontologie ihren Widerhall verdankt und die sie darum entweder verleugnet oder so sublimiert, daß sie zu keiner unliebsamen Konfrontation mehr taugen, ist abzulesen, wie sehr sie Abdrücke eines Fehlenden und nicht Herzustellenden, wie sehr sie dessen komplementäre Ideologie sind. Der Kultus des Seins aber, oder wenigstens die Attraktion, die das Wort als ein Superiores ausübt, lebt davon, daß auch real, wie einst in der Erkenntnistheorie, Funktionsbegriffe die Substanzbegriffe immer weiter verdrängt haben. Die Gesellschaft ist zu dem totalen Funktionszusammenhang geworden, als welchen sie einst der Liberalismus dachte; was ist, ist relativ auf Anderes, irrelevant an sich selbst. Das Erschrecken davor, das dämmernde Bewußtsein, das Subjekt büße seine Substantialität ein, präpariert es, der Beteuerung zu lauschen, Sein, unartikuliert jener Substantialität gleichgesetzt, überdauere doch unverlierbar den Funktionszusammenhang. Was ontologisches Philosophieren beschwörend gleichsam zu erwecken trachtet, wird jedoch unterhöhlt von realen Prozessen, Produktion und Reproduktion des gesellschaftlichen Lebens. Die Anstrengung, Mensch und Sein und Zeit als Urphänomene theoretisch zu vindizieren, hält das Schicksal der auferstandenen Ideen nicht auf. Begriffe, deren Substrat geschichtlich dahin ist, wurden durchweg auch im spezifisch philosophischen Bereich als dogmatische Hypostasen triftig kritisiert; so bei Kant die Transzendenz der empirischen Seele, die Aura des Wortes Dasein, im Paralogismenkapitel; der unmittelbare Rekurs auf Sein in dem über die Amphibolie der Reflexionsbegriffe. Die neue Ontologie eignet nicht jene Kantische Kritik sich zu, treibt sie nicht durch Reflexion weiter, sondern geriert sich, als gehöre jene einem rationalistischen Bewußtsein an, von dessen Makeln genuines Denken wie in einem rituellen Bad sich zu reinigen habe. Um trotzdem

auch die kritische Philosophie einzuspannen, wird dieser unmittelbar ontologischer Gehalt imputiert. Heidegger konnte das antisubjektivistische und »transzendierende« Moment nicht ohne Legitimation aus Kant herauslesen. Dieser hebt den objektiven Charakter seiner Fragestellung programmatisch in der Vorrede zur Kritik der reinen Vernunft hervor und läßt in der Durchführung der Deduktion der reinen Verstandesbegriffe an ihr keinen Zweifel. Er geht nicht auf in dem, was die konventionelle Philosophiegeschichte verzeichnet, in der Kopernikanischen Wendung; das objektive Interesse behält den Primat über das subjektiv gerichtete am bloßen Zustandekommen der Erkenntnis, an einer Zergliederung des Bewußtseins im empiristischen Stil. Keineswegs indessen ist dies objektive Interesse einer verborgenen Ontologie gleichzusetzen. Dagegen spricht nicht nur die Kritik der rationalistischen durch Kant, die zur Not der Konzeption einer anderen Raum ließe, sondern der Gedankengang der Vernunftkritik selbst. Ihm zufolge ist Objektivität – die der Erkenntnis und die des Inbegriffs alles Erkannten – subjektiv vermittelt. Sie duldet zwar die Annahme eines An sich jenseits der Subjekt-Objekt-Polarität, läßt sie aber mit voller Absicht so unbestimmt, daß keine wie immer geartete Interpretation aus ihr eine Ontologie herauszubuchstabieren vermöchte. Wollte Kant jenen kosmos noetikos erretten, den die Wendung zum Subjekt attackierte; trägt insofern sein Werk ein ontologisches Moment in sich, so bleibt es doch Moment und nicht das zentrale. Seine Philosophie möchte jene Rettung vollbringen mit der Kraft dessen, was das zu Rettende bedroht.

Die Wiederbelebung von Ontologie aus objektivistischer Intention hätte zur Stütze, was ihr freilich am letzten ins Konzept paßte: daß das Subjekt in weitem Maß zur Ideologie wurde, den objektiven Funktionszusammenhang der Gesellschaft verdeckend und das Leiden der Subjekte unter ihr beschwichtigend. Insofern ist, und nicht erst heute, das Nicht-Ich dem Ich drastisch vorgeordnet. Das spart Heideggers Philosophie aus, aber sie registriert es: ihr wird jener geschichtliche Primat unter den Händen zum ontologischen Vorrang des Seins schlechthin, vor allem Ontischen, Realen. Er hat denn auch wohlweislich sich gehütet, die Kopernikanische Wendung, die zur Idee, vor aller Augen zurückzudrehen. Seine Version der Ontologie hat er vom Objektivismus, seine anti-idealistische Haltung vom sei's kritischen, sei's naiven Realismus eifrig abgegrenzt[2]. Fraglos war das ontologische Bedürfnis nicht auf Anti-Idealismus, nach den Fronten akademischen Schulstreits, zu nivellieren. Aber unter seinen Impulsen desavouierte dennoch der vielleicht nachhaltigste den Idealismus. Erschüttert ist das anthropozentrische Lebensgefühl. Das Subjekt, philosophische Selbstbesinnung hat die Jahrhunderte zurückdatierende Kritik des Geozentrismus gleichsam sich zugeeignet. Dies Motiv ist mehr als bloß weltanschaulich, so bequem es auch weltanschaulich auszuschlachten war. Wohl sind überschwengliche Synthesen zwischen der philosophischen Entwicklung und der naturwissenschaftlichen anrüchig: sie ignorieren die Verselbständigung der physikalisch-mathematischen Formelsprache, welche längst nicht mehr in Anschauung, überhaupt in keinen dem menschlichen Bewußtsein unmittelbar kommensurablen Kategorien sich heimholen läßt. Dennoch haben die Ergebnisse der neueren Kosmologie weit ausgestrahlt; alle Vorstellungen, die das Universum dem Subjekt anähneln oder gar als seine Setzung ableiten wollten, zur Naivetät relegiert, vergleichbar der von Schildbürgern oder Paranoikern, die ihre Städtchen als Mittelpunkt der Welt betrachten. Der Grund des philosophischen Idealismus, Naturbeherrschung selbst, hat gerade vermöge ihrer unmäßigen Expansion während der ersten Hälfte des zwanzigsten Jahrhunderts die Gewißheit ihrer Allmacht eingebüßt; ebenso darum, weil das Bewußtsein der Menschen hinter ihr herhinkte und die Ordnung ihrer Verhältnisse weiter irrational blieb, wie auch, weil an der Größe des Erreichten dessen Winzigkeit im Vergleich zum Unerreichbaren erst zu messen war. Universal sind Ahnung und Angst, Naturbeherrschung webe durch ihren Fortschritt immer mehr mit an dem Unheil, vor dem sie behüten wollte; an jener zweiten Natur, zu der die Gesellschaft gewuchert ist. Ontologie und Seinsphilosophie sind – neben anderen und gröberen – Reaktionsweisen, in denen das Bewußtsein jener Verstrickung sich zu entwinden hofft. Aber sie haben eine fatale Dialektik in sich. Die Wahrheit, die den Menschen aus dem Mittelpunkt der Schöpfung verjagt und ihn seiner Ohnmacht gemahnt, bekräftigt, als subjektive Verhaltensweise, das Gefühl der

Ohnmacht, veranlaßt die Menschen, mit ihr sich zu identifizieren, und verstärkt damit weiter den Bann der zweiten Natur. Seinsgläubigkeit, trübes weltanschauliches Derivat kritischer Ahnung, artet wirklich zu dem aus, als was Heidegger unvorsichtig sie einmal definierte, zur Seinshörigkeit. Sie fühlt sich dem All gegenüber, heftet aber ohne viel Umstände sich an jegliches Partikulare, wofern es nur das Subjekt der eigenen Schwäche energisch genug überführt. Dessen Bereitschaft, vor dem Unheil zu ducken, das im Zusammenhang der Subjekte selber entspringt, ist die Rache für deren vergeblichen Wunsch, aus dem Käfig ihrer Subjektivität herauszuspringen. Der philosophische Sprung, Kierkegaards Urgestus, ist selber die Willkür, welcher die Unterwerfung des Subjekts unters Sein zu entrinnen wähnt. Nur wo das Subjekt auch, nach Hegels Sprache, dabei ist, mindert sich sein Bann; er perpetuiert sich in dem, was zum Subjekt das schlechthin Andere wäre, so wie stets schon der deus absconditus Züge der Irrationalität mythischer Gottheiten trug. Licht fällt auf die restaurativen Philosophien von heutzutage vom kitschigen Exotismus kunstgewerblicher Weltanschauungen her, wie dem erstaunlich konsumfähigen Zen-Buddhismus. Gleich diesem simulieren jene eine Stellung des Gedankens, welche einzunehmen die in den Subjekten aufgespeicherte Geschichte unmöglich macht. Einschränkung des Geistes auf das seinem geschichtlichen Erfahrungsstand Offene und Erreichbare ist ein Element von Freiheit; das begriffslos Schweifende verkörpert deren Gegenteil. Doktrinen, die dem Subjekt unbekümmert in den Kosmos entlaufen, sind samt der Seinsphilosophie mit der verhärteten Verfassung der Welt, und den Erfolgschancen in ihr, leichter vereinbar als das kleinste Stück Selbstbesinnung des Subjekts auf sich und seine reale Gefangenschaft.

Heidegger freilich durchschaute die Illusion, von welcher der populäre Erfolg der Ontologie zehrt: daß aus einem Bewußtsein, in dem Nominalismus und Subjektivismus sedimentiert sind, einem, das überhaupt nur durch Selbstreflexion zu dem wurde, was es ist, der Stand der intentio recta einfach gewählt werden könne. Er umgeht die Alternative mit der Seinslehre, welche sich als jenseits von intentio recta und intentio obliqua, von Subjekt und Objekt, wie von Begriff und Seiendem behauptet. Sein ist der oberste Begriff – denn wer Sein sagt, hat nicht es selber im Munde, sondern das Wort – und sei doch vor aller Begrifflichkeit privilegiert, kraft der im Wort Sein mitgedachten Momente, die in der abstrakt gewonnenen begrifflichen Merkmaleinheit nicht sich erschöpfen. Obwohl zumindest der reife Heidegger darauf nicht mehr Bezug nimmt, supponiert seine Rede vom Sein die Husserlsche Doktrin von der kategorialen Anschauung oder Wesensschau. Einzig durch solche Anschauung könnte, der Struktur nach, welche die Heideggersche Philosophie dem Sein zuschreibt, es sich, nach dem Sprachgebrauch der Schule, erschließen oder enthüllen; das emphatische Sein Heideggers wäre das Ideal dessen, was der Ideation sich gibt. Die in jener Doktrin gelegene Kritik an der klassifikatorischen Logik als der Merkmaleinheit des unterm Begriff Befaßten bleibt in Kraft. Aber Husserl, dessen Philosophie in den Schranken der Arbeitsteilung sich hielt und trotz aller sogenannten Fundierungsfragen bis zu ihrer Spätphase den Begriff der strengen Wissenschaft unbehelligt ließ, suchte, mit deren Spielregeln, in unmittelbare Übereinstimmung zu bringen, was seinen eigenen Sinn hat an deren Kritik; he wanted to eat the cake and have it too. Seine ausdrücklich als solche vorgetragene Methode möchte den klassifikatorischen Begriffen durch den Modus, in dem Erkenntnis ihrer sich versichert, einflößen, was sie als klassifikatorische, als bloße Zurüstung von Gegebenem nicht haben können, sondern hätten allein durchs Begreifen der Sache selbst, die bei Husserl changiert zwischen einem Intramentalen und einem der Bewußtseinsimmanenz Entgegengesetzten. Nicht, wie es zu Lebzeiten Husserls der Brauch war, ist ihm die Unwissenschaftlichkeit der kategorialen Anschauung als irrationalistisch vorzuwerfen – sein œuvre als ganzes opponiert dem Irrationalismus – sondern ihre Kontamination mit Wissenschaft. Heidegger hat das bemerkt und den Schritt getan, vor dem Husserl zögerte. Er hat aber dabei das rationale Moment weggeworfen, das Husserl hütete*, und, darin eher Bergson verwandt, stillschweigend ein Verfahren praktiziert, das die Beziehung auf den diskursiven Begriff, unabdingbares Moment von Denken, opfert. Dabei bedeckte er die Blöße Bergsons, der zwei gegeneinander unvermittelte, disparate Weisen von Erkenntnis nebeneinander aufstellt, indem er unter Mobilisierung der angeblich höheren Würde dessen, was der

* Vgl. bereits das Kapitel über die Rechtsprechung der Vernunft aus den ›Ideen‹.

kategorialen Anschauung zuteil wird, mit der Frage nach seiner Legitimation auch die erkenntniskritische als vorontologisch beseitigt. Das Ungenügen an der erkenntnistheoretischen Vorfrage wird zum Rechtstitel, diese einfach zu eliminieren; Dogmatik wird ihm, gegenüber der Tradition ihrer Kritik, schlicht zur höheren Weisheit. Das ist der Ursprung von Heideggers Archaismus. Die Zweideutigkeit der griechischen Worte für Sein, zurückdatierend auf die jonische Ungeschiedenheit von Stoffen, Prinzipien und reinem Wesen, wird nicht als Insuffizienz sondern als Superiorität des Ursprünglichen verbucht. Sie soll den Begriff Sein von der Wunde seiner Begrifflichkeit, der Spaltung von Gedanken und Gedachtem, heilen. Was aber auftritt, als hätte es seinen Ort im Weltalter vor dem Sündenfall subjektivierender wie vergegenständlichender Metaphysik, wird contre cœur zum krassen An sich. Subjektivität, die sich verleugnet, schlägt um in Objektivismus. Wie sorglich auch solches Denken der kritizistischen Kontroverse ausweicht, indem es die beiden antithetischen Positionen gleichermaßen dem Seinsverlust zuzählt, die Sublimierung seiner Begriffe, rastlose Fortsetzung der Husserlschen Reduktionen, entäußert, was mit Sein gemeint wird, ebenso allen individuierten Daseins wie aller Spuren rationaler Abstraktion. In der Tautologie, auf welche dies Sein hinausläuft, ist das Subjekt verscheucht: »Doch das Sein – was ist das Sein? Es ist Es selbst.«[3] Solcher Tautologie nähert Sein sich zwangsläufig. Sie wird nicht besser, wenn man mit kluger Offenherzigkeit für sie optiert und sie zur Bürgschaft des Tiefsten erklärt. Jedes Urteil, nach Hegels Aufweis sogar das analytische, trägt, ob es will oder nicht, den Anspruch in sich, etwas zu prädizieren, was nicht einfach mit dem bloßen Subjektbegriff identisch ist. Kehrt das Urteil daran sich nicht, so bricht es den Vertrag, den es vorweg durch seine Form unterzeichnet hat. Das wird aber bei dem Seinsbegriff, wie ihn die neue Ontologie handhabt, unvermeidlich. Sie »endet bei der Willkür, ›Sein‹, das gerade in seiner Reinheit das genaue Gegenteil von reiner Unmittelbarkeit, nämlich ein durch und durch Vermitteltes, nur in Vermittlungen sinnvoll ist, als das schlechthin Unmittelbare zu unterschieben«[4]. Sein muß sie nur durch es selber bestimmen, weil es weder durch Begriffe faßlich, weder also »vermittelt« sei, noch nach dem Modell des sinnlich Gewissen unmittelbar sich zeigen läßt; anstelle jeglicher kritischen Instanz fürs Sein rückt die Wiederholung des puren Namens. Das Residuum, das vermeintlich unentstellte Wesen[5] kommt einer ἀρχή vom Typus derer gleich, wie sie die motivierte Bewegung des Gedankens verwerfen mußte. Daß eine Philosophie leugnet, Metaphysik zu sein, entscheidet, wie Heidegger einmal gegen Sartre anmeldet[6], nicht darüber, ob sie es ist, begründet aber den Verdacht, in der Uneingestandenheit ihres metaphysischen Gehalts verstecke sich das Unwahre. Neubeginn auf einem vorgeblichen Nullpunkt ist die Maske angestrengten Vergessens, Sympathie mit der Barbarei ihm nicht äußerlich. Daß die älteren Ontologien, die scholastischen ebenso wie ihre rationalistischen Nachfahren, verfielen, war kein kontingenter Wechsel von Weltanschauung oder Denkstil; an ihn glaubt derselbe historische Relativismus, gegen den einmal das ontologische Bedürfnis aufbegehrte. Keine Sympathie mit Platons Enthusiasmus gegenüber den resignativ-einzelwissenschaftlichen Zügen des Aristoteles entkräftet den Einwand gegen die Ideenlehre als Verdoppelung der Welt der Dinge; kein Plädoyer für den Segen der Ordnung räumt die Schwierigkeiten weg, welche das Verhältnis von τόδε τι und πρώτη οὐσία in der Aristotelischen Metaphysik bereitet; sie rühren her von der Unvermitteltheit der Bestimmungen des Seins und des Seienden, welche die neue Ontologie entschlossen naiv restauriert. Ebensowenig vermöchte das sei's noch so legitime Verlangen nach objektiver Vernunft allein die Kantische Kritik des ontologischen Gottesbeweises aus der Welt zu denken. Schon der Eleatische Übergang zum heute glorifizierten Seinsbegriff war, worauf Heidegger weniger Wert legt, gegenüber dem Hylozoismus Aufklärung. Die Intention aber, all das wegzuwischen, indem man hinter die Reflexion des kritischen Gedankens in heilige Frühe regrediert, möchte lediglich philosophische Zwänge umgehen, die, einmal eingesehen, die Stillung des ontologischen Bedürfnisses verhinderten. Der Wille, nicht sich abspeisen zu lassen, von Philosophie Wesentliches zu erfahren, wird deformiert durch Antworten, die nach dem Bedürfnis zugeschnitten sind, zwielichtig zwischen der legitimen Verpflichtung, Brot, nicht Steine zu gewähren, und der illegitimen Überzeugung, Brot müsse sein, weil es sein muß.

Daß die am Primat der Methode ausgerichtete Philosophie bei sogenannten Vorfragen sich beruhigt, und sich deshalb womöglich auch noch als Grundwissenschaft im Sicheren fühlt, täuscht bloß darüber, daß die Vorfragen, und Philosophie selber, für die Erkenntnis kaum Konsequenz mehr haben. Die Besinnungen über das Instrument tangieren längst nicht mehr das wissenschaftlich Erkannte, sondern einzig, was überhaupt erkennbar sei, die Gültigkeit wissenschaftlicher Urteile. Das bestimmte Erkannte ist solcher Reflexion ein Subalternes, bloßes Konstitutum; während sie ihren Anspruch daraus zieht, in dessen allgemeine Konstitution sich zu versenken, läßt sie es gleichgültig. Die erste Formel, in der das ausgesprochen war, ist die berühmte Kantische, »der transzendentale Idealist« sei »ein empirischer Realist«[7]. Bewunderung für den Versuch der Kritik der reinen Vernunft, Erfahrung zu begründen, war taub für die Bankrotterklärung, daß die unermeßliche Anspannung jener Kritik gegen den Gehalt der Erfahrung selbst ἀδιάφορον sei. Sie ermutigt nur das normale Funktionieren des Verstandes und die dementsprechende Ansicht von der Realität; übrigens optiert noch Heidegger für den »normal denkenden Menschen«[8]. Wenige der innerweltlichen Anschauungen und Urteile des common sense werden außer Kurs gesetzt. »Kant wollte auf eine ›alle Welt‹ vor den Kopf stoßende Art beweisen, daß ›alle Welt‹ Recht habe: – das war der heimliche Witz dieser Seele. Er schrieb gegen die Gelehrten zu Gunsten des Volks-Vorurtheils, aber für Gelehrte und nicht für das Volk.«[9] Defaitismus lähmt den spezifisch philosophischen Impuls, ein Wahres, hinter den Idolen des konventionellen Bewußtseins Verstecktes aufzusprengen. Der Hohn des Amphiboliekapitels gegen die Vermessenheit, das Innere der Dinge erkennen zu wollen, die selbstzufrieden männliche Resignation, mit der Philosophie im mundus sensibilis als einem Auswendigen sich niederläßt, ist nicht bloß die aufklärerische Absage an jene Metaphysik, die den Begriff mit seiner eigenen Wirklichkeit verwechselt, sondern auch die obskurantistische an die, welche vor der Fassade nicht kapitulieren. Etwas vom Eingedenken an dies Beste, das die kritische Philosophie nicht sowohl vergaß, als zu Ehren der Wissenschaft, die sie begründen wollte, eifernd ausschaltete, überlebt in dem ontologischen Bedürfnis; der Wille, den Gedanken nicht um das bringen zu lassen, weswegen er gedacht wird. Seitdem die Wissenschaften, unwiderruflich, von der idealistischen Philosophie sich losgesagt haben, suchen die erfolgreichen keine Legitimation mehr als die Angabe ihrer Methode. In ihrer Selbstauslegung wird Wissenschaft sich zur causa sui, nimmt sich als Gegebenes hin und sanktioniert damit auch ihre je vorhandene, arbeitsteilige Gestalt, deren Insuffizienz doch nicht dauernd verborgen bleiben kann. Zumal die Geisteswissenschaften werden durchs erborgte Positivitätsideal in zahllosen Einzeluntersuchungen Beute von Irrelevanz und Begriffslosigkeit. Der Schnitt zwischen Einzeldisziplinen wie Soziologie, Ökonomie und Geschichte läßt in den pedantisch gezogenen und überwertig verteidigten Gräben das Interesse der Erkenntnis verschwinden. Ontologie erinnert daran, möchte aber, vorsichtig geworden, das Wesentliche nicht durch den spekulativen Gedanken der Sache einhauchen. Vielmehr soll es wie ein Gegebenes hervorspringen, Tribut an die Spielregeln der Positivität, über welche das Bedürfnis hinaus will. Manche Adepten der Wissenschaft erwarten von Ontologie entscheidende Ergänzung, ohne daß sie an die szientifischen Prozeduren zu rühren brauchten. Beansprucht die Heideggersche Philosophie in ihrer spätern Phase, über die herkömmliche Unterscheidung von Wesen und Tatsache sich zu erheben, so spiegelt sie die begründete Irritation vor der Divergenz von Wesens- und Tatsachenwissenschaften, von mathematisch-logischen und sachhaltigen Disziplinen, die im Wissenschaftsbetrieb unverbunden nebeneinander gedeihen, obwohl das Erkenntnisideal der einen mit dem der anderen unvereinbar wäre. Aber der Antagonismus zwischen den ausschließenden wissenschaftlichen Kriterien und dem absoluten Anspruch einer Wesens- oder dann einer Seinslehre wird nicht von deren Kommando beseitigt. Sie setzt sich ihrem Widerpart abstrakt entgegen, behaftet mit denselben Mängeln arbeitsteiligen Bewußtseins, als deren Kur sie sich gebärdet. Was sie gegen die Wissenschaft aufbietet, ist nicht deren Selbstreflexion, auch nicht, wie offenbar Walter Bröcker meint, etwas, das sich mit notwendiger Bewegung als qualitativ Anderes über ihr schichtete. Sie kommt, nach dem alten Hegelschen Gleichnis gegen Schelling, aus der Pistole, Zusatz zur Wissenschaft, der diese summarisch abfertigt, ohne an ihr selbst triftig etwas zu verändern. Ihre vornehme Abwendung von der Wissenschaft bestätigt schließlich doch deren Allherrschaft, ähnlich wie unterm Faschismus irrationalistische Parolen den szientifisch-technologischen Betrieb kontrapunktierten. Der Übergang von der Kritik der Wissenschaften zu dem ihnen Wesentlichen als dem Sein sieht selbst wiederum ab von dem, was irgend an den Wissenschaften wesentlich sein könnte, und bringt das Bedürfnis um das, was er zu gewähren scheint. Indem ontologisches Philosophieren ängstlicher von allem Sachhaltigen sich distanziert als Kant jemals, erlaubt es weniger unreglementierte Einsicht als der Idealismus in seiner Schellingschen und gar Hegelschen Gestalt. Verpönt wird zumal das gesellschaftliche Bewußtsein, wie es gerade den antiken Ontologien vom philosophischen untrennbar war, als Heterodoxie, als Befassung mit bloß Seiendem und μετάβασις εἰς ἄλλο γένος. Heideggers Hermeneutik hat die von Hegel in der Einleitung zur Phänomenologie inaugurierte Wendung gegen die Erkenntnistheorie sich zu eigen gemacht[10]. Aber die Reservate der Transzendentalphilosophie gegen eine inhaltliche, die den Inhalt als bloß empirisch von der Schwelle fortweist, überleben trotz aller Proteste in seinem Programm, das Sein vom Seienden abzuheben und das Sein selbst zu explizieren[11]. Die Fundamentalontologie entzieht sich nicht zuletzt darum, weil von ihr ein der Methodologisierung der Philosophie entstammendes Ideal von »Reinheit« – das letzte Bindeglied war Husserl –, als Kontrast des Seins zum Seienden, aufrecht erhalten, dennoch aber gleichwie über Sachhaltiges philosophiert wird. Mit jener Reinheit war dieser Habitus nur in einem Bereich zu versöhnen, wo alle bestimmten Unterscheidungen, ja aller Inhalt verschwimmt. Heidegger läßt, geschreckt von Schelers Schwächen, die prima philosophia nicht durch die Kontingenz des Materialen, die Vergänglichkeit der jeweiligen Ewigkeiten kraß kompromittieren. Aber er verzichtet auch nicht auf die ursprünglich vom Wort Existenz verheißene Konkretion*.

* Günther Anders (Die Antiquiertheit des Menschen, München 1961, S. 186 ff., 220, 326, und vor allem: On the Pseudo-Concreteness of Heidegger's Philosophy, in: Philos. & Phenomenol. Research, Vol. VIII, Nr. 3, p. 337 ff.) hat vor Jahren schon die Pseudokonkretheit der Fundamentalontologie angeprangert. Das in der deutschen Philosophie zwischen den beiden Kriegen höchst affektiv besetzte Wort Konkretion war durchtränkt mit dem Geist der Zeit. Seine Magie bediente sich jenes Zuges der Homerischen Nekyia, da Odysseus,

Die Unterscheidung von Begriff und Materialem sei der Sündenfall, während sie im Pathos des Seins sich perpetuiert. Nicht zu unterschätzen ist unter dessen vielen Funktionen die, daß es zwar gegen das Seiende seine höhere Dignität hervorkehrt, zugleich aber die Erinnerung an das Seiende, von dem es abgehoben werden will, als die an ein der Differenzierung und dem Antagonismus Vorgängiges mit sich führt. Sein lockt, beredt wie das Rauschen von Blättern im Wind schlechter Gedichte. Nur entgleitet diesem einigermaßen unschuldig, was es preist, während philosophisch wie auf einem Besitz darauf bestanden wird, über den der Gedanke, der ihn denkt, nichts vermag. Jene Dialektik, welche die reine Besonderung und die reine Allgemeinheit, beide gleich unbestimmt, ineinander übergehen läßt, wird in der Seinslehre verschwiegen und ausgebeutet; Unbestimmtheit zum mythischen Panzer.

Heideggers Philosophie, bei aller Aversion gegen das von ihm so genannte Man, dessen Namen die Anthropologie der Zirkulationssphäre denunzieren soll, gleicht einem hochentwickelten Kreditsystem. Ein Begriff borgt vom anderen. Der Schwebezustand, der damit sich herstellt, ironisiert den Gestus einer Philosophie, die so bodenständig sich fühlt, daß ihr lieber als das

um die Schatten zum Sprechen zu bringen, sie mit Blut füttert. »Blut und Boden« wirkte vermutlich gar nicht so sehr als Appell an den Ursprung. Der ironische Beiklang, der die Formel von Anfang begleitete, verrät das Bewußtsein des Fadenscheinigen von Archaik unter den Bedingungen hochkapitalistisch industrieller Produktion. Selbst das ›Schwarze Korps‹ mokierte sich über die Bärte der alten Germanen. Statt dessen lockte der Schein des Konkreten als des nicht Austauschbaren, nicht Fungiblen. Inmitten einer auf Monotonie sich zubewegenden Welt ging jenes Phantasma auf; Phantasma, weil es nicht an den Grund des Tauschverhältnisses rührte; sonst hätten die Sehnsüchtigen erst recht von dem sich bedroht gefühlt, was sie Gleichmacherei nannten, dem ihnen unbewußten Prinzip des Kapitalismus, das sie dessen Widersachern vorwarfen. Obsession mit dem Begriff des Konkreten verband sich mit der Unfähigkeit, es mit dem Gedanken zu erreichen. Das beschwörende Wort ersetzt die Sache. Heideggers Philosophie freilich nutzt noch das Pseudos jener Art Konkretion aus; weil τόδε τι und οὐσία ununterscheidbar seien, setzt er, wie es schon im Aristoteles projektiert war, je nach Bedarf und thema probandum das eine fürs andere ein. Das bloß Seiende wird zum Nichtigen, ledig des Makels, Seiendes zu sein, erhoben zum Sein, seinem eigenen reinen Begriff. Sein dagegen, bar jeden einschränkenden Inhalts, braucht nicht mehr als Begriff aufzutreten, sondern gilt für unmittelbar wie das τόδε τι: konkret. Die beiden Momente, einmal absolut isoliert, haben keine differentia specifica gegeneinander und werden vertauschbar; dies quid pro quo ist ein Hauptstück von Heideggers Philosophie.

Fremdwort Philosophie das deutsche Denken ist. Wie nach einem verblichenen Witz der Schuldner gegenüber dem Gläubiger im Vorteil sich befindet, weil dieser davon abhängt, ob jener zahlen will, so rinnt für Heidegger Segen aus allem, was er schuldig bleibt. Daß Sein weder Faktum noch Begriff sei, eximiert es von Kritik. Woran immer sie sich hält, ist als Mißverständnis abzufertigen. Der Begriff entlehnt vom Faktischen das air gediegener Fülle, des nicht erst gedanklich, unsolid Gemachten: des An sich; das Seiende vom Geist, der es synthesiert, die Aura des mehr denn faktisch Seins: die Weihe von Transzendenz; und eben diese Struktur hypostasiert sich als Höheres dem reflektierenden Verstand gegenüber, der Seiendes und Begriff mit dem Seziermesser auseinander schneide. Selbst die Dürftigkeit dessen, was Heidegger nach all dem in Händen behält, münzt er um in einen Vorzug; es ist eine der durchgängigen, freilich niemals als solche genannten Invarianten seiner Philosophie, jeglichen Mangel an Inhalt, jegliches Nichthaben einer Erkenntnis in einen Index von Tiefe umzuwerten. Unfreiwillige Abstraktheit präsentiert sich als freiwilliges Gelübde. »Das Denken«, heißt es im Traktat über Platons Lehre von der Wahrheit, »ist auf dem Abstieg in die Armut seines vorläufigen Wesens«[12] – als wäre die Leere des Seinsbegriffs Frucht mönchischer Keuschheit des Ursprünglichen, nicht bedingt von Aporien des Gedankens. Sein jedoch, das kein Begriff oder ein ganz besonderer sein soll, ist der aporetische[13] schlechthin. Er transformiert das Abstraktere ins Konkretere und darum Wahrere. Was es mit jener Askese auf sich hat, bekennt Heideggers eigene Sprache in Formulierungen, die ihn ärger kritisieren als bösartige Kritik: »Das Denken legt mit seinem Sagen unscheinbare Furchen in die Sprache. Sie sind noch unscheinbarer als die Furchen, die der Landmann langsamen Schrittes durch das Feld zieht.«[14] Trotz solcher affektierten Demut werden nicht einmal theologische Risiken eingegangen. Wohl ähneln die Attribute des Seins, wie einst die der absoluten Idee, den überlieferten der Gottheit. Aber die Seinsphilosophie hütet sich vor deren Existenz. So archaistisch das Ganze, so wenig will es als unmodern sich bekennen. Statt dessen partizipiert es an Modernität als Alibi des Seienden, zu dem Sein transzendierte und das doch darin geborgen sein soll.

Inhaltliches Philosophieren seit Schelling war begründet in der Identitätsthese. Nur wenn der Inbegriff des Seienden, schließlich Seiendes selbst, Moment des Geistes, auf Subjektivität reduzierbar; nur wenn Sache und Begriff im Höheren des Geistes identisch sind, ließ nach dem Fichteschen Axiom, das Apriori sei zugleich das Aposteriori, sich prozedieren. Das geschichtliche Urteil über die Identitätsthese aber fährt auch Heidegger in die Konzeption. Seiner phänomenologischen Maxime, der Gedanke habe dem sich zu beugen, was ihm sich gibt oder am Ende »schickt« – als ob der Gedanke nicht die Bedingungen solcher Schickung durchdringen könnte –, ist die Möglichkeit der Konstruktion tabu, des spekulativen Begriffs, die verwachsen war mit der Identitätsthese. Schon die Husserlsche Phänomenologie laborierte daran, daß sie unter der Parole »Zu den Sachen« über die Erkenntnistheorie hinaus wollte. Husserl nannte ausdrücklich seine Lehre nicht-erkenntnistheoretisch* wie später Heidegger die seine nicht-metaphysisch, schauderte aber vorm Übergang in die Sachhaltigkeit tiefer als je ein Marburger Neukantianer, dem die Infinitesimalmethode zu solchem Übergang verhelfen mochte. Gleich Husserl opfert Heidegger die Empirie, schiebt alles, was nicht, nach dessen Sprache, eidetische Phänomenologie wäre, den unphilosophischen Tatsachenwissenschaften zu. Aber er dehnt den Bann noch auf die Husserlschen εἴδη aus, die obersten, faktenfreien, begrifflichen Einheiten von Faktischem, denen Spuren von Sachhaltigkeit beigemischt sind. Sein ist die Kontraktion der Wesenheiten. Ontologie gerät aus der eigenen Konsequenz in ein Niemandsland. Die Aposteriorien muß sie eliminieren, Logik, als eine Lehre vom Denken und eine partikulare Disziplin, soll sie ebensowenig sein; jeder denkende Schritt müßte sie hinausführen über den Punkt, auf dem allein sie hoffen darf, sich selbst

* Er exponiert, in der phänomenologischen Fundamentalbetrachtung der ›Ideen‹, seine Methode als Gefüge von Operationen, ohne sie abzuleiten. Die damit konzedierte Willkür, die er erst in der Spätphase beseitigen wollte, ist unvermeidlich. Wäre das Verfahren deduziert, so enthüllte es sich als eben das Von oben her, das es um keinen Preis sein möchte. Es verginge sich gegen jenes quasi-positivistische Zu den Sachen. Diese indessen nötigen keineswegs zu den phänomenologischen Reduktionen, die darum etwas von beliebiger Setzung annehmen. Trotz aller konservierten »Rechtsprechung der Vernunft« geleiten sie zum Irrationalismus.

zu genügen. Selbst vom Sein wagt sie am Ende kaum mehr etwas zu prädizieren. Darin erscheint weniger mystische Meditation als die Not des Gedankens, der zu seinem Anderen will und nichts sich gestatten darf ohne Angst, darin zu verlieren, was er behauptet. Tendenziell wird Philosophie zum ritualen Gestus. In ihm freilich regt auch sich ein Wahres, ihr Verstummen.

Der Seinsphilosophie ist die geschichtliche Innervation von Sachlichkeit als einer Verhaltensweise des Geistes nicht fremd. Sie möchte die Zwischenschicht zur zweiten Natur gewordener subjektiver Setzungen durchstoßen, die Wände, die Denken um sich herumgebaut hat. In dem Husserlschen Programm schwingt das mit, und Heidegger war damit einverstanden [15]. Die Leistung des Subjekts, die im Idealismus Erkenntnis begründet, irritiert nach dessen Niedergang als entbehrliches Ornament. Darin bleibt die Fundamentalontologie gleich der Phänomenologie wider Willen Erbin des Positivismus [16]. Bei Heidegger überschlägt sich Sachlichkeit: er ist darauf aus, gleichsam ohne Form, rein aus den Sachen zu philosophieren, und damit verflüchtigen diese sich ihm. Der Überdruß an dem subjektiven Gefängnis der Erkenntnis veranlaßt zur Überzeugung, das der Subjektivität Transzendente sei für sie unmittelbar, ohne daß sie durch den Begriff es beflecke. Analog romantischen Strömungen wie der späteren Jugendbewegung verkennt sich die Fundamentalontologie als antiromantisch im Protest gegen das beschränkende und trübende Moment von Subjektivität; will diese, mit kriegerischer, auch von Heidegger nicht gescheuter Redeweise, überwinden [17]. Weil aber Subjektivität ihre Vermittlungen nicht aus der Welt denken kann, wünscht sie Stufen des Bewußtseins zurück, die vor der Reflexion auf Subjektivität und Vermittlung liegen. Das mißlingt. Wo sie gleichsam subjektlos dem sich anzuschmiegen vermeint, als was die Sachen sich zeigen, materialgerecht, urtümlich und neusachlich zugleich, scheidet sie aus dem Gedachten alle Bestimmungen aus, wie Kant einst aus dem transzendenten Ding an sich. Sie wären anstößig ebenso als Werk bloß subjektiver Vernunft wie als Abkömmlinge des besonderen Seienden. Kontradiktorische Desiderate kollidieren und vernichten sich gegenseitig. Weil weder spekulativ gedacht, vom Gedanken was auch immer gesetzt werden darf, noch umgekehrt ein Seiendes eindringen, das, als Stückchen der Welt, die Vorgängigkeit des Seins kompromittierte, getraut der Gedanke sich eigentlich überhaupt nichts anderes mehr zu denken als ein gänzlich Leeres, weit mehr noch ein X denn je das alte Transzendentalsubjekt, das als Bewußtseinseinheit stets die Erinnerung an seiendes Bewußtsein, »Egoität«, mit sich führte. Dies X, das absolut Unausdrückbare, allen Prädikaten Entrückte, wird unterm Namen Sein zum ens realissimum. In der Zwangsläufigkeit der aporetischen Begriffsbildung vollstreckt sich gegen den Willen der Seinsphilosophie an ihr Hegels Urteil übers Sein: es ist ununterscheidbar eins mit dem Nichts, und Heidegger betrog sich keineswegs darüber. Nicht jener Nihilismus aber ist der Existentialontologie vorzuhalten[18], auf den dann zu ihrem Entsetzen die linken Existentialisten sie interpretierten, sondern daß sie die schlechthinnige Nihilität ihres obersten Wortes als Positivum vorträgt.

Wie sehr auch durch permanente Vorsicht nach beiden Seiten Sein dimensionslos auf einen Punkt zusammengedrängt wird, das Verfahren hat doch sein fundamentum in re. Kategoriale Anschauung, das Innewerden des Begriffs, erinnert daran, daß den kategorial konstituierten Sachverhalten, welche die traditionelle Erkenntnistheorie einzig als Synthesen kennt, immer auch, über die sinnliche ὕλη hinaus, ein Moment korrespondieren muß. Insofern haben sie stets auch etwas Unmittelbares, an Anschaulichkeit mahnend. So wenig ein einfacher mathematischer Satz gilt ohne die Synthesis der Zahlen, zwischen denen die Gleichung aufgestellt wird, so wenig wäre – das vernachlässigt Kant – Synthesis möglich, wenn nicht das Verhältnis der Elemente dieser Synthesis entspräche, ungeachtet der Schwierigkeiten, in die eine solche Redeweise nach gängiger Logik verwickelt; wenn nicht, drastisch und mißverständlich gesagt, die beiden Seiten der Gleichung tatsächlich einander glichen. Von diesem Zusammengehören ist so wenig sinnvoll unabhängig von der denkenden Synthesis zu reden, wie vernünftige Synthesis wäre ohne jene Korrespondenz: Schulfall von »Vermittlung«. Daß man in der Reflexion schwankt, ob Denken eine Tätigkeit sei und nicht vielmehr, gerade in seiner Anspannung, ein sich Anmessen, verweist darauf. Was spontan gedacht wird, ist, untrennbar davon, ein Erscheinendes. Daß

Heidegger den Aspekt des Erscheinens gegen dessen vollkommene Reduktion auf Denken hervorhebt, wäre ein heilsames Korrektiv des Idealismus. Aber er isoliert dabei das Moment des Sachverhalts, faßt es, nach Hegels Terminologie, ebenso abstrakt wie der Idealismus das synthetische. Hypostasiert, hört es auf, Moment zu sein, und wird, was in ihrem Protest gegen die Spaltung nach Begriff und Seiendem Ontologie am letzten möchte: verdinglicht. Es ist aber dem eigenen Charakter nach genetisch. Die von Hegel gelehrte Objektivität des Geistes, Produkt des historischen Prozesses, erlaubt, wie manche Idealisten, der späte Rickert etwa, wiederentdeckten, etwas wie ein anschauliches Verhältnis zu Geistigem. Je eindringlicher Bewußtsein solcher gewordenen Objektivität des Geistigen sich versichert weiß, anstatt sie dem betrachtenden Subjekt als »Projektion« zuzuschreiben, desto näher kommt es einer verbindlichen Physiognomik des Geistes. Zur zweiten Unmittelbarkeit werden dessen Gebilde einem Denken, das nicht alle Bestimmungen auf seine Seite zieht und sein Gegenüber entqualifiziert. Darauf verläßt sich allzu naiv die Lehre von der kategorialen Anschauung; sie verwechselt jene zweite Unmittelbarkeit mit einer ersten. Hegel war in der Wesenslogik weit darüber hinaus; sie behandelt das Wesen ebenso als ein aus dem Sein Entsprungenes wie als ein diesem gegenüber Selbständiges, gleichsam eine Art Dasein. Die von Heidegger stillschweigend übernommene Husserlsche Forderung der reinen Deskription geistiger Sachverhalte dagegen – sie hinzunehmen als das, als was sie sich geben, und nur als das – dogmatisiert solche Sachverhalte so, als ob Geistiges, indem es reflektiert, wiederum gedacht wird, nicht zu einem Anderen würde. Ohne Zögern wird unterstellt, Denken, unabdingbar Aktivität, könne überhaupt einen Gegenstand haben, der nicht dadurch, daß er gedacht wird, zugleich ein Produziertes ist. Potentiell wird so der bereits im Begriff des rein geistigen Sachverhalts konservierte Idealismus in Ontologie umgebogen. Mit der Substruktion rein hinnehmenden Denkens jedoch stürzt die Behauptung der Phänomenologie zusammen, der die gesamte Schule ihre Wirkung verdankte: daß sie nicht erdenke, sondern forsche, beschreibe, keine Erkenntnistheorie sei, kurz, nicht das Stigma reflektierender Intelligenz trage. Das Arkanum der Fundamentalontologie aber, das Sein, ist der auf die oberste Formel gebrachte, angeblich rein sich darbietende kategoriale Sachverhalt. – Längst war der phänomenologischen Analyse vertraut, daß das synthesierende Bewußtsein etwas Rezeptives hat. Das im Urteil Zusammengehörige gibt sich ihm exemplarisch zu erkennen, nicht bloß komparativ. Zu bestreiten ist nicht die Unmittelbarkeit von Einsicht schlechthin, sondern deren Hypostasis. Indem an einem spezifischen Gegenstand primär etwas aufgeht, fällt auf die species das schärfste Licht: in ihm zergeht die Tautologie, die von der species nichts anderes weiß, als wodurch sie definiert ist. Ohne das Moment unmittelbarer Einsicht bliebe Hegels Satz, das Besondere sei das Allgemeine, Beteuerung. Die Phänomenologie seit Husserl hat ihn gerettet, freilich auf Kosten seines Komplements, des reflektierenden Elements. Ihre Wesensschau jedoch – der späte Heidegger hütet sich vor dem Stichwort der Schule, die ihn hervorbrachte – involviert Widersprüche, welche nicht um des lieben Friedens willen nach der nominalistischen oder nach der realistischen Seite hin zu schlichten sind. Einmal ist Ideation wahlverwandt der Ideologie, der Erschleichung von Unmittelbarkeit durchs Vermittelte, die es mit der Autorität des absoluten, dem Subjekt einspruchslos evidenten Ansichseins bekleidet. Andererseits nennt Wesensschau den physiognomischen Blick auf geistige Sachverhalte. Ihn legitimiert, daß Geistiges nicht konstituiert wird durch das erkennend darauf gerichtete Bewußtsein, sondern in sich, weit über den individuellen Urheber hinaus, im kollektiven Leben des Geistes und nach seinen immanenten Gesetzen objektiv begründet ist. Jener Objektivität des Geistes ist das Moment unmittelbaren Blicks adäquat. Als in sich bereits Präformiertes läßt es gleich den Sinnendingen auch sich anschauen. Nur ist diese Anschauung so wenig wie die der Sinnendinge absolut und unwiderleglich. Dem physiognomisch Aufblitzenden wird von Husserl, wie den Kantischen synthetischen Urteilen a priori, umstandslos Notwendigkeit und Allgemeinheit wie in Wissenschaft zugeschrieben. Wozu aber die kategoriale Anschauung, fehlbar genug, beiträgt, wäre das Begreifen der Sache selbst, nicht deren klassifikatorische Zurüstung. Das ψεῦδος ist nicht die Unwissenschaftlichkeit der kategorialen Anschauung, sondern ihre dogmatische Verwissenschaftlichung. Unter dem ideierenden Blick regt sich die Vermittlung, die im Schein der Unmittelbarkeit von geistig Gegebenem eingefroren war; darin ist Wesensschau dem allegorischen Bewußtsein nahe. Als Erfahrung des Gewordenen in dem, was vermeintlich bloß ist, wäre sie genau fast das Gegenteil dessen, wofür man sie verwendet: nicht gläubige Hinnahme von Sein, sondern Kritik; das Bewußtsein nicht der Identität der Sache mit ihrem Begriff, sondern des Bruches zwischen beidem. Worauf die Seinsphilosophie pocht, als wäre es Organ des schlechthin Positiven, hat seine Wahrheit an der Negativität. – Heideggers Emphase auf Sein, das kein bloßer Begriff sein soll, kann auf die Unauflöslichkeit des Urteilsgehalts in Urteilen sich stützen wie vordem Husserl auf die ideale Einheit der species. Der Stellenwert solchen exemplarischen Bewußtseins dürfte geschichtlich ansteigen. Je vergesellschafteter die Welt, je dichter ihre Gegenstände mit allgemeinen Bestimmungen übersponnen sind, desto mehr ist, nach einer Bemerkung von Günther Anders, tendenziell der einzelne Sachverhalt unmittelbar durchsichtig auf sein Allgemeines; desto mehr läßt sich gerade durch mikrologische Versenkung in ihn herausschauen; ein Tatbestand nominalistischen Schlages freilich, der der ontologischen Absicht schroff entgegengesetzt ist, obwohl er die Wesensschau, ohne daß diese es ahnte, mag ausgelöst haben. Wenn gleichwohl dies Verfahren stets wieder dem einzelwissenschaftlichen Einwand, dem mittlerweile längst automatisierten Vorwurf falscher oder vorschneller Verallgemeinerung sich exponiert, so ist das nicht nur Schuld der Denkgewohnheit, die ihr Wissenschaftsethos, Sachverhalte bescheiden von außen zu ordnen, längst als Rationalisierung dafür mißbraucht, daß sie in ihnen nicht mehr darin ist, sie nicht begreift. Soweit empirische Untersuchungen den Antezipationen des Begriffs, dem Medium exemplarischen Denkens, konkret nachweisen, daß das aus einem Einzelnen quasi unmittelbar als Kategoriales Herausgeschaute keine Allgemeinheit besitzt, überführen sie die Methode Husserls wie Heideggers ihres Fehlers, die jene Probe scheut und doch mit einer Sprache von Forschung liebäugelt, die klingt, als ob sie der Probe sich unterwürfe.

Die Behauptung, Sein, jeglicher Abstraktion vorgeordnet, sei kein Begriff oder wenigstens ein qualitativ ausgezeichneter, unterschlägt, daß jede Unmittelbarkeit, bereits nach der Lehre von

Hegels Phänomenologie in allen Vermittlungen immer wieder sich reproduzierend, Moment ist, nicht das Ganze der Erkenntnis. Kein ontologischer Entwurf kommt aus, ohne herausgeklaubte einzelne Momente zu verabsolutieren. Ist Erkenntnis ein Ineinander der synthetischen Denkfunktion und des zu Synthesierenden, keines von beiden unabhängig vom anderen, so gerät auch kein unmittelbares Eingedenken, wie Heidegger als einzige Rechtsquelle seinswürdiger Philosophie es stipuliert, es sei denn kraft der Spontaneität des Gedankens, die er gering schätzt. Hätte ohne Unmittelbares keine Reflexion Gehalt, so verharrt es unverbindlich, willkürlich ohne die Reflexion, die denkende, unterscheidende Bestimmung dessen, was das angeblich pur einem passiven, nicht denkenden Gedanken sich zeigende Sein meint. Den kunstgewerblichen Klang der Pronunciamenti, daß es sich entberge oder lichte, verursacht der Fiktionscharakter des Behaupteten. Ist die denkende Bestimmung und Erfüllung des vorgeblichen Urworts, seine kritische Konfrontation mit dem, worauf es geht, nicht möglich, so verklagt das alle Rede von Sein. Es ist nicht gedacht worden, weil es in der Unbestimmtheit, die es verlangt, gar nicht sich denken läßt. Daß aber Seinsphilosophie jene Unvollziehbarkeit zur Unangreifbarkeit, die Exemtion aus dem rationalen Prozeß zur Transzendenz gegenüber dem reflektierenden Verstande macht, ist ein ebenso kluger wie desperater Gewaltakt. Dezidierter als die auf halbem Wege stehenbleibende Phänomenologie, möchte Heidegger aus der Bewußtseinsimmanenz ausbrechen. Sein Ausbruch aber ist einer in den Spiegel, verblendet gegen das Moment der Synthesis im Substrat. Er ignoriert, daß der Geist, der in der von Heidegger angebeteten eleatischen Seinsphilosophie als identisch mit dem Sein sich bekannte, als Sinnesimplikat enthalten ist bereits in dem, was er als jene reine Selbstheit präsentiert, die er sich gegenüber hätte. Heideggers Kritik an der Tradition der Philosophie wird objektiv dem konträr, was sie verheißt. Indem sie den subjektiven Geist unterschlägt, und damit notwendig auch das Material, die Faktizität, an der Synthesis sich betätigt; indem sie das in sich nach diesen Momenten Artikulierte als Einiges und Absolutes vortäuscht, wird sie zum Umgekehrten von »Destruktion«, von der Forderung, das an den Begriffen von Menschen Gemachte zu entzaubern. Anstatt menschliche Verhältnisse darin zu agnoszieren, verwechselt sie diese mit dem mundus intelligibilis. Sie konserviert wiederholend, wogegen sie sich auflehnt, die Denkgebilde, die ihrem eigenen Programm zufolge als verdeckend beseitigt werden sollen. Unter dem Vorwand, zum Erscheinen zu verhalten, was unter ihnen liege, werden sie unvermerkt noch einmal zu dem An sich, das sie dem verdinglichten Bewußtsein ohnehin geworden sind. Was sich gebärdet, als zerstöre es die Fetische, zerstört einzig die Bedingungen, sie als Fetische zu durchschauen. Der scheinhafte Ausbruch terminiert in dem, wovor er flieht; das Sein, in das er mündet ist θέσει. In der Zession von Sein, dem geistig Vermittelten, an hinnehmende Schau konvergiert Philosophie mit der flach irrationalistischen des Lebens. Verweis auf Irrationalität wäre nicht von selbst eins mit philosophischem Irrationalismus. Jene ist das Mal, das die unaufhebbare Nichtidentität von Subjekt und Objekt in der Erkenntnis hinterläßt, die durch die bloße Form des prädikativen Urteils Identität postuliert; auch die Hoffnung wider die Allmacht des subjektiven Begriffs. Aber Irrationalität bleibt dabei selbst wie er Funktion der ratio und Gegenstand ihrer Selbstkritik: das, was durchs Netz rutscht, wird durch dieses gefiltert. Auch die Philosopheme des Irrationalismus sind auf Begriffe verwiesen und damit auf ein rationales Moment, das ihnen inkompatibel wäre. Heidegger umgeht, womit fertig zu werden eines der Motive von Dialektik ist, indem er einen Standpunkt jenseits der Differenz von Subjekt und Objekt usurpiert, in welcher die Unangemessenheit der ratio ans Gedachte sich offenbart. Solcher Sprung jedoch mißlingt mit den Mitteln der Vernunft. Denken kann keine Position erobern, in der jene Trennung von Subjekt und Objekt unmittelbar verschwände, die in jeglichem Gedanken, in Denken selber liegt. Darum wird Heideggers Wahrheitsmoment auf weltanschaulichen Irrationalismus nivelliert. Philosophie erheischt heute wie zu Kants Zeiten Kritik der Vernunft durch diese, nicht deren Verbannung oder Abschaffung.

Unterm Denkverbot sanktioniert Denken, was bloß ist. Das genuin kritische Bedürfnis des Gedankens, aus der Phantasmagorie von Kultur zu erwachen, ist aufgefangen, kanalisiert, dem falschen Bewußtsein zugeführt. Abgewöhnt ward dem Denken von der Kultur, die es umstellt, die Frage, was all das sei und wozu – lax die nach seinem Sinn, die immer dringlicher wird, je weniger solcher Sinn den Menschen mehr selbstverständlich ist, und je vollständiger der Kulturbetrieb ihn ersetzt. Statt dessen wird das nun einmal So- und nicht Anderssein dessen inthronisiert, was, als Kultur, Sinn zu haben beansprucht. Vorm Gewicht ihrer Existenz wird ebensowenig darauf bestanden, ob der Sinn verwirklicht sei, den sie behauptet, wie auf dessen eigener Legitimation. Demgegenüber tritt die Fundamentalontologie als Sprecher des eskamotierten Interesses, des »Vergessenen« auf. Nicht zuletzt darum ist sie der Erkenntnistheorie abgeneigt, die jenes Interesse leicht unter die Vorurteile einreiht. Gleichwohl kann sie die Erkenntnistheorie nicht beliebig annullieren. In der Lehre vom Dasein – der Subjektivität – als dem Königsweg zur Ontologie steht insgeheim die alte, vom ontologischen Pathos gedemütigte subjektive Rückfrage wieder auf. Noch der Anspruch der phänomenologischen Methode, die Tradition abendländischen Philosophierens zu entmächtigen, ist in jener beheimatet, und täuscht sich kaum darüber; den Effekt des Ursprünglichen dankt sie den Fortschritten des Vergessens unter denen, die auf sie ansprechen. Phänomenologischen Ursprungs ist die Wendung der Frage nach dem Sinn von Sein oder ihrer traditionellen Variante, warum ist überhaupt etwas und nicht nur nichts? –: sie wird an die Bedeutungsanalyse des Wortes Sein zediert. Was es, oder Dasein, allenfalls heiße, sei eins mit dem Sinn von Sein oder Dasein; ein selber bereits Kulturimmanentes wie die Bedeutungen, welche Semantik in den Sprachen entziffert, wird traktiert, als wäre es der Relativität des Gemachten wie der Sinnverlassenheit des bloß Seienden entronnen. Das ist die Funktion der Heideggerschen Version der Lehre vom Primat der Sprache. Daß der Sinn des Wortes Sein unmittelbar der Sinn von Sein sei, ist schlechte Äquivokation. Wohl sind Äquivokationen nicht nur unpräziser Ausdruck[19]. Durchweg verweist der Gleichklang der Worte auf ein Gleiches. Beide Bedeutungen von Sinn sind verflochten. Begriffe, Instrumente menschlichen Denkens, können keinen Sinn haben, wenn Sinn selber negiert, wenn aus ihnen jegliches Gedächtnis an einen objektiven jenseits der Mechanismen der Begriffsbildung vertrieben ward. Der Positivismus, dem die Begriffe nur auswechselbare, zufällige Spielmarken sind, hat daraus die Konsequenz gezogen und der Wahrheit zu Ehren Wahrheit extirpiert. Gewiß hält die Gegenposition der Seinsphilosophie ihm den Aberwitz seiner Vernunft vor. Aber die Einheit des Äquivoken wird sichtbar allein durch dessen implizite Differenz hindurch. Sie entfällt in Heideggers Rede vom Sinn. Er folgt dabei seinem Hang zur Hypostasis: Befunden aus der Sphäre des Bedingten verleiht er durch den Modus ihres Ausdrucks den Schein der Unbedingtheit. Möglich wird das durch das Schillernde des Wortes Sein. Wird das wahre Sein radikal χωρίς vom Seienden vorgestellt, so ist es identisch mit seiner Bedeutung: man muß nur den Sinn der Wesenheit Sein angeben und hat den Sinn von Sein selbst. Nach diesem Schema wird unvermerkt der Ausbruchsversuch aus dem Idealismus revoziert, die Lehre vom Sein zurückgebildet in eine vom Denken, die Sein alles dessen entäußert, was anders wäre als reiner Gedanke. Um einen wie immer auch gearteten Sinn von Sein zu erlangen, der als absent empfunden ist, wird kompensatorisch aufgeboten, was als Bereich von Sinn vorweg, in analytischem Urteil, konstituiert ist, die Bedeutungslehre. Daß die Begriffe, um überhaupt welche zu sein, etwas bedeuten müssen, dient zum Vehikel dafür, daß ihr ὑποκείμενον – Sein selber – Sinn habe, weil es anders nicht denn als Begriff, als sprachliche Bedeutung gegeben sei. Daß dieser Begriff nicht Begriff sondern unmittelbar sein soll, hüllt den semantischen Sinn in ontologische Dignität. »Die Rede vom ›Sein‹ versteht diesen Namen auch nie im Sinne einer Gattung, unter deren leere Allgemeinheit die historisch vorgestellten Lehren vom Seienden als einzelne Fälle gehören. ›Sein‹ spricht je und je geschicklich und deshalb durchwaltet von Überlieferung.«[20] Daraus zieht solche Philosophie ihren Trost. Er ist der Magnet der Fundamentalontologie, weit über den theoretischen Gehalt hinaus.

Ontologie möchte, aus dem Geist heraus, die durch den Geist gesprengte Ordnung samt ihrer Autorität wiederherstellen. Der Ausdruck Entwurf verrät ihren Hang, Freiheit aus Freiheit zu negieren: transsubjektive Verbindlichkeit wird einem Akt setzender Subjektivität überantwortet. Diesen allzu handgreiflichen Widersinn konnte der spätere Heidegger nur dogmatisch niederschlagen. Erinnerung an Subjektivität wird im Begriff des Entwurfs ausgemerzt: »Das Werfende im Entwerfen ist nicht der Mensch, sondern das Sein selbst, das den Menschen in die Eksistenz des Da-seins als sein Wesen schickt.«[21] Zu Heideggers Mythologisierung von Sein als der Sphäre des Geschicks[22] fügt sich die mythische Hybris, welche den dekretierten Plan des Subjekts als den der obersten Autorität verkündet, sich in die Stimme des Seins selbst verstellt. Bewußtsein, das dem nicht willfahrt, wird disqualifiziert als »Seinsvergessenheit«[23]. Solcher Ordnung verordnende Anspruch harmoniert mit dem Heideggerschen Denkgefüge. Nur als Gewalttat gegens Denken hat es seine Chance. Denn der Verlust, der im Ausdruck Seinsvergessenheit verkitscht nachzittert, war kein Schicksalsschlag sondern motiviert. Das Betrauerte, Erbschaft der frühen ἀρχαί, zerrann dem der Natur sich entringenden Bewußtsein. Der Mythos selber ward offenbar als Trug; Trug allein kann ihn vergegenwärtigen und Befehl. Ihm soll die Selbststilisierung des Seins als eines Jenseits vom kritischen Begriff doch noch den Rechtstitel erwirken, dessen die Heteronomie bedarf, solange etwas von Aufklärung überlebt. Das Leiden unter dem, was Heideggers Philosophie als Seinsverlust registriert, ist nicht nur die Unwahrheit; schwerlich sonst suchte er bei Hölderlin Sukkurs. Die Gesellschaft, nach deren eigenem Begriff die Beziehungen der Menschen in Freiheit begründet sein wollen, ohne daß Freiheit bis heute in ihren Beziehungen realisiert wäre, ist so starr wie defekt. Im universalen Tauschverhältnis werden alle qualitativen Momente plattgewalzt, deren Inbegriff etwas wie Struktur sein könnte. Je unmäßiger die Macht der institutionellen Formen, desto chaotischer das Leben, das sie einzwängen und nach ihrem Bild deformieren. Die Produktion und Reproduktion des Lebens samt all dem, was der Name Überbau deckt, sind nicht transparent auf jene Vernunft, deren versöhnte Realisierung erst eins wäre mit einer menschenwürdigen Ordnung, der ohne Gewalt. Die alten, naturwüchsigen Ordnungen sind entweder vergangen oder überleben zum Bösen ihre eigene Legitimation. Keineswegs verläuft die

Gesellschaft irgendwo so anarchisch, wie sie in der stets noch irrationalen Zufälligkeit des Einzelschicksals erscheint. Aber ihre vergegenständlichte Gesetzlichkeit ist der Widerpart einer Verfassung des Daseins, in der ohne Angst sich leben ließe. Das fühlen die ontologischen Entwürfe, projizieren es auf die Opfer, die Subjekte, und übertäuben krampfhaft die Ahnung objektiver Negativität durch die Botschaft von Ordnung an sich, bis hinauf zur abstraktesten, dem Gefüge des Seins. Allerorten rüstet sich die Welt, zum Grauen der Ordnung überzugehen, nicht zu deren von der apologetischen Philosophie offen oder versteckt angeklagtem Gegenteil. Daß Freiheit weithin Ideologie blieb; daß die Menschen ohnmächtig sind vorm System und nicht vermögen, aus ihrer Vernunft ihr Leben und das des Ganzen zu bestimmen; ja daß sie nicht einmal mehr den Gedanken daran denken können, ohne zusätzlich zu leiden, bannt ihre Auflehnung in die verkehrte Gestalt: lieber wollen sie hämisch das Schlechtere denn den Schein eines Besseren. Dazu schleppen die zeitgemäßen Philosophien ihre Scheite herbei. Sie fühlen sich bereits im Einklang mit der heraufdämmernden Ordnung der mächtigsten Interessen, während sie, wie Hitler, das einsame Wagnis tragieren. Daß sie sich metaphysisch obdachlos und ins Nichts gehalten gebärden, ist Rechtfertigungsideologie eben der Ordnung, die verzweifeln läßt und die Menschen mit physischer Vernichtung bedroht. Die Resonanz der auferstandenen Metaphysik ist das vorlaufende Einverständnis mit jener Unterdrückung, deren Sieg auch im Westen im gesellschaftlichen Potential liegt und im Osten längst errungen ward, wo der Gedanke der verwirklichten Freiheit zur Unfreiheit verbogen ist. Heidegger ermuntert zu hörigem Denken und lehnt den Gebrauch des Wortes Humanismus, mit der Standardgeste gegen den Markt der öffentlichen Meinung, ab. Er reiht dabei in die Einheitsfront derer sich ein, die gegen die Ismen wettern. Wohl wäre zu fragen, ob er nicht darum bloß das Gerede vom Humanismus, das abscheulich genug ist, abschaffen möchte, weil seine Lehre der Sache ans Leben will.

Trotz ihrer autoritären Intention jedoch preist die um einige Erfahrungen bereicherte Ontologie selten mehr offen die Hierarchie wie in den Zeiten, da ein Schüler Schelers eine Schrift über ›Die Welt des Mittelalters und wir‹ publizierte. Die Taktik allseitigen

Abschirmens harmoniert mit einer gesellschaftlichen Phase, die ihre Herrschaftsverhältnisse nur noch halben Herzens in einer vergangenen Stufe der Gesellschaft fundiert. Machtergreifung rechnet mit den anthropologischen Endprodukten der bürgerlichen Gesellschaft und braucht sie. Wie der Führer über das atomisierte Volk sich erhebt, gegen den Standesdünkel wettert und, um sich zu perpetuieren, gelegentlich die Garden wechselt, so verschwinden die hierarchischen Sympathien aus der Frühzeit der ontologischen Renaissance in der Allmacht und Alleinheit des Seins. Auch das ist nicht nur Ideologie. Der auf Husserls Schrift zur Begründung des logischen Absolutismus, die Prolegomena zur reinen Logik, zurückdatierende Antirelativismus verschmilzt mit einer Aversion gegen statisches, dinghaftes Denken, die im deutschen Idealismus und bei Marx ausgedrückt, vom frühen Scheler und dem ersten Ansatz zur neuen Ontologie indessen zunächst vernachlässigt war. Ohnehin hat die Aktualität des Relativismus sich gemindert; es wird auch weniger über ihn geschwatzt. Das philosophische Bedürfnis ist unvermerkt aus dem nach Sachgehalt und Festigkeit in das übergegangen, der von der Gesellschaft vollzogenen und ihren Angehörigen kategorisch diktierten Verdinglichung im Geist auszuweichen durch eine Metaphysik, welche solche Verdinglichung verurteilt, ihr durch Appell an ein unverlierbar Ursprüngliches die Grenze zuweist, und ihr dabei im Ernst so wenig Böses zufügt wie die Ontologie dem Wissenschaftsbetrieb. Von den kompromittierten Ewigkeitswerten ist nichts übrig als das Vertrauen auf die Heiligkeit des allem Dinghaften vorgeordneten Wesens Sein. Die verdinglichte Welt wird um ihrer verächtlichen Uneigentlichkeit willen angesichts des Seins, das an sich selbst dynamisch sein, sich »ereignen« soll, der Veränderung gleichsam für unwert gehalten; Kritik des Relativismus überhöht zur Verketzerung der fortschreitenden Rationalität abendländischen Denkens, der subjektiven Vernunft insgesamt. Der altbewährte und von der öffentlichen Meinung bereits wieder geschürte Affekt gegen den zersetzenden Intellekt verbindet sich mit dem gegen das dinghaft Entfremdete: von je spielte beides ineinander. Heidegger ist dingfeindlich und antifunktional in eins. Um keinen Preis soll Sein ein Ding sein und dennoch, wie die Metaphorik immer wieder indiziert, der »Boden«, ein Festes[24]. Darin schlägt durch, daß Subjektivierung und Verdinglichung nicht bloß divergieren, sondern Korrelate sind. Je mehr das Erkannte funktionalisiert, zum Produkt der Erkenntnis wird, desto vollkommener wird das Moment von Bewegung an ihm dem Subjekt als seine Tätigkeit zugerechnet; das Objekt zum Resultat der in ihm geronnenen Arbeit, einem Toten. Die Reduktion des Objekts auf bloßes Material, die aller subjektiven Synthesis als deren notwendige Bedingung vorausgeht, saugt seine eigene Dynamik aus ihm heraus; als Entqualifiziertes wird es stillgelegt, dessen beraubt, wovon überhaupt Bewegung sich prädizieren ließe. Nicht umsonst hieß bei Kant dynamisch eine Klasse von Kategorien[25]. Der Stoff aber, bar der Dynamik, ist kein schlechthin Unmittelbares sondern, dem Schein seiner absoluten Konkretheit zum Trotz, durch Abstraktion vermittelt, gleichsam erst aufgespießt. Leben wird nach dem ganz Abstrakten und dem ganz Konkreten polarisiert, während es einzig in der Spannung dazwischen wäre; beide Pole sind gleich verdinglicht, und selbst was vom spontanen Subjekt erübrigt, die reine Apperzeption, hört durch ihre Ablösung von jedem lebendigen Ich, als Kantisches Ich denke, auf, Subjekt zu sein und wird in ihrer verselbständigten Logizität von der allherrschenden Starre überzogen. Nur lädt Heideggers Kritik der Verdinglichung umstandslos dem nachdenkenden und nachvollziehenden Intellekt auf, was seinen Ursprung in der Realität hat, die jenen selber verdinglicht samt seiner Erfahrungswelt. An dem, was der Geist verübt, trägt nicht dessen ehrfurchtsloser Vorwitz schuld, sondern er gibt weiter, wozu er gezwungen wird von dem Zusammenhang der Realität, in dem er selbst nur ein Moment bildet. Einzig mit Unwahrheit ist Verdinglichung in Sein und Seinsgeschichte zurückzuschieben, damit als Schicksal betrauert und geweiht werde, was Selbstreflexion und von ihr entzündete Praxis vielleicht zu ändern vermöchten. Wohl überliefert die Seinslehre, legitim gegen den Positivismus, was die gesamte von ihr verleumdete Geschichte der Philosophie, Kant und Hegel zumal, grundiert: die Dualismen von Innen und Außen, von Subjekt und Objekt, von Wesen und Erscheinung, von Begriff und Tatsache seien nicht absolut. Ihre Versöhnung aber wird in den unwiederbringlichen Ursprung projiziert und dadurch der Dualismus selber, gegen den das Ganze konzipiert war, wider den versöhnenden Impuls verhärtet. Die Nänie über die Seinsvergessenheit ist Sabotage an der Versöhnung; mythisch undurchdringliche Seinsgeschichte, an welche Hoffnung sich klammert, verleugnet diese. Ihre Fatalität wäre als Zusammenhang von Verblendung zu durchbrechen.

Dieser Verblendungszusammenhang erstreckt sich aber nicht nur auf die ontologischen Entwürfe sondern ebenso auf die Bedürfnisse, an welche sie anknüpfen und aus denen sie unausdrücklich etwas wie die Bürgschaft ihrer Thesen herauslesen. Bedürfnis selber, das geistige nicht minder als das materielle, steht zur Kritik, nachdem auch hartgesottene Naivetät nicht länger darauf sich verlassen kann, daß die sozialen Prozesse noch unmittelbar nach Angebot und Nachfrage, und damit nach Bedürfnissen sich richteten. So wenig diese ein Invariantes, Unableitbares sind, so wenig garantieren sie ihre Befriedigung. Der Schein an ihnen und die Illusion, wo sie sich meldeten, müßten sie auch gestillt werden, geht aufs gleiche falsche Bewußtsein zurück. Soweit sie heteronom produziert sind, haben sie teil an Ideologie, und wären sie noch so handgreiflich. Freilich ist nicht Reales säuberlich aus ihrem Ideologischen herauszuschälen, wofern nicht die Kritik ihrerseits einer Ideologie, der vom einfachen natürlichen Leben erliegen will. Reale Bedürfnisse können objektiv Ideologien sein, ohne daß daraus ein Rechtstitel erwüchse, sie zu negieren. Denn in den Bedürfnissen selbst der erfaßten und verwalteten Menschen reagiert etwas, worin sie nicht ganz erfaßt sind, der Überschuß des subjektiven Anteils, dessen das System nicht vollends Herr wurde. Materielle Bedürfnisse wären sogar in ihrer verkehrten, von Überproduktion verursachten Gestalt zu achten. Auch das ontologische Bedürfnis hat sein reales Moment in einem Zustand, in dem die Menschen die Notwendigkeit, der allein ihr Verhalten gehorcht, als vernünftig – sinnhaft – weder zu erkennen noch anzuerkennen vermögen. Das falsche Bewußtsein an ihren Bedürfnissen geht auf etwas, dessen mündige Subjekte nicht bedürften, und kompromittiert damit jede mögliche Erfüllung. Zum falschen Bewußtsein rechnet hinzu, daß es Unerfüllbares als erfüllbar sich vorgaukelt, komplementär zur möglichen Erfüllung von Bedürfnissen, die ihm versagt wird. Zugleich zeigt vergeistigt noch in derlei verkehrten Bedürfnissen sich das seiner selbst unbewußte Leiden an der materiellen Versagung. Es muß ebenso auf ihre Abschaffung drängen, wie das Bedürfnis allein jene nicht bewirkt. Der Gedanke ohne Bedürfnis, der nichts will, wäre nichtig; aber Denken aus dem Bedürfnis verwirrt sich, wenn das Bedürfnis bloß subjektiv vorgestellt ist. Bedürfnisse sind ein Konglomerat des Wahren und Falschen; wahr wäre der Gedanke, der Richtiges wünscht. Trifft die Lehre zu, der zufolge die Bedürfnisse an keinem Naturzustand sondern am sogenannten kulturellen Standard abzulesen seien, so stecken in diesem auch die Verhältnisse der gesellschaftlichen Produktion samt ihrer schlechten Irrationalität. Sie ist rücksichtslos an den geistigen Bedürfnissen zu kritisieren, dem Ersatz für Vorenthaltenes. Ersatz ist die neue Ontologie in sich: was sich als jenseits des idealistischen Ansatzes verspricht, bleibt latent Idealismus und verhindert dessen einschneidende Kritik. Generell sind Ersatz nicht nur die primitiven Wunscherfüllungen, mit denen die Kulturindustrie die Massen füttert, ohne daß diese recht daran glaubten. Verblendung hat keine Grenze dort, wo der offizielle Kulturkanon seine Güter placiert, im vermeintlich Sublimen der Philosophie. Das dringlichste ihrer Bedürfnisse heute scheint das nach einem Festen. Es inspiriert die Ontologien; ihm messen sie sich an. Sein Recht hat es darin, daß man Sekurität will, nicht von einer historischen Dynamik begraben werden, gegen die man sich ohnmächtig fühlt. Das Unverrückbare möchte das verurteilte Alte konservieren. Je hoffnungsloser die bestehenden gesellschaftlichen Formen diese Sehnsucht blockieren, desto unwiderstehlicher wird die verzweifelte Selbsterhaltung in eine Philosophie gestoßen, die beides sein soll in einem, verzweifelt und Selbsterhaltung. Die invarianten Gerüste sind nach dem Ebenbild des allgegenwärtigen Schreckens geschaffen, des Schwindels einer vom totalen Untergang bedrohten Gesellschaft. Verschwände die Drohung, so verschwände wohl mit ihr auch ihre positive Umkehrung, selbst nichts anderes als ihr abstraktes Negat.

Spezifischer ist das Bedürfnis nach einer Struktur von Invarianten Reaktion auf die ursprünglich von der konservativen Kulturkritik seit dem neunzehnten Jahrhundert entworfene und seitdem popularisierte Vorstellung von der entformten Welt. Kunstgeschichtliche Thesen wie die vom Erlöschen der stilbildenden Kraft speisten sie; von der Ästhetik her hat sie als Ansicht vom Ganzen sich verbreitet. Nicht ausgemacht, was die Kunsthistoriker unterstellten: daß jener Verlust tatsächlich einer war, nicht vielmehr ein mächtiger Schritt zur Entfesselung der Produktivkräfte. Ästhetisch revolutionäre Theoretiker wie Adolf Loos haben das zu Beginn des Jahrhunderts noch auszusprechen gewagt[26], nur das verängstigte Bewußtsein der unterdessen auf die bestehende Kultur vereidigten Kulturkritik hat es vergessen. Der Jammer über den Verlust ordnender Formen steigt an mit deren Gewalt. Mächtiger sind die Institutionen als je; längst haben sie etwas wie den neonbelichteten Stil der Kulturindustrie hervorgebracht, der die Welt überzieht wie einst die Barockisierung. Der ungeminderte Konflikt zwischen der Subjektivität und den Formen verkehrt sich unter deren Allherrschaft dem sich als ohnmächtig erfahrenden Bewußtsein, das nicht mehr sich zutraut, die Institution und ihre geistigen Ebenbilder zu verändern, zur Identifikation mit dem Angreifer. Die beklagte Entformung der Welt, Auftakt zum Ruf nach verbindlicher Ordnung, die das Subjekt stillschweigend von außen, heteronom erwartet, ist, soweit ihre Behauptung mehr ist als bloße Ideologie, Frucht nicht der Emanzipation des Subjekts sondern von deren Mißlingen. Was als das Formlose einer einzig nach subjektiver Vernunft gemodelten Verfassung des Daseins erscheint, ist, was die Subjekte unterjocht, das reine Prinzip des Füranderesseins, des Warencharakters. Um der universalen Äquivalenz und Vergleichbarkeit willen setzt es qualitative Bestimmungen allerorten herab, nivelliert tendenziell. Derselbe Warencharakter aber, vermittelte Herrschaft von Menschen über Menschen, fixiert die Subjekte in ihrer Unmündigkeit; ihre Mündigkeit und die Freiheit zum Qualitativen würden zusammengehen. Stil offenbart unterm Scheinwerfer der modernen Kunst selber seine repressiven Momente. Das von ihm erborgte Bedürfnis nach Form betrügt über deren Schlechtes, Zwangshaftes. Form, die nicht in sich selbst vermöge ihrer durchsichtigen Funktion ihr Lebensrecht beweist, sondern nur gesetzt wird, damit Form sei, ist unwahr und damit unzulänglich auch als Form. Potentiell ist der Geist, dem man einreden will, er wäre in ihnen geborgen, über sie hinaus. Nur weil mißlang, die Welt so einzurichten, daß sie nicht mehr den dem fortgeschrittensten Bewußtsein konträren Formkategorien gehorchte, muß das vorherrschende jene Kategorien krampfhaft zu seiner eigenen Sache machen. Weil aber der Geist ihre Unzulänglichkeit nicht vollends verdrängen kann, setzt er der gegenwärtigen, kraß sichtbaren Heteronomie eine sei's vergangene, sei's abstrakte entgegen, die Werte als causae sui und das Phantasma ihrer Versöhntheit mit den Lebendigen. Der Haß auf die radikale moderne Kunst, in dem restaurativer Konservativismus und Faschismus stets noch selig zusammenklingen, rührt daher, daß sie sowohl ans Versäumte mahnt, wie die Fragwürdigkeit des heteronomen Strukturideals durch ihre pure Existenz an den Tag bringt. Gesellschaftlich ist das subjektive Bewußtsein der Menschen zu geschwächt, um die Invarianten, in die es eingekerkert ist, zu sprengen. Statt dessen paßt es ihnen sich an, während es ihrer Absenz nachtrauert. Verdinglichtes Bewußtsein ist ein Moment in der Totalität der verdinglichten Welt; das ontologische Bedürfnis seine Metaphysik, auch wenn diese, ihrem Lehrgehalt nach, die selber wohlfeil gewordene Kritik an Verdinglichung exploitiert. Die Gestalt von Invarianz als solcher ist die Projektion des Erstarrten jenes Bewußtseins. Unfähig zur Erfahrung eines jeglichen, das nicht bereits im Repertoire der Immergleichheit enthalten wäre, münzt es die Unveränderlichkeit um in die Idee eines Ewigen, die von Transzendenz. Befreites Bewußtsein, das freilich im Unfreien keiner hat; eines, das seiner mächtig wäre, wirklich so autonom, wie es bisher immer nur sich aufspielte, müßte nicht immerzu fürchten, an ein Anderes – insgeheim die Mächte, die es beherrschen – sich zu verlieren. Das Bedürfnis nach Halt, nach dem vermeintlich Substantiellen ist nicht derart substantiell, wie seine Selbstgerechtigkeit es möchte; vielmehr Signatur der Schwäche des Ichs, der Psychologie bekannt als gegenwärtig typische Beschädigung der Menschen. Wer von außen und in sich nicht mehr unterdrückt wäre, suchte keinen Halt, vielleicht nicht einmal sich selbst. Subjekte, die etwas an Freiheit auch unter den heteronomen Bedingungen sich retten durften, leiden weniger unter dem Mangel an Halt als die Unfreien, die ihn gar zu gern der Freiheit als deren Schuld vorrechnen. Müßten die Menschen nicht mehr den Dingen sich gleichmachen, so bedürften sie weder eines dinghaften Überbaus, noch müßten sie sich, nach dem Muster von Dinglichkeit, als invariant entwerfen. Die Invariantenlehre verewigt, wie wenig sich änderte, ihre Positivität das Schlechte. Insofern ist das ontologische Bedürfnis falsch. Wahrscheinlich dämmerte Metaphysik am Horizont erst nach dem Sturz der Invarianten. Aber der Trost hilft wenig. Was an der Zeit wäre, hat keine Zeit, kein Warten gilt im Entscheidenden; wer darauf sich einläßt, willfahrt der Trennung von Zeitlichem und Ewigem. Weil sie falsch ist und dennoch die Antworten, deren es bedürfte, zur geschichtlichen Stunde verbaut sind, haben alle Fragen, die auf Trost gehen, antinomischen Charakter.

II
Sein und Existenz

Kritik am ontologischen Bedürfnis treibt zur immanenten der Ontologie. Über die Seinsphilosophie hat keine Gewalt, was sie generell, von außen her abwehrt, anstatt in ihrem eigenen Gefüge mit ihr es aufzunehmen, nach Hegels Desiderat ihre eigene Kraft gegen sie zu wenden. Motivationen und Resultanten von Heideggers gedanklichen Bewegungen lassen sich, auch wo sie nicht ausgesprochen sind, nachkonstruieren; schwerlich enträt irgendeiner seiner Sätze des Stellenwerts im Funktionszusammenhang des Ganzen. Insofern ist er Nachfahre der deduktiven Systeme. Deren Geschichte schon ist reich an Begriffen, die vom gedanklichen Fortgang gezeitigt werden, auch wenn kein Zeigefinger auf den Sachverhalt sich legen läßt, der ihnen entspräche; in der Nötigung, sie zu bilden, entspringt das spekulative Moment der Philosophie. Die in ihnen versteinerte Denkbewegung ist wiederum zu verflüssigen, wiederholend gleichsam ihrer Triftigkeit nachzugehen. Nicht reicht dabei aus, der Seinsphilosophie zu demonstrieren, so etwas gebe es nicht wie das, was sie Sein nennt. Denn kein solches »Geben« postuliert sie. Statt dessen wäre solche Blindheit des Seins zu deduzieren als Antwort auf den Anspruch des Unwiderleglichen, der jene Blindheit ausnutzt. Noch die Sinnlosigkeit, deren Konstatierung den Positivismus zum Triumphgeschrei veranlaßt, leuchtet geschichtsphilosophisch ein. Weil die Säkularisation des einst als objektiv verpflichtend betrachteten theologischen Gehalts nicht sich widerrufen läßt, muß dessen Apologet ihn zu retten trachten durch Subjektivität hindurch. So verhielt virtuell sich bereits die Glaubenslehre der Reformation; sicherlich war es die Figur der Kantischen Philosophie. Seitdem ist Aufklärung unwiderstehlich fortgeschritten, Subjektivität selbst in den Prozeß der Entmythologisierung hineingerissen worden. Damit sank die Chance der Rettung bis zu einem Grenzwert. Paradox ist ihre Hoffnung zediert an ihre

Preisgabe, an vorbehaltlose und zugleich sich selbst reflektierende Säkularisierung. Wahr ist soviel an Heideggers Ansatz, wie er dem sich beugt in der Negation traditioneller Metaphysik; unwahr wird er, wo er, gar nicht soviel anders als Hegel, redet, als wäre damit unmittelbar das zu Rettende gegenwärtig. Die Seinsphilosophie scheitert, sobald sie im Sein einen Sinn reklamiert, den nach ihrem eigenen Zeugnis jenes Denken auflöste, dem noch Sein selber als begriffliche Reflexion verhaftet ist, seitdem es gedacht wird. Die Sinnlosigkeit des Wortes Sein, über die der gesunde Menschenverstand so billig sich mokiert, ist nicht einem zu wenig Denken oder einem unverantwortlichen Drauflosdenken aufzubürden. In ihr schlägt die Unmöglichkeit sich nieder, positiven Sinn durch den Gedanken zu ergreifen oder zu erzeugen, der das Medium der objektiven Verflüchtigung von Sinn war. Sucht man die Heideggersche Unterscheidung des Seins von seinem umfangslogischen Begriff zu vollziehen, so behält man, nach Abzug des Seienden ebenso wie der Abstraktionskategorien, eine Unbekannte in Händen, die nichts voraushat vor dem Kantischen Begriff des transzendenten Dinges an sich als das Pathos seiner Invokation. Dadurch jedoch wird auch das Wort Denken, auf das Heidegger nicht verzichten mag, so inhaltslos wie das zu Denkende: Denken ohne Begriff ist keines. Daß jenes Sein, das zu denken Heidegger zufolge die wahre Aufgabe wäre, einer jeglichen Denkbestimmung sich sperrt, höhlt den Appell aus, es zu denken. Heideggers Objektivismus, der Bannfluch übers denkende Subjekt, ist davon das getreue Reversbild. In den für Positivisten sinnleeren Sätzen wird dem Weltalter der Wechsel präsentiert; falsch sind sie bloß darum, weil sie als sinnvoll sich aufwerfen, tönen wie das Echo eines Gehalts an sich. Nicht Sinn haust in der innersten Zelle von Heideggers Philosophie; während sie als Heilswissen sich vorträgt, ist sie, was Scheler Herrschaftswissen nannte. Zwar hat Heideggers Kultus des Seins, polemisch wider den idealistischen des Geistes, zur Voraussetzung Kritik an dessen Selbstvergottung. Das Heideggersche Sein jedoch, ununterscheidbar fast vom Geist, seinem Antipoden, ist nicht weniger repressiv denn jener; nur undurchsichtiger als er, dessen Prinzip Durchsichtigkeit war; darum noch unfähiger zur kritischen Selbstreflexion des herrschaftlichen Wesens als je die

Geistesphilosophien. Die elektrische Ladung des Wortes Sein bei Heidegger verträgt sich gut mit dem Lob des frommen oder gläubigen Menschen schlechthin, das die neutralisierte Kultur spendet, als sei Frömmigkeit und Gläubigkeit an sich ein Verdienst, ohne Rücksicht auf die Wahrheit des Geglaubten. Diese Neutralisierung kommt bei Heidegger zu sich selbst: Seinsfrömmigkeit durchstreicht vollends den Inhalt, der in den halb oder ganz säkularisierten Religionen unverbindlich mitgeschleift war. Von den religiösen Gebräuchen ist bei Heidegger, der sie einübt, nichts übrig als die generelle Bekräftigung von Abhängigkeit und Unterwürfigkeit, Surrogat des objektiven Formgesetzes von Denken. Während das Gefüge permanent sich entzieht, läßt es wie der logische Positivismus den Adepten nicht aus. Wurden die Tatsachen alles dessen enteignet, wodurch sie mehr sind als Tatsachen, so bemächtigt Heidegger sich gleichsam des Abfallprodukts der verdampfenden Aura. Es garantiert der Philosophie etwas wie Postexistenz, wofern sie sich als mit ihrer Spezialität mit dem ἓν καὶ πᾶν beschäftigt. Der Ausdruck von Sein ist nichts anderes als das Gefühl jener Aura, einer ohne Gestirn freilich, das ihr das Licht spendete. In ihr wird das Moment der Vermittlung isoliert und dadurch unmittelbar. So wenig aber wie die Pole Subjekt und Objekt läßt Vermittlung sich hypostasieren; sie gilt einzig in deren Konstellation. Vermittlung ist vermittelt durchs Vermittelte. Heidegger überspannt sie zu einer gleichsam ungegenständlichen Objektivität. Er besiedelt ein imaginäres Zwischenreich zwischen dem Stumpfsinn der facta bruta und dem weltanschaulichen Geschwafel. Der Seinsbegriff, der seine Vermittlungen nicht Wort haben will, wird zu dem Wesenlosen, als das Aristoteles die Platonische Idee, das Wesen par excellence, durchschaute, zur Wiederholung des Seienden. Diesem ist entwendet, was immer dem Sein zugeschanzt wird. Während dadurch der emphatische Anspruch des Seins auf reine Wesentlichkeit hinfällig wird, hat das Seiende, das untilgbar dem Sein innewohnt, ohne in der Heideggerschen Version seinen ontischen Charakter bekennen zu müssen, an jenem ontologischen Anspruch parasitär teil. Daß das Sein sich zeige, vom Subjekt passiv hinzunehmen sei, ist entlehnt von den alten Daten der Erkenntnistheorie, die ein Faktisches, Ontisches sein sollten. Dies Ontische streift aber zugleich im sakralen Bezirk des Seins die Spur der Kontingenz ab, die ehemals seine Kritik gestattete. Kraft der Logik der philosophischen Aporie, ohne daß erst auf die ideologische Zutat des Philosophen gewartet würde, versetzt er die empirische Übermacht des so Seienden ins Wesenhafte. Die Vorstellung vom Sein als einer Entität, deren denkende Bestimmung unabdingbar das Gedachte versäume, indem sie es zerlegt und damit, nach der einschlägigen politischen Rede, zersetzt, läuft auf eleatische Geschlossenheit heraus wie einst das System und heute die Welt. Anders aber als die Absicht der Systeme, ist das Geschlossene heteronom: unerreichbar vom vernünftigen Willen sowohl der Einzelnen wie jenes gesellschaftlichen Gesamtsubjekts, das bis heute nicht verwirklicht ist. In der zur Statik erneuerten Gesellschaft, die sich abzeichnet, scheinen dem Vorrat der apologetischen Ideologie keine neuen Motive mehr zuzuwachsen; vielmehr werden die gängigen soweit verdünnt und unkenntlich, daß sie von aktuellen Erfahrungen nur schwer desavouiert werden können. Projizieren die Rück- und Kunstgriffe der Philosophie Seiendes aufs Sein, so ist das Seiende glücklich gerechtfertigt; wird es als bloß Seiendes mit Verachtung gestraft, so darf es draußen unbehelligt sein Unwesen treiben. Nicht anders vermeiden zartbesaitete Diktatoren den Besuch in Konzentrationslagern, deren Funktionäre redlich nach ihren Richtlinien handeln.

Der Seinskult lebt von uralter Ideologie, den idola fori: dem, was im Dunkel des Wortes Sein und der daraus abgeleiteten Formen gedeiht. »Ist« stellt zwischen dem grammatischen Subjekt und dem Prädikat den Zusammenhang des Existentialurteils her und suggeriert damit Ontisches. Zugleich aber bedeutet es, rein für sich genommen, als Copula, den allgemeinen kategorialen Sachverhalt einer Synthesis, ohne selber ein Ontisches zu repräsentieren. Darum läßt es ohne viel Umstände auf der ontologischen Seite sich verbuchen. Von der Logizität der Copula bezieht Heidegger die ontologische Reinheit, die seiner Allergie gegen Faktisches gefällt; vom Existentialurteil aber die Erinnerung an Ontisches, die es dann erlaubt, die kategoriale Leistung der Synthesis als Gegebenheit zu hypostasieren. Wohl entspricht auch dem »Ist« ein »Sachverhalt«: in jeglichem prädikativen Urteil hat das »Ist« so gut wie Subjekt und Prädikat seine Bedeutung.

Der »Sachverhalt« aber ist intentional, nicht ontisch. Die Copula erfüllt sich dem eigenen Sinn nach einzig in der Relation zwischen Subjekt und Prädikat. Sie ist nicht selbständig. Indem Heidegger sie als jenseits dessen verkennt, wodurch allein sie zu Bedeutung wird, übermannt ihn jenes dinghafte Denken, gegen das er aufbegehrte. Fixiert er das von »Ist« Gemeinte zum absoluten idealen An sich – eben dem Sein –, so hätte, einmal von der Copula losgerissen, das von Subjekt und Prädikat des Urteils Repräsentierte das gleiche Recht. Ihre Synthesis durch die Copula widerführe beidem bloß äußerlich; eben dagegen war der Seinsbegriff ersonnen. Subjekt, Copula, Prädikat wären abermals, wie in obsoleter Logik, in sich abgeschlossene, fertige Einzelheiten, nach dem Modell von Sachen. In Wahrheit jedoch tritt die Prädikation nicht hinzu, sondern ist, indem sie beide verkoppelt, auch das, was sie an sich schon wären, wenn dies »Wäre« ohne die Synthesis des »Ist« irgend sich vorstellen ließe. Das verwehrt die Extrapolation von der Copula auf ein vorgeordnetes Wesen »Sein« ebenso wie auf ein »Werden«, die reine Synthesis. Jene Extrapolation beruht auf einer bedeutungstheoretischen Verwechslung: der der allgemeinen Bedeutung der Copula »Ist«, der konstanten grammatischen Spielmarke für die Synthesis des Urteils, mit der spezifischen, die das »Ist« in jeglichem Urteil gewinnt. Beides fällt keineswegs zusammen. Insofern wäre das Ist den okkasionellen Ausdrücken zu vergleichen. Seine Allgemeinheit ist eine Anweisung auf Besonderung, die allgemeine Form für den Vollzug besonderer Urteile. Die Nomenklatur trägt dem Rechnung, indem sie für jene Allgemeinheit den wissenschaftlichen Terminus Copula bereithält und für die besondere Leistung, die das Urteil jeweils zu vollbringen hat, eben das »Ist«. Heidegger mißachtet die Differenz. Dadurch wird die besondere Leistung des »Ist« nur zu etwas wie einer Erscheinungsweise jenes Allgemeinen. Der Unterschied zwischen der Kategorie und dem Gehalt des Existentialurteils verschwimmt. Die Substitution der allgemeinen grammatischen Form für den apophantischen Inhalt verwandelt die ontische Leistung des »Ist« in ein Ontologisches, eine Seinsweise von Sein. Vernachlässigt man aber die im Sinn von »Ist« postulierte, vermittelte und vermittelnde Leistung im Besonderen, so bleibt kein wie immer auch geartetes Substrat jenes »Ist« zurück, sondern lediglich die abstrakte Form von Vermittlung überhaupt. Diese, nach Hegels Wort das reine Werden, ist so wenig ein Urprinzip wie irgendein anderes, wofern man nicht den Parmenides mit Heraklit austreiben will. Das Wort Sein hat einen Oberton, den allein die willkürliche Definition überhören könnte; er verleiht der Heideggerschen Philosophie ihre Klangfarbe. Ein jegliches Seiendes ist mehr, als es ist; Sein, in Kontrast zum Seienden, mahnt daran. Weil nichts Seiendes ist, das nicht, indem es bestimmt wird und sich selbst bestimmt, eines anderen bedürfte, das nicht es selber ist – denn durch es selbst allein wäre es nicht zu bestimmen –, weist es über sich hinaus. Vermittlung ist dafür lediglich ein anderes Wort. Heidegger aber sucht das über sich Hinausweisende zu halten und worüber es hinausweist als Schutt zurückzulassen. Verflochtenheit wird ihm zu deren absolutem Gegenteil, der πρώτη οὐσία. Im Wort Sein, dem Inbegriff dessen, was ist, hat die Copula sich vergegenständlicht. Wohl wäre vom Ist ohne Sein so wenig zu reden wie von diesem ohne jenes. Das Wort verweist auf das objektive Moment, das in jedem prädikativen Urteil die Synthesis bedingt, in der es doch erst sich kristallisiert. Aber so wenig wie jener Sachverhalt im Urteil ist das Sein dem Ist gegenüber selbständig. Die Sprache, die Heidegger mit Recht für mehr nimmt denn die bloße Signifikation, zeugt kraft der Unselbständigkeit ihrer Formen gegen das, was er aus ihr herauspreßt. Verkoppelt die Grammatik das Ist mit der Substratkategorie Sein als deren Aktivum: daß etwas sei, so verwendet sie reziprok Sein lediglich im Verhältnis zu all dem, was ist, nicht an sich. Der Schein des ontologisch Reinen allerdings wird dadurch verstärkt, daß jegliche Analyse von Urteilen auf zwei Momente führt, deren keines – so wenig wie, metalogisch, Subjekt und Objekt* – aufs

* Die Subjekt-Objekt-Relation im Urteil, als rein logische, und das Verhältnis von Subjekt und Objekt, als erkenntnistheoretisch-materiales, sind zunächst strikt zu unterscheiden; der Terminus Subjekt bedeutet dort und hier fast Kontradiktorisches. In der Urteilstheorie ist er das zugrunde Gelegte, von dem etwas prädiziert wird; gegenüber dem Urteilsakt und dem in der Urteilssynthesis Geurteilten in gewisser Weise Objektivität, das, woran Denken sich betätigt. Erkenntnistheoretisch aber meint Subjekt die Denkfunktion, vielfach auch jenes Seiende, das denkt und das aus dem Begriff Ich nur um den Preis auszuschließen ist, daß er nicht länger bedeutet, was er bedeutet. Aber diese Distinktion involviert trotz allem enge Verwandtschaft des Distinguierten. Die Konstellation eines vom Urteil getroffenen Sachverhalts – in der Sprache

andere zu reduzieren ist. Der von der Schimäre eines absolut Ersten faszinierte Gedanke wird dazu neigen, schließlich noch jene Irreduktibilität selber als ein solches Letztes zu reklamieren. In Heideggers Seinsbegriff schwingt die Reduktion auf Irreduktibilität mit. Aber sie ist eine Formalisierung, die nicht sich zusammenreimt mit dem, was formalisiert wird. Sie besagt für sich genommen nicht mehr als das Negative, daß die Urteilsmomente, wann immer geurteilt wird, nicht nach der einen oder anderen Seite ineinander aufgehen; daß sie nicht identisch sind. Außerhalb dieses Verhältnisses der Urteilsmomente ist die Irreduktibilität ein Nichts, unter ihr überhaupt nichts zu denken. Darum kann ihr keine ontologische Priorität den Momenten gegenüber imputiert werden. Der Paralogismus liegt in der Transformation jenes Negativen, daß nicht eines der Momente aufs andere zurückzuführen ist, in ein Positives. Heidegger gelangt bis an die Grenze der dialektischen Einsicht in die Nichtidentität in der Identität. Aber den Widerspruch im Seinsbegriff trägt er nicht aus. Er unterdrückt ihn. Was irgend unter Sein gedacht werden kann, spottet der Identität des Begriffs mit dem von ihm Gemeinten; Heidegger jedoch traktiert es als Identität, reines es

der Phänomenologie des »Geurteilten als solchen« – und der Synthesis, die ebenso auf jenem Sachverhalt beruht, wie ihn herstellt, mahnt an die materiale von Subjekt und Objekt. Diese unterscheiden sich ebenso, sind nicht auf die reine Identität der einen oder anderen Seite zu bringen, und bedingen sich dort wechselfältig, weil kein Objekt bestimmbar ist ohne die Bestimmung, die es dazu macht, das Subjekt, und weil kein Subjekt etwas denken kann, das nicht ein ihm gegenüber Stehendes wäre, das Subjekt selbst nicht ausgenommen: Denken ist an Seiendes gekettet. Die Parallele zwischen Logik und Erkenntnistheorie ist mehr als bloße Analogie. Das rein logische Verhältnis zwischen Sachverhalt und Synthesis, das sich ohne Rücksicht auf Existenz, auf raum-zeitliche Faktizität weiß, ist in Wahrheit eine Abstraktion von der Subjekt-Objekt-Relation. Diese wird unter den Blickpunkt reinen Denkens gerückt, aller besondere ontische Sachgehalt vernachlässigt, ohne daß doch diese Abstraktion Macht hätte über das Etwas, das die Leerstelle von Sachhaltigkeit okkupiert und das, mag es jene noch so allgemein benennen, Sachhaltiges meint, nur durch Sachhaltiges zu dem wird, was es selbst bedeutet. Die methodologische Veranstaltung der Abstraktion hat ihre Grenze am Sinn dessen, was sie als reine Form in Händen zu halten wähnt. Unauslöschlich ist dem formal-logischen »Etwas« die Spur des Seienden. Die Form Etwas ist nach dem Modell des Materials, des τόδε τι gebildet; sie ist Form des Materialen und insofern ihrer eigenen reinlogischen Bedeutung nach jenes Metalogischen bedürftig, um das die erkenntnistheoretische Reflexion als um den Gegenpol zum Denken sich mühte.

selbst Sein, bar seiner Andersheit. Die Nichtidentität in der absoluten Identität vertuscht er wie eine Familienschande. Weil das »Ist« weder nur subjektive Funktion noch ein Dinghaftes, Seiendes, nach herkömmlichem Denken keine Objektivität ist, nennt Heidegger es Sein, jenes Dritte. Der Übergang ignoriert die Intention des Ausdrucks, den Heidegger demütig auszulegen glaubt. Die Erkenntnis, das »Ist« sei kein bloßer Gedanke und kein bloß Seiendes, erlaubt nicht seine Verklärung zu einem jenen beiden Bestimmungen gegenüber Transzendenten. Jeder Versuch, das »Ist«, und wäre es in der blassesten Allgemeinheit, überhaupt nur zu denken, führt auf Seiendes hier und dort auf Begriffe. Die Konstellation der Momente ist nicht auf ein singuläres Wesen zu bringen; ihr wohnt inne, was selbst nicht Wesen ist. Die Einheit, die das Wort Sein verspricht, währt nur so lange, wie es nicht gedacht, wie nicht, gemäß Heideggers eigener Methode, seine Bedeutung analysiert wird; eine jede solche Analyse fördert zutage, was im Abgrund des Seins verschwand. Wird aber die Analyse von Sein selber tabu, so geht die Aporie über in Subreption. Im Sein soll das Absolute gedacht werden, aber nur weil es nicht sich denken läßt, sei es das Absolute; nur weil es magisch die Erkenntnis der Momente blendet, scheint es jenseits der Momente; weil die Vernunft ihr Bestes nicht denken kann, wird sie sich selbst zum Schlechten.

In Wahrheit sind, gegen die Sprachatomistik des ganzheitsgläubigen Heidegger, alle Einzelbegriffe bereits in sich mit den Urteilen verwachsen, welche die klassifizierende Logik vernachlässigt; die alte Dreiteilung der Logik nach Begriff, Urteil und Schluß ist ein Rückstand wie das Linnésche System. Urteile sind keine bloße Synthesis von Begriffen, denn kein Begriff ist ohne Urteil; Heidegger übersieht das, vielleicht im Bann der Scholastik. In der Vermitteltheit von Sein wie von Ist jedoch steckt Subjekt. Heidegger unterschlägt dies wenn man will idealistische Moment und erhöht dadurch Subjektivität zum allem Subjekt-Objekt-Dualismus Vorgängigen, Absoluten. Daß jegliche Analyse des Urteils auf Subjekt und Objekt führt, stiftet keine Region jenseits jener Momente, die an sich wäre. Sie ergibt die Konstellation jener Momente, kein höheres, nicht einmal ein allgemeineres Drittes. Gewiß wäre im Sinn Heideggers anzuführen, das Ist sei nicht dinghaft, nicht τὰ ὄντα, kein Seiendes, keine Objektivität im üblichen Verstande. Denn ohne die Synthesis hat das Ist kein Substrat; im gemeinten Sachverhalt ließe auf kein τόδε τι sich deuten, das ihm entspräche. Also, lautet die Folgerung, müsse das Ist jenes Dritte indizieren, eben das Sein. Sie aber ist falsch, Gewaltstreich sich selbst genügender Semantik. Der Fehlschluß wird daran flagrant, daß ein solches vermeintlich reines Substrat des Ist nicht gedacht werden kann. Jeder Versuch dazu trifft auf Vermittlungen, denen das hypostasierte Sein enthoben sein möchte. Noch daraus jedoch, daß es nicht zu denken ist, zieht Heidegger den Gewinn zusätzlicher metaphysischer Würde des Seins. Weil es dem Denken sich verweigere, sei es das Absolute; weil es, gut hegelisch, weder auf Subjekt noch auf Objekt ohne Rest zu reduzieren ist, sei es jenseits von Subjekt und Objekt, während es doch unabhängig von ihnen überhaupt nicht wäre. Die Vernunft, die es nicht denken kann, wird am Ende selber diffamiert, als ob Denken irgend von Vernunft sich abspalten ließe. Unbestreitbar, daß Sein nicht einfach der Inbegriff dessen sei, was ist, was der Fall ist. Antipositivistisch läßt solche Einsicht dem Überschuß des Begriffs über die Faktizität Gerechtigkeit widerfahren. Kein Begriff wäre zu denken, keiner nur möglich ohne das Mehr, welches Sprache zur Sprache macht. Was indessen im Wort Sein, gegenüber τὰ ὄντα, nachhallt: daß alles mehr sei, als es ist, meint Verflochtenheit, kein ihr Transzendentes. Dazu wird sie bei Heidegger, tritt zum einzelnen Seienden hinzu. Er folgt der Dialektik soweit, daß weder Subjekt noch Objekt ein Unmittelbares und Letztes seien, springt aber aus ihr heraus, indem er jenseits von ihnen nach einem Unmittelbaren, Ersten hascht. Archaistisch wird Denken, sobald es, was am zerstreuten Seienden mehr ist als es selbst, zur metaphysischen ἀρχή verklärt. Als Reaktion auf den Verlust der Aura[1] wird diese, das über sich Hinausweisen der Dinge, von Heidegger zum Substrat umfunktioniert und dadurch selbst den Dingen gleichgemacht. Er verordnet eine Repristination des Schauers, den, längst vor den mythischen Naturreligionen, das Ineinander bereitete: unterm deutschen Namen Sein wird Mana[2] heraufgeholt, als gliche die heraufdämmernde Ohnmacht der prä-animistischer Primitiver, wenn es donnert. Insgeheim folgt Heidegger dem Gesetz, daß mit der fortschreitenden

Rationalität der konstant irrationalen Gesellschaft immer weiter zurückgegriffen wird. Klug durch Schaden, vermeidet er das romantische Pelasgertum von Klages und die Mächte von Oskar Goldberg und flüchtet aus der Region des tangibeln Aberglaubens in einen Dämmer, in dem nicht einmal Mythologeme wie das von der Wirklichkeit der Bilder mehr sich formieren. Er entschlüpft der Kritik, ohne doch von den Avantagen des Ursprungs abzulassen; so weit wird dieser zurückverlegt, daß er außerzeitlich und darum allgegenwärtig erscheint. »Das geht aber/Nicht.«[3] Nicht anders ist aus Geschichte auszubrechen als durch Regression. Ihr Ziel, das älteste, ist nicht das Wahre sondern der absolute Schein, die dumpfe Befangenheit in einer Natur, deren Undurchschautes Übernatur bloß parodiert. Heideggers Transzendenz* ist die verabsolutierte Immanenz, verstockt gegen den eigenen Immanenzcharakter. Der Erklärung bedarf jener Schein; wieso das schlechthin Abgeleitete, Vermittelte, Sein, die Insignien des ens concretissimum an sich reißen kann. Er basiert darauf, daß die Pole von traditioneller Erkenntnistheorie und Metaphysik, reines Diesda und reines Denken, abstrakt sind. Von beiden sind so viele Bestimmungen entfernt, daß über sie wenig mehr auszusagen ist, wofern das Urteil nach dem sich richten will, worüber es urteilt. Dadurch scheinen die beiden Pole gegeneinander ununterscheidbar, und das gestattet es, unvermerkt den einen anstelle des anderen zu bemühen, je nach dem zu Demonstrierenden. Der Begriff des Seienden schlechthin, seinem Ideal nach ohne alle Kategorie, braucht, in seiner vollkommenen Entqualifiziertheit, auf kein Seiendes sich einschränken zu lassen und kann sich Sein nennen. Sein aber, als absoluter Begriff, braucht nicht als Begriff sich zu legitimieren: durch jeglichen Umfang begrenzte es sich und frevelte gegen seinen eigenen Sinn. Darum kann es

* »Das Sein als Grundthema der Philosophie ist keine Gattung eines Seienden, und doch betrifft es jedes Seiende. Seine ›Universalität‹ ist höher zu suchen. Sein und Seinstruktur liegen über jedes Seiende und jede mögliche seiende Bestimmtheit eines Seienden hinaus. Sein ist das transcendens schlechthin. Die Transzendenz des Seins des Daseins ist eine ausgezeichnete, sofern in ihr die Möglichkeit und Notwendigkeit der radikalsten Individuation liegt. Jede Erschließung von Sein als transcendens ist transzendentale Erkenntnis. Phänomenologische Wahrheit (Erschlossenheit von Sein) ist veritas transcendentalis.« (Heidegger, Sein und Zeit, 6. Aufl., Tübingen 1949, S. 38.)

mit der Würde des Unmittelbaren so gut ausstaffiert werden wie das τόδε τι mit der des Wesenhaften. Zwischen den beiden gegeneinander indifferenten Extremen spielt Heideggers gesamte Philosophie*. Aber gegen seinen Willen setzt sich im Sein das Seiende durch. Jenes empfängt sein Leben von der verbotenen Frucht, als wäre diese Freyas Äpfel. Während Sein, um seiner auratischen Absolutheit willen, mit nichts Seiendem kontaminiert werden will, wird es doch nur dadurch zu jenem Unmittelbaren, das dem Absolutheitsanspruch den Rechtstitel liefert, daß Sein immer auch soviel bedeutet wie: Seiendes schlechthin. Sobald die Rede vom Sein der puren Invokation irgend etwas hinzufügt, stammt es aus dem Ontischen. Die Rudimente materialer Ontologie bei Heidegger sind zeitlich; Gewordenes und Vergängliches wie zuvor bei Scheler.

Gerechtigkeit allerdings widerfährt dem Seinsbegriff erst, wenn auch die genuine Erfahrung begriffen ist, die seine Instauration bewirkt: der philosophische Drang, das Unausdrückbare auszudrücken. Je verängstigter Philosophie jenem Drang, ihrem Eigentümlichen, sich gesperrt hat, desto größer die Versuchung, das Unausdrückbare direkt anzugehen, ohne die Sisyphusarbeit, die

* Daß sie, trotz ihres Kontakts mit Hegel, vor der Dialektik ausbiegt, verleiht ihr den Appell erlangter Transzendenz. Feuerfest gegen die dialektische Reflexion, die sie doch unablässig berührt, hält sie mit der traditionellen Logik haus und bemächtigt sich, nach dem Muster des prädikativen Urteils, des Charakters von Festigkeit und Unbedingtheit dessen, was dialektischer Logik bloßes Moment wäre. So etwa soll, einer anfänglichen Formulierung zufolge (vgl. Heidegger, Sein und Zeit, a. a. O., S. 13), Dasein jenes Ontische, Existierende sein, das den – uneingestanden paradoxen – Vorzug habe, ontologisch zu sein. Dasein ist eine deutsche und verschämte Variante von Subjekt. Heidegger entging nicht, daß es sowohl Prinzip der Vermittlung wie unvermittelt ist, als Konstituens das Konstitutum Faktizität voraussetzt. Der Sachverhalt ist dialektisch; ihn übersetzt Heidegger auf Biegen oder Brechen in die Logik der Widerspruchslosigkeit. Aus den einander widersprechenden Momenten des Subjekts werden zwei Attribute gemacht, die er ihm gleichwie einer Substanz anheftet. Das aber hilft der ontologischen Würde: der unentfaltete Widerspruch wird Bürgschaft eines Höheren an sich, weil er sich den Bedingungen der diskursiven Logik nicht fügt, in deren Sprache er übersetzt ist. Vermöge dieser Projektion soll die Substanz, Sein geheißen, als Positives sowohl über dem Begriff wie über der Tatsache sein. Ihrer dialektischen Reflexion hielte solche Positivität nicht stand. Dergleichen Schemata sind τόποι der gesamten Fundamentalontologie. Transzendenz über Denken wie über Tatsache zieht sie daraus, daß dialektische Strukturen undialektisch, als wären sie einfach zu benennen, ausgedrückt und hypostasiert werden.

nicht die schlechteste Definition von Philosophie wäre, und die den Spott über sie so sehr ermuntert. Philosophie selbst, als Form des Geistes, enthält ein Moment, tief verwandt jenem Schwebenden, wie es bei Heidegger das, worüber zu meditieren wäre, annimmt, und wie es die Meditation verhindert. Denn weit spezifischer ist Philosophie eine Form, als die Geschichte ihres Begriffs vermuten läßt, in der sie selten, außer in einer Schicht Hegels, ihre qualitative Differenz von Wissenschaft, Wissenschaftslehre, Logik, mit denen sie doch verwachsen ist, ihrer Reflexion einverleibt. Philosophie besteht weder in vérités de raison noch in vérités de fait. Nichts, was sie sagt, beugt sich handfesten Kriterien eines der Fall Seins; ihre Sätze über Begriffliches so wenig denen des logischen Sachverhalts wie die über Faktisches denen empirischer Forschung. Zerbrechlich ist sie auch wegen ihrer Distanz. Sie läßt nicht sich festnageln. Soweit ist ihre Geschichte eine permanenten Mißlingens, wie sie dem Handfesten immer wieder, terrorisiert von der Wissenschaft nachgehängt hat. Ihre positivistische Kritik verdient sie durch den Anspruch auf Wissenschaftlichkeit, den die Wissenschaft verwirft; jene Kritik irrt, indem sie die Philosophie mit einem Kriterium konfrontiert, das nicht ihres ist, wo irgend sie ihrer Idee gehorcht. Sie verzichtet aber nicht auf Wahrheit, sondern belichtet die szientifische als beschränkt. Ihr Schwebendes bestimmt sich dadurch, daß sie in ihrer Distanz zur verifizierenden Erkenntnis doch nicht unverbindlich ist, sondern ein eigenes Leben von Stringenz führt. Diese sucht sie in dem, was sie selber nicht ist, dem ihr Entgegengesetzten, und in der Reflexion dessen, was positive Erkenntnis mit schlechter Naivetät als verbindlich supponiert. Philosophie ist weder Wissenschaft noch, wozu der Positivismus mit einem albernen Oxymoron sie degradieren möchte, Gedankendichtung, sondern eine zu dem von ihr Verschiedenen ebenso vermittelte wie davon abgehobene Form. Ihr Schwebendes aber ist nichts anderes als der Ausdruck des Unausdrückbaren an ihr selber. Darin wahrhaft ist sie der Musik verschwistert. Kaum ist das Schwebende recht in Worte zu bringen; das mag verursacht haben, daß die Philosophen, außer etwa Nietzsche, darüber hinweggleiten. Eher ist es die Voraussetzung zum Verständnis philosophischer Texte als ihre bündige Eigenschaft. Es mag geschichtlich entsprungen sein und auch wieder verstummen, wie der Musik es droht. Heidegger hat das inperviert und jenes Spezifische der Philosophie, vielleicht weil es sich anschickt zu verlöschen, buchstäblich in eine Sparte, eine Gegenständlichkeit quasi höherer Ordnung transformiert: Philosophie, die erkennt, daß sie weder über Faktizität noch über Begriffe urteilt, wie sonst geurteilt wird, und die nicht einmal ihres Gegenstandes sicher sich weiß, möchte ihren gleichwohl positiven Gehalt jenseits von Faktum, Begriff und Urteil haben. Dadurch ist das Schwebende des Denkens überhöht zu dem Unausdrückbaren selbst, das es ausdrücken will; das Ungegenständliche zum umrissenen Gegenstand eigenen Wesens; und eben dadurch verletzt. Unter der Last der Tradition, die Heidegger abschütteln will, wird das Unausdrückbare ausdrücklich und kompakt im Wort Sein; der Einspruch gegen Verdinglichung verdinglicht, dem Denken entäußert und irrational. Indem er das Unausdrückbare der Philosophie unmittelbar thematisch behandelt, staut Heidegger jene zurück bis zum Widerruf des Bewußtseins. Zur Strafe versiegt die nach seiner Konzeption verschüttete Quelle, die er ausgraben möchte, dürftiger als je die Einsicht der vorgeblich destruierten Philosophie, die dem Unausdrückbaren durch ihre Vermittlungen sich zuneigt. Was, unter Mißbrauch Hölderlins, der Dürftigkeit der Zeit zugeschrieben wird, ist die des Denkens, das jenseits von Zeit sich wähnt. Nichtig ist der unmittelbare Ausdruck des Unausdrückbaren; wo sein Ausdruck trug, wie in großer Musik, war sein Siegel das Entgleitende und Vergängliche, und er haftete am Verlauf, nicht am hindeutenden Das ist es. Der Gedanke, der das Unausdrückbare denken will durch Preisgabe des Gedankens, verfälscht es zu dem, was er am wenigsten möchte, dem Unding eines schlechthin abstrakten Objekts.

Das Kind, könnte Fundamentalontologie plädieren, wenn es ihr nicht zu ontisch-psychologisch wäre, fragt nach dem Sein. Das treibt die Reflexion ihm aus, und die Reflexion der Reflexion möchte es, wie von je im Idealismus, wiedergutmachen. Aber schwerlich fragt die gedoppelte Reflexion wie das Kind unmittelbar. Sein Verhalten malt die Philosophie, gleichsam mit dem Anthropomorphismus des Erwachsenen, als die der Kindheit der gesamten Gattung, als vorzeitlich-überzeitlich sich aus. Woran es laboriert, ist eher sein Verhältnis zu den Worten, die es mit einer im späteren Alter kaum mehr vorstellbaren Anstrengung sich zueignet, denn die Welt, die ihm als eine von Aktionsobjekten in den frühen Phasen einigermaßen vertraut ist. Es will sich der Bedeutung der Worte versichern, und die Beschäftigung damit, wohl auch ein psychoanalytisch erklärbarer, koboldhaft nörgelnder Eigensinn bringt es aufs Verhältnis von Wort und Sache. Es mag seine Mutter mit dem peinlichen Problem sekkieren, warum die Bank Bank heißt. Seine Naivetät ist unnaiv. Als Sprache ist Kultur in sehr frühe Regungen seines Bewußtseins eingewandert; eine Hypothek auf der Rede von Ursprünglichkeit. Der Sinn der Worte und ihr Wahrheitsgehalt, ihre »Stellung zur Objektivität« sind noch nicht scharf voneinander abgehoben; wissen, was das Wort Bank bedeute, und was eine Bank wirklich sei – wozu doch das Existentialurteil hinzurechnet –, ist jenem Bewußtsein gleich oder wenigstens nicht differenziert, übrigens in zahllosen Fällen nur mühsam zu scheiden. Orientiert am erlernten Wortschatz, ist insofern gerade die kindliche Unmittelbarkeit in sich vermittelt, das Bohren nach dem Warum, dem Ersten präformiert. Sprache wird als φύσει, nicht als θέσει erfahren, ›taken for granted‹; am Anfang ist der Fetischismus, und dem bleibt die Jagd nach dem Anfang stets untertan. Freilich ist jener Fetischismus kaum zu durchschauen, weil schlechterdings alles Gedachte auch sprachlich ist, der besinnungslose Nominalismus so falsch wie der Realismus, der der fehlbaren Sprache die Attribute der geoffenbarten erteilt. Heidegger hat für sich, daß es kein sprachloses An sich gibt; daß also Sprache in der Wahrheit ist, nicht diese in der Sprache als ein von ihr bloß Bezeichnetes. Aber der konstitutive Anteil der Sprache an der Wahrheit stiftet keine Identität beider. Die Kraft der Sprache bewährt sich darin, daß in der Reflexion Ausdruck und Sache auseinander treten[4]. Sprache wird zur Instanz von Wahrheit nur am Bewußtsein der Unidentität des Ausdrucks mit dem Gemeinten. Heidegger weigert sich jener Reflexion; er hält inne nach dem ersten Schritt der sprachphilosophischen Dialektik. Repristination ist sein Denken auch darin, daß es durch ein Ritual des Nennens die Gewalt des Namens wiederherstellen möchte. Diese Gewalt indessen ist nicht derart in den säkularisierten Sprachen gegenwärtig, daß sie es dem Subjekt gestatteten. Durch Säkularisierung haben die Subjekte ihnen den Namen entzogen, und ihrer Intransigenz, keines philosophischen Gottvertrauens bedarf die Objektivität der Sprache. Mehr als Signum ist sie nur durch ihre signifikative Kraft, dort wo sie am genauesten und dichtesten das Gemeinte hat. Sie ist nur, soweit sie wird, in der stetigen Konfrontation von Ausdruck und Sache; danach handelte Karl Kraus, der doch selbst einer ontologischen Ansicht von der Sprache zugeneigt haben dürfte. Heideggers Verfahren aber ist, nach Scholems Prägung, deutschtümelnde Kabbalistik. Er verhält sich zu den geschichtlichen Sprachen, als wären sie die des Seins, romantisch wie alles gewalttätig Antiromantische. Seine Art Destruktion verstummt vor der unbesehenen philologischen Bildung, die er zugleich suspendiert. Solches Bewußtsein bejaht, was es umgibt, oder findet wenigstens damit sich ab; genuiner philosophischer Radikalismus, wie immer er historisch auftrat, ist Produkt des Zweifels. Scheinhaft ist die radikale Frage selber, die nichts als jenen zerstört.

Den emphatischen Ausdruck des Wortes Sein untermauert Heideggers alte Kategorie der Eigentlichkeit, die freilich später kaum mehr genannt wird. Die Transzendenz von Sein gegenüber Begriff und Seiendem will das Desiderat der Eigentlichkeit einlösen als das, was kein Schein sei, weder veranstaltet noch hinfällig. Protestiert wird, mit Grund, dagegen, daß die geschichtliche Entfaltung der Philosophie die Unterscheidung von Wesen und Schein nivellierte, den inhärenten Impuls von Philosophie als dem θαυμάζειν, dem Ungenügen an der Fassade. Unreflektierte Aufklärung hat die metaphysische These vom Wesen als der wahren Welt hinter den Erscheinungen mit der ebenso abstrakten Gegenthese negiert, das Wesen wäre, als Inbegriff von Metaphysik, der Schein: als ob der Schein darum das Wesen wäre. Kraft der Spaltung der Welt versteckt sich das Gesetz von Spaltung, das Eigentliche. Der Positivismus, der dem sich anpaßt, indem er, was nicht Datum, was verborgen ist, als Mythos und subjektive Projektion durchstreicht, befestigt damit ebenso die Scheinhaftigkeit wie einst die Lehren, die übers Leiden im mundus sensibilis mit der Beteuerung des Noumenalen trösteten. Etwas von diesem Mechanismus hat Heidegger gespürt. Aber das Eigentliche, das er vermißt, schlägt sogleich um in Positivität, Eigentlichkeit als ein Verhalten des Bewußtseins, das, indem es aus der Profanität auswandert, den theologischen Habitus der alten Wesenslehre ohnmächtig nachahmt. Gefeit wird das verborgene Wesen vorm Verdacht, es sei Unwesen. Keine Erwägung wagt sich etwa daran, daß die Kategorien der sogenannten Vermassung, die ›Sein und Zeit‹ ebenso wie das Göschenbändchen über die geistige Situation der Zeit von Jaspers entwickelt, selber solche jenes verborgenen Unwesens sein könnten, das die Menschen zu dem macht, was sie sind; sie müssen sich dann von der Philosophie auch noch beschimpfen lassen, weil sie das Wesen vergessen hätten. Der Widerstand gegen das verdinglichte Bewußtsein, der im Pathos der Eigentlichkeit nachzittert, ist gebrochen. Der Rest von Kritik wird losgelassen auf die Erscheinung, nämlich die Subjekte; unbehelligt bleibt das Wesen, dessen Schuld von der ihren bloß repräsentiert wird und sich reproduziert. – Während die Fundamentalontologie vom θαυμάζειν nicht sich ablenken läßt, verbaut sie sich die Antwort, was eigentlich sei, durch die Gestalt der Frage. Nicht umsonst wird diese durch den dégoutanten Terminus Seinsfrage zugerüstet. Verlogen ist es darum, weil an das leibhafte Interesse jedes Einzelnen – das nackte des Hamletmonologs, ob der Einzelne absolut vernichtet ist mit dem Tod oder ob er die Hoffnung des christlichen non confundar hat – appelliert wird, jedoch, was Hamlet mit Sein oder Nichtsein meint, ersetzt durch das reine Wesen, das die Existenz verschluckt. Indem die Existentialontologie, nach phänomenologischem Brauch, etwas thematisch macht, mit Aufgebot von Deskriptionen und Distinktionen, befriedigt sie das Interesse und lenkt davon ab. »Die Seinsfrage«, sagt Heidegger, »zielt daher auf eine apriorische Bedingung der Möglichkeit nicht nur der Wissenschaften, die Seiendes als so und so Seiendes durchforschen und sich dabei je schon in einem Seinsverständnis bewegen, sondern auf die Bedingung der Möglichkeit der vor den ontischen Wissenschaften liegenden und sie fundierenden Ontologien selbst. Alle Ontologie, mag sie über ein noch so reiches und festverklammertes Kategoriensystem verfügen, bleibt im Grunde blind und eine Verkehrung ihrer eigensten Absicht, wenn sie nicht zuvor den Sinn von Sein zureichend geklärt und diese Klärung als ihre Fundamentalaufgabe begriffen hat.«[5] Durch die Überspannung dessen, was in solchen Sätzen phänomenologische Umständlichkeit als Seinsfrage zurüstet, büßt diese ein, was unter dem Wort vorgestellt werden kann, und jenes Vorgestellte wird womöglich noch derart abgewertet zur betriebsamen Befangenheit, daß die Versagung als höhere Wahrheit, als eigentliche Antwort der umgangenen Frage sich empfiehlt. Um nur ja eigentlich genug zu sein, zieht sich die sogenannte Seinsfrage auf den dimensionslosen Punkt dessen zusammen, was sie als einzig echtbürtige Bedeutung von Sein zuläßt. Sie verwandelt sich ins Verbot, über sich selbst, schließlich über jene Tautologie hinauszugehen, die bei Heidegger darin sich manifestiert, daß das sich entbergende Sein nichts anderes sagt als immer wieder nur Sein.[6] Heidegger würde das tautologische Wesen von Sein womöglich noch als ein den Bestimmungen der Logik Superiores ausgeben. Aber es ist aus der Aporetik zu entwickeln. Wie Husserl schon, beugt sich Heidegger unbekümmert Desideraten des Denkens nebeneinander, welche in der Geschichte der von ihm allzu souverän außer Kurs gesetzten Metaphysik als inkompatibel sich erwiesen: dem Reinen, von aller empirischen Beimischung Freien und darum absolut Gültigen, und dem Unmittelbaren, schlechthin Gegebenen, unwiderleglich, weil es des begrifflichen Zusatzes enträt. So kombinierte Husserl das Programm einer »reinen«, nämlich eidetischen Phänomenologie mit dem der Selbstgegebenheit des erscheinenden Gegenstands. Bereits im Titel »reine Phänomenologie« treten die kontradiktorischen Normen zusammen. Daß sie keine Erkenntnistheorie, sondern eine nach Belieben einzunehmende Einstellung sein wollte, dispensierte davon, das Verhältnis ihrer Kategorien zueinander zu durchdenken. Mit Rücksicht darauf differiert Heidegger von seinem Lehrer nur insofern, als er das kontradiktorische Programm von seinem Husserlschen Schauplatz, dem Bewußtsein, weg und ins Bewußtseinstranszendente hineinverlegt, eine Konzeption übrigens, die im Übergewicht des Noemas beim mittleren Husserl vorgebildet war. Die Inkompatibilität des Reinen und des Anschaulichen aber zwingt dazu, das Substrat ihrer Einheit so unbestimmt zu wählen, daß es kein Moment mehr enthält, an dem die eine der beiden Forderungen die andere Lügen strafen könnte. Deshalb darf das Heideggersche Sein weder seiend noch Begriff sein. Für die dadurch erlangte Unanfechtbarkeit hat es mit seiner Nihilität zu zahlen, einer Unerfüllbarkeit durch jeglichen Gedanken und jegliche Anschauung, die nichts in Händen behält als die Sichselbstgleichheit des bloßen Namens*. Noch die endlosen Wiederholungen, von denen Heideggers Publikationen strotzen, sind weniger seiner Redseligkeit als der Aporetik aufzubürden. Nur durch Bestimmung gelangt ein Phänomen über sich hinaus. Was ganz unbestimmt bleibt, wird als Ersatz dafür immer wieder gesagt, so wie Gesten, die von ihren Aktionsobjekten abprallen, immer wieder, in sinnlosem Ritual, vollzogen werden. Dies Ritual der Wiederholung teilt die Seinsphilosophie mit dem Mythos, der sie so gern wäre.

Die Dialektik von Sein und Seiendem: daß kein Sein gedacht werden kann ohne Seiendes und kein Seiendes ohne Vermittlung, wird von Heidegger unterdrückt: die Momente, die nicht sind, ohne daß das eine vermittelt wäre durch das andere, sind ihm unvermittelt das Eine, und dies Eine positives Sein. Aber der Kalkul geht nicht auf. Das Schuldverhältnis der Kategorien wird eingeklagt. Mit der Forke ausgetrieben, kehrt Seiendes wieder: nur so lange ist das vom Seienden gereinigte Sein Urphänomen, wie es doch wiederum das Seiende in sich hat, das es excludiert. Heidegger wird damit fertig in einem strategischen Meisterstück; es ist die Matrix seines Denkens insgesamt. Mit dem Terminus ontologische Differenz legt seine Philosophie die Hand noch aufs unauflösliche Moment des Seienden. »Was allerdings unter einem solchen, von der Sphäre des Ontischen angeblich völlig unabhängigen ›Sein‹ zu verstehen ist, muß unausgemacht bleiben. Seine Bestimmung würde es in die Dialektik von Subjekt und Objekt hineinziehen, von der es gerade ausgenommen sein soll. An dieser Unbestimmtheit, an der wohl zentralsten Stelle der

* »Das Übermaß an Objektivität, das ihm« – dem Sein – »zugesprochen wird, läßt diese in ihrer ganzen Leerheit hervortreten: ›als leere Meinung von allem schlechthin‹. Nur vermöge eines quid pro quo: indem nämlich moderne Ontologie die Bedeutung, die dem Sein als Gemeintem zukommt, ihm selbst unterschiebt, ist Sein auch ohne meinende Subjekte bedeutend. Willkürliche Abspaltung, Subjektivität also, erweist damit sich als ihr principium vitale. Ontologie vermag das Sein anders denn als vom Seienden her gar nicht zu konzipieren, aber sie unterschlägt eben diese seine Bedingtheit.« (Karl Heinz Haag, Kritik der neueren Ontologie, Stuttgart 1960, S. 69.)

Heideggerschen Ontologie, liegt es, daß die Extreme Sein und Seiendes auch gegeneinander notwendig unbestimmt bleiben müssen, so daß nicht einmal angebbar ist, worin deren Differenz besteht. Die Rede von der ›ontologischen Differenz‹ reduziert sich auf die Tautologie, das Sein sei nicht das Seiende, weil es das Sein sei. Heidegger macht also den Fehler, den er der abendländischen Metaphysik vorwirft, daß nämlich stets ungesagt geblieben sei, was Sein im Unterschied zum Seienden meine.«[7] Unterm Hauch der Philosophie wird das Seiende zum ontologischen Tatbestand*, abgeblendeter und hypostasierter Ausdruck dafür, daß Sein so wenig ohne Seiendes gedacht werden kann wie, nach Heideggers Grundthese, Seiendes ohne Sein. Damit schlägt er seine Volte. Die Not der Ontologie, ohne das ihr Entgegengesetzte, ohne Ontisches nicht auszukommen; die Dependenz des ontologischen Prinzips von seinem Widerpart, das unabdingbare Skandalon der Ontologie, wird zu deren Bestandstück. Heideggers Triumph über die minder gewitzigten anderen Ontologien ist die Ontologisierung des Ontischen. Daß kein Sein ist ohne Seiendes, wird auf die Form gebracht, zum Wesen von Sein gehöre das Sein von Seiendem. Damit wird ein Wahres zur Unwahrheit: das Seiende zum Wesen. Sein bemächtigt sich dessen, was es in der Dimension seines Ansichseins wiederum nicht sein möchte, des Seienden, dessen begriffliche Einheit der Wortsinn von Sein immer auch meint. Die gesamte Konstruktion der ontologischen Differenz ist ein Potemkinsches Dorf. Es wird aufgerichtet nur, damit der Zweifel am absoluten Sein vermöge der These vom Seienden als einer Seinsweise des Seins desto souverä-

* Heideggers Lehre vom Vorzug des Daseins als des Ontischen, das zugleich ontologisch sei; von der Anwesenheit des Seins, hypostasiert Sein vorweg. Nur wenn Sein, wie er es möchte, als ein dem Dasein Vorgängiges verselbständigt ist, empfängt Dasein jene Durchsichtigkeit aufs Sein, die doch wiederum dieses erst freilegen soll. Auch insofern ist die vorgebliche Überwindung des Subjektivismus erschlichen. Dem reduktiven Plan Heideggers zum Trotz wurde durch die Lehre von der Transzendenz des Seins ins Seiende eben der ontologische Primat von Subjektivität wiedereingeschmuggelt, dem die Sprache der Fundamentalontologie abschwört. Heidegger war folgerecht, als er später die Daseinsanalyse im Sinn des ungeschmälerten Primats von Sein umwendete, der aus Seiendem nicht begründet werden kann, weil ihm zufolge Sein gerade nicht ist. Freilich entfiel damit alles, wodurch er gewirkt hatte, aber jene Wirkung war bereits in die Autorität des Späteren eingegangen.

ner sich abweisen läßt*. Indem alles einzelne Seiende auf seinen Begriff, den des Ontischen, gebracht wird, verschwindet daraus, was es, gegenüber dem Begriff, zum Seienden macht. Die formale allgemeinbegriffliche Struktur der Rede vom Ontischen und all ihrer Äquivalente setzt sich anstelle des dem Begrifflichen heterogenen Inhalts jenes Begriffs. Ermöglicht wird das dadurch, daß der Begriff des Seienden – darin dem von Heidegger gefeierten des Seins gar nicht unähnlich – derjenige ist, welcher das schlechthin Nichtbegriffliche, im Begriff nicht sich Erschöpfende umfängt, ohne doch je seine Differenz vom Umfangenen selber auszudrücken. Weil »das Seiende« der Begriff für alles Seiende ist, wird das Seiende selber zum Begriff, zu einer ontologischen Struktur, die bruchlos übergeht in die des Seins. Die Ontologisierung des Seienden wird in ›Sein und Zeit‹ auf die prägnante Formel gebracht: »Das ›Wesen‹ des Daseins liegt in seiner Existenz.«[8] Aus der Definition von Daseiendem, Existierendem qua Existierendem, durch die Begriffe Dasein und Existenz springt heraus, daß, was am Daseienden gerade nicht wesenhaft, nicht ontologisch ist, ontologisch sei. Die ontologische Differenz wird beseitigt kraft der Verbegrifflichung des Nichtbegrifflichen zur Nichtbegrifflichkeit.

Nur dann wird die Ontologie vom Ontischen nicht belästigt, wenn es ihresgleichen ist. Die Subreption begründet die Vorgängigkeit der Ontologie vor der ontologischen Differenz: »Hier handelt es sich aber nicht um eine Entgegensetzung von existentia und essentia, weil überhaupt noch nicht diese beiden metaphysischen Bestimmungen des Seins, geschweige denn ihr Verhältnis, in Frage stehen.«[9] Dies der ontologischen Differenz angeblich Vorgängige fällt bei Heidegger trotz der konträren Versicherung auf die Seite der Essenz: indem der Unterschied, den der Begriff Seiendes ausdrückt, abgestritten wird, ist der Begriff erhöht durch das Nichtbegriffliche, das er unter sich haben soll. An einem anderen Passus des Platontraktats läßt sich das greifen. Er lenkt die Frage nach Existenz von dieser weg und transformiert sie in eine nach Essenz: »Der Satz: ›Der Mensch eksistiert‹ antwortet nicht

* »... wenn anders zur Wahrheit des Seins gehört, daß das Sein nie west ohne das Seiende, daß niemals ein Seiendes ist ohne das Sein«. (Heidegger, Was ist Metaphysik?, 5. Aufl., Frankfurt am Main 1949, S. 41.)

auf die Frage, ob der Mensch wirklich sei oder nicht, sondern antwortet auf die Frage nach dem ›Wesen‹ des Menschen.«[10] Die Rede vom Noch nicht dort, wo die Antithesis von Existenz und Essenz fortgewiesen wird[11], ist keine zufällige temporale Metapher für ein Unzeitliches. Tatsächlich ist es archaisches Denken, das der jonischen Hylozoisten weit mehr als der Eleaten; in den karg überlieferten Philosophemen jener mischen sich trüb Existenz und Essenz. Arbeit und Anstrengung der antiken Metaphysik, von der Parmenideischen, die Denken und Sein trennen mußte, um sie identifizieren zu können, bis zur Aristotelischen bestand darin, die Scheidung zu erzwingen. Entmythologisierung ist Scheidung, der Mythos die trügende Einheit des Ungeschiedenen. Weil aber die Unzulänglichkeit der Urprinzipien zur Erklärung der in ihnen mitgemeinten Welt ihre Auseinanderlegung zeitigte und damit die magische Exterritorialität des Seins als eines zwischen Wesen und Tatsache Vagierenden im Gespinst der Begriffe sich fing, muß Heidegger, dem Privileg von Sein zuliebe, die kritische Arbeit des Begriffs als Verfallsgeschichte verurteilen, wie wenn Philosophie, jenseits der Geschichte, einen geschichtlichen Standpunkt besetzen könnte, während sie doch andererseits der Geschichte gehorchen soll, die selbst wie Existenz ontologisiert wird. Heidegger ist anti-intellektualistisch aus Systemzwang, antiphilosophisch aus Philosophie, so wie die gegenwärtigen religiösen Renaissancen nicht von der Wahrheit ihrer Lehren sich inspirieren lassen sondern von der Philosophie, daß es gut wäre, Religion zu haben. Die Geschichte des Denkens ist, soweit sie irgend sich zurückverfolgen läßt, Dialektik der Aufklärung. Darum hält Heidegger, entschlossen genug, nicht, wie es ihn vielleicht in seiner Jugend verlocken mochte, bei irgendeiner ihrer Stufen inne, sondern stürzt sich mit einer Wells'schen Zeitmaschine in den Abgrund des Archaismus, in dem alles alles sein und alles bedeuten kann. Er streckt die Hand nach dem Mythos aus; auch der seine bleibt einer des zwanzigsten Jahrhunderts, der Schein, als den Geschichte ihn demaskierte und der eklatant wird an der vollkommenen Unvereinbarkeit des Mythos mit der rationalisierten Gestalt der Wirklichkeit, in welche jegliches Bewußtsein verschränkt ist. Es vermißt sich des mythologischen Standes, als wäre dieser ihm möglich, ohne daß es seinesgleichen ist. Mit Heideggers Seinsbegriff meldet sich der mythische des Schicksals: »Die Ankunft des Seienden beruht im Geschick des Seins.«[12] Die gepriesene Ungeschiedenheit von Existenz und Essenz im Sein wird damit als das beim Namen genannt, was sie ist: Blindheit des Naturzusammenhangs, Verhängnis der Verkettung, absolute Negation der Transzendenz, welche in der Rede vom Sein tremoliert. Der Schein am Seinsbegriff ist diese Transzendenz; sein Grund aber, daß Heideggers Bestimmungen, die vom Dasein, als der Not der realen menschlichen Geschichte bis heute, abgezogen sind, der Erinnerung an diese sich entäußern. Sie werden zu Momenten von Sein selber und damit einem jener Existenz Vorgeordneten. Ihre astrale Macht und Herrlichkeit ist ebenso kalt gegen die Schmach und Fehlbarkeit der geschichtlichen Realität, wie diese als unveränderlich sanktioniert wird. Mythisch ist die Zelebration des Sinnlosen als Sinn; die rituale Wiederholung von Naturzusammenhängen in symbolischen Einzelhandlungen, als wären sie dadurch Übernatur. Kategorien wie die Angst, von denen zumindest nicht zu stipulieren ist, sie müßten für immer währen, werden durch ihre Transfiguration Konstituentien von Sein als solchem, ein jener Existenz Vorgeordnetes, ihr Apriori. Sie installieren sich als eben der ›Sinn‹, welcher im gegenwärtigen geschichtlichen Stande positiv, unmittelbar nicht sich nennen läßt. Sinnloses wird mit Sinn belehnt, indem der Sinn von Sein gerade an seinem Widerspiel, der bloßen Existenz, als deren Form aufgehen soll.

Die ontologische Sonderstellung des Daseins ist von Hegel antezipiert vermöge der idealistischen These vom Vorrang des Subjekts. Hegel beutet aus, daß das Nichtidentische seinerseits nur als Begriff zu bestimmen sei; damit ist es ihm dialektisch weggeräumt, zur Identität gebracht: Ontisches ontologisch. Sprachliche Schattierungen in der Wissenschaft der Logik verraten das bald. Raum und Zeit seien, führt die dritte Anmerkung zum »Werden« anschließend an Jacobi aus, »ausdrücklich als unbestimmte bestimmt, was – um zu seiner einfachsten Form zurückzugehen – das Seyn ist. Eben diese Unbestimmtheit ist aber das, was die Bestimmtheit desselben ausmacht; denn die Unbestimmtheit ist der Bestimmtheit entgegengesetzt; sie ist somit als Entgegengesetztes selbst das Bestimmte, oder Negative, und zwar das reine, ganz abstrakt Negative. Diese Unbestimmtheit oder abstrakte Negation, welche so das Seyn an ihm selbst hat, ist es, was die äußere wie die innere Reflexion ausspricht, indem sie es dem Nichts gleich setzt, es für ein leeres Gedankending, für Nichts erklärt. – Oder kann man sich ausdrücken, weil das Seyn das Bestimmungslose ist, ist es nicht die (affirmative) Bestimmtheit, die es ist, nicht Seyn, sondern Nichts.«[13] Stillschweigend wird als Synonym für das Unbestimmte die Unbestimmtheit gebraucht. In deren Begriff verschwindet das, dessen Begriff sie ist; er wird dem Unbestimmten als dessen Bestimmung gleichgesetzt, und das erlaubt die Identifikation des Unbestimmten mit dem Nichts. Damit ist in Wahrheit bereits der absolute Idealismus supponiert, den die Logik erst zu beweisen hätte. Gleichen Sinnes ist Hegels Weigerung, anstatt mit dem Sein mit dem Etwas zu beginnen. Trivial, daß das Nichtidentische keine Unmittelbarkeit, daß es vermittelt ist. Aber Hegel wird an zentralen Stellen jener eigenen Einsicht nicht gerecht. Sie besagt, das Nichtidentische sei zwar identisch – als selbst Vermitteltes – dennoch jedoch nichtidentisch, das Andere allen seinen Identifikationen gegenüber. Er trägt die Dialektik des Nichtidentischen nicht aus, während er doch sonst die Intention hat, den vorkritischen Sprachgebrauch gegen den der Reflexionsphilosophie zu verteidigen. Sein eigener Begriff des Nichtidentischen, bei ihm Vehikel, es zum Identischen, zur Sichselbstgleichheit zu machen, hat unabdingbar deren Gegenteil zum Inhalt; darüber eilt er hinweg. Was er in der Differenzschrift ausdrücklich feststellte, um es sofort seiner eigenen Philosophie zu integrieren, wird zum schwersten Einwand gegen diese. Hegels absolutes System, das auf dem perennierenden Widerstand des Nichtidentischen beruht, negiert, gegen sein Selbstverständnis, sich selbst. Wahrhaft ist ohne Nichtidentisches keine Identität, während diese, als Totale, bei ihm doch den ontologischen Vorrang an sich reißt. Dazu hilft die Erhebung der Vermitteltheit des Nichtidentischen zu dessen absolut begrifflichem Sein. Anstatt daß Theorie in Begriffen das Unauflösliche zu dem Seinen bringt, verschluckt sie es durch Subsumtion unter seinen Allgemeinbegriff, den der Unauflöslichkeit. Das Verwiesensein von Identität auf

Nichtidentisches, wie Hegel beinahe es erreichte, ist der Einspruch gegen alle Identitätsphilosophie. Die Aristotelische Kategorie der Steresis wird sein Trumpf und sein Verhängnis. Was dem abstrakten Begriff notwendig abgeht: daß er nicht selber das Nichtbegriffliche zu sein vermag, rechnet er ihm gegenüber dem, wovon er zwangsläufig abstrahiert, als Verdienst, Höheres, Geist an. Weniger soll wahrer sein, wie dann in der selbstgerechten Heideggerschen Ideologie von der Pracht des Schlichten. Die Apologie der Dürftigkeit ist aber nicht bloß eine des abermals zum Punkt zusammengeschrumpften Denkens, sondern hat ihre präzis ideologische Funktion. Die Affektation erhabener Einfachheit, welche die Würde der Armut und des frugalen Lebens aufwärmt, schickt sich zum fortbestehenden Widersinn realen Mangels in einer Gesellschaft, deren Produktionsstand nicht länger die Berufung darauf erlaubt, an Gütern sei nicht genug für alle vorhanden. Indem die durch den eigenen Begriff zur Unnaivetät verhaltene Philosophie mit dem Rheinischen Hausfreund flirtet, hilft sie darüber hinweg: ihrer Seinsgeschichte erglänzt der Mangel als das Höhere schlechthin oder wenigstens ad Kalendas Graecas. Schon bei Hegel gilt, was durch Abstraktion zustande kommt, fürs Substantiellere. Nach demselben Topos handelt er die Materie, auch den Übergang zur Existenz[14] ab. Weil ihr Begriff unbestimmt sei, ihm als Begriff eben das fehlt, was mit ihm gemeint ist, fällt alles Licht auf seine Form. Das gliedert Hegel in die abendländische Metaphysik an deren äußerster Grenze ein. Engels hat das gesehen, aber die umgekehrte, ebenfalls undialektische Konsequenz gezogen, Materie sei das erste Sein[15]. Dialektische Kritik gebührt dem Begriff des ersten Seins selber. Heidegger wiederholt das Hegelsche Eulenspiegel-Manöver. Nur praktiziert dieser es offen, während Heidegger, der kein Idealist sein möchte, die Ontologisierung des Ontischen wolkig verhüllt. Die Triebfeder jedoch, das Weniger am Begriff als sein Mehr auszustaffieren, ist allenthalben die alte Platonische Versagung, es sei das Unsinnliche das Höhere. Logik sublimiert das asketische Ideal zum äußersten und fetischisiert es zugleich, bar der Spannung zum Sinnlichen, in der das asketische Ideal seine Wahrheit gegen den Trug konzessionierter Erfüllung hat. Der Begriff, der rein wird, indem er seinen Inhalt verstößt, fungiert insgeheim als

Modell einer Einrichtung des Lebens, aus der, bei allem Fortschritt der Apparatur – welcher der Begriff entspricht –, Armut doch um keinen Preis verschwinden darf. Wenn irgend wäre Ontologie ironisch möglich, als Inbegriff von Negativität. Was sich selbst gleichbleibt, die reine Identität, ist das Schlechte; zeitlos das mythische Verhängnis. Philosophie war, als dessen Säkularisation, sein Sklave, indem sie mit gigantischem Euphemismus das Unveränderliche ins Gute umdeutete, bis zu den Theodizeen von Leibniz und Hegel. Wollte man eine Ontologie entwerfen und dabei dem Grundsachverhalt folgen, dessen Wiederholung ihn zur Invariante macht, so wäre es das Grauen. Vollends eine Ontologie der Kultur hätte aufzunehmen, worin Kultur überhaupt mißlang. Ort philosophisch legitimer Ontologie wäre mehr die Konstruktion der Kulturindustrie als die des Seins; gut erst das der Ontologie Entronnene.

Auf die Ontologisierung des Ontischen will primär die Lehre von der Existenz hinaus. Da diese, nach dem uralten Argument, nicht aus der Essenz gefolgert werden kann, soll sie selber essentiell sein. Existenz wird über Kierkegaards Vorbild hinaus erhöht, eben dadurch aber, gegen jenen, entschärft. Noch der biblische Satz, daß ihr an ihren Früchten sie erkennen sollt, klingt im Tempel von Existenz wie deren Profanierung und muß verstummen. Seinsweise von Sein, steht Existenz nicht länger antithetisch dem Begriff entgegen, ihr Schmerzhaftes ist entfernt. Sie empfängt die Würde der Platonischen Idee, aber auch die Kugelfestigkeit dessen, was nicht anders gedacht werden kann, weil es kein Gedachtes sondern einfach da sei. Darin stimmen Heidegger und Jaspers überein. Arglos bekennt dieser die Neutralisierung der Existenz gegen Kierkegaard: »Ich ... spürte in seinen negativen Entschlüssen ... das Gegenteil von allem, was ich liebte und wollte, zu tun bereit und nicht bereit war.«[16] Selbst der Jaspers'sche Existentialismus, der in der Konstruktion des Seinsbegriffs nicht vom pater subtilis sich hat anstecken lassen, hat sich von Anbeginn als »Frage nach dem Sein«[17] verstanden; beide konnten, ohne sich untreu zu werden, vor dem sich bekreuzigen, was in Paris, im Zeichen von Existenz, für ihren Geschmack allzu rasch von den Hörsälen in die Keller drang[18] und dort weniger respektabel sich anhörte. Solange freilich Kritik bei der

These der Nichtontologisierbarkeit des Ontischen stehenbleibt, ist sie selbst noch Urteil über invariante Strukturverhältnisse, gleichsam zu ontologisch; das war das philosophische Motiv von Sartres Wendung zur Politik. Die Bewegung nach dem zweiten Weltkrieg, die sich existentialistisch nannte und avantgardistisch aufführte, hatte etwas Unkräftiges, Schattenhaftes. Der Existentialismus, den das deutsche Establishment als subversiv beargwöhnt, sieht den Bärten seiner Anhänger ähnlich. Sie kostümieren sich oppositionell, Jugendliche als Höhlenmenschen, die beim Schwindel der Kultur nicht mehr mitspielen, während sie doch nur das aus der Mode gekommene Emblem der patriarchalen Würde ihrer Großväter sich ankleben. Wahr am Existenzbegriff ist der Einspruch gegen einen Zustand von Gesellschaft und szientifischem Denken, der unreglementierte Erfahrung, virtuell das Subjekt als Moment von Erkenntnis austreibt. Kierkegaards Protest gegen die Philosophie war auch der gegen das verdinglichte Bewußtsein, in dem, nach seinem Wort, die Subjektivität ausgegangen ist: er nahm gegen die Philosophie auch deren Interesse wahr. Das wiederholt sich anachronistisch an den existentialistischen Schulen in Frankreich. Die unterdessen real entmächtigte und inwendig geschwächte Subjektivität wird isoliert und – komplementär zur Heideggerschen Hypostasis ihres Gegenpols, des Seins – hypostasiert. Die Abspaltung des Subjekts nicht anders als die des Seins läuft, unverkennbar beim Sartre von L'être et le néant, auf die Illusion der Unmittelbarkeit des Vermittelten hinaus. So vermittelt Sein durch den Begriff und damit durchs Subjekt, so vermittelt ist umgekehrt das Subjekt durch die Welt, in der es lebt, so ohnmächtig und bloß innerlich auch seine Entscheidung. Solche Ohnmacht läßt das dinghafte Unwesen über das Subjekt siegen. Der Existenzbegriff bestach viele als Ansatz von Philosophie, weil er Divergierendes zu verbinden schien: die Reflexion auf das Subjekt, das jegliche Erkenntnis und damit jegliches Seiende konstituiere, und konkrete, jedem Einzelsubjekt unmittelbare Individuation seiner Erfahrung. Die Divergenz von beidem irritierte den subjektiven Ansatz insgesamt: dem konstitutiven Subjekt konnte vorgehalten werden, es sei vom empirischen bloß abgezogen und darum untauglich, es und irgendein empirisches Dasein zu begründen; dem

Individuum, es sei ein zufälliges Stück Welt und entbehre der wesenhaften Notwendigkeit, deren es bedarf, um das Seiende zu umspannen und womöglich zu stiften. Existenz oder, im demagogischen Jargon, der Mensch, scheint sowohl allgemein, das allen Menschen gemeinsame Wesen, wie spezifisch, insofern dies Allgemeine anders als in seiner Besonderung, der bestimmten Individualität, weder vorgestellt noch auch nur gedacht werden kann. Vor aller Erkenntniskritik jedoch, in der einfachsten Besinnung auf den Begriff Mensch in intentione recta verliert dies Heureka seine Evidenz. Was der Mensch sei, läßt sich nicht angeben. Der heute ist Funktion, unfrei, regrediert hinter alles, was als invariant ihm zugeschlagen wird, es sei denn die schutzlose Bedürftigkeit, an der manche Anthropologien sich weiden. Die Verstümmelungen, die ihm seit Jahrtausenden widerfuhren, schleppt er als gesellschaftliches Erbe mit sich. Würde aus seiner gegenwärtigen Beschaffenheit das Menschenwesen entziffert, so sabotierte das seine Möglichkeit. Kaum taugte eine sogenannte historische Anthropologie mehr. Zwar begriffe sie Gewordensein und Bedingtheit ein, aber rechnete sie den Subjekten zu, unter Abstraktion von der Entmenschlichung, die sie zu dem machte, was sie sind, und die im Namen einer qualitas humana toleriert bleibt. Je konkreter Anthropologie auftritt, desto trügerischer wird sie, gleichgültig gegen das am Menschen, was gar nicht in ihm als dem Subjekt gründet sondern in dem Prozeß der Entsubjektivierung, der seit unvordenklichen Zeiten parallel lief mit der geschichtlichen Formation des Subjekts. Die These arrivierter Anthropologie, der Mensch sei offen – selten fehlt ihr der hämische Seitenblick aufs Tier –, ist leer; sie gaukelt ihre eigene Unbestimmtheit, ihr Fallissement, als Bestimmtes und Positives vor. Existenz ist ein Moment, nicht das Ganze, gegen welches sie ersonnen ward und von dem sie, abgesprengt, die uneinlösbare Prätention des Ganzen an sich riß, sobald sie zur Philosophie sich stilisierte. Daß nicht sich sagen läßt, was der Mensch sei, ist keine besonders erhabene Anthropologie sondern ein Veto gegen jegliche.

Während Kierkegaard, nominalistisch, die Existenz gegen die Essenz ausspielt, als Waffe der Theologie gegen die Metaphysik, wird von ihm, schon nach dem Dogma der Gottesebenbildlichkeit der Person, Existenz, der Einzelne unmittelbar, mit Sinnhaftigkeit bedacht. Er polemisiert gegen Ontologie, aber das Seiende, als Dasein »jener Einzelne«, saugt deren Attribute auf. Nicht viel anders als in den Ausgangsreflexionen der ›Krankheit zum Tode‹ wird auch in ›Sein und Zeit‹ Existenz ausgezeichnet; die Kierkegaardsche »Durchsichtigkeit« des Subjekts, Bewußtsein, ist der Rechtstitel ihrer Ontologisierung: »Das Sein selbst, zu dem das Dasein sich so oder so verhalten kann und immer irgendwie verhält, nennen wir Existenz«[19], oder buchstäblich: »Dasein ist auf dem Grunde seiner Existenzbestimmtheit an ihm selbst ›ontologisch‹.«[20] Der Begriff Subjektivität schillert nicht minder als der des Seins und ist darum beliebig auf diesen abzustimmen. Seine Mehrdeutigkeit gestattet es, Dasein einer Seinsweise des Seins gleichzusetzen und die ontologische Differenz wegzuanalysieren. Ontisch heißt dann Dasein kraft seiner raumzeitlichen Individuation, ontologisch als Logos. Dubios ist in Heideggers Schluß von Dasein auf Sein jenes »Zugleich«, das Heideggers Rede vom »mehrfachen Vorrang« des »Daseins« »vor allem anderen Seienden« impliziert. Dadurch, daß das Subjekt bestimmt ist durch Bewußtsein, ist nicht auch das an ihm gänzlich Bewußtsein, durchsichtig, ›ontologisch‹, woran Bewußtsein unablöslich haftet. Kein Etwas, nur Sätze könnten überhaupt ontologisch sein. Das Individuum, das Bewußtsein hat, und dessen Bewußtsein nicht wäre ohne es, bleibt raumzeitlich, Faktizität, Seiendes; nicht Sein. In Sein steckt Subjekt, denn es ist Begriff, nicht unmittelbar gegeben: in Subjekt aber steckt einzelmenschliches Bewußtsein und damit Ontisches. Daß dies Seiende denken kann, genügt nicht, es seiner Bestimmung als eines Seienden zu entkleiden, als wäre es unmittelbar wesenhaft. Gerade nicht »an ihm selbst« ist es »ontologisch«, denn diese Selbstheit postuliert jenes Ontische, das die Doktrin vom ontologischen Vorrang aus sich eliminiert.

Zur Kritik steht aber nicht bloß, daß der ontologische Existenzbegriff das Nichtbegriffliche extirpiert, indem er es zu seinem Begriff erhöht, sondern ebenso der Stellenwert, den das unbegriffliche Moment darin erobert. Nominalismus, eine der Wurzeln der Existentialphilosophie des protestantischen Kierkegaard, verschaffte der Heideggerschen Ontologie die Attraktionskraft des nicht Spekulativen. Wie im Existenzbegriff das Existierende falsch verbegrifflicht wird, so wird komplementär dem Existierenden ein Vorrang vor dem Begriff zugesprochen, von dem dann wieder der ontologische Existenzbegriff profitiert. Ist das Individuum gesellschaftlich vermittelter Schein, so auch dessen erkenntnistheoretische Reflexionsform. Warum das individuelle Bewußtsein des je Redenden, der bereits in der Partikel ›mein‹ eine sprachliche Allgemeinheit voraussetzt, die er durch den Primat seiner Besonderung verleugnet, irgendeinem anderen vorgängig sein soll, ist unerfindlich; das Zufällige, das ihn daran bindet, mit seinem Bewußtsein anzuheben, in das er nun einmal eingewachsen ist, wird ihm zum Grund von Notwendigkeit. Dabei ist, wie Hegel früh erkannte, in der Limitation auf das ›mein‹ a priori die Beziehung auf jenes andere impliziert, das dadurch ausgeschlossen werden soll. Gesellschaft ist vor dem Subjekt. Daß es sich verkennt als vor der Gesellschaft Seiendes, ist seine notwendige Täuschung und sagt bloß Negatives über die Gesellschaft. In dem ›mein‹ hat sich das Eigentumsverhältnis sprachlich verewigt, ist fast zur logischen Form geworden. Das reine τόδε τι ist ohne das Moment des Allgemeinen, auf welches das Mein deutet, indem es davon sich unterscheidet, so abstrakt wie das Allgemeine, das vom isolierten τόδε τι leer und nichtig gescholten wird. Der philosophische Personalismus Kierkegaards, etwa auch sein Buberscher Aufguß, witterte im Nominalismus die latente Chance von Metaphysik; konsequente Aufklärung jedoch schlägt zurück in Mythologie an der Stelle, wo sie den Nominalismus verabsolutiert, anstatt auch seine These dialektisch zu durchdringen; dort, wo sie im Glauben an ein letzthin Gegebenes die Reflexion abbricht. Solcher Abbruch der Reflexion, der Positivistenstolz auf die eigene Naivetät, ist nichts anderes als die zum sturen Begriff gewordene, besinnungslose Selbsterhaltung.

Den Begriff des Existentiellen, dem Heidegger das bereits ontologisierte Existential Dasein qua Sein vorzieht, beherrscht die Vorstellung, es sei das Maß der Wahrheit nicht deren wie immer geartete Objektivität sondern das pure so Sein und so sich Verhalten dessen, der denkt. Die subjektive Vernunft der Positivisten wird veredelt, indem man sie ihres Vernunftmoments entkleidet. Jaspers folgt darin umstandslos Kierkegaard; Heideggers Objektivismus unterschriebe zwar schwerlich den Satz, die Subjektivität sei die Wahrheit; in der Analyse der Existentialien aus ›Sein und

Zeit‹ indessen klingt er durch. Zu seiner deutschen Beliebtheit trägt bei, daß der radikale Gestus und der geweihte Ton mit einer auf die Person gemünzten Ideologie des Kernigen und Echten sich zusammenfinden, Qualitäten, die Individuen im Geist des Privilegs mit schlauer Tumbheit sich selbst vorbehalten. Löst Subjektivität, durch ihr von Kant als funktional bezeichnetes Wesen, die festen vorgeordneten Substanzen auf, so beschwichtigt ihre ontologische Affirmation die Angst davor. Subjektivität, der Funktionsbegriff κατ' ἐξοχήν, wird zum absolut Festen, wie es übrigens schon in Kants Lehre von der transzendentalen Einheit angelegt war. Aber Wahrheit, die Konstellation von Subjekt und Objekt, in der beide sich durchdringen, ist so wenig auf Subjektivität zu reduzieren, wie umgekehrt auf jenes Sein, dessen dialektisches Verhältnis zur Subjektivität Heidegger zu verwischen trachtet. Was wahr ist am Subjekt, entfaltet sich in der Beziehung auf das, was es nicht selber ist, keineswegs durch auftrumpfende Affirmation seines Soseins. Hegel hat das gewußt, den Schulen der Repristination ist es lästig. Wäre Wahrheit tatsächlich die Subjektivität, wäre der Gedanke nichts als Wiederholung des Subjekts, so wäre er nichtig. Die existentielle Erhöhung des Subjekts eliminiert diesem zuliebe, was ihm aufgehen könnte. Damit überantwortet sie sich dem Relativismus, über den sie erhaben sich dünkt, und bringt das Subjekt herunter auf seine undurchsichtige Zufälligkeit. Solcher irrationale Existentialismus wirft sich in die Brust und hetzt gegen die Intellektuellen, indem er als Auch Einer sich bekennt: »Der Philosoph aber wagt das Gerede, in dem es keine objektive Unterscheidung zwischen echtem Sprechen aus philosophierendem Ursprung und leerer Intellektualität gibt. Während der Mensch als Forscher für seine Ergebnisse jeweils allgemeingültige Kriterien und in der Unausweichlichkeit ihrer Geltung seine Befriedigung hat, hat er als Philosoph zur Unterscheidung des leeren vom existenzerweckenden Sprechen nur das jeweils subjektive Kriterium seines eigenen Seins. Daher ist ein in der Wurzel anderes Ethos des theoretischen Tuns in den Wissenschaften und in der Philosophie.«[21] Bar des ihr Anderen, zu dem sie sich entäußert, verschafft Existenz, die derart sich als Kriterium des Gedankens proklamiert, autoritär ihren bloßen Dekreten Geltung wie in der politischen Praxis der Diktator jeweils der Weltanschauung. Durch die Reduktion des Gedankens auf die Denkenden wird dessen Fortgang stillgestellt, in dem er erst zum Gedanken würde und in dem Subjektivität allein lebte. Sie wird, als festgestampfter Boden der Wahrheit, verdinglicht. Dem Klang des altmodischen Wortes Persönlichkeit war all das schon anzuhören. Denken macht sich zu dem, was der Denkende vorweg schon ist, zur Tautologie, einer Form regressiven Bewußtseins. Statt dessen wäre das utopische Potential des Gedankens, daß er, vermittelt durch die in den einzelnen Subjekten verkörperte Vernunft, die Beschränktheit der so Denkenden durchbräche. Es ist seine beste Kraft, den schwachen und fehlbaren Denkenden zu überflügeln. Sie wird – seit Kierkegaard zu obskurantistischen Zwecken – vom existentiellen Wahrheitsbegriff gelähmt, Borniertheit als Kraft zur Wahrheit propagiert; darum blüht der Kultus der Existenz in der Provinz aller Länder.

Längst hat die Ontologie die Opposition des Existenzbegriffs gegen den Idealismus kassiert. Das Seiende, das einmal gegen die Weihe der von Menschen gemachten Idee zeugen sollte, ist mit der weit ambitiöseren Weihe von Sein selber versehen worden. Ihr Äther adelt es vorweg gegenüber den Bedingungen der materiellen Existenz, die der Kierkegaard des ›Augenblicks‹ meinte, als er die Idee mit der Existenz konfrontierte. Durch die Absorption des Existenzbegriffs im Sein, ja bereits durch dessen philosophische Aufbereitung zum diskussionsfähigen Allgemeinbegriff wird die Geschichte wiederum eskamotiert, die bei Kierkegaard, der über die Linkshegelianer nicht gering dachte, unter dem theologischen Signum der paradoxalen Berührung von Zeit und Ewigkeit in die Spekulation eingebrochen war. Die Ambivalenz der Seinslehre: von Seiendem zugleich zu handeln, und es zu ontologisieren, also es durch Rekurs auf seine characteristica formalis all seines Unbegrifflichen zu enteignen, bestimmt auch ihr Verhältnis zur Geschichte*. Auf der einen Seite wird durch deren Transposition ins Existential der Geschichtlichkeit das

* »Nur Seiendes, das wesenhaft in seinem Sein zukünftig ist, so daß es frei für seinen Tod an ihm zerschellend auf sein faktisches Da sich zurückwerfen lassen kann, das heißt nur Seiendes, das als zukünftiges gleichursprünglich gewesen ist, kann, sich selbst die ererbte Möglichkeit überliefernd, die eigene Geworfenheit übernehmen und augenblicklich sein für ›seine Zeit‹. Nur eigentliche Zeitlichkeit, die zugleich endlich ist, macht so etwas wie Schicksal,

Salz des Geschichtlichen entfernt, der Anspruch aller prima philosophia auf eine Invariantenlehre ausgedehnt über das, was variiert: Geschichtlichkeit stellt Geschichte still ins Ungeschichtliche, unbekümmert um die geschichtlichen Bedingungen, denen innere Zusammensetzung und Konstellation von Subjekt und Objekt unterliegen*. Das erlaubt dann das Verdikt über die Soziologie. Sie verzerrt sich, wie zuvor die Psychologie bei Husserl, zur der Sache selbst äußerlichen Relativierung, welche die gediegene Arbeit des Denkens schädige: als ob nicht reale Geschichte im Kern alles dessen aufgespeichert wäre, was zu erkennen ist; als ob nicht jede Erkenntnis, welche im Ernst der Verdinglichung widersteht, die erstarrten Dinge in Fluß brächte, eben dadurch in ihnen der Geschichte gewahr würde. Andererseits wieder gestattet es die Ontologisierung der Geschichte, der unbesehenen geschichtlichen Macht Seinsmächtigkeit zuzusprechen und damit die Unterordnung unter historische Situationen zu rechtfertigen, als werde sie vom Sein selbst geboten. Diesen Aspekt der Heideggerschen Ansicht von der Geschichte hat Karl Löwith hervorgehoben**. Daß Geschichte je nachdem ignoriert oder vergottet werden kann, ist eine praktikable politische Folge-

das heißt eigentliche Geschichtlichkeit möglich.« (Heidegger, Sein und Zeit, a. a. O., S. 385.)

* An ihrer Sprachgestalt ist die Fundamentalontologie eines geschichtlichen und gesellschaftlichen Moments zu überführen, das nicht seinerseits wiederum auf die reine essentia von Geschichtlichkeit zu bringen wäre. Die sprachkritischen Befunde im ›Jargon der Eigentlichkeit‹ sind darum solche wider den philosophischen Gehalt. Die Beliebigkeit, welche Heidegger im Begriff des Entwurfs mitschleppt, unmittelbare Erbschaft der Phänomenologie seit ihrem Übergang zu einer materialen Disziplin, wird flagrant in den Ergebnissen: die spezifischen Bestimmungen von Dasein und Existenz bei Heidegger, das, was er der condition humaine zurechnet und als Schlüssel einer wahren Seinslehre betrachtet, sind nicht stringent, wie er es unterstellt, sondern deformiert von zufällig Privatem. Der falsche Ton übertäubt das, und gesteht es gerade dadurch ein.

** »Die Anführungszeichen, in die Heidegger in dem obigen Zitat ›seine Zeit‹ setzt, sollen vermutlich darauf hinweisen, daß es sich dabei nicht um einen beliebigen ›Einsatz‹ für ein sich momentan aufdrängendes zeitgenössisches Heute handelt, sondern um die entscheidende Zeit eines echten Augenblicks, dessen Entscheidungscharakter sich aus dem Unterschied von vulgärer und existenzialer Zeit und Geschichte ergibt. Aber wie vermag man im gegebenen Fall eindeutig zu unterscheiden, ob die Zeit der Entscheidung ein ›ursprünglicher‹ Augenblick ist oder nur ein aufdringliches ›Heute‹ im Lauf und Verlauf eines Weltgeschehens? Die Entschlossenheit, die nicht weiß, wozu sie ent-

rung aus der Seinsphilosophie. Zeit selber, und damit Vergängnis, wird von den existentialontologischen Entwürfen als ewig ebenso verabsolutiert wie verklärt. Der Begriff der Existenz, als der Wesenhaftigkeit von Vergängnis, der Zeitlichkeit des Zeitlichen, hält Existenz fern durch ihre Nennung. Wird sie einmal als phänomenologischer Problemtitel abgehandelt, so ist sie schon integriert. Das sind die jüngsten Tröstungen der Philosophie, vom Schlag des mythischen Euphemismus; falsch auferstandener Glaube, der Bann des Natürlichen wäre dadurch gebrochen, daß man ihn beschwichtigend nachmacht. Das existentiale Denken verkriecht sich in die Höhle der vorvergangenen Mimesis. Dabei willfahrt es gleichwohl dem verhängnisvollsten Vorurteil aus der von ihm wie überflüssige Angestellte abgebauten Philosophiegeschichte, dem Platonischen, das Unvergängliche müsse das Gute sein, womit nicht mehr gesagt ist, als daß die jeweils Stärkeren im permanenten Krieg recht hätten. Pflegte indessen Platons Pädagogik die kriegerischen Tugenden, so hatten diese doch, dem Gorgias-Dialog zufolge, vor der Idee der Gerechtigkeit, der höchsten, sich zu verantworten. Am verfinsterten Himmel der Existenzlehre aber leuchtet kein Gestirn mehr. Existenz wird geweiht ohne das Weihende. Von der ewigen Idee, an der das Seiende teilhaben oder durch die es bedingt sein sollte, ist nichts übrig als die nackte Affirmation dessen, was ohnehin ist: Bejahung der Macht.

schlossen ist, gibt darauf keine Antwort. Es ist schon mehr als einmal geschehen, daß sehr Entschlossene sich für eine Sache einsetzten, die den Anspruch erhob, schicksalhaft und entscheidend zu sein, und die doch vulgär und des Opfers nicht würdig war. Wie soll man überhaupt innerhalb eines durchaus geschichtlichen Denkens die Grenze ziehen können zwischen dem ›eigentlichen‹ Geschehen und dem, was ›vulgär‹ geschieht, und eindeutig unterscheiden können zwischen dem selbstgewählten Schicksal und den nicht gewählten Geschicken, die über den Menschen hereinbrechen oder ihn zu einer momentanen Wahl und Entscheidung verführen? Und hat sich nicht die vulgäre Geschichte an Heideggers Verachtung für das bloß heute Vorhandene deutlich genug gerächt, als sie ihn in einem vulgär entscheidenden Augenblick dazu verführte, unter Hitler die Führung der Freiburger Universität zu übernehmen und das entschlossene eigenste Dasein in ein ›deutsches Dasein‹ überzuführen, um die ontologische Theorie der existenzialen Geschichtlichkeit auf dem ontischen Boden des wirklich geschichtlichen, das heißt politischen, Geschehens zu praktizieren?« (Karl Löwith, Heidegger, Denker in dürftiger Zeit, Frankfurt am Main 1953, S. 49.)

Zweiter Teil

Negative Dialektik

Begriff und Kategorien

Kein Sein ohne Seiendes. Das Etwas als denknotwendiges Substrat des Begriffs, auch dessen vom Sein, ist die äußerste, doch durch keinen weiteren Denkprozeß abzuschaffende Abstraktion des mit Denken nicht identischen Sachhaltigen; ohne das Etwas kann formale Logik nicht gedacht werden. Sie ist nicht zu reinigen von ihrem metalogischen Rudiment*. Daß durch die Form des Überhaupt der Gedanke jenes Sachhaltige abzuschütteln vermöchte: die Supposition absoluter Form, ist illusionär. Für die Form Sachhaltiges überhaupt ist konstitutiv die inhaltliche Erfahrung von Sachhaltigem. Korrelativ läßt auch am subjektiven Gegenpol der reine Begriff, Funktion des Denkens, nicht radikal sich sondern von dem seienden Ich. Das πρῶτον ψεῦδος des Idealismus seit Fichte war, in der Bewegung der Abstraktion werde man dessen ledig, wovon abstrahiert ist. Ausgeschieden wird es vom Gedanken, verbannt aus dessen einheimischem Reich, nicht an sich vernichtet; der Glaube daran ist magisch. Denken widerspräche schon seinem eigenen Begriff ohne Gedachtes und dies Gedachte deutet vorweg auf Seiendes, wie es vom absoluten Denken doch erst gesetzt werden soll: ein einfaches ὕστερον πρότερον. Der Logik der Widerspruchslosigkeit bliebe es anstößig; allein Dialektik kann es in der Selbstkritik des Begriffs begreifen. Sie

* Hegel weigert sich, in der ersten Anmerkung zur ersten Trias der Logik, mit dem Etwas anstatt mit dem Sein zu beginnen (vgl. Hegel, WW 4, a. a. O., insbes. S. 89; auch S. 80). Er präjudiziert damit das gesamte Werk, das den Primat des Subjekts dartun will, in dessen Sinn, idealistisch. Schwerlich verliefe bei ihm die Dialektik anders, wenn er, wie es dem Aristotelischen Grundzug des Werkes entspräche, vom abstrakten Etwas ausginge. Die Vorstellung eines solchen Etwas schlechthin mag mehr Toleranz gegenüber dem Nichtidentischen bezeugen als die vom Sein, ist aber kaum weniger vermittelt. Auch beim Begriff des Etwas wäre nicht stehenzubleiben, seine Analysis müßte in der Richtung dessen, was er denkt, sich weiter bewegen: der aufs Nichtbegriffliche hin. Hegel indessen kann selbst die minimale Spur von Nichtidentität im Ansatz der Logik nicht ertragen, an die das Wort ›etwas‹ mahnt.

wird objektiv vom Gehalt des von der Vernunftkritik Erörterten, von Erkenntnistheorie veranlaßt und überlebt darum den Untergang des Idealismus, der in ihr gipfelte. Der Gedanke führt auf das Moment des Idealismus, das diesem konträr ist; es läßt nicht wiederum in den Gedanken sich verflüchtigen. Die Kantische Konzeption erlaubte noch Dichotomien wie die von Form und Inhalt, Subjekt und Objekt, ohne daß die mutuelle Vermitteltheit der Gegensatzpaare sie beirrte; ihr dialektisches Wesen, den Widerspruch als ihr Sinnesimplikat bemerkte sie nicht. Erst Heideggers Lehrer Husserl hat die Idee der Apriorität so geschärft, daß gegen seinen Willen wie gegen den Heideggers am eigenen Anspruch der εἴδη deren Dialektik zu entnehmen war[1]. Ist Dialektik aber einmal unabweisbar geworden, so kann sie nicht wie Ontologie und Transzendentalphilosophie bei ihrem Prinzip beharren, nicht als eine wie immer auch modifizierte, doch tragende Struktur festgehalten werden. Kritik an der Ontologie will auf keine andere Ontologie hinaus, auch auf keine des Nichtontologischen. Sie setzte sonst bloß ein Anderes als das schlechthin Erste; diesmal nicht die absolute Identität, Sein, den Begriff, sondern das Nichtidentische, Seiende, die Faktizität. Damit hypostasierte sie den Begriff des Nichtbegrifflichen und handelte dem zuwider, was er meint. Grundphilosophie, πρώτη φιλοσοφία führt notwendig den Primat des Begriffs mit sich; was ihm sich verweigert, verläßt auch die Form eines vorgeblich aus dem Grunde Philosophierens. Im Gedanken an die transzendentale Apperzeption, oder noch ans Sein, konnte Philosophie sich stillen, solange jene Begriffe ihr identisch waren mit dem Denken, das sie denkt. Wird solche Identität prinzipiell gekündigt, so reißt sie die Ruhe des Begriffs als eines Letzten in ihren Sturz hinein. Weil der Fundamentalcharakter jeglichen Allgemeinbegriffs vor dem bestimmten Seienden zergeht, darf Philosophie auf Totalität nicht mehr hoffen.

In der Kritik der reinen Vernunft okkupiert die Empfindung als das Etwas die Stelle des unauslöschlich Ontischen. Empfindung jedoch hat keinerlei Vorrang der Erkenntnisdignität vor irgendeinem anderen realen Seienden. Ihr einer transzendentalen Analyse zufälliges und an ontische Bedingungen geknüpftes »mein« wird von der in ihrer Reflexionshierarchie befangenen Erfahrung, die sich selbst das Nächste ist, als Rechtsanspruch verkannt; wie wenn das für irgendein einzelmenschliches Bewußtsein vermeintlich Letzte ein an sich Letztes wäre, nicht jedes andere einzelmenschliche, auf sich beschränkte Bewußtsein für seine Empfindungen denselben Vorzug reklamieren dürfte. Soll indessen die Form, das transzendentale Subjekt, um zu funktionieren, also gültig zu urteilen, streng der Empfindung bedürfen, so wäre es, quasi ontologisch, nicht nur an der reinen Apperzeption sondern ebenso an deren Gegenpol, an seiner Materie, befestigt. Das müßte die gesamte Lehre von der subjektiven Konstitution zerrütten, auf welche ja, Kant zufolge, die Materie nicht zurückführbar ist. Damit bräche aber auch die Idee eines Unveränderlichen, sich selbst Gleichen zusammen. Sie leitet von der Herrschaft des Begriffs sich her, der konstant sein wollte gegenüber seinen Inhalten, eben der ›Materie‹, und darum gegen diese sich abblendete. Empfindungen, die Kantische Materie, ohne welche die Formen nicht einmal vorzustellen wären, die also auch ihrerseits Bedingungen der Möglichkeit von Erkenntnis sind, haben den Charakter des Vergänglichen. Das Nichtbegriffliche, dem Begriff unabdingbar, desavouiert dessen Ansichsein und verändert ihn. Der Begriff des Nichtbegrifflichen kann nicht bei sich, der Erkenntnistheorie verweilen; zur Sachhaltigkeit der Philosophie nötigt diese. Wann immer sie ihrer mächtig war, nahm sie mit geschichtlich Seiendem als ihrem Gegenstand es auf, nicht erst bei Schelling und Hegel, sondern contre cœur schon bei Platon, der das Seiende das Nichtseiende taufte und doch eine Lehre vom Staat schrieb, in der die ewigen Ideen mit empirischen Bestimmungen wie Äquivalententausch und Arbeitsteilung verschwistert sind. Heute hat sich akademisch der Unterschied eingeschliffen zwischen einer regulären, ordentlichen Philosophie, die es mit den obersten Begriffen zu tun habe, mögen sie auch ihre Begrifflichkeit verleugnen, und einer bloß genetischen, außerphilosophischen Beziehung auf Gesellschaft, deren anrüchige Prototypen Wissenssoziologie und Ideologiekritik seien. Der Unterschied ist so untriftig wie das Bedürfnis nach regulärer Philosophie seinerseits verdächtig. Nicht bloß kehrt eine, die verspätet um ihre Reinheit bangt, von allem sich ab, woran sie einmal ihre Substanz hatte. Sondern die philosophische Analyse trifft immanent, im Inneren der vermeintlich reinen Begriffe und ihres Wahrheitsgehalts, auf jenes Ontische, vor dem es dem Reinheitsanspruch schaudert und das er, hochmütig zitternd, an die Einzelwissenschaften zediert. Das kleinste ontische Residuum in den Begriffen, an denen die reguläre Philosophie vergebens herumreibt, nötigt sie, das Daseiende selber reflektierend einzubeziehen, anstatt mit dessen bloßem Begriff vorlieb zu nehmen und dort sich geborgen zu wähnen vor dem, was er meint. Philosophisches Denken hat weder Reste nach Abstrich von Raum und Zeit zum Gehalt, noch generelle Befunde über Raumzeitliches. Es kristallisiert sich im Besonderen, in Raum und Zeit Bestimmtem. Der Begriff von Seiendem schlechthin ist nur der Schatten des falschen von Sein.

Wo ein absolut Erstes gelehrt wird, ist allemal, als von seinem sinngemäßen Korrelat, von einem Unebenbürtigen, ihm absolut Heterogenen die Rede; prima philosophia und Dualismus gehen zusammen. Um dem zu entrinnen, muß die Fundamentalontologie ihr Erstes von Bestimmung fernzuhalten trachten. Dem Ersten Kants, der synthetischen Einheit der Apperzeption, erging es nicht besser. Ihm ist jegliche Bestimmung des Gegenstandes eine Investition der Subjektivität in die qualitätslose Mannigfaltigkeit, ohne Rücksicht darauf, daß die bestimmenden Akte, die ihm für spontane Leistungen der transzendentalen Logik gelten, auch einem Moment sich anbilden, das sie nicht selbst sind; daß sich synthesieren nur läßt, was es auch von sich aus gestattet und verlangt. Die aktivische Bestimmung ist kein rein Subjektives, und darum der Triumph des souveränen Subjekts hohl, das da der Natur die Gesetze vorschreibe. Weil aber in Wahrheit Subjekt und Objekt nicht, wie im Kantischen Grundriß, fest sich gegenüberstehen, sondern reziprok sich durchdringen, affiziert die Degradation der Sache zu einem chaotisch Abstrakten durch Kant auch die Kraft, die es formen soll. Der Bann, den das Subjekt ausübt, wird ebenso zu einem über das Subjekt; beide verfolgt die Hegelsche Furie des Verschwindens. In der kategorialen Leistung verausgabt es sich und verarmt; um, was ihm gegenüber ist, bestimmen, artikulieren zu können, so daß es zum Kantischen Gegenstand werde, muß es der objektiven Gültigkeit jener Bestimmungen zuliebe, sich zur bloßen Allgemeinheit verdünnen, nicht weniger von sich selbst amputieren, als vom Gegenstand der Erkenntnis, damit dieser programmgemäß auf seinen Begriff gebracht werde. Das objektivierende Subjekt zieht sich zusammen zum Punkt der abstrakten Vernunft, schließlich zur logischen Widerspruchslosigkeit, die ihrerseits keinen Sinn hat unabhängig vom bestimmten Gegenstand. Notwendig bleibt das absolut Erste so unbestimmt wie sein Gegenüber; die Einheit des abstrakt Antithetischen offenbart sich keiner Rückfrage auf ein konkret Vorgängiges. Vielmehr zerfällt die starr dichotomische Struktur kraft der Bestimmungen eines jeden der Pole als Moment seines eigenen Gegenteils. Der Dualismus ist dem philosophischen Gedanken vorfindlich und so unausweichlich, wie er zum Falschen wird im Fortgang des Denkens. Vermittlung ist dafür nur der allgemeinste, selber unzulängliche Ausdruck. – Wird jedoch der Anspruch des Subjekts kassiert, es sei das Erste, der verstohlen noch Ontologie inspiriert, so ist auch das nach dem Schema der traditionellen Philosophie Sekundäre nicht länger sekundär, im doppelten Sinn untergeordnet. Seine Geringschätzung war das Reversbild der Trivialität, alles Seiende sei vom Betrachter, seiner Gruppe oder Gattung gefärbt. In Wahrheit impliziert die Erkenntnis des Moments subjektiver Vermittlung im Objektiven Kritik an der Vorstellung eines Durchblicks aufs reine An sich, die, vergessen, hinter jener Trivialität lauert. Die abendländische Metaphysik war, außer bei Häretikern, Guckkastenmetaphysik. Das Subjekt – selber nur beschränktes Moment – ward von ihr für alle Ewigkeit in sein Selbst eingesperrt, zur Strafe seiner Vergottung. Wie durch die Scharten eines Turms blickt es auf einen schwarzen Himmel, an dem der Stern der Idee oder des Seins aufgehe. Eben die Mauer ums Subjekt jedoch wirft auf alles, was es beschwört, den Schatten des Dinghaften, den subjektive Philosophie ohnmächtig dann wieder befehdet. Was immer das Wort Sein an Erfahrung mit sich führen mag, ist ausdrückbar nur in Konfigurationen von Seiendem, nicht durch Allergie dagegen; sonst wird der Gehalt der Philosophie zum ärmlichen Resultat eines Subtraktionsprozesses, nicht anders als einst die Cartesianische Gewißheit des Subjekts, der denkenden Substanz. Man kann nicht hinaussehen. Was jenseits wäre, erscheint nur in den Materialien und Kategorien drinnen. Danach träten Wahrheit und

Unwahrheit der Kantischen Philosophie auseinander. Wahr ist sie, indem sie die Illusion des unmittelbaren Wissens vom Absoluten zerstört; unwahr, indem sie dies Absolute mit einem Modell beschreibt, das einem unmittelbaren Bewußtsein, wäre es auch erst dem intellectus archetypus, entspräche. Der Nachweis dieser Unwahrheit ist die Wahrheit des nach-Kantischen Idealismus; dieser aber unwahr wiederum darin, daß er die subjektiv vermittelte Wahrheit dem Subjekt an sich gleichsetzt, als wäre dessen reiner Begriff Sein selber.

Derlei Überlegungen zeitigen den Anschein von Paradoxie. Subjektivität, Denken selber, sei nicht aus sich zu erklären sondern aus Faktischem, zumal der Gesellschaft; aber die Objektivität der Erkenntnis wiederum sei nicht ohne Denken, Subjektivität. Solche Paradoxie entspringt in der Cartesianischen Norm, Erklärung müsse das Spätere, wenigstens logisch Spätere aus dem Früheren begründen. Die Norm ist nicht länger verbindlich. Nach ihrem Maß wäre der dialektische Sachverhalt der simple logische Widerspruch. Aber der Sachverhalt ist nicht nach einem von außen herbeizitierten hierarchischen Ordnungsschema zu erklären. Sonst setzt der Erklärungsversuch die Erklärung voraus, die er erst finden muß; supponiert Widerspruchslosigkeit, subjektives Denkprinzip, als dem zu Denkenden, dem Objekt inhärent. In gewissem Betracht ist die dialektische Logik positivistischer als der Positivismus, der sie ächtet: sie respektiert, als Denken, das zu Denkende, den Gegenstand auch dort, wo er den Denkregeln nicht willfahrt. Seine Analyse tangiert die Denkregeln. Denken braucht nicht an seiner eigenen Gesetzlichkeit sich genug sein zu lassen; es vermag gegen sich selbst zu denken, ohne sich preiszugeben; wäre eine Definition von Dialektik möglich, so wäre das als eine solche vorzuschlagen. Die Armatur des Denkens muß ihm nicht angewachsen bleiben; es reicht weit genug, noch die Totalität seines logischen Anspruchs als Verblendung zu durchschauen. Das scheinbar Unerträgliche, Subjektivität setze Faktisches voraus, aber die Objektivität Subjekt, ist unerträglich nur solcher Verblendung, der Hypostasis des Verhältnisses von Grund und Folge, des subjektiven Prinzips, dem die Erfahrung des Objekts nicht sich fügt. Dialektik ist, als philosophische Verfahrungsweise, der Versuch, mit dem ältesten Medium der Aufklärung, der List, den Knoten der Paradoxie zu entwirren. Nicht zufällig war das Paradoxon seit Kierkegaard die Verfallsform von Dialektik. Dialektische Vernunft folgt dem Impuls, den Naturzusammenhang und seine Verblendung, die im subjektiven Zwang der logischen Regeln sich fortsetzt, zu transzendieren, ohne ihre Herrschaft ihm aufzudrängen: ohne Opfer und Rache. Auch ihr eigenes Wesen ist geworden und vergänglich, wie die antagonistische Gesellschaft. Freilich hat der Antagonismus so wenig seine Grenze an der Gesellschaft wie das Leiden. So wenig Dialektik auf Natur als universales Erklärungsprinzip auszudehnen ist, so wenig doch sind zweierlei Wahrheiten nebeneinander aufzurichten, die dialektische innergesellschaftlich und eine gegen sie indifferente. Die an der Einteilung der Wissenschaften orientierte Trennung von gesellschaftlichem und außergesellschaftlichem Sein täuscht darüber, daß in der heteronomen Geschichte blinde Naturwüchsigkeit sich perpetuiert[2]. Nichts führt aus dem dialektischen Immanenzzusammenhang hinaus als er selber. Dialektik besinnt kritisch sich auf ihn, reflektiert seine eigene Bewegung; sonst bliebe Kants Rechtsanspruch gegen Hegel unverjährt. Solche Dialektik ist negativ. Ihre Idee nennt die Differenz von Hegel. Bei diesem koinzidierten Identität und Positivität; der Einschluß alles Nichtidentischen und Objektiven in die zum absoluten Geist erweiterte und erhöhte Subjektivität sollte die Versöhnung leisten. Demgegenüber ist die in jeglicher einzelnen Bestimmung wirkende Kraft des Ganzen nicht nur deren Negation sondern selber auch das Negative, Unwahre. Die Philosophie des absoluten, totalen Subjekts ist partikular*. Die Umkehrbarkeit

* Das Wort Identität war in der Geschichte der neueren Philosophie mehrsinnig. Einmal designierte es die Einheit persönlichen Bewußtseins: daß ein Ich in all seinen Erfahrungen als dasselbe sich erhalte. Das meinte das Kantische »Ich denke, das alle meine Vorstellungen soll begleiten können«. Dann wieder sollte Identität das in allen vernunftbegabten Wesen gesetzlich Gleiche sein, Denken als logische Allgemeinheit; weiter die Sichselbstgleichheit eines jeglichen Denkgegenstandes, das einfache A=A. Schließlich, erkenntnistheoretisch: daß Subjekt und Objekt, wie immer auch vermittelt, zusammenfallen. Die beiden ersten Bedeutungsschichten werden auch von Kant keineswegs strikt auseinander gehalten. Das ist nicht Schuld eines laxen Sprachgebrauchs. Vielmehr bezeichnet Identität den Indifferenzpunkt des psychologischen und logischen Moments im Idealismus. Logische Allgemeinheit als

der Identitätsthese, welche dieser innewohnt, wirkt ihrem Geistprinzip entgegen. Läßt das Seiende aus dem Geist total sich ableiten, so wird er zu seinem Verhängnis dem bloß Seienden ähnlich, dem er zu widersprechen meint: sonst stimmten Geist und Seiendes nicht zusammen. Gerade das unersättliche Identitätsprinzip verewigt den Antagonismus vermöge der Unterdrückung des Widersprechenden. Was nichts toleriert, das nicht wie es selber wäre, hintertreibt die Versöhnung, als welche es sich verkennt. Die Gewalttat des Gleichmachens reproduziert den Widerspruch, den sie ausmerzt.

Karl Korsch zuerst, dann Funktionäre des Diamat haben eingewandt, die Wendung zur Nichtidentität sei, ihres immanent-kritischen und theoretischen Charakters wegen, eine unerhebliche Nuance des Neohegelianismus oder der geschichtlich überholten Hegelschen Linken; so als ob die Marxische Kritik an der Philosophie von dieser dispensierte, während man gleichzeitig im Osten kulturbeflissen auf eine marxistische Philosophie nicht verzichten mag. Die Forderung der Einheit von Praxis und Theorie hat unaufhaltsam diese zur Dienerin erniedrigt; das an ihr beseitigt, was sie in jener Einheit hätte leisten sollen. Der praktische Sichtvermerk, den man aller Theorie abverlangt, wurde zum Zensurstempel. Indem aber, in der gerühmten Theorie-Praxis, jene unterlag, wurde diese begriffslos, ein Stück der Politik, aus der sie hinausführen sollte; ausgeliefert der Macht. Die Liquidation der Theorie durch Dogmatisierung und Denkverbot trug zur schlechten Praxis bei; daß Theorie ihre Selbständigkeit zurückgewinnt,

die von Denken ist gebunden an die individuelle Identität, ohne welche sie nicht zustande käme, weil sonst kein Vergangenes in einem Gegenwärtigen, damit überhaupt nichts als Gleiches festgehalten würde. Der Rekurs darauf wieder setzt logische Allgemeinheit voraus, ist einer von Denken. Das Kantische »Ich denke«, das individuelle Einheitsmoment, erfordert immer auch das überindividuelle Allgemeine. Das Einzel-Ich ist Eines nur vermöge der Allgemeinheit des numerischen Einheitsprinzips; die Einheit des Bewußtseins selber Reflexionsform der logischen Identität. Daß ein individuelles Bewußtsein Eines sei, gilt nur unter der logischen Voraussetzung vom ausgeschlossenen Dritten: daß es nicht ein Anderes soll sein können. Insofern ist seine Singularität, um nur möglich zu sein, überindividuell. Keines der beiden Momente hat Priorität vorm anderen. Wäre kein identisches Bewußtsein, keine Identität der Besonderung, es wäre so wenig ein Allgemeines wie umgekehrt. So legitimiert erkenntnistheoretisch sich die dialektische Auffassung von Besonderem und Allgemeinem.

ist das Interesse von Praxis selber. Das Verhältnis beider Momente zueinander ist nicht ein für allemal entschieden, sondern wechselt geschichtlich. Heute, da der allherrschende Betrieb Theorie lähmt und diffamiert, zeugt Theorie in all ihrer Ohnmacht durch ihre bloße Existenz gegen ihn. Darum ist sie legitim und verhaßt; ohne sie könnte die Praxis, die immerzu verändern will, nicht verändert werden. Wer Theorie anachronistisch schilt, gehorcht dem Topos, was als Vereiteltes weiter schmerzt, als Veraltetes abzutun. Dadurch wird eben der Weltlauf giriert, dem nicht zu willfahren die Idee von Theorie allein ist, und trifft sie theoretisch nicht, selbst wenn ihre Abschaffung, positivistisch oder durch Machtspruch, gelingt. Die Wut bei der Erinnerung an Theorie eigenen Gewichts ist im übrigen nicht weitab von der Kurzatmigkeit geistiger Gebräuche auf der westlichen Seite. Längst verleitet die Furcht vorm Epigonentum und vor dem Schulgeruch, der jeder Reprise philosophiehistorisch kodifizierter Motive anhaftet, die Schulrichtungen dazu, sich als noch nie Dagewesenes zu affichieren. Eben das verstärkt die fatale Kontinuität des Dagewesenen. So dubios aber ein Verfahren ist, das um so lauter auf Urerlebnissen besteht, je prompter ihm seine Kategorien vom gesellschaftlichen Mechanismus geliefert werden, so wenig auch sind Gedanken dem gleichzusetzen, woher sie stammen; diese Gewohnheit ist ebenfalls ein Stück Ursprungsphilosophie. Wer gegen das Vergessen sich wehrt, nur freilich gegen das historische, nicht, wie Heidegger, gegen das seins- und damit außergeschichtliche; gegen das allerorten zugemutete Opfer der vordem einmal errungenen Freiheit des Bewußtseins, der advoziert keine geistesgeschichtliche Restauration. Daß die Geschichte über Positionen hinwegschritt, ehren nur die als Urteil über ihren Wahrheitsgehalt, denen Geschichte das Weltgericht heißt. Vielfach gibt das Abgetane, aber theoretisch nicht Absorbierte später seinen Wahrheitsgehalt erst frei. Er wird zur Schwäre der herrschenden Gesundheit; das lenkt in veränderten Situationen abermals darauf. Was in Hegel und Marx theoretisch unzulänglich blieb, teilte der geschichtlichen Praxis sich mit; darum ist es theoretisch erneut zu reflektieren, anstatt daß der Gedanke dem Primat von Praxis irrational sich beugte; sie selbst war ein eminent theoretischer Begriff.

Die Lossage von Hegel wird an einem Widerspruch greifbar, der das Ganze betrifft, nicht programmgemäß als partikularer sich schlichtet. Kritiker der Kantischen Trennung von Form und Inhalt, wollte Hegel Philosophie ohne ablösbare Form, ohne unabhängig von der Sache zu handhabende Methode, und verfuhr doch methodisch. Tatsächlich ist Dialektik weder Methode allein noch ein Reales im naiven Verstande. Keine Methode: denn die unversöhnte Sache, der genau jene Identität mangelt, die der Gedanke surrogiert, ist widerspruchsvoll und sperrt sich gegen jeglichen Versuch ihrer einstimmigen Deutung. Sie, nicht der Organisationsdrang des Gedankens veranlaßt zur Dialektik. Kein schlicht Reales: denn Widersprüchlichkeit ist eine Reflexionskategorie, die denkende Konfrontation von Begriff und Sache. Dialektik als Verfahren heißt, um des einmal an der Sache erfahrenen Widerspruches willen und gegen ihn in Widersprüchen zu denken. Widerspruch in der Realität, ist sie Widerspruch gegen diese. Mit Hegel aber läßt solche Dialektik nicht mehr sich vereinen. Ihre Bewegung tendiert nicht auf die Identität in der Differenz jeglichen Gegenstandes von seinem Begriff; eher beargwöhnt sie Identisches. Ihre Logik ist eine des Zerfalls: der zugerüsteten und vergegenständlichten Gestalt der Begriffe, die zunächst das erkennende Subjekt unmittelbar sich gegenüber hat. Deren Identität mit dem Subjekt ist die Unwahrheit. Mit ihr schiebt sich die subjektive Präformation des Phänomens vor das Nichtidentische daran, vors individuum ineffabile. Der Inbegriff der identischen Bestimmungen entspräche dem Wunschbild der traditionellen Philosophie, der apriorischen Struktur und ihrer archaistischen Spätform, der Ontologie. Diese Struktur aber ist, vor jeglichem spezifischen Gehalt, als abstrakt Festgehaltenes im einfachsten Sinn negativ, Geist gewordener Zwang. Die Macht jener Negativität waltet bis heute real. Was anders wäre, hat noch nicht begonnen. Das affiziert alle Einzelbestimmungen. Eine jegliche, die als widerspruchslos auftritt, erweist sich so widerspruchsvoll wie die ontologischen Modelle Sein und Existenz. Kein Positives ist von Philosophie zu erlangen, das mit ihrer Konstruktion identisch wäre. Im Prozeß von Entmythologisierung muß Positivität negiert werden bis in die instrumentale Vernunft hinein, welche Entmythologisierung besorgt. Die Idee von Versöhnung verwehrt deren positive Setzung im Begriff. Dennoch tut Kritik am Idealismus nicht ab, was die Konstruktion vom Begriff her an Einsicht einmal erwarb, und was die Führung der Begriffe an Energie von der Methode gewann. Nur das überschreitet den idealistischen Bannkreis, was seiner Figur noch einbeschrieben ist, ihn im Nachvollzug seines eigenen deduktiven Verfahrens beim Namen nennt, am entfalteten Inbegriff der Totalität ihr Gespaltenes, Unwahres demonstriert. Reine Identität ist das vom Subjekt Gesetzte, insofern von außen Herangebrachte. Sie immanent kritisieren heißt darum, paradox genug, auch, sie von außen kritisieren. Das Subjekt muß am Nichtidentischen wiedergutmachen, was es daran verübt hat. Dadurch gerade wird es frei vom Schein seines absoluten Fürsichseins. Er seinerseits ist Produkt des identifizierenden Denkens, das, je mehr es eine Sache zum bloßen Exempel seiner Art oder Gattung entwertet, desto mehr wähnt, es als solches ohne subjektiven Zusatz zu haben.

Indem Denken sich versenkt in das zunächst ihm Gegenüberstehende, den Begriff, und seines immanent antinomischen Charakters gewahr wird, hängt es der Idee von etwas nach, was jenseits des Widerspruchs wäre. Der Gegensatz des Denkens zu seinem Heterogenen reproduziert sich im Denken selbst als dessen immanenter Widerpruch. Reziproke Kritik von Allgemeinem und Besonderem, identifizierende Akte, die darüber urteilen, ob der Begriff dem Befaßten Gerechtigkeit widerfahren läßt, und ob das Besondere seinen Begriff auch erfüllt, sind das Medium des Denkens der Nichtidentität von Besonderem und Begriff. Und nicht das von Denken allein. Soll die Menschheit des Zwangs sich entledigen, der in Gestalt von Identifikation real ihr angetan wird, so muß sie zugleich die Identität mit ihrem Begriff erlangen. Daran haben alle relevanten Kategorien teil. Das Tauschprinzip, die Reduktion menschlicher Arbeit auf den abstrakten Allgemeinbegriff der durchschnittlichen Arbeitszeit, ist urverwandt mit dem Identifikationsprinzip. Am Tausch hat es sein gesellschaftliches Modell, und er wäre nicht ohne es; durch ihn werden nichtidentische Einzelwesen und Leistungen kommensurabel, identisch. Die Ausbreitung des Prinzips verhält die ganze Welt zum Identischen, zur Totalität. Würde indessen das Prinzip abstrakt negiert; würde als Ideal verkündet, es solle, zur höheren Ehre des irreduzibel Qualitativen, nicht mehr nach gleich und gleich zugehen, so schüfe das Ausreden für den Rückfall ins alte Unrecht. Denn der Äquivalententausch bestand von alters her gerade darin, daß in seinem Namen Ungleiches getauscht, der Mehrwert der Arbeit appropriiert wurde. Annullierte man simpel die Maßkategorie der Vergleichbarkeit, so träten anstelle der Rationalität, die ideologisch zwar, doch auch als Versprechen dem Tauschprinzip innewohnt, unmittelbare Aneignung, Gewalt, heutzutage: nacktes Privileg von Monopolen und Cliquen. Kritik am Tauschprinzip als dem identifizierenden des Denkens will, daß das Ideal freien und gerechten Tauschs, bis heute bloß Vorwand, verwirklicht werde. Das allein transzendierte den Tausch. Hat ihn die kritische Theorie als den von Gleichem und doch Ungleichem enthüllt, so zielt die Kritik der Ungleichheit in der Gleichheit auch auf Gleichheit, bei aller Skepsis gegen die Rancune im bürgerlichen Egalitätsideal, das nichts qualitativ Verschiedenes toleriert. Würde keinem Menschen mehr ein Teil seiner lebendigen Arbeit vorenthalten, so wäre rationale Identität erreicht, und die Gesellschaft wäre über das identifizierende Denken hinaus. Das rückt nahe genug an Hegel. Die Demarkationslinie zu ihm wird schwerlich von einzelnen Distinktionen gezogen; vielmehr von der Absicht: ob Bewußtsein, theoretisch und in praktischer Konsequenz, Identität als Letztes, Absolutes behauptet und verstärken möchte, oder als den universalen Zwangsapparat erfährt, dessen es schließlich auch bedarf, um dem universalen Zwang sich zu entwinden, so wie Freiheit nur durch den zivilisatorischen Zwang hindurch, nicht als retour à la nature real werden kann. Der Totalität ist zu opponieren, indem sie der Nichtidentität mit sich selbst überführt wird, die sie dem eigenen Begriff nach verleugnet. Dadurch ist die negative Dialektik, als an ihrem Ausgang, gebunden an die obersten Kategorien von Identitätsphilosophie. Insofern bleibt auch sie falsch, identitätslogisch, selber das, wogegen sie gedacht wird. Berichtigen muß sie sich in ihrem kritischen Fortgang, der jene Begriffe affiziert, die sie der Form nach behandelt, als wären es auch für sie noch die ersten. Zweierlei ist, ob ein Denken, durch die Not der einem jeglichen unentrinnbaren Form, geschlossen, prinzipiell sich fügt, um den Anspruch der traditionellen Philosophie auf geschlossenes Gefüge immanent zu verneinen – oder ob es jene Form der Geschlossenheit von sich aus urgiert, der Intention nach sich selbst zum Ersten macht. Im Idealismus hatte das höchst formale Prinzip der Identität, vermöge seiner eigenen Formalisierung, Affirmation zum Inhalt. Unschuldig bringt das die Terminologie zutage; die simplen prädikativen Sätze werden affirmativ genannt. Die Copula sagt: Es ist so, nicht anders; die Tathandlung der Synthese, für welche sie einsteht, bekundet, daß es nicht anders sein soll: sonst würde sie nicht vollbracht. In jeglicher Synthesis arbeitet der Wille zur Identität; als apriorische, ihm immanente Aufgabe des Denkens erscheint sie positiv und wünschbar: das Substrat der Synthesis sei durch diese mit dem Ich versöhnt und darum gut. Das erlaubt dann prompt das moralische Desiderat, das Subjekt möge seinem Heterogenen sich beugen kraft der Einsicht, wie sehr die Sache die seine ist. Identität ist die Urform von Ideologie. Sie wird als Adäquanz an die darin unterdrückte Sache genossen; Adäquanz war stets auch Unterjochung unter Beherrschungsziele, insofern ihr eigener Widerspruch. Nach der unsäglichen Anstrengung, die es der Gattung Mensch bereitet haben muß, den Primat der Identität auch gegen sich selbst herzustellen, frohlockt sie und kostet ihren Sieg aus, indem sie ihn zur Bestimmung der besiegten Sache macht: was dieser widerfuhr, muß sie als ihr An sich präsentieren. Ideologie dankt ihre Resistenzkraft gegen Aufklärung der Komplizität mit identifizierendem Denken: mit Denken überhaupt. Es erweist daran seine ideologische Seite, daß es die Beteuerung, das Nichtich sei am Ende das Ich, nie einlöst; je mehr das Ich es ergreift, desto vollkommener findet das Ich zum Objekt sich herabgesetzt. Identität wird zur Instanz einer Anpassungslehre, in welcher das Objekt, nach dem das Subjekt sich zu richten habe, diesem zurückzahlt, was das Subjekt ihm zugefügt hat. Es soll Vernunft annehmen wider seine Vernunft. Darum ist Ideologiekritik kein Peripheres und Innerwissenschaftliches, auf den objektiven Geist und die Produkte des subjektiven Beschränktes, sondern philosophisch zentral: Kritik des konstitutiven Bewußtseins selbst.

Die Kraft des Bewußtseins reicht an seinen eigenen Trug heran. Rational erkennbar ist, wo die losgelassene, sich selbst entlaufende Rationalität falsch wird, wahrhaft zu Mythologie. Ratio schlägt in Irrationalität um, sobald sie, in ihrem notwendigen Fortgang, verkennt, daß das Verschwinden ihres sei's noch so verdünnten Substrats ihr eigenes Produkt, Werk ihrer Abstraktion ist. Wenn das Denken bewußtlos seinem Bewegungsgesetz folgt, wendet es sich wider seinen Sinn, das vom Gedanken Gedachte, das der Flucht der subjektiven Intentionen Einhalt gebietet. Das Diktat seiner Autarkie verdammt Denken zur Leere; diese wird am Ende, subjektiv, zur Dummheit und Primitivität. Regression des Bewußtseins ist Produkt von dessen Mangel an Selbstbesinnung. Sie vermag das Identitätsprinzip noch zu durchschauen, nicht aber kann ohne Identifikation gedacht werden, jede Bestimmung ist Identifikation. Aber eben sie nähert sich auch dem, was der Gegenstand selber ist als Nichtidentisches: indem sie es prägt, will sie von ihm sich prägen lassen. Insgeheim ist Nichtidentität das Telos der Identifikation, das an ihr zu Rettende; der Fehler des traditionellen Denkens, daß es die Identität für sein Ziel hält. Die Kraft, die den Schein von Identität sprengt, ist die des Denkens selber: die Anwendung seines ›Das ist‹ erschüttert seine gleichwohl unabdingbare Form. Dialektisch ist Erkenntnis des Nichtidentischen auch darin, daß gerade sie, mehr und anders als das Identitätsdenken, identifiziert. Sie will sagen, was etwas sei, während das Identitätsdenken sagt, worunter etwas fällt, wovon es Exemplar ist oder Repräsentant, was es also nicht selbst ist. Identitätsdenken entfernt sich von der Identität seines Gegenstandes um so weiter, je rücksichtsloser es ihm auf den Leib rückt. Durch ihre Kritik verschwindet Identität nicht; sie verändert sich qualitativ. Elemente der Affinität des Gegenstandes zu seinem Gedanken leben in ihr. Hybris ist, daß Identität sei, daß die Sache an sich ihrem Begriff entspreche. Aber ihr Ideal wäre nicht einfach wegzuwerfen: im Vorwurf, die Sache sei dem Begriff nicht identisch, lebt auch dessen Sehnsucht, er möge es werden. Dergestalt enthält das Bewußtsein der Nichtidentität Identität. Wohl ist deren Supposition, bis in die formale Logik hinein, das ideologische Moment am reinen Denken. In ihm jedoch steckt auch das Wahrheitsmoment von Ideologie, die Anweisung, daß kein Widerspruch, kein Antagonismus sein solle. Bereits im einfachen identifizierenden Urteil gesellt sich dem pragmatistischen, naturbeherrschenden Element ein utopisches. A soll sein, was es noch nicht ist. Solche Hoffnung knüpft widerspruchsvoll sich an das, worin die Form der prädikativen Identität durchbrochen wird. Dafür hatte die philosophische Tradition das Wort Ideen. Sie sind weder χωρίς noch leerer Schall sondern negative Zeichen. Die Unwahrheit aller erlangten Identität ist verkehrte Gestalt der Wahrheit. Die Ideen leben in den Höhlen zwischen dem, was die Sachen zu sein beanspruchen, und dem, was sie sind. Utopie wäre über der Identität und über dem Widerspruch, ein Miteinander des Verschiedenen. Um ihretwillen reflektiert Identifikation sich derart, wie die Sprache das Wort außerhalb der Logik gebraucht, die von Identifikation nicht eines Objekts sondern von einer mit Menschen und Dingen redet. Der griechische Streit, ob Ähnliches oder Unähnliches das Ähnliche erkenne, wäre allein dialektisch zu schlichten. Gelangt in der These, nur Ähnliches sei dazu fähig, das untilgbare Moment von Mimesis in aller Erkenntnis und aller menschlichen Praxis zum Bewußtsein, so wird solches Bewußtsein zur Unwahrheit, wenn die Affinität, in ihrer Untilgbarkeit zugleich unendlich weit weg, positiv sich selbst setzt. In Erkenntnistheorie resultiert daraus unausweichlich die falsche Konsequenz, Objekt sei Subjekt. Traditionelle Philosophie wähnt, das Unähnliche zu erkennen, indem sie es sich ähnlich macht, während sie damit eigentlich nur sich selbst erkennt. Idee einer veränderten wäre es, des Ähnlichen innezuwerden, indem sie es als das ihr Unähnliche bestimmt. – Das Moment der Nichtidentität in dem identifizierenden Urteil ist insofern umstandslos einsichtig, als jeder einzelne unter eine Klasse subsumierte Gegenstand Bestimmungen hat, die in der Definition seiner Klasse nicht enthalten sind. Beim nachdrücklicheren Begriff, der nicht einfach Merkmaleinheit der einzelnen Gegenstände ist, von denen er abgezogen ward, gilt indessen zugleich das Entgegengesetzte. Das Urteil, jemand sei ein freier Mann, bezieht sich, emphatisch gedacht, auf den Begriff der Freiheit. Der ist jedoch seinerseits ebensowohl mehr, als was von jenem Mann prädiziert wird, wie jener Mann, durch andere Bestimmungen, mehr ist denn der Begriff seiner Freiheit. Ihr Begriff sagt nicht nur, daß er auf alle einzelnen, als frei definierten Männer angewandt werden könne. Ihn nährt die Idee eines Zustands, in welchem die Einzelnen Qualitäten hätten, die heut und hier keinem zuzusprechen wären. Einen als frei rühmen, hat sein Spezifisches in dem sous-entendu, daß ihm ein Unmögliches zugesprochen wird, weil es an ihm sich manifestiert; dies zugleich Auffällige und Geheime beseelt jedes identifizierende Urteil, das irgend sich verlohnt. Der Begriff der Freiheit bleibt hinter sich zurück, sobald er empirisch angewandt wird. Er ist dann selber nicht das, was er sagt. Weil er aber immer auch Begriff des unter ihm Befaßten sein muß, ist er damit zu konfrontieren. Solche Konfrontation verhält ihn zum Widerspruch mit sich selbst. Jeder Versuch, durch bloß gesetzte, ›operationelle‹ Definition aus dem Begriff der Freiheit auszuschließen, was die philosophische Terminologie einmal deren Idee nannte, minderte den Begriff seiner Handlichkeit zuliebe willkürlich herab gegenüber dem, was er an sich meint. Das Einzelne ist mehr sowohl wie weniger als seine allgemeine Bestimmung. Weil aber nur durch Aufhebung jenes Widerspruchs, also durch die erlangte Identität zwischen dem Besonderen und seinem Begriff, das Besondere, Bestimmte zu sich selber käme, ist das Interesse des Einzelnen nicht nur, das sich zu erhalten, was der Allgemeinbegriff ihm raubt, sondern ebenso jenes Mehr des Begriffs gegenüber seiner Bedürftigkeit. Er erfährt es bis heute als seine eigene Negativität. Der Widerspruch zwischen Allgemeinem und Besonderem hat zum Gehalt, daß Individualität noch nicht ist und darum schlecht, wo sie sich etabliert. Zugleich bleibt jener Widerspruch zwischen dem Begriff der Freiheit und deren Verwirklichung auch die Insuffizienz des Begriffs; das Potential von Freiheit will Kritik an dem, was seine zwangsläufige Formalisierung aus ihm machte.

Solcher Widerspruch ist kein subjektiver Denkfehler; objektive Widersprüchlichkeit das Erbitternde an Dialektik, zumal für die heute wie zu Hegels Zeiten vorherrschende Reflexionsphilosophie. Sie sei mit der schlechthin geltenden Logik unvereinbar und durch die formale Einstimmigkeit des Urteils fortzuschaffen. Solange Kritik an deren Regel abstrakt sich hält, wäre der objektive Widerspruch nur eine prätentiöse Wendung dafür, daß der subjektive Begriffsapparat unvermeidlich von besonderem Seienden, über das er urteilt, die Wahrheit seines Urteils behauptet, während dies Seiende nur so weit mit dem Urteil übereinstimmt, wie es durchs apophantische Bedürfnis in den Definitionen der Begriffe bereits präformiert ist. Das vermöchte die fortgeschrittene reflexionsphilosophische Logik leicht sich einzuverleiben. Die objektive Widersprüchlichkeit designiert aber nicht nur, was vom Seienden im Urteil draußen bleibt, sondern etwas im Geurteilten selbst. Denn das Urteil meint stets das zu beurteilende Seiende über jenes Partikulare hinaus, das vom Urteil eingeschlossen wird; sonst wäre es, der eigenen Intention nach, überflüssig. Und eben dieser Intention genügt es nicht. Das negative Motiv der Identitätsphilosophie hat seine Kraft behalten; nichts Partikulares ist wahr, keines ist, wie seine Partikularität beansprucht, es selber. Der dialektische Widerspruch ist weder bloße Projektion mißglückter Begriffsbildung auf die Sache noch Amok laufende Metaphysik. Erfahrung verwehrt, was immer an Widersprechendem auftrete, in der Einheit des Bewußtseins zu schlichten. Ein Widerspruch etwa wie der zwischen der Bestimmung, die der Einzelne als seine eigene weiß, und der, welche die Gesellschaft ihm aufdrängt, wenn er sein Leben erwerben will, der ›Rolle‹, ist ohne Manipulation, ohne Zwischenschaltung armseliger Oberbegriffe, welche die wesentlichen Differenzen verschwinden machen *, unter keine Einheit zu bringen; ebensowenig der, daß das Tauschprinzip, das in der bestehenden Gesellschaft die Produktivkräfte steigert, diese zugleich in wachsendem Grad mit Vernichtung bedroht. Subjektives Bewußtsein, dem der Widerspruch unerträglich ist, gerät in verzweifelte Wahl. Entweder muß es den ihm konträren Weltlauf harmonistisch stilisieren und ihm, gegen die bessere Einsicht, heteronom gehorchen; oder es muß sich, in verbissener Treue zur eigenen Bestimmung, verhalten, als wäre kein Weltlauf, und an ihm zugrunde gehen. Den objektiven Widerspruch und seine Emanationen kann es

* Schulfall eines solchen Oberbegriffs, der Technik logischer Subsumtion zu ideologischem Behuf, ist der heute gängige der industriellen Gesellschaft. Er sieht ab von den gesellschaftlichen Produktionsverhältnissen durch Rekurs auf die technischen Produktivkräfte, als ob einzig deren Stand über die gesellschaftliche Form, unmittelbar, entschiede. Diese theoretische Verschiebung kann sich freilich auf die unleugbaren Konvergenzen von Ost und West im Zeichen bürokratischer Herrschaft herausreden.

nicht von sich aus, durch begriffliche Veranstaltung, eliminieren. Wohl aber ihn begreifen; alles andere ist eitle Beteuerung. Er wiegt schwerer als für Hegel, der erstmals ihn visierte. Einst Vehikel totaler Identifikation, wird er zum Organon ihrer Unmöglichkeit. Dialektische Erkenntnis hat nicht, wie ihre Gegner es ihr vorrechnen, von oben her Widersprüche zu konstruieren und durch ihre Auflösung weiterzuschreiten, obwohl Hegels Logik zuweilen derart prozediert. Statt dessen ist es an ihr, der Inadäquanz von Gedanke und Sache nachzugehen; sie an der Sache zu erfahren. Den Vorwurf der Besessenheit von der fixen Idee des objektiven Antagonismus, während die Sache schon befriedet sei, braucht Dialektik nicht zu scheuen; nichts Einzelnes findet seinen Frieden im unbefriedeten Ganzen. Die aporetischen Begriffe der Philosophie sind Male des objektiv, nicht bloß vom Denken Ungelösten. Widersprüche dem unbelehrbaren spekulativen Starrsinn als Schuld aufzubürden, verschöbe diese; Scham gebietet der Philosophie, die Einsicht Georg Simmels nicht zu verdrängen, es sei erstaunlich, wie wenig man ihrer Geschichte die Leiden der Menschheit anmerkt. Der dialektische Widerspruch ›ist‹ nicht schlechthin, sondern hat seine Intention – sein subjektives Moment – daran, daß er das nicht sich ausreden läßt; in ihr geht Dialektik aufs Verschiedene. Philosophisch bleibt die dialektische Bewegung als Selbstkritik der Philosophie.

Weil das Seiende nicht unmittelbar sondern nur durch den Begriff hindurch ist, wäre beim Begriff anzuheben, nicht bei der bloßen Gegebenheit. Der Begriff des Begriffs selbst wurde problematisch. Nicht weniger als sein irrationalistischer Widerpart, die Intuition, hat er als solcher archaische Züge, die mit den rationalen sich überkreuzen; Relikte statischen Denkens und eines statischen Erkenntnisideals inmitten von dynamisiertem Bewußtsein. Der immanente Anspruch des Begriffs ist seine Ordnung schaffende Invarianz gegenüber dem Wechsel des unter ihm Befaßten. Diesen verleugnet die Form des Begriffs, auch darin ›falsch‹. In Dialektik erhebt Denken Einspruch gegen die Archaismen seiner Begrifflichkeit. Der Begriff an sich hypostasiert, vor allem Inhalt, seine eigene Form gegenüber den Inhalten. Damit aber schon das Identitätsprinzip: daß ein Sachverhalt an sich, als Festes, Beständiges, sei, was lediglich denkpraktisch postuliert wird. Identifizierendes Denken vergegenständlicht durch die logische Identität des Begriffs. Dialektik läuft, ihrer subjektiven Seite nach, darauf hinaus, so zu denken, daß nicht länger die Form des Denkens seine Gegenstände zu unveränderlichen, sich selber gleichbleibenden macht; daß sie das seien, widerlegt Erfahrung. Wie labil die Identität des Festen der traditionellen Philosophie ist, läßt an ihrem Garanten sich lernen, dem einzelmenschlichen Bewußtsein. Als allgemein vorgezeichnete Einheit soll es bei Kant jegliche Identität fundieren. Tatsächlich wird der Ältere, zurückblickend, wofern er früh schon einigermaßen bewußt existierte, deutlich an seine entlegene Vergangenheit sich erinnern. Sie stiftet Einheit, wie irreal auch die Kindheit ihm entgleiten mag. In jener Irrealität aber wird das Ich, an das man sich erinnert, das man einmal war und das potentiell wiederum zu einem selbst wird, zugleich ein Anderer, Fremder, detachiert zu Betrachtender. Solche Ambivalenz von Identität und Nichtidentität erhält sich bis in die logische Problematik der Identität hinein. Die Fachsprache hätte für diese die geläufige Formel von der Identität in der Nichtidentität parat. Ihr wäre zunächst die Nichtidentität in der Identität zu kontrastieren. Solche bloß formale Umkehrung indessen ließe Raum für die Subreption, Dialektik sei trotz allem prima philosophia als »prima dialectica« *. Die Wendung zum Nichtidentischen bewährt sich in ihrer Durchführung; bliebe sie Deklaration, so nähme sie sich zurück. In den traditionellen Philosophien war, auch wo sie, nach Schellings

* »Wenn von der Dialektik nur der Ertrag der einzelnen Wissenschaften neu verarbeitet und zu einem Ganzen durchdacht wird: so ist sie höhere Empirie, und eigentlich nichts als diejenige Überlegung, die aus den Erfahrungen die Harmonie des Ganzen darzustellen bemüht ist. Dann darf aber die Dialektik mit der genetischen Betrachtung nicht zerfallen; dann darf sie sich eines immanenten Fortschrittes nicht rühmen, der ja allen zufälligen Erwerb der Beobachtung und Entdeckung ausschließt; sie arbeitet dann nur auf demselben Wege und mit denselben Mitteln, wie die übrigen Wissenschaften, allein in dem Ziele verschieden, die Theile zu dem Gedanken des Ganzen zu vereinigen. Es stellt sich hier also wiederum ein bedenkliches Dilemma heraus. Entweder ist die dialektische Entwicklung unabhängig und nur aus sich bestimmt; dann muß sie in der That alles aus sich wissen. Oder sie setzt die endlichen Wissenschaften und die empirischen Kenntnisse voraus; dann ist aber der immanente Fortschritt und der lückenlose Zusammenhang durch das äußerlich Aufgenommene durchbrochen; und sie verhält sich obendrein zu der Erfahrung unkritisch. Die Dialektik möge wählen. Wir sehen keine dritte Möglichkeit.« (F. A. Trendelenburg, Logische Untersuchungen, I. Bd., Leipzig 1870, S. 91 f.)

Parole, konstruierten, die Konstruktion eigentlich Nachkonstruktion, die nichts duldete, was nicht von ihnen vorverdaut war. Indem sie noch das Heterogene als sich selber, schließlich den Geist, deuteten, wurde es ihnen schon wieder zum Gleichen, Identischen, in dem sie sich, wie mit einem gigantischen analytischen Urteil, wiederholten, ohne Raum fürs qualitativ Neue. Eingeschliffen ist die Denkgewohnheit, ohne solche Identitätsstruktur sei Philosophie nicht möglich und zerbröckle in das pure Nebeneinander von Feststellungen. Der bloße Versuch, den philosophischen Gedanken dem Nichtidentischen zuzukehren anstatt der Identität, sei widersinnig; er reduziere a priori das Nichtidentische auf seinen Begriff und identifiziere es damit. Derlei einleuchtende Erwägungen sind zu radikal und sind es darum, wie meist radikale Fragen, zu wenig. Die Form des unermüdlichen Rekurses, in dem etwas vom anpeitschenden Arbeitsethos wütet, weicht immer weiter vor dem zurück, was zu durchschauen wäre, und läßt es unbehelligt. Die Kategorie der Wurzel, des Ursprungs selbst ist herrschaftlich, Bestätigung dessen, der zuerst drankommt, weil er zuerst da war; des Autochthonen gegenüber dem Zugewanderten, des Seßhaften gegenüber dem Mobilen. Was lockt, weil es durchs Abgeleitete, die Ideologie, nicht sich beschwichtigen lassen will, Ursprung, ist seinerseits ideologisches Prinzip. In dem konservativ klingenden Satz von Karl Kraus »Ursprung ist das Ziel« äußert sich auch ein an Ort und Stelle schwerlich Gemeintes: der Begriff des Ursprungs müßte seines statischen Unwesens entäußert werden. Nicht wäre das Ziel, in den Ursprung, ins Phantasma guter Natur zurückzufinden, sondern Ursprung fiele allein dem Ziel zu, konstituierte sich erst von diesem her. Kein Ursprung außer im Leben des Ephemeren.

Als idealistische war auch Dialektik Ursprungsphilosophie. Hegel verglich sie dem Kreis. Die Rückkehr des Resultats der Bewegung in ihren Beginn annulliert es tödlich: dadurch sollte die Identität von Subjekt und Objekt fugenlos sich herstellen. Ihr erkenntnistheoretisches Instrument hieß Synthesis. Nicht als einzelner Denkakt, der getrennte Momente in ihre Beziehung zusammennimmt, doch als leitende und oberste Idee steht sie zur Kritik. In seinem allgemeineren Gebrauch hat mittlerweile der Begriff der Synthese, Aufbau gegen Zersetzung, offenkundig jenen Tenor angenommen, der in der Erfindung einer angeblichen Psychosynthese gegen die Freudsche Psychoanalyse vielleicht am widerwärtigsten sich äußerte; Idiosynkrasie sträubt sich, das Wort Synthese in den Mund zu nehmen. Hegel braucht es weit seltener, als das von ihm bereits seines Geklappers überführte Schema der Triplizität erwarten läßt. Dem dürfte die tatsächliche Struktur seines Denkens entsprechen. Es überwiegen die bestimmten Negationen der aus äußerster Nähe visierten, hin und her gewendeten Begriffe. Was bei solchen Meditationen formal als Synthesis sich charakterisiert, hält insofern der Negation die Treue, als darin errettet werden soll, was der jeweils vorhergehenden Bewegung des Begriffs erlag. Die Hegelsche Synthesis ist durchweg Einsicht in die Insuffizienz jener Bewegung, gleichsam in ihre Gestehungskosten. Er gelangt dicht bis ans Bewußtsein vom negativen Wesen der von ihm ausgeführten dialektischen Logik so früh wie in der Einleitung zur Phänomenologie. Ihr Gebot, einem jeglichen Begriff so lange rein zuzusehen, bis er kraft seines eigenen Sinnes, seiner Identität also, sich bewege, unidentisch werde mit sich selbst, ist eines von Analyse, nicht Synthese. Die Statik der Begriffe soll, damit diese sich Genüge tun, ihre Dynamik aus sich entlassen, vergleichbar dem Gewimmel in Wassertropfen unterm Mikroskop. Daher heißt die Methode phänomenologisch, ein passives Verhältnis zum Erscheinenden. Sie war bereits bei Hegel, was Benjamin Dialektik im Stillstand nannte, weit fortgeschritten über alles hinaus, was hundert Jahre später als Phänomenologie auftrat. Dialektik bedeutet objektiv, den Identitätszwang durch die in ihm aufgespeicherte, in seinen Vergegenständlichungen geronnene Energie zu brechen. Das hat partiell in Hegel gegen diesen sich durchgesetzt, der freilich das Unwahre des Identitätszwangs nicht zugestehen kann. Indem der Begriff sich als mit sich unidentisch und in sich bewegt erfährt, führt er, nicht länger bloß er selber, auf sein nach Hegelscher Terminologie Anderes[3], ohne es aufzusaugen. Er bestimmt sich durch das, was außer ihm ist, weil er dem Eigenen nach nicht in sich selbst sich erschöpft. Als er selbst ist er gar nicht nur er selbst. Wo Hegel in der Wissenschaft der Logik die Synthesis der ersten Trias, das Werden, behandelt[4], achtet er erst, nachdem er Sein und Nichts als ganz Leeres und Bestimmungsloses einander gleichgesetzt hat, auf die Differenz, welche die absolute Verschiedenheit des wörtlichen Sprachsinns beider Begriffe anmeldet. Er schärft seine frühe Lehre, Identität könne sinnvoll, also mehr denn tautologisch, überhaupt nur von Nichtidentischem prädiziert werden: erst als miteinander identifizierte, vermöge ihrer Synthesis, würden die Momente zu Nichtidentischem. Daraus wächst der Behauptung ihrer Identität jene Unruhe zu, die Hegel Werden nennt: sie erzittert in sich. Als Bewußtsein von Nichtidentität durch Identität hindurch ist Dialektik nicht nur ein fortschreitender sondern zugleich retrograder Prozeß; soweit beschreibt das Bild des Kreises sie richtig. Die Entfaltung des Begriffs ist auch Rückgriff, Synthesis die Bestimmung der Differenz, die im Begriff unterging, »verschwand«; fast, wie bei Hölderlin, Anamnesis des Naturhaften, das hinab mußte. Nur an der vollzogenen Synthesis, der Vereinigung der widersprechenden Momente, offenbart sich deren Differenz. Ohne den Schritt, Sein sei dasselbe wie Nichts, wäre beides gegeneinander, mit einem Hegelschen Lieblingsterminus, gleichgültig; erst indem sie dasselbe sein sollen, werden sie kontradiktorisch. Dialektik schämt sich nicht der Reminiszenz an die Echternacher Springprozession. Fraglos hat Hegel, gegen Kant, die Priorität der Synthesis eingeschränkt: er erkannte Vielheit und Einheit, beide bei Kant schon nebeneinander Kategorien, nach dem Muster der Platonischen Spätdialoge als Momente, deren keines ohne das andere sei. Gleichwohl ist Hegel, wie Kant und die gesamte Tradition, auch Platon, parteiisch für die Einheit. Auch deren abstrakte Negation ziemt dem Denken nicht. Die Illusion, des Vielen unmittelbar habhaft zu werden, schlüge als mimetische Regression ebenso in Mythologie, ins Grauen des Diffusen zurück, wie am Gegenpol das Einheitsdenken, Nachahmung blinder Natur durch deren Unterdrückung, auf mythische Herrschaft hinausläuft. Selbstreflexion der Aufklärung ist nicht deren Widerruf: dazu wird sie dem gegenwärtigen status quo zuliebe korrumpiert. Noch die selbstkritische Wendung des Einheitsdenkens ist auf Begriffe, geronnene Synthesen angewiesen. Die Tendenz der synthesierenden Akte ist umzuwenden, indem sie auf das sich besinnen, was sie dem Vielen antun. Einheit allein transzendiert Einheit. An ihr hat die Affinität ihr Lebensrecht, welche durch fortschreitende Einheit zurückgedrängt wurde und gleichwohl in ihr, zur Unkenntlichkeit säkularisiert, überwinterte. Die Synthesen des Subjekts ahmen, wie Platon wohl wußte, mittelbar, mit dem Begriff nach, was von sich aus jene Synthese will. Unmittelbar ist das Nichtidentische nicht als seinerseits Positives zu gewinnen und auch nicht durch Negation des Negativen. Diese ist nicht selbst, wie bei Hegel, Affirmation. Das Positive, das ihm zufolge aus der Negation resultieren soll, hat nicht nur den Namen mit jener Positivität gemein, die er in seiner Jugend bekämpfte. Die Gleichsetzung der Negation der Negation mit Positivität ist die Quintessenz des Identifizierens, das formale Prinzip auf seine reinste Form gebracht. Mit ihm gewinnt im Innersten von Dialektik das antidialektische Prinzip die Oberhand, jene traditionelle Logik, welche more arithmetico minus mal minus als plus verbucht. Sie ward jener Mathematik abgeborgt, gegen die Hegel sonst so idiosynkratisch reagiert. Ist das Ganze der Bann, das Negative, so bleibt die Negation der Partikularitäten, die ihren Inbegriff an jenem Ganzen hat, negativ. Ihr Positives wäre allein die bestimmte Negation, Kritik, kein umspringendes Resultat, das Affirmation glücklich in Händen hielte. In der Reproduktion einer opaken Unmittelbarkeit, die, als gewordene, auch Schein ist, trägt gerade die Positivität des reifen Hegel Züge des nach vordialektischem Sprachgebrauch Schlechten. Während seine Analysen den Schein des Ansichseins der Subjektivität zerstören*, ist darum doch die Institution, welche die Subjektivität aufheben und zu sich selbst bringen soll, keineswegs das Höhere, als das er sie mechanisch fast abhandelt. Vielmehr reproduziert in ihr sich erweitert, was von der Subjektivität, wie abstrakt diese auch immer als selbst unterdrückte sein mag, mit Grund negiert wurde. Die Negation, die das Subjekt übte, war

* Wie fast eine jegliche der Hegelschen Kategorien hat auch die der negierten und dadurch positiven Negation einigen Erfahrungsgehalt. Nämlich für den subjektiven Fortgang philosophischer Erkenntnis. Weiß der Erkennende genau genug, was einer Einsicht fehlt oder worin sie falsch ist, so pflegt er kraft solcher Bestimmtheit das Vermißte bereits zu haben. Nur darf dies Moment der bestimmten Negation, als ein seinerseits Subjektives, nicht der objektiven Logik und gar der Metaphysik gutgeschrieben werden. Immerhin ist jenes Moment das Stärkste, das für die Zulänglichkeit emphatischer Erkenntnis spricht; dafür, daß sie es doch vermag, und daran hat die Möglichkeit von Metaphysik, über die Hegelsche hinaus, eine Stütze.

legitim; auch die an ihm geübte ist es, und doch Ideologie. Indem, auf der jeweils neuen dialektischen Stufe, von Hegel wider die intermittierende Einsicht seiner eigenen Logik das Recht der vorhergehenden vergessen wird, bereitet er den Abguß dessen, was er abstrakte Negation schalt: abstrakte – nämlich aus subjektiver Willkür bestätigte – Positivität. Theoretisch entwächst diese der Methode, nicht, wie sie nach Hegel es müßte, der Sache, und hat ebenso als Ideologie über die Welt sich verbreitet, wie sie zur realen Spottgeburt wird und damit ihres Unwesens sich überführt. Bis in die Vulgärsprache hinein, die Menschen lobt, wofern sie positiv seien, schließlich in der mordlustigen Phrase von den positiven Kräften wird das Positive an sich fetischisiert. Demgegenüber hat unbeirrte Negation ihren Ernst daran, daß sie sich nicht zur Sanktionierung des Seienden hergibt. Die Negation der Negation macht diese nicht rückgängig, sondern erweist, daß sie nicht negativ genug war; sonst bleibt Dialektik zwar, wodurch sie bei Hegel sich integrierte, aber um den Preis ihrer Depotenzierung, am Ende indifferent gegen das zu Beginn Gesetzte. Das Negierte ist negativ, bis es verging. Das trennt entscheidend von Hegel. Den dialektischen Widerspruch, Ausdruck des unauflöslich Nichtidentischen, wiederum durch Identität glätten heißt soviel wie ignorieren, was er besagt, in reines Konsequenzdenken sich zurückbegeben. Daß die Negation der Negation die Positivität sei, kann nur verfechten, wer Positivität, als Allbegrifflichkeit, schon im Ausgang präsupponiert. Er heimst die Beute des Primats der Logik über das Metalogische ein, des idealistischen Trugs von Philosophie in ihrer abstrakten Gestalt, Rechtfertigung an sich. Die Negation der Negation wäre wiederum Identität, erneute Verblendung; Projektion der Konsequenzlogik, schließlich des Prinzips von Subjektivität, aufs Absolute. Zwischen der tiefsten Einsicht und ihrem Verderben schillert Hegels Satz: »Auch die Wahrheit ist das Positive als das mit dem Objekte übereinstimmende Wissen, aber sie ist nur diese Gleichheit mit sich, insofern das Wissen sich negativ gegen das Andere verhalten, das Objekt durchdrungen und die Negation, die es ist, aufgehoben hat.«[5] Die Qualifikation der Wahrheit als negatives Verhalten des Wissens, welches das Objekt durchdringt – also den Schein seines unmittelbaren Soseins auslöscht –, klingt wie ein Programm negativer Dialektik als des »mit dem Objekt übereinstimmenden« Wissens; die Etablierung dieses Wissens als Positivität jedoch schwört jenes Programm ab. Durch die Formel von der »Gleichheit mit sich«, der reinen Identität, enthüllt sich das Wissen des Objekts als Gaukelei, weil dies Wissen gar nicht mehr das des Objekts ist, sondern die Tautologie einer absolut gesetzten νόησις νοήσεως. Unversöhnlich verwehrt die Idee von Versöhnung deren Affirmation im Begriff. Wird dagegen eingewandt, Kritik an der positiven Negation der Negation versehre den Lebensnerv von Hegels Logik und lasse überhaupt keine dialektische Bewegung mehr zu, so wird diese autoritätsgläubig auf Hegels Selbstverständnis eingeengt. Während fraglos die Konstruktion seines Systems ohne jenes Prinzip zusammenstürzte, hat Dialektik ihren Erfahrungsgehalt nicht am Prinzip sondern am Widerstand des Anderen gegen die Identität; daher ihre Gewalt. In ihr steckt auch Subjekt, soweit dessen reale Herrschaft die Widersprüche erzeugt, aber diese sind ins Objekt eingesickert. Dialektik rein dem Subjekt zurechnen, den Widerspruch gleichsam durch sich selbst wegschaffen, schafft auch die Dialektik weg, indem sie zur Totalität ausgeweitet wird. Sie entsprang bei Hegel im System, hat aber nicht ihr Maß an ihm.

Denken, das an Identität irre ward, kapituliert leicht vor dem Unauflöslichen und bereitet aus der Unauflöslichkeit des Objekts ein Tabu fürs Subjekt, das irrationalistisch oder szientifisch sich bescheiden, nicht an das rühren soll, was ihm nicht gleicht, vorm gängigen Erkenntnisideal die Waffen streckend, dem es dadurch noch Respekt bekundet. Solche Haltung des Denkens ist jenem Ideal keineswegs fremd. Durchweg verbindet es den Appetit des Einverleibens mit Abneigung gegen das nicht Einzuverleibende, das gerade der Erkenntnis bedürfte. Die Resignation der Theorie vor der Einzelheit arbeitet denn auch nicht weniger fürs Bestehende, dem sie Nimbus und die Autorität geistiger Undurchdringlichkeit und Härte schafft, als der gefräßige Überschwang. So wenig das einzelne Existierende mit seinem Oberbegriff, dem von Existenz, koinzidiert, so wenig ist es uninterpretierbar, auch seinerseits kein Letztes, woran Erkenntnis sich die Stirn einstieße. Nach dem dauerhaftesten Ergebnis der Hegelschen Logik ist es nicht schlechthin für sich sondern in sich sein Anderes und Anderem verbunden. Was ist, ist mehr, als es ist. Dies Mehr wird ihm nicht oktroyiert, sondern bleibt, als das aus ihm Verdrängte, ihm immanent. Insofern wäre das Nichtidentische die eigene Identität der Sache gegen ihre Identifikationen. Das Innerste des Gegenstandes erweist sich als zugleich diesem auswendig, seine Verschlossenheit als Schein, Reflex des identifizierenden, fixierenden Verfahrens. Dahin geleitet denkende Insistenz vorm Einzelnen, als auf dessen Wesen, anstatt auf das Allgemeine, das es vertrete. Kommunikation mit Anderem kristallisiert sich im Einzelnen, das in seinem Dasein durch sie vermittelt ist. Tatsächlich haust das Allgemeine, wie Husserl erkannte, im Zentrum der individuellen Sache, konstituiert sich nicht erst im Vergleich eines Individuellen mit andern. Denn absolute Individualität – und dem zollte Husserl keine Aufmerksamkeit – ist Produkt eben des Abstraktionsprozesses, der um der Allgemeinheit willen ausgelöst wird. Während das Individuelle nicht aus Denken sich deduzieren läßt, wäre der Kern des Individuellen vergleichbar jenen bis zum äußersten individuierten, allen Schemata absagenden Kunstwerken, deren Analyse im Extrem ihrer Individuation Momente von Allgemeinem, ihre sich selbst verborgene Teilhabe an der Typik wiederfindet.

Das einigende Moment überlebt, ohne Negation der Negation, doch auch ohne der Abstraktion als oberstem Prinzip sich zu überantworten, dadurch, daß nicht von den Begriffen im Stufengang zum allgemeineren Oberbegriff fortgeschritten wird, sondern sie in Konstellation treten. Diese belichtet das Spezifische des Gegenstands, das dem klassifikatorischen Verfahren gleichgültig ist oder zur Last. Modell dafür ist das Verhalten der Sprache. Sie bietet kein bloßes Zeichensystem für Erkenntnisfunktionen. Wo sie wesentlich als Sprache auftritt, Darstellung wird, definiert sie nicht ihre Begriffe. Ihre Objektivität verschafft sie ihnen durch das Verhältnis, in das sie die Begriffe, zentriert um eine Sache, setzt. Damit dient sie der Intention des Begriffs, das Gemeinte ganz auszudrücken. Konstellationen allein repräsentieren, von außen, was der Begriff im Innern weggeschnitten hat, das Mehr, das er sein will so sehr, wie er es nicht sein kann. Indem die Begriffe um die zu erkennende Sache sich versammeln, bestimmen sie potentiell deren Inneres, erreichen denkend, was Denken notwendig aus sich ausmerzte. Der Hegelsche Gebrauch des Terminus konkret, demzufolge die Sache selbst ihr Zusammenhang, nicht ihre pure Selbstheit ist, registriert das, ohne doch, trotz aller Kritik an der diskursiven Logik, diese zu mißachten. Aber die Dialektik Hegels war eine ohne Sprache, während der einfachste Wortsinn von Dialektik Sprache postuliert; soweit blieb Hegel Adept der gängigen Wissenschaft. Im emphatischen Sinn bedurfte er der Sprache nicht, weil bei ihm alles, auch das Sprachlose und Opake, Geist sein sollte und der Geist der Zusammenhang. Jene Supposition ist nicht zu retten. Wohl aber transzendiert das in keinen vorgedachten Zusammenhang Auflösliche als Nichtidentisches von sich aus seine Verschlossenheit. Es kommuniziert mit dem, wovon der Begriff es trennte. Opak ist es nur für den Totalitätsanspruch der Identität; seinem Druck widersteht es. Als solches jedoch sucht es nach dem Laut. Durch die Sprache löst es sich aus dem Bann seiner Selbstheit. Was am Nichtidentischen nicht in seinem Begriff sich definieren läßt, übersteigt sein Einzeldasein, in das es erst in der Polarität zum Begriff, auf diesen hinstarrend, sich zusammenzieht. Das Innere des Nichtidentischen ist sein Verhältnis zu dem, was es nicht selber ist und was seine veranstaltete, eingefrorene Identität mit sich ihm vorenthält. Zu sich gelangt es erst in seiner Entäußerung, nicht in seiner Verhärtung; das noch ist Hegel abzulernen, ohne Zugeständnis an die repressiven Momente seiner Entäußerungslehre. Das Objekt öffnet sich einer monadologischen Insistenz, die Bewußtsein der Konstellation ist, in der es steht: die Möglichkeit zur Versenkung ins Innere bedarf jenes Äußeren. Solche immanente Allgemeinheit des Einzelnen aber ist objektiv als sedimentierte Geschichte. Diese ist in ihm und außer ihm, ein es Umgreifendes, darin es seinen Ort hat. Der Konstellation gewahr werden, in der die Sache steht, heißt soviel wie diejenige entziffern, die es als Gewordenes in sich trägt. Der Chorismos von draußen und drinnen ist seinerseits historisch bedingt. Nur ein Wissen vermag Geschichte im Gegenstand zu entbinden, das auch den geschichtlichen Stellenwert des Gegenstandes in seinem Verhältnis zu anderen gegenwärtig hat; Aktualisierung und Konzentration eines bereits Gewußten, das es verwandelt. Erkenntnis des Gegenstands in seiner Konstellation ist die des Prozesses, den er in sich aufspeichert. Als Konstellation umkreist der theoretische Gedanke den Begriff, den er öffnen möchte, hoffend, daß er aufspringe etwa wie die Schlösser wohlverwahrter Kassenschränke: nicht nur durch einen Einzelschlüssel oder eine Einzelnummer sondern eine Nummernkombination.

Wie Gegenstände durch Konstellation zu erschließen seien, ist weniger aus der Philosophie zu entnehmen, die daran sich desinteressierte, als aus bedeutenden wissenschaftlichen Untersuchungen; vielfach war die durchgeführte wissenschaftliche Arbeit ihrem philosophischen Selbstverständnis, dem Szientivismus voraus. Dabei braucht man keineswegs von dem eigenen Gehalt nach metaphysischen Untersuchungen wie Benjamins ›Ursprung des deutschen Trauerspiels‹ auszugehen, die den Begriff der Wahrheit selbst als Konstellation fassen[6]. Zu rekurrieren wäre auf einen so positivistisch gesonnenen Gelehrten wie Max Weber. Wohl verstand er die »Idealtypen«, durchaus im Sinn subjektivistischer Erkenntnistheorie, als Hilfsmittel, dem Gegenstand sich zu nähern, bar jeglicher Substantialität in sich selbst und beliebig wieder zu verflüssigen. Aber wie in allem Nominalismus, mag er auch seine Begriffe als nichtig einschätzen, in diesem etwas von der Beschaffenheit der Sache durchschlägt und über den denkpraktischen Vorteil hinausreicht – keines der geringfügigsten Motive zur Kritik des unreflektierten Nominalismus –, so lassen die materialen Arbeiten Webers weit mehr vom Objekt sich leiten, als nach der südwestdeutschen Methodologie zu erwarten wäre. Tatsächlich ist der Begriff insoweit der zureichende Grund der Sache*, als die Erforschung zumindest eines sozialen Gegenstands falsch wird, wo sie sich auf Abhängigkeit innerhalb seines Bereichs begrenzt, die den Gegenstand begründeten, und dessen Determination durch die Totalität ignoriert. Ohne

* »Diese Beziehung, das Ganze als wesentliche Einheit, liegt nur im Begriffe, im Zwecke. Für diese Einheit sind die mechanischen Ursachen nicht zureichend, weil ihnen nicht der Zweck, als die Einheit der Bestimmungen, zu Grunde liegt. Unter dem zureichenden Grunde hat Leibnitz daher einen solchen verstanden, der auch für diese Einheit zureichte, daher nicht die bloßen Ursachen, sondern die Endursachen in sich begriffe. Diese Bestimmung des Grundes gehört aber noch nicht hierher; der teleologische Grund ist ein Eigenthum des Begriffs und der Vermittelung durch denselben, welche die Vernunft ist.« (Hegel, WW 4, a. a. O., S. 555.)

den übergeordneten Begriff verhüllen jene Abhängigkeiten die allerwirklichste, die von der Gesellschaft, und sie ist von den einzelnen res, die der Begriff unter sich hat, nicht adäquat einzubringen. Sie erscheint aber einzig durchs Einzelne hindurch, und dadurch wiederum wandelt der Begriff sich in der bestimmten Erkenntnis. Im Gegensatz zur gängigen wissenschaftlichen Übung wurde Weber in der Abhandlung über die protestantische Ethik und den Geist des Kapitalismus, als er die Frage nach dessen Definition aufwarf, der Schwierigkeit der Definition historischer Begriffe so deutlich inne wie vor ihm nur Philosophen, Kant, Hegel, Nietzsche. Er lehnt ausdrücklich das abgrenzende Definitionsverfahren nach dem Schema »genus proximum, differentia specifica«[7] ab und verlangt statt dessen, soziologische Begriffe müßten aus ihren »einzelnen der geschichtlichen Wirklichkeit zu entnehmenden Bestandteilen allmählich komponiert werden. Die endgültige begriffliche Erfassung kann daher nicht am Anfang, sondern muß am Schluß der Untersuchung stehen«[8]. Ob es einer solchen Definition am Schluß allemal bedarf, oder ob, was Weber das »Komponieren« nennt, ohne formal definitorisches Resultat das zu sein vermag, wohin schließlich auch Webers erkenntnistheoretische Absicht möchte, steht dahin. So wenig Definitionen jenes Ein und Alles der Erkenntnis sind, als welches der Vulgärszientivismus sie betrachtet, so wenig sind sie zu verbannen. Denken, das in seinem Fortgang nicht der Definition mächtig wäre, nicht für Augenblicke es vermöchte, die Sache durch sprachliche Prägnanz einstehen zu lassen, wäre wohl so steril wie eines, das an Verbaldefinitionen sich sättigt. Wesentlicher jedoch, wofür Weber den Namen des Komponierens gebraucht, der dem orthodoxen Szientivismus inakzeptabel wäre. Er hat dabei freilich bloß die subjektive Seite, das Verfahren der Erkenntnis im Auge. Aber es dürfte um die in Rede stehenden Kompositionen ähnlich bestellt sein wie um ihr Analogon, die musikalischen. Subjektiv hervorgebracht, sind diese gelungen allein, wo die subjektive Produktion in ihnen untergeht. Der Zusammenhang, den sie stiftet – eben die ›Konstellation‹ –, wird lesbar als Zeichen der Objektivität: des geistigen Gehalts. Das Schriftähnliche solcher Konstellationen ist der Umschlag des subjektiv Gedachten und Zusammengebrachten in Objektivität vermöge der Sprache. Sogar ein Verfahren, das so sehr dem traditionellen Wissenschaftsideal und seiner Theorie sich verpflichtet wie das Max Webers, enträt keineswegs dieses bei ihm nicht thematischen Moments. Während seine reifsten Werke, vor allem ›Wirtschaft und Gesellschaft‹, dem Anschein nach zuweilen leiden an einem der Jurisprudenz entlehnten Überschuß von Verbaldefinitionen, sind diese, näher besehen, mehr als solche; nicht nur begriffliche Fixierungen sondern eher Versuche, durch die Versammlung von Begriffen um den gesuchten zentralen auszudrücken, worauf er geht, anstatt ihn für operative Zwecke zu umreißen. So wird etwa der in jeder Hinsicht entscheidende Begriff des Kapitalismus, ähnlich übrigens wie bei Marx, von isolierten und subjektiven Kategorien wie Erwerbstrieb oder Gewinnstreben emphatisch abgehoben. Das vielberufene Gewinnstreben müsse im Kapitalismus orientiert sein am Rentabilitätsprinzip, an den Marktchancen, müsse der kalkulierenden Kapitalrechnung sich bedienen; seine Organisationsform sei die der freien Arbeit, Haushalt und Betrieb seien getrennt, er bedürfe der Betriebsbuchführung und eines rationalen Rechtssystems gemäß dem den Kapitalismus durchherrschenden Prinzip von Rationalität überhaupt[9]. Zu bezweifeln bleibt die Vollständigkeit dieses Katalogs; insbesondere zu fragen, ob nicht der Webersche Nachdruck auf Rationalität, unter Absehung von dem durch den Äquivalententausch hindurch sich reproduzierenden Klassenverhältnis, schon durch die Methode den Kapitalismus allzusehr seinem ›Geist‹ gleichsetze, obwohl der Äquivalententausch und seine Problematik ohne Rationalität gewiß nicht denkbar wären. Gerade die zunehmende Integrationstendenz des kapitalistischen Systems jedoch, dessen Momente zu einem stets vollständigeren Funktionszusammenhang sich verschlingen, macht die alte Frage nach der Ursache gegenüber der Konstellation immer prekärer; nicht erst Erkenntniskritik, der reale Gang der Geschichte nötigt zum Aufsuchen von Konstellationen. Treten diese bei Weber anstelle einer Systematik, deren Absenz man ihm gern vorwarf, so bewährt sein Denken sich darin als ein Drittes jenseits der Alternative von Positivismus und Idealismus.

Wo eine Kategorie – durch negative Dialektik die der Identität und der Totalität – sich verändert, ändert sich die Konstellation aller und damit wiederum eine jegliche. Paradigmatisch dafür sind die Begriffe Wesen und Erscheinung. Sie entstammen der philosophischen Tradition, werden festgehalten, aber ihrer Richtungstendenz nach umgewendet. Wesen ist nicht länger als reines geistiges Ansichsein zu hypostasieren. Vielmehr geht Wesen über in das unter der Fassade des Unmittelbaren, den vermeintlichen Tatsachen Verborgene, das sie zu dem macht, was sie sind; das Gesetz des Verhängnisses, dem Geschichte bislang gehorcht; desto unwiderstehlicher, je tiefer es unter den Fakten sich verkriecht, um von diesen bequem sich verleugnen zu lassen. Solches Wesen ist vorab Unwesen, die Einrichtung der Welt, welche die Menschen zu Mitteln ihres sese conservare erniedrigt, ihr Leben beschneidet und bedroht, indem sie es reproduziert und ihnen vortäuscht, sie wäre so, um ihr Bedürfnis zu befriedigen. Wie das Hegelsche muß auch dies Wesen erscheinen: vermummt in seinen eigenen Widerspruch. Nur am Widerspruch des Seienden zu dem, was zu sein es behauptet, läßt Wesen sich erkennen. Wohl ist auch es, gegenüber den vorgeblichen Tatsachen, begrifflich, nicht unmittelbar. Aber solche Begrifflichkeit ist nicht bloß θέσει, Produkt des Subjekts der Erkenntnis, in der es schließlich sich selbst bestätigt wiederfindet. Statt dessen drückt sie aus, daß die begriffene Welt, wie immer auch durch Schuld des Subjekts, nicht seine eigene sondern ihm feind ist. Unkenntlich fast wird das von der Husserlschen Lehre von der Wesensschau bezeugt. Sie läuft auf die vollkommene Fremdheit des Wesens zu dem Bewußtsein hinaus, das es faßt. Sie erinnert sich, wenngleich unter der fetischistischen Form einer schlechthin absoluten Idealsphäre, daran, daß noch die Begriffe, denen sie ihre Wesenheiten unbedenklich gleichsetzt, nicht nur die Produkte von Synthesen und Abstraktionen sind: ebenso repräsentieren sie auch ein Moment in dem Vielen, das die nach idealistischer Doktrin bloß gesetzten Begriffe herbeizitiert. Husserls hypertrophischer und darum lange Zeit sich selbst unkenntlicher Idealismus, die Ontologisierung reinen Geistes, half in seinen wirksamsten Schriften verzerrt einem anti-idealistischen Motiv zum Ausdruck, dem Ungenügen an der These von der Allherrschaft des denkenden Subjekts. Die Phänomenologie verbot diesem dort Gesetze vorzuschreiben, wo es ihnen bereits gehorchen muß: insofern erfährt es an ihnen ein Objektives. Weil indessen bei Husserl, wie bei den Idealisten, alle Vermittlungen auf die noetische Seite, die des Subjekts, gezogen werden, kann er das Moment von Objektivität am Begriff anders denn als Unmittelbarkeit sui generis nicht konzipieren und muß sie, mit erkenntnistheoretischem Gewaltakt, der sinnlichen Wahrnehmung nachbilden. Krampfhaft hat er verleugnet, daß das Wesen trotz allem auch seinerseits Moment ist: entsprungen. Hegel, den er mit dem Hochmut der Ignoranz verdammte, hatte vor ihm die Einsicht voraus, daß die Wesenskategorien des zweiten Buchs der Logik sowohl geworden sind, Produkte der Selbstreflexion der Seinskategorien, wie objektiv gültig. Daran reichte ein Denken, das der Dialektik zelotisch sich versagte, nicht mehr heran, während Husserls Grundthema, die logischen Sätze, ihn darauf hätten stoßen müssen. Denn jene Sätze sind ebensowohl, seiner Theorie gemäß, objektiven Charakters, »Wesensgesetze« wie, worüber er zunächst sich ausschweigt, an Denken gebunden und im Innersten angewiesen auf das, was sie ihrerseits nicht sind. Das Absolute des logischen Absolutismus hat sein Recht an der Geltung der formalen Sätze und der Mathematik; gleichwohl ist es nicht absolut, weil der Anspruch von Absolutheit, als der positiv erreichter Identität von Subjekt und Objekt, selber bedingt, Niederschlag des subjektiven Totalitätsanspruchs ist. Die Dialektik des Wesens, als eines zugleich nach seiner Weise quasi Seienden und doch Nichtseienden, ist jedoch keineswegs, wie von Hegel, in der Einheit des Geistes als des erzeugenden und erzeugten aufzulösen. Seine Lehre von der Objektivität des Wesens postuliert, Sein sei der noch nicht zu sich gekommene Geist. Das Wesen mahnt an die Nichtidentität im Begriff dessen, was nicht erst vom Subjekt gesetzt ist, sondern dem es folgt. Noch die Trennung der Logik und der Mathematik von dem ontischen Bereich, auf welcher der Schein ihres Ansichseins, die ontologische Interpretation der formalen Kategorien beruht, hat ihren ontischen Aspekt als ein, wie Hegel es genannt hätte, sich Abstoßen vom Ontischen. Jenes ontische Moment reproduziert sich in ihnen. Weil es ihnen unmöglich ist, sich selbst als Getrenntes und Bedingtes zu durchschauen – denn die Trennung ist ihr eigenes Wesen –, erlangen sie eine Art von Dasein. Erst recht jedoch die Wesensgesetze der Gesellschaft und ihrer Bewegung. Sie sind wirklicher als das Faktische, in dem sie erscheinen und das über sie betrügt. Aber sie werfen die hergebrachten Attribute ihrer Wesenhaftigkeit ab. Zu benennen wären sie als die auf ihren Begriff gebrachte Negativität, welche die Welt so macht, wie sie ist. – Nietzsche, unversöhnlicher Widersacher des theologischen Erbes in der Metaphysik, hatte den Unterschied von Wesen und Erscheinung verspottet und die Hinterwelt den Hinterwäldlern überantwortet, darin eines Sinnes mit dem gesamten Positivismus. Nirgendwo anders vielleicht ist so greifbar, wie unverdrossene Aufklärung den Dunkelmännern zustatten kommt. Wesen ist, was nach dem Gesetz des Unwesens selber verdeckt wird; bestreiten, daß ein Wesen sei, heißt sich auf die Seite des Scheins, der totalen Ideologie schlagen, zu der mittlerweile das Dasein wurde. Wem alles Erscheinende gleich viel gilt, weil er von keinem Wesen weiß, das zu scheiden erlaubte, macht, aus fanatisierter Wahrheitsliebe, gemeinsame Sache mit der Unwahrheit, dem von Nietzsche verachteten wissenschaftlichen Stumpfsinn, der es ablehnt, um die Dignität der zu behandelnden Gegenstände sich zu kümmern, und diese Dignität entweder der öffentlichen Meinung nachplappert oder als ihr Kriterium erkürt, ob über eine Sache, wie sie sagen, noch nicht gearbeitet worden sei. Wissenschaftliche Gesinnung zediert die Entscheidung über Wesentlich und Unwesentlich an die Disziplinen, die jeweils mit dem Gegenstand sich beschäftigen; der einen kann unwesentlich sein, was der anderen wesentlich ist. In Konkordanz damit verlegt Hegel den Unterschied in ein Drittes, zunächst außerhalb der immanenten Bewegung der Sache Liegendes*. Husserl, der von keiner Dialektik zwischen Wesen und Schein sich träumen läßt, behält ironisch ihm gegenüber recht: tatsächlich gibt es eine zwar fehlbare, doch unmittel-

* »Insofern daher an einem Daseyn ein Wesentliches und ein Unwesentliches von einander unterschieden werden, so ist dieser Unterschied ein äußerliches Setzen, eine das Daseyn selbst nicht berührende Absonderung eines Theils desselben, von einem andern Theile; eine Trennung, die in ein Drittes fällt. Es ist dabei unbestimmt, was zum Wesentlichen oder Unwesentlichen gehört. Es ist irgend eine äußerliche Rücksicht und Betrachtung, die ihn macht, und derselbe Inhalt deswegen bald als wesentlich, bald als unwesentlich anzusehen.« (Hegel, a. a. O., S. 487.)

bare, geistige Erfahrung des Wesentlichen und Unwesentlichen, welche das wissenschaftliche Ordnungsbedürfnis nur gewalttätig den Subjekten ausreden kann. Wo solche Erfahrung nicht gemacht wird, bleibt Erkenntnis unbewegt und fruchtlos. Ihr Maß ist, was den Subjekten objektiv als ihr Leiden widerfährt. Parallel zur theoretischen Nivellierung von Wesen und Erscheinung büßen freilich auch subjektiv die Erkennenden mit der Fähigkeit zu Leiden und Glück das primäre Vermögen ein, Wesentliches und Unwesentliches zu sondern, ohne daß man dabei recht wüßte, was Ursache ist, was Folge. Der obstinate Drang, lieber über die Richtigkeit von Irrelevantem zu wachen, als über Relevantes, mit der Gefahr des Irrtums, nachzudenken, zählt zu den verbreitetesten Symptomen regressiven Bewußtseins. Der Hinterwäldler jüngsten Stils läßt von keiner Hinterwelt sich irritieren, zufrieden mit der Vorderwelt, der er abkauft, was sie ihm mit Worten und stumm aufschwatzt. Positivismus wird zur Ideologie, indem er erst die objektive Kategorie des Wesens ausschaltet und dann, folgerecht, das Interesse an Wesentlichem. Es erschöpft sich aber keineswegs im verborgenen allgemeinen Gesetz. Sein positives Potential überlebt in dem vom Gesetz Betroffenen, fürs Verdikt des Weltlaufs Unwesentlichen, an den Rand Geschleuderten. Der Blick darauf, der auf den Freudschen »Abhub der Erscheinungswelt« weit über den psychologischen hinaus, folgt der Intention aufs Besondere als das Nichtidentische. Das Wesentliche ist der herrschenden Allgemeinheit, dem Unwesen, soweit entgegen, wie es jenes kritisch überflügelt.

Auch die Vermittlung von Wesen und Erscheinung, von Begriff und Sache, bleibt nicht, was sie war, das Moment von Subjektivität im Objekt. Was die Tatsachen vermittelt, ist gar nicht so sehr der subjektive Mechanismus, der sie präformiert und auffaßt, als die dem Subjekt heteronome Objektivität hinter dem, was es erfahren kann. Sie versagt sich dem primären subjektiven Erfahrungskreis, ist diesem vorgeordnet. Wo auf der gegenwärtigen geschichtlichen Stufe, nach gängiger Rede, zu subjektiv geurteilt wird, betet das Subjekt meist automatisch den consensus omnium nach. Dann erst gäbe es dem Objekt das Seine, anstatt mit dem falschen Abguß sich zu begnügen, wo es dem Durchschnittswert solcher Objektivität widerstünde und als Subjekt sich frei machte. An dieser Emanzipation, nicht an der unersättlichen Repression des Subjekts hängt Objektivität heute. Die Übermacht des Objektivierten in den Subjekten, die sie daran hindert, Subjekte zu werden, verhindert ebenso die Erkenntnis des Objektiven; das ist aus dem geworden, was einmal ›subjektiver Faktor‹ genannt wurde. Eher ist jetzt Subjektivität das Vermittelte als Objektivität, und solche Vermittlung dringender der Analyse bedürftig denn die herkömmliche. In den subjektiven Vermittlungsmechanismen verlängern sich die der Objektivität, in welche jegliches Subjekt, noch das transzendentale, eingespannt ist. Daß die Daten, ihrem Anspruch nach, so und nicht anders apperzipiert werden, dafür sorgt die präsubjektive Ordnung, welche ihrerseits die für die Erkenntnistheorie konstituierende Subjektivität wesentlich konstituiert. Was in der Kantischen Deduktion der Kategorien am Ende nach seinem eigenen Geständnis zufällig, »gegeben« bleibt: daß die Vernunft über jene und keine anderen Stammbegriffe verfüge, das schreibt sich her von dem, was die Kategorien, Kant zufolge, erst stiften wollen. Die Universalität von Vermittlung ist aber kein Rechtstitel dafür, alles zwischen Himmel und Erde auf sie zu nivellieren, wie wenn Vermittlung des Unmittelbaren und Vermittlung des Begriffs dasselbe wären. Dem Begriff ist die Vermittlung essentiell, er selber ist seiner Beschaffenheit nach unmittelbar die Vermittlung; die Vermittlung der Unmittelbarkeit jedoch Reflexionsbestimmung, sinnvoll nur in bezug auf das ihr Entgegengesetzte, Unmittelbare. Ist schon nichts, was nicht vermittelt wäre, so geht, wie Hegel hervorhob, solche Vermittlung notwendig stets auf ein Vermitteltes, ohne das sie auch ihrerseits nicht wäre. Daß dagegen Vermitteltes nicht ohne Vermittlung sei, hat lediglich privativen und epistemologischen Charakter: Ausdruck der Unmöglichkeit, ohne Vermittlung das Etwas zu bestimmen, kaum mehr als die Tautologie, Denken von Etwas sei eben Denken. Umgekehrt bliebe keine Vermittlung ohne das Etwas. In Unmittelbarkeit liegt nicht ebenso deren Vermitteltsein wie in der Vermittlung ein Unmittelbares, welches vermittelt würde. Den Unterschied hat Hegel vernachlässigt. Vermittlung des Unmittelbaren betrifft seinen Modus: das Wissen von ihm und die Grenze solchen Wissens. Unmittelbarkeit ist keine Modalität, keine bloße Bestimmung des Wie für ein Bewußtsein, sondern objektiv: ihr Begriff deutet auf das nicht durch seinen Begriff Wegzuräumende. Vermittlung sagt keineswegs, alles gehe in ihr auf, sondern postuliert, was durch sie vermittelt wird, ein nicht Aufgehendes; Unmittelbarkeit selbst aber steht für ein Moment, das der Erkenntnis, der Vermittlung, nicht ebenso bedarf wie diese des Unmittelbaren. Solange Philosophie die Begriffe unmittelbar und mittelbar verwendet, deren sie einstweilen kaum entraten kann, bekundet ihre Sprache den Sachverhalt, den die idealistische Version von Dialektik abstreitet. Daß diese die scheinbar minimale Differenz übergeht, hilft ihr zu ihrer Plausibilität. Der Triumph, das Unmittelbare sei durchaus vermittelt, rollt hinweg über das Vermittelte und erreicht in fröhlicher Fahrt die Totalität des Begriffs, von keinem Nichtbegrifflichen mehr aufgehalten, die absolute Herrschaft des Subjekts. Weil aber die eskamotierte Differenz durch Dialektik erkennbar ist, behält in dieser totale Identifikation nicht das letzte Wort. Sie vermag deren Bannkreis zu verlassen, ohne ihm dogmatisch von außen her eine vorgeblich realistische These zu kontrastieren. Der Zirkel der Identifikation, die schließlich immer nur sich selbst identifiziert, ward gezogen von dem Denken, das nichts draußen duldet; seine Gefangenschaft ist sein eigenes Werk. Solche totalitäre und darum partikulare Rationalität war geschichtlich diktiert vom Bedrohlichen der Natur. Das ist ihre Schranke. Identifizierendes Denken, das Gleichmachen eines jeglichen Ungleichen, perpetuiert in der Angst Naturverfallenheit. Besinnungslose Vernunft wird verblendet bis zum Irren angesichts eines jeglichen, das ihrer Herrschaft sich entzieht. Einstweilen ist Vernunft pathisch; Vernunft wäre erst, davon sich kurieren. Noch die Theorie der Entfremdung, Ferment der Dialektik, verwirrt das Bedürfnis, der heteronomen und insofern irrationalen Welt nahe zu kommen, nach dem Wort des Novalis »überall zu Hause zu sein«, mit der archaischen Barbarei, daß das sehnsüchtige Subjekt außerstande ist, das Fremde, das, was anders ist, zu lieben; mit der Gier nach Einverleibung und Verfolgung. Wäre das Fremde nicht länger verfemt, so wäre Entfremdung kaum mehr.

Die Äquivokation im Begriff der Vermittlung, die veranlaßt, daß die einander entgegengesetzten Pole der Erkenntnis einander gleichgesetzt werden auf Kosten ihres qualitativen Unterschieds, an dem schlechterdings alles hängt, datiert zurück auf die Abstraktion. Das Wort abstrakt aber ist noch zu abstrakt, selber äquivok. Die Einheit des unter allgemeinen Begriffen Befaßten ist grundverschieden von dem begrifflich bestimmten Besonderen. An diesem ist der Begriff immer zugleich sein Negatives; er coupiert, was es selbst ist und was doch unmittelbar nicht sich nennen läßt, und ersetzt es durch Identität. Dies Negative, Falsche, zugleich jedoch Notwendige ist der Schauplatz von Dialektik. Der nach ihrer idealistischen Version auch seinerseits abstrakte Kern ist nicht einfach eliminiert. Kraft seiner Unterscheidung vom Nichts wäre, wider Hegel, noch das unbestimmteste Etwas kein schlechthin Unbestimmtes. Das widerlegt die idealistische Lehre von der Subjektivität aller Bestimmungen. So wenig das Besondere bestimmbar wäre ohne das Allgemeine, durch welches es nach kurrenter Logik identifiziert wird, so wenig ist es identisch mit ihm. Der Idealismus will nicht sehen, daß ein Etwas, sei's noch so qualitätslos, darum doch nicht bereits nichts heißen dürfe. Weil Hegel vor der Dialektik des Besonderen zurückschreckt, die er konzipierte – sie vernichtete den Primat des Identischen und folgerecht den Idealismus –, wird er unablässig zur Spiegelfechterei getrieben. Anstelle des Besonderen schiebt er den allgemeinen Begriff von Besonderung schlechthin, etwa von ›Existenz‹, in dem es kein Besonderes mehr ist. Es restauriert die Verfahrungsweise des Denkens, welche Kant am älteren Rationalismus als Amphibolie der Reflexionsbegriffe mit Grund tadelt. Sophistisch wird die Hegelsche Dialektik, wo sie mißlingt. Was das Besondere zum dialektischen Anstoß macht, seine Unauflöslichkeit im Oberbegriff, das handelt sie als universalen Sachverhalt ab, wie wenn das Besondere selbst sein eigener Oberbegriff wäre und dadurch unauflöslich. Eben damit wird die Dialektik von Nichtidentität und Identität scheinhaft: Sieg der Identität über Identisches. Die Unzulänglichkeit der Erkenntnis, die keines Besonderen sich versichern kann ohne den Begriff, der keineswegs das Besondere ist, gereicht taschenspielerhaft dem Geist zum Vorteil, der über das Besondere sich erhebt und von dem es reinigt, was dem Begriff sich entgegenstemmt. Der allgemeine Begriff von Besonderheit hat keine Macht über das Besondere, das er abstrahierend meint.

Die Polarität von Subjekt und Objekt erscheint leicht als eine ihrerseits undialektische Struktur, in der alle Dialektik statthaben soll. Aber beide Begriffe sind entsprungene Reflexionskategorien, Formeln für ein nicht zu Vereinendes; kein Positives, keine primären Sachverhalte, sondern negativ durchaus, Ausdruck einzig der Nichtidentität. Trotzdem ist die Differenz von Subjekt und Objekt auch nicht ihrerseits einfach zu negieren. Weder sind sie letzte Zweiheit, noch verbirgt hinter ihnen sich letzte Einheit. Sie konstituieren ebenso sich durch einander, wie sie vermöge solcher Konstitution auseinandertreten. Würde der Dualismus von Subjekt und Objekt als Prinzip zugrunde gelegt, so wäre er, gleich dem Identitätsprinzip, dem er sich weigert, abermals total, monistisch; absolute Zweiheit wäre Einheit. Hegel hat das ausgenutzt für den Zweck, die Subjekt-Objekt-Polarität, die nach beiden Seiten zu entwickeln er als seinen Vorrang vor Fichte und Schelling empfand, schließlich doch ins Denken hineinzunehmen. Als Seinsstruktur wird ihm zufolge die Dialektik von Subjekt und Objekt Subjekt*. Beide sind als Abstraktionen Denkprodukte; die Supposition ihres Gegensatzes erklärt unabdingbar Denken zum Ersten. Aber der Dualismus weicht auch nicht dem Wink des puren Gedankens. Solange dieser Gedanke bleibt, vollzieht er sich gemäß der Dichotomie, die zur Form des Denkens geworden ist und ohne die Denken vielleicht nicht wäre. Jeglicher Begriff, noch der des Seins, reproduziert die Differenz von Denken und Gedachtem. Sie wurde dem theoretischen Be-

* »Das Begreifen eines Gegenstandes besteht in der That in nichts Anderem, als daß Ich denselben sich zu eigen macht, ihn durchdringt, und ihn in seine eigene Form, d. i. in die Allgemeinheit, welche unmittelbar Bestimmtheit, oder Bestimmtheit, welche unmittelbar Allgemeinheit ist, bringt. Der Gegenstand in der Anschauung oder auch in der Vorstellung ist noch ein Aeußerliches, Fremdes. Durch das Begreifen wird das An- und Fürsichseyn, das er im Anschauen und Vorstellen hat, in ein Gesetztseyn verwandelt; Ich durchdringt ihn denkend. Wie er aber im Denken ist, so ist er an und für sich; wie er in der Anschauung und Vorstellung ist, ist er Erscheinung; das Denken hebt seine Unmittelbarkeit, mit der er zunächst vor uns kommt, auf, und macht so ein Gesetztseyn aus ihm; dieß sein Gesetztseyn aber ist sein An- und Fürsichseyn, oder seine Objektivität. Diese Objektivität hat der Gegenstand somit im Begriffe, und dieser ist die Einheit des Selbstbewußtseyns, in die er aufgenommen worden; seine Objektivität oder der Begriff ist daher selbst nichts Anderes, als die Natur des Selbstbewußtseyns; hat keine andere Momente oder Bestimmungen, als das Ich selbst.« (Hegel, WW 5, a.a.O., S. 16.)

wußtsein von der antagonistischen Verfassung der Wirklichkeit eingebrannt; soweit sie diese ausdrückt, ist die Unwahrheit des Dualismus die Wahrheit. Losgelöst davon indessen würde der Antagonismus zur philosophischen Ausrede seiner Ewigkeit. Nichts ist möglich als die bestimmte Negation der Einzelmomente, durch welche Subjekt und Objekt absolut entgegengesetzt und eben dadurch miteinander identifiziert werden. Subjekt ist in Wahrheit nie ganz Subjekt, Objekt nie ganz Objekt; dennoch beide nicht aus einem Dritten herausgestückt, das sie transzendierte. Das Dritte tröge nicht minder. Unzulänglich die Kantianische Auskunft, es als Unendliches von der positiven, endlichen Erkenntnis wegzuziehen und diese mit dem Unerreichbaren zu unermüdlicher Anstrengung anzuspornen. An der Zweiheit von Subjekt und Objekt ist kritisch festzuhalten, wider den Totalitätsanspruch, der dem Gedanken inhäriert. Zwar ist die Trennung, die das Objekt zum Fremden, zu Beherrschenden macht und es aneignet, subjektiv, Resultat ordnender Zurüstung. Nur bringt die Kritik des subjektiven Ursprungs der Trennung das Getrennte nicht wieder zusammen, nachdem es einmal real sich entzweite. Das Bewußtsein rühmt sich der Vereinigung dessen, was es erst mit Willkür in Elemente aufspaltete; daher der ideologische Oberton aller Rede von Synthese. Sie ist Deckbild der sich selbst verhüllten und zunehmend tabuierten Analysis. Die Antipathie des vulgär edlen Bewußtseins gegen diese hat zum Grund, daß die Zerstückelung, die verübt zu haben der bürgerliche Geist seinen Kritikern vorwirft, sein eigenes unbewußtes Werk ist. Ihr Modell sind die rationalen Arbeitsprozesse. Sie bedürfen der Zerlegung als Bedingung der Warenproduktion, die dem allgemeinbegrifflichen Verfahren der Synthese gleicht. Hätte Kant das Verhältnis seiner Methode zur Theorie, das des erkenntnistheoretisch untersuchenden Subjekts zum untersuchten, in die Vernunftkritik hineingezogen, so wäre ihm nicht entgangen, daß die Formen, welche das Mannigfaltige synthesieren sollen, ihrerseits Produkte der Operationen sind, welche der Aufbau des Werkes, aufschlußreich genug, transzendentale Analytik betitelt.

Der Gang der erkenntnistheoretischen Reflexion war, der vorwaltenden Tendenz nach, der, immer mehr an Objektivität aufs Subjekt zurückzuführen. Eben diese Tendenz wäre umzukehren. Wodurch die Überlieferung der Philosophie den Begriff der Subjektivität vom Seienden abhebt, das ist Seiendem nachgebildet. Daß die Philosophie, bis heute laborierend an mangelnder Selbstbesinnung, die Vermittlung im Vermittelnden, dem Subjekt, vergaß, ist so wenig als Sublimeres verdienstlich wie irgendein Vergessen. Gleichwie zur Strafe wird das Subjekt vom Vergessenen ereilt. Sobald es sich zum Gegenstand erkenntnistheoretischer Reflexion macht, teilt sich ihm jener Charakter von Gegenständlichkeit mit, dessen Abwesenheit es so gern als Vorrang vor dem Bereich des Faktischen reklamiert. Seine Wesenhaftigkeit, ein Dasein zweiter Potenz, setzt, wie Hegel nicht verschwieg, das erste, Faktizität, als Bedingung seiner Möglichkeit, wenngleich negiert, voraus. Die Unmittelbarkeit der primären Reaktionen ward einmal in der Formation des Ichs gebrochen und mit ihnen die Spontaneität, in welche nach transzendentalem Brauch das reine Ich sich zusammenziehen soll; seine zentristische Identität geht auf Kosten dessen, was dann der Idealismus ihm selber attribuiert. Das konstitutive Subjekt der Philosophie ist dinghafter denn der besondere seelische Inhalt, den es als dinghaft-naturalistisch aus sich ausschied. Je selbstherrlicher das Ich übers Seiende sich aufschwingt, desto mehr wird es unvermerkt zum Objekt und widerruft ironisch seine konstitutive Rolle. Ontisch vermittelt ist nicht bloß das reine Ich durchs empirische, das als Modell der ersten Fassung der Deduktion der reinen Verstandesbegriffe unverkennbar durchscheint, sondern das transzendentale Prinzip selber, an welchem die Philosophie ihr Erstes gegenüber dem Seienden zu besitzen glaubt. Alfred Sohn-Rethel hat zuerst darauf aufmerksam gemacht, daß in ihm, der allgemeinen und notwendigen Tätigkeit des Geistes, unabdingbar gesellschaftliche Arbeit sich birgt. Der aporetische Begriff des transzendentalen Subjekts, eines Nichtseienden, das doch tun; eines Allgemeinen, das doch Besonderes erfahren soll, wäre eine Seifenblase, niemals aus dem autarkischen Immanenzzusammenhang von notwendig individuellem Bewußtsein zu schöpfen. Diesem gegenüber stellt er jedoch nicht nur das Abstraktere, sondern vermöge seiner prägenden Kraft auch das Wirklichere vor. Jenseits des identitätsphilosophischen Zauberkreises läßt sich das transzendentale Subjekt als die ihrer selbst unbewußte Gesellschaft dechiffrieren. Ableitbar ist noch solche Unbewußtheit. Seitdem die geistige Arbeit von der körperlichen sich schied im Zeichen der Herrschaft des Geistes, der Rechtfertigung des Privilegs, mußte der abgespaltene Geist mit der Übertreibung schlechten Gewissens eben jenen Herrschaftsanspruch vindizieren, den er aus der These folgert, er sei das Erste und Ursprüngliche, und darum angestrengt vergessen, woher sein Anspruch kommt, wenn er nicht verfallen soll. Zuinnerst ahnt der Geist, daß seine stabile Herrschaft gar keine des Geistes ist, sondern ihre ultima ratio an der physischen Gewalt besitzt, über welche sie verfügt. Sein Geheimnis darf er, um den Preis des Untergangs, nicht Wort haben. Die Abstraktion, die, auch nach dem Zeugnis extremer Idealisten wie Fichte, das Subjekt zum Konstituens überhaupt erst macht, reflektiert die Trennung von der körperlichen Arbeit, durchschaubar durch Konfrontation mit dieser. Hielt Marx in der Kritik des Gothaer Programms den Lassalleanern vor, nicht die Arbeit allein sei, wie unter Vulgärsozialisten herzubeten üblich war, die Quelle gesellschaftlichen Reichtums[10], so hat er damit, in einer Periode, in der er bereits die offizielle philosophische Thematik hinter sich gelassen hatte, philosophisch nicht weniger ausgesprochen, als daß Arbeit in keiner Gestalt, der des Fleißes der Hände so wenig wie der geistiger Produktion, zu hypostasieren sei. Solche Hypostasis setzt die Illusion von der Vormacht des erzeugenden Prinzips nur fort. Zu seiner Wahrheit kommt es einzig im Verhältnis zu jenem Nichtidentischen, für das Marx, Verächter der Erkenntnistheorie, erst den kruden, auch allzu engen Namen Natur, später Naturstoff und andere, weniger belastete Termini wählte[11]. Was seit der Kritik der reinen Vernunft das Wesen des transzendentalen Subjekts ausmacht, Funktionalität, die reine Tätigkeit, die sich in den Leistungen der Einzelsubjekte vollzieht und diese zugleich übersteigt, projiziert freischwebende Arbeit aufs reine Subjekt als Ursprung. Dämmte Kant die Funktionalität des Subjekts dadurch noch ein, daß sie nichtig und leer wäre ohne ein ihr zukommendes Material, so hat er unbeirrt aufgezeichnet, daß gesellschaftliche Arbeit eine an Etwas ist; die größere Konsequenz der nachfolgenden Idealisten hat das ohne Zögern eliminiert. Die Allgemeinheit des transzendentalen Subjekts aber ist die des Funktionszusammenhangs der Gesellschaft, eines Ganzen, das aus den Einzelspontaneitäten und -qualitäten zusammenschießt, diese wiederum durchs nivellierende Tauschprinzip begrenzt und virtuell, als ohnmächtig vom Ganzen abhängig, ausschaltet. Die universale Herrschaft des Tauschwerts über die Menschen, die den Subjekten a priori versagt, Subjekte zu sein, Subjektivität selber zum bloßen Objekt erniedrigt, relegiert jenes Allgemeinheitsprinzip, das behauptet, es stifte die Vorherrschaft des Subjekts, zur Unwahrheit. Das Mehr des transzendentalen ist das Weniger des selbst höchst reduzierten empirischen Subjekts.

Als äußerster Grenzfall von Ideologie rückt das transzendentale Subjekt dicht an die Wahrheit. Die transzendentale Allgemeinheit ist keine bloße narzißtische Selbsterhöhung des Ichs, nicht die Hybris seiner Autonomie, sondern hat ihre Realität an der durchs Äquivalenzprinzip sich durchsetzenden und verewigenden Herrschaft. Der von der Philosophie verklärte und einzig dem erkennenden Subjekt zugeschriebene Abstraktionsvorgang spielt sich in der tatsächlichen Tauschgesellschaft ab. – Die Bestimmung des Transzendentalen als des Notwendigen, die zu Funktionalität und Allgemeinheit sich gesellt, spricht das Prinzip der Selbsterhaltung der Gattung aus. Es liefert den Rechtsgrund für die Abstraktion, ohne die es nicht abgeht; sie ist das Medium selbsterhaltender Vernunft. In Parodie Heideggers wäre ohne viel Künstelei der Gedanke der Notwendigkeit im philosophisch Allgemeinen zu interpretieren auf das Bedürfnis, die Not zu wenden, durch organisierte Arbeit dem Mangel an Lebensmitteln abzuhelfen; damit freilich wäre die Heideggersche Sprachmythologie selber aus den Angeln gehoben: eine Apotheose objektiven Geistes, welche von vornherein die Reflexion auf den in diesen hineinragenden materiellen Prozeß als minderwertig verfemt. – Die Einheit des Bewußtseins ist die des einzelmenschlichen und trägt auch als Prinzip sichtbar dessen Spur; damit die des Seienden. Zwar wird individuelles Selbstbewußtsein seiner Ubiquität wegen der Transzendentalphilosophie zu einem Allgemeinen, das auf die Avantagen der Konkretion von Selbstgewißheit nicht länger pochen darf; sofern indessen die Bewußtseinseinheit nach Objektivität gemodelt ist, also ihr Maß hat an der Möglichkeit der Konstitution von Gegenständen, ist sie der begriffliche Reflex des totalen, lückenlosen Zusammenschlusses der Akte der Produktion in der Gesellschaft, durch welche die Objektivität der Waren, deren ›Gegenständlichkeit‹, überhaupt erst sich bildet. – Weiter ist das Feste, Beharrende, Undurchdringliche des Ichs Mimesis an die vom primitiven Bewußtsein wahrgenommene Undurchdringlichkeit der Außenwelt fürs erfahrende Bewußtsein. In der geistigen Allmacht des Subjekts hat seine reale Ohnmacht ihr Echo. Das Ichprinzip imitiert sein Negat. Nicht ist, wie der Idealismus über die Jahrtausende es einübte, obiectum subiectum; wohl jedoch subiectum obiectum. Der Primat von Subjektivität setzt spiritualisiert den Darwinschen Kampf ums Dasein fort. Die Unterdrückung der Natur zu menschlichen Zwecken ist ein bloßes Naturverhältnis; darum die Superiorität der naturbeherrschenden Vernunft und ihres Prinzips Schein. An ihm partizipiert erkenntnistheoretisch-metaphysisch das Subjekt, das sich als Baconschen Meister und schließlich idealistischen Schöpfer aller Dinge ausruft. In der Ausübung seiner Herrschaft wird es zum Teil von dem, was es zu beherrschen meint, unterliegt gleich dem Hegelschen Herrn. Wie sehr es dem Objekt hörig ist, indem es dieses verzehrt, kommt in ihm zutage. Was es tut, ist der Bann dessen, was das Subjekt in seinen Bann einzufangen wähnt. Seine verzweifelte Selbsterhöhung ist Reaktion auf die Erfahrung seiner Ohnmacht, die Selbstbesinnung verhindert; das absolute Bewußtsein bewußtlos. Davon legt die Kantische Moralphilosophie großartiges Zeugnis ab in dem unverschleierten Widerspruch, daß dasselbe Subjekt, welches ihm frei und erhaben heißt, als Seiendes Teil jenes Naturzusammenhangs ist, dem seine Freiheit entragen will. Schon die Platonische Ideenlehre, ein mächtiger Schritt zur Entmythologisierung, wiederholt den Mythos: sie verewigt die von der Natur auf den Menschen übergegangenen und von diesem praktizierten Herrschaftsverhältnisse als Wesenheiten. War Herrschaft über die Natur Bedingung und Stufe der Entmythologisierung, so hätte diese auf jene Herrschaft überzugreifen, soll sie nicht doch Opfer des Mythos werden. Die philosophische Emphase auf der konstitutiven Kraft des subjektiven Moments aber sperrt immer auch von der Wahrheit ab. So schleppen Tiergattungen wie der Dinosaurier Triceratops oder das Nashorn die Panzer, die sie schützen, als angewachsenes Gefängnis mit sich herum, das sie – so scheint es zumindest anthropomorphistisch – vergebens abwerfen wollen. Die Gefangenschaft in der Apparatur ihres survival mag die besondere Wildheit der Nashörner ebenso erklären wie die uneingestandene und darum desto furchtbarere des homo sapiens. Das subjektive Moment wird vom objektiven gleichsam eingefaßt, ist selber, als ein dem Subjekt begrenzend Auferlegtes, objektiv.

All dem haftet nach den tradierten Normen der Philosophie, der idealistischen und der ontologischen, etwas vom ὕστερον πρότερον an. Mit dem Brustton der Stringenz läßt sich vorbringen, derlei Erwägungen setzten, ohne es einzubekennen, als vermittelnd voraus, was sie als vermittelt ableiten wollten, Subjekt, Denken; Denkbestimmungen seien all ihre Bestimmungen allein schon als Bestimmungen. Aber der kritische Gedanke möchte nicht dem Objekt den verwaisten Königsthron des Subjekts verschaffen, auf dem das Objekt nichts wäre als ein Götze, sondern die Hierarchie beseitigen. Wohl ist der Schein, das transzendentale Subjekt sei der archimedische Punkt, kaum durch die Analyse von Subjektivität rein in sich ganz zu brechen. Denn dieser Schein enthält, ohne daß es aus den Vermittlungen des Denkens herauszupräparieren wäre, jenes Wahre der Vorgängigkeit von Gesellschaft vorm Einzelbewußtsein und all seiner Erfahrung. Die Einsicht in die Vermitteltheit des Denkens durch die Objektivität negiert nicht das Denken und die objektiven Gesetze, durch die es Denken ist. Daß aus diesem nicht herauszuspringen sei, deutet seinerseits auf eben den Halt am Nichtidentischen, welchen Denken ebenso verleugnet wie durch die eigene Gestalt sucht und ausdrückt. Transparent aber ist noch der Grund des weit über Kant hinaus transzendentalen Scheins: warum Denken in der intentio obliqua stets wieder, ausweglos, in den eigenen Primat, die Hypostasis des Subjekts mündet. Die Abstraktion nämlich, deren Verdinglichung in der Geschichte des Nominalismus seit der Aristotelischen Kritik an Platon dem Subjekt als sein Fehler vorgeworfen ward, ist selber das Prinzip, wodurch das Subjekt zum Subjekt überhaupt wird, sein eigenes Wesen. Darum muß ihm der Rekurs auf das, was es nicht selbst ist, äußerlich, gewaltsam dünken. Was das Subjekt seiner eigenen Willkür, sein Prius der eigenen Aposteriorität überführt, klingt ihm allemal wie das transzendente Dogma. Wird der Idealismus strikt von innen her kritisiert, so ist ihm die Verteidigung zur Hand, Kritik sanktioniere ihn dadurch. Indem sie seiner Prämissen sich bediene, habe er sie virtuell schon in sich; darum sei er ihr überlegen. Einwände von außen aber verwirft der Idealismus als reflexionsphilosophisch, vordialektisch. Angesichts dieser Alternative braucht jedoch die Analyse nicht abzudanken. Immanenz ist die Totalität jener Identitätssetzungen, deren Prinzip in immanenter Kritik zunichte wird. Dem Idealismus ist, dem Wort von Marx zufolge, seine »eigene Melodie« vorzuspielen. Das Nichtidentische, das ihn von innen her, nach dem Kriterium von Identität, determiniert, ist zugleich das seinem Prinzip Entgegengesetzte, das zu beherrschen er vergebens beteuert. Ganz ohne Wissen von außen freilich, wenn man will ohne ein Moment von Unmittelbarkeit, eine Dreingabe des subjektiven Gedankens, der übers Gefüge von Dialektik hinausblickt, ist keine immanente Kritik fähig zu ihrem Zweck. Gerade der Idealismus kann jenes Moment, das der Spontaneität, nicht verpönen, weil er selber ohne es nicht wäre. Den Idealismus, dessen Innerstes Spontaneität hieß, durchbricht Spontaneität. – Das Subjekt als Ideologie ist auf den Namen der Subjektivität verzaubert wie Hauffs Zwerg Nase auf das Kräutlein Nießmitlust. Ihm wurde dies Kräutlein geheimgehalten; niemals hat er darum die Pastete Souzeraine, die den Namen von Oberherrlichkeit im Verfall trägt, bereiten gelernt. Keine Introspektion allein brächte ihn auf die Regel seiner deformierten Gestalt wie seiner Arbeit. Es bedarf des Anstoßes von außen, der Weisheit der Gans Mimi. Solcher Anstoß ist der Philosophie, und der Hegelschen am meisten, Ketzerei. Immanente Kritik hat ihre Grenze daran, daß schließlich das Gesetz des Immanenzzusammenhanges eins ist mit der Verblendung, die zu durchschlagen wäre. Aber dieser Augenblick, wahrhaft erst der qualitative Sprung, stellt einzig im Vollzug der immanenten Dialektik sich ein, die den Zug hat, sich zu transzendieren, nicht durchaus unähnlich dem Übergang der Platonischen Dialektik zu den ansichseienden Ideen; schlösse Dialektik total sich zusammen, so wäre sie bereits jene Totalität, die aufs

Identitätsprinzip zurückgeht. Dies Interesse hat Schelling gegen Hegel wahrgenommen, und damit dem Spott über die Abdikation des Gedankens sich dargeboten, der zur Mystik flüchte. Das materialistische Moment in Schelling, der dem Stoff an sich etwas wie treibende Kraft zuschrieb, mag an jenem Aspekt seiner Philosophie teilhaben. Aber auch der Sprung ist nicht zu hypostasieren wie bei Kierkegaard. Sonst verlästert er die Vernunft. Dialektik muß sich einschränken aus dem Bewußtsein von sich selbst heraus. Die Enttäuschung darüber jedoch, daß gänzlich ohne Sprung, in eigener Bewegung, die Philosophie aus ihrem Traum nicht erwacht; daß sie dazu dessen bedarf, was ihr Bann fernhält, eines Anderen und Neuen – diese Enttäuschung ist keine andere als die des Kindes, das bei der Lektüre von Hauffs Märchen trauert, weil dem von seiner Mißgestalt erlösten Zwerg die Gelegenheit entgeht, dem Herzog die Pastete Souzeraine zu servieren.

Durchgeführte Kritik an der Identität tastet nach der Präponderanz des Objekts. Identitätsdenken ist, auch wenn es das bestreitet, subjektivistisch. Es revidieren, Identität der Unwahrheit zurechnen, stiftet kein Gleichgewicht von Subjekt und Objekt, keine Allherrschaft des Funktionsbegriffs in der Erkenntnis: auch nur eingeschränkt, ist das Subjekt bereits entmächtigt. Es weiß, warum es im kleinsten Überschuß des Nichtidentischen sich absolut bedroht fühlt, nach dem Maß seiner eigenen Absolutheit. An einem Minimalen wird es als Ganzes zuschanden, weil seine Prätention das Ganze ist. Subjektivität wechselt ihre Qualität in einem Zusammenhang, den sie nicht aus sich heraus zu entwickeln vermag. Vermöge der Ungleichheit im Begriff der Vermittlung fällt das Subjekt ganz anders ins Objekt als dieses in jenes. Objekt kann nur durch Subjekt gedacht werden, erhält sich aber diesem gegenüber immer als Anderes; Subjekt jedoch ist der eigenen Beschaffenheit nach vorweg auch Objekt. Vom Subjekt ist Objekt nicht einmal als Idee wegzudenken; aber vom Objekt Subjekt. Zum Sinn von Subjektivität rechnet es, auch Objekt zu sein; nicht ebenso zum Sinn von Objektivität, Subjekt zu sein. Das seiende Ich ist Sinnesimplikat noch des logischen »Ich denke, das alle meine Vor-

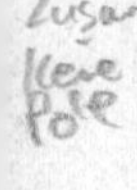

stellungen soll begleiten können«, weil es Zeitfolge zur Bedingung seiner Möglichkeit hat und Zeitfolge nur ist als eine von Zeitlichem. Das »meine« verweist auf ein Subjekt als Objekt unter Objekten, und ohne dies »meine« wiederum wäre kein »Ich denke«. Der Ausdruck Dasein, synonym mit Subjekt, spielt auf solche Sachverhalte an. Von Objektivität ist hergenommen, daß Subjekt sei; das leiht diesem selber etwas von Objektivität; nicht zufällig mahnt subiectum, das zugrunde Liegende, an eben das, was die Kunstsprache der Philosophie objektiv nannte. Objekt dagegen wird auf Subjektivität erst in der Reflexion auf die Möglichkeit seiner Bestimmung bezogen. Nicht daß Objektivität ein Unmittelbares, daß die Kritik am naiven Realismus zu vergessen wäre. Vorrang des Objekts bedeutet die fortschreitende qualitative Unterscheidung von in sich Vermitteltem, ein Moment in der Dialektik, nicht dieser jenseitig, in ihr aber sich artikulierend. Kant noch hat das Moment des Vorrangs von Objektivität nicht sich ausreden lassen. Er hat sowohl die subjektive Zergliederung des Erkenntnisvermögens in der Vernunftkritik[12] aus objektiver Absicht gesteuert, wie hartnäckig das transzendente Ding an sich verteidigt*. Ihm stand vor Augen, daß es dem Begriff eines Objekts nicht schlechthin widerspräche, an sich zu sein; daß seine subjektive Vermittlung weniger der Idee des Objekts zuzurechnen ist als der Insuffizienz des Subjekts. Während es auch bei ihm nicht aus sich hinaus gelangt, opfert er doch nicht die Idee der Andersheit. Ohne sie verkäme Erkenntnis zur Tautologie; das Erkannte wäre sie selbst. Das irritierte offenbar die Kantische Meditation mehr, als die Inkonzinnität, das Ding an sich sei die unbekannte Ursache der Erscheinungen, während doch von der Vernunftkritik Kausalität als Kategorie dem Subjekt

* Buchstäblich wäre der Vorrang des Objekts bis dorthin zurückzuverfolgen, wo der Gedanke wähnt, seine eigene absolute Objektivität durch Lossage von einer jeglichen sich errungen zu haben, die nicht selbst Gedanke ist: in die formale Logik. Das Etwas, auf das alle logischen Sätze sich beziehen, ist noch, wo diese es gänzlich ignorieren dürfen, Nachbild dessen, was der Gedanke meint und ohne was er selber nicht sein könnte; das nicht Gedankliche ist logisch-immanente Bedingung des Gedankens. Die Copula, das Ist, enthält eigentlich immer schon, nach dem Modell des Existentialurteils, Gegenständlichkeit. Damit entfallen auch alle Hoffnungen des Sekuritätsbedürfnisses, in der formalen Logik ein schlechthin Unbedingtes, den sicheren Grund von Philosophie zu besitzen.

zugeschlagen wird. War die Konstruktion der transzendentalen Subjektivität die großartig paradoxe und fehlbare Anstrengung, des Objekts in seinem Gegenpol mächtig zu werden, so wäre auch insofern erst durch ihre Kritik zu vollbringen, was die positive, idealistische Dialektik nur proklamierte. Soweit bedarf es eines ontologischen Moments, wie Ontologie kritisch dem Subjekt die bündig konstitutive Rolle aberkennt, ohne daß doch das Subjekt durchs Objekt gleichwie in zweiter Unmittelbarkeit substituiert würde. Einzig subjektiver Reflexion, und der aufs Subjekt, ist der Vorrang des Objekts erreichbar. Man mag den mit den Regeln gängiger Logik schwer vereinbaren, in seinem abstrakten Ausdruck ungereimten Sachverhalt daran sich erläutern, daß zwar eine Urgeschichte des Subjekts zu schreiben wäre, wie sie in der ›Dialektik der Aufklärung‹ umrissen ist, aber keine Urgeschichte des Objekts. Diese handelte immer schon von Objekten. Wird dagegen argumentiert, es gäbe keine Erkenntnis über das Objekt ohne erkennendes Subjekt, so folgt daraus kein ontologisches Vorrecht des Bewußtseins. Jegliche Behauptung, daß Subjektivität irgend ›sei‹, schließt bereits eine Objektivität ein, die das Subjekt vermöge seines absoluten Seins erst zu begründen vorgibt. Nur weil das Subjekt seinerseits vermittelt, also nicht das radikal Andere des Objekts ist, das dieses erst legitimiert, vermag es Objektivität überhaupt zu fassen. Eher als konstitutiv ist die subjektive Vermittlung der Block vor der Objektivität; jene absorbiert nicht, was diese wesentlich ist, Seiendes. Genetisch ist das verselbständigte Bewußtsein, Inbegriff des Tätigen in den Erkenntnisleistungen, abgezweigt von der libidinösen Energie des Gattungswesens Mensch. Dagegen ist sein Wesen nicht indifferent; keineswegs definiert es, wie bei Husserl, die »Sphäre absoluter Ursprünge«. Bewußtsein ist Funktion des lebendigen Subjekts, sein Begriff nach dessen Bild geformt. Das ist aus seinem eigenen Sinn nicht zu exorzieren. Der Einwand, dabei würde das empirische Moment der Subjektivität mit dem transzendentalen oder wesenhaften vermengt, ist schwächlich. Ohne alle Relation zu einem empirischen Bewußtsein, dem des lebendigen Ichs, wäre kein transzendentales, rein geistiges. Analoge Besinnungen über die Genese von Objekt wären nichtig. Vermittlung des Objekts besagt, daß es nicht statisch, dogmatisch hypostasiert werden darf, sondern nur in seiner Verflechtung mit Subjektivität zu erkennen sei; Vermittlung des Subjekts, daß es ohne das Moment der Objektivität buchstäblich nichts wäre. Index für den Vorrang des Objekts ist die Ohnmacht des Geistes in all seinen Urteilen wie bis heute in der Einrichtung der Realität. Das Negative, daß dem Geist mit der Identifizierung die Versöhnung mißlang, daß sein Vorrang mißriet, wird zum Motor seiner eigenen Entzauberung. Er ist wahr und Schein: wahr, weil nichts von der Herrschaft eximiert ist, die er auf ihre reine Form brachte; unwahr, weil er in seiner Verklammerung mit Herrschaft gar nicht der Geist ist, für den er sich hält und ausgibt. Damit transzendiert Aufklärung ihr traditionelles Selbstverständnis: sie ist Entmythologisierung nicht mehr nur als reductio ad hominem, sondern auch umgekehrt als reductio hominis, als Einsicht in den Trug des zum Absoluten sich stilisierenden Subjekts. Das Subjekt ist die späte und dennoch der ältesten gleiche Gestalt des Mythos.

Der Vorrang des Objekts, als eines doch selbst Vermittelten, bricht die Subjekt-Objekt-Dialektik nicht ab. So wenig wie Vermittlung ist Unmittelbarkeit jenseits von Dialektik. Nach der Tradition der Erkenntnistheorie fällt das Unmittelbare ins Subjekt, aber als dessen Gegebenheit oder Affektion. Zwar soll das Subjekt, soweit es autonom und spontan ist, formende Macht darüber haben; keine aber habe es insofern, als das unmittelbar Gegebene schlechthin da sei. Es ist ebenso der Grundbestand, auf dem die Lehre von der Subjektivität – die vom ›Meinigen‹, dem Inhalt des Subjekts als seinem Besitz – beruhte, wie in Gestalt des Gegebenen ein Objektives widersteht, gleichsam das Menetekel der Objektivität im Subjekt. Darum wurde von Hume im Namen des Unmittelbaren Identität, das Prinzip des Ichs kritisiert, das gegenüber dem Unmittelbaren als eigenständig sich behaupten möchte. Nicht aber ist Unmittelbarkeit so zu fixieren, wie es der auf Abschlußhaftes geeichten Erkenntnistheorie gefiele. In ihr sind das unmittelbar Gegebene und die ebenfalls schlechterdings gegebenen Formen komplementär aufeinander zugeschnitten. Zwar gebietet Unmittelbarkeit der Idolatrie von Ableitung Einhalt, ist aber auch ihrerseits ein vom Objekt Abstrahiertes, Rohmaterial des subjektiven Produktionsprozesses, an dem Erkenntnistheorie ihr Modell hatte. Das Gegebene ist in seiner armen und blinden Gestalt nicht Objektivität, sondern bloß der Grenzwert, dessen das Subjekt im eigenen Bannkreis nicht ganz Herr wird, nachdem es das konkrete Objekt beschlagnahmte. Der Empirismus hat, trotz aller sensualistischen Reduktion der Dinge, soweit etwas vom Vorrang des Objekts vermerkt: seit Locke bestand er darauf, daß es keinen Inhalt des Bewußtseins gebe, der nicht aus den Sinnen stamme, ›gegeben‹ sei. Die Kritik am naiven Realismus im gesamten Empirismus, gipfelnd in der Abschaffung des Dinges durch Hume, war vermöge des Faktizitätscharakters der Unmittelbarkeit, an den er sich band, und der Skepsis gegen das Subjekt als Schöpfer, trotz allem stets noch rudimentär ›realistisch‹. Hat aber einmal Denken von der Supposition eines Vorrangs des Subjekts sich befreit, so entfällt auch der Rechtstitel der empiristischen Erkenntnistheorie, eine Art von Minimum des Objekts, als Residualbestimmung, vermöge subjektiver Reduktion in die Unmittelbarkeit der Daten zu verlegen. Solche Konstruktion ist nichts als ein Kompromiß zwischen dem Dogma vom Vorrang des Subjekts und seiner Undurchführbarkeit; das seiner Bestimmungen entkleidete, nackte sinnliche Datum Produkt jenes Abstraktionsprozesses, dem die kantisch subjektive Erkenntnistheorie es kontrastiert; je reiner das Datum von seinen Formen, desto kümmerlicher, ›abstrakter‹ wird es denn auch. Das Residuum des Objekts als das nach Abzug subjektiver Zutat erübrigende Gegebene ist ein Trug der prima philosophia. Daß die Bestimmungen, durch die das Objekt konkret wird, ihm bloß auferlegt seien, gilt nur unterm unerschütterten Glauben an den Primat der Subjektivität. Deren Formen sind aber nicht, wie nach Kantischer Lehre, ein der Erkenntnis Letztes; diese vermag im Fortgang ihrer Erfahrung sie zu durchbrechen. Darf die von den Naturwissenschaften verhängnisvoll abgespaltene Philosophie überhaupt ohne Kurzschluß auf Physik sich berufen, dann in solchem Zusammenhang. Ihre Entwicklung seit Einstein hat mit theoretischer Stringenz das Gefängnis der Anschauung sowohl wie der subjektiven Apriorität von Raum, Zeit und Kausalität gesprengt. Die – dem Newtonschen Prinzip der Beobachtung nach – subjektive Erfahrung spricht, mit der Möglichkeit solchen Ausbruchs, für den Vorrang des Objekts und gegen ihre eigene Allmacht. Sie wendet, ungewollt dialektischen Geistes, die subjektive Beobachtung wider die Lehre von den subjektiven Konstituentien. Das Objekt ist mehr als die reine Faktizität; daß diese nicht sich beseitigen läßt, verwehrt es zugleich, bei ihrem abstrakten Begriff und ihrem Absud, den protokollierten Sinnesdaten, sich zu bescheiden. Die Idee eines konkreten Objekts fällt der Kritik subjektiv-auswendiger Kategorisierung und ihres Korrelats, der Fiktion eines bestimmungslos Faktischen zu. Nichts in der Welt ist aus Faktizität und Begriff zusammengesetzt, gleichsam addiert. Die Beweiskraft des Kantischen Beispiels von den hundert gedachten Talern, zu denen nicht ihre Wirklichkeit als weitere Eigenschaft hinzukomme, trifft den Form-Inhalt-Dualismus der Kritik der reinen Vernunft selbst und hat Kraft weit über diese hinaus; eigentlich dementiert es den Unterschied von Mannigfaltigkeit und Einheit, den die Tradition der Philosophie seit Platon macht. Weder Begriff noch Faktizität sind Zusätze zu ihrem Komplement. Hegels vermessen idealistische Präsupposition, das Subjekt könne darum dem Objekt, der Sache selbst, rein, vorbehaltlos sich überlassen, weil jene Sache im Prozeß als das sich enthülle, was sie an sich schon sei, Subjekt, notiert wider den Idealismus ein Wahres über die denkende Verhaltensweise des Subjekts: es muß wirklich dem Objekt »zusehen«, weil es das Objekt nicht schafft, und die Maxime von Erkenntnis ist, dem beizustehen. Die postulierte Passivität des Subjekts mißt sich an der objektiven Bestimmtheit des Objekts. Aber sie bedarf nachhaltigerer subjektiver Reflexion als die Identifikationen, die das Bewußtsein bereits nach Kantischer Lehre gleichsam automatisch, bewußtlos vollzieht. Daß die Tätigkeit des Geistes, erst recht die, welche Kant dem Konstitutionsproblem zurechnet, ein anderes sei als jener Automatismus, dem er sie gleichsetzte, macht spezifisch die geistige Erfahrung aus, die von den Idealisten entdeckt, sofort freilich kastriert wurde. Was Sache selbst heißen mag, ist nicht positiv, unmittelbar vorhanden; wer es erkennen will, muß mehr, nicht weniger denken als der Bezugspunkt der Synthese des Mannigfaltigen, der im Tiefsten überhaupt kein Denken ist. Dabei ist die Sache selbst keineswegs Denkprodukt; vielmehr das Nichtidentische durch die Identität hindurch. Solche Nichtidentität ist keine ›Idee‹; aber ein Zugehängtes. Das erfahrende Subjekt arbeitet darauf hin, in ihr zu verschwinden. Wahrheit wäre sein Untergang. Von der Subtraktion alles Spezifischen der Subjektivität in der wissenschaftlichen Methode wird er, ad maiorem gloriam des zur Methode vergegenständlichten Subjekts, bloß vorgetäuscht.

In Philosophie von Anspruch ist der Gedanke an den Vorrang des Objekts suspekt, der Widerwille dagegen seit Fichte institutionalisiert. Die tausendfach wiederholte und abgewandelte Versicherung des Gegenteils will den schwärenden Verdacht übertäuben, das Heteronome sei mächtiger als die Autonomie, die schon nach Kantischer Lehre von jener Übermacht nicht soll bezwungen werden können. Solcher philosophische Subjektivismus begleitet ideologisch die Emanzipation des bürgerlichen Ichs als deren Begründung. Seine zähe Kraft zieht er aus fehlgeleiteter Opposition gegen das Bestehende: gegen seine Dinghaftigkeit. Indem Philosophie diese relativiert oder verflüssigt, glaubt sie, über der Vormacht der Waren zu sein und über ihrer subjektiven Reflexionsform, dem verdinglichten Bewußtsein. Bei Fichte ist jener Impuls unverkennbar wie der Drang zur Allherrschaft. Antiideologisch war er soweit, wie er das Ansichsein der Welt, das vom konventionellen, unreflektierten Bewußtsein bestätigt wird, als bloß Gemachtes, schlecht sich Erhaltendes durchschaute. Trotz des Vorrangs des Objekts ist die Dinghaftigkeit der Welt auch Schein. Sie verleitet die Subjekte dazu, das gesellschaftliche Verhältnis ihrer Produktion den Dingen an sich zuzuschreiben. Das wird im Marxischen Fetischkapitel entfaltet, wahrhaft einem Stück Erbe der klassischen deutschen Philosophie. Sogar ihr systematisches Motiv überlebt darin: der Fetischcharakter der Ware ist nicht subjektiv-irrendem Bewußtsein angekreidet, sondern aus dem gesellschaftlichen Apriori objektiv deduziert, dem Tauschvorgang. In Marx bereits spricht die Differenz zwischen dem Vorrang des Objekts als einem kritisch Herzustellenden und seiner Fratze im Bestehenden, seiner Verzerrung durch den Warencharakter sich aus. Der Tausch hat als Vorgängiges reale Objektivität und ist zugleich objektiv unwahr, vergeht sich gegen sein Prinzip, das der Gleichheit; darum schafft er notwendig falsches Bewußtsein, die Idole des Marktes. Nur sardonisch ist die Naturwüchsigkeit der Tauschgesellschaft Naturgesetz; die Vormacht von Ökonomie keine Invariante. Leicht bildet Denken tröstlich sich ein, an der Auflösung der Verdinglichung, des Warencharakters, den Stein der Weisen zu besitzen. Aber Verdinglichung selbst ist die Reflexionsform der falschen Objektivität; die Theorie um sie, eine Gestalt des Bewußtseins, zu zentrieren, macht dem herrschenden Bewußtsein und dem kollektiven Unbewußten die kritische Theorie idealistisch akzeptabel. Dem verdanken die frühen Schriften von Marx, im Gegensatz zum ›Kapital‹, ihre gegenwärtige Beliebtheit, zumal unter Theologen. Nicht entbehrt es der Ironie, daß die brutalen und primitiven Funktionäre, die Lukács wegen des Verdinglichungskapitels aus dem bedeutenden Buch ›Geschichte und Klassenbewußtsein‹ vor mehr als vierzig Jahren verketzerten, das Idealistische seiner Konzeption witterten. Dialektik ist so wenig auf Verdinglichung zu bringen wie auf irgendeine andere isolierte Kategorie, wäre sie noch so polemisch. Worunter die Menschen leiden, darüber gleitet mittlerweile das Lamento über Verdinglichung eher hinweg, als es zu denunzieren. Das Unheil liegt in den Verhältnissen, welche die Menschen zur Ohnmacht und Apathie verdammen und doch von ihnen zu ändern wären; nicht primär in den Menschen und der Weise, wie die Verhältnisse ihnen erscheinen. Gegenüber der Möglichkeit der totalen Katastrophe ist Verdinglichung ein Epiphänomen; vollends die mit ihr verkoppelte Entfremdung, der subjektive Bewußtseinsstand, der ihr entspricht. Sie wird von Angst reproduziert; Bewußtsein, verdinglicht in der bereits konstituierten Gesellschaft, ist nicht deren Konstituens. Wem das Dinghafte als radikal Böses gilt; wer alles, was ist, zur reinen Aktualität dynamisieren möchte, tendiert zur Feindschaft gegen das Andere, Fremde, dessen Name nicht umsonst in Entfremdung anklingt; jener Nichtidentität, zu der nicht allein das Bewußtsein sondern eine versöhnte Menschheit zu befreien wäre. Absolute Dynamik aber wäre jene absolute Tathandlung, die gewalttätig sich in sich befriedigt und das Nichtidentische als ihre bloße Veranlassung mißbraucht. Ungebrochen allmenschliche Parolen taugen dazu, erneut dem Subjekt gleichzumachen, was nicht seinesgleichen ist. Die Dinge verhärten sich als Bruchstücke dessen, was unterjocht ward; seine Errettung meint die Liebe zu den Dingen. Aus der Dialektik des Bestehenden ist nicht auszuscheiden, was das Bewußtsein als dinghaft fremd erfährt: negativ Zwang und Heteronomie, doch auch die verunstaltete Figur dessen, was zu lieben wäre und was zu lieben der Bann, die Endogamie des Bewußtseins nicht gestattet. Über die Romantik hinaus, die sich als Weltschmerz, Leiden an der Entfremdung fühlte, erhebt sich Eichendorffs Wort »Schöne Fremde«. Der versöhnte Zustand annektierte nicht mit philosophischem Imperialismus das Fremde, sondern hätte sein Glück daran, daß es in der gewährten Nähe das Ferne und Verschiedene bleibt, jenseits des Heterogenen wie des Eigenen. Die unermüdliche Anklage von Verdinglichung sperrt sich jener Dialektik, und das verklagt die geschichtsphilosophische Konstruktion, die jene Anklage trägt. Die sinnerfüllten Zeiten, deren Wiederkunft der frühe Lukács ersehnte, waren ebenso das Produkt von Verdinglichung, unmenschlicher Institution, wie er es erst den bürgerlichen attestierte. Zeitgenössische Darstellungen mittelalterlicher Städte pflegen auszusehen, als ob gerade zur Volksbelustigung eine Hinrichtung stattfände. Sollte anno dazumal Harmonie von Subjekt und Objekt gewaltet haben, so war sie gleich der jüngsten vom Druck bewirkt und brüchig. Die Verklärung vergangener Zustände dient später und überflüssiger Versagung, die sich als ausweglos erfährt; erst als verlorene gewinnen sie ihren Glanz. Ihr Kult, der vorsubjektiver Phasen, kam im Zeitalter des zerfallenden Individuums und der regressiven Kollektive zu sich selbst im Grauen. Verdinglichung und verdinglichtes Bewußtsein zeitigten mit der Entbindung der Naturwissenschaften auch das Potential einer Welt ohne Mangel; vordem schon war dinghaft Entmenschlichtes Bedingung von Humanität[13]; wenigstens ging diese mit dinghaften Gestalten des Bewußtseins zusammen, während Gleichgültigkeit für die Dinge, die als reine Mittel eingeschätzt und aufs Subjekt reduziert werden, Humanität abtragen half. Im Dinghaften ist beides ineinander, das Unidentische des Objekts und die Unterwerfung der Menschen unter herrschende Produktionsverhältnisse, ihren eigenen, ihnen unkenntlichen Funktionszusammenhang. Der reife Marx hat in seinen kargen Äußerungen über die Beschaffenheit einer befreiten Gesellschaft sein Verhältnis zur Arbeitsteilung, zum Grund von Verdinglichung, geändert[14]. Den Stand der Freiheit unterscheidet er von urtümlicher Unmittelbarkeit. Im Moment des Planens, von dem er Produktion für die Lebendigen anstatt für den Profit, in gewissem Sinn Restitution von Unmittelbarkeit sich erhoffte, ist das dinghaft Fremde aufbewahrt; noch im Entwurf der Verwirklichung des von der Philosophie erst nur Gedachten die Vermittlung. Daß indessen Dialektik ohne das Moment von dinghaft Festem nicht möglich wäre und zu einer harmlosen Doktrin von Veränderung sich glättete, ist weder philosophischer Gewohnheit anzukreiden noch einzig dem sozialen Zwang, der dem Bewußtsein in solcher Festigkeit sich zu erkennen gibt. An Philosophie ist es, das vom Gedanken Verschiedene zu denken, das allein ihn zum Gedanken macht, während sein Dämon ihm einredet, daß es nicht sein soll.

Durch den Übergang zum Vorrang des Objekts wird Dialektik materialistisch. Objekt, der positive Ausdruck des Nichtidentischen, ist eine terminologische Maske. Im Gegenstand, zugerüstet zu dem der Erkenntnis, ist vorweg das Leibliche vergeistigt durch seine Übersetzung in Erkenntnistheorie, reduziert derart, wie schließlich Husserls Phänomenologie methodologisch generell es verordnete. Wenn die der Erkenntniskritik unauflöslichen Kategorien Subjekt und Objekt in jener als falsch: als nicht rein gegeneinander gesetzt hervortreten, so besagt das auch, es heiße das Objektive am Objekt, das nicht zu Vergeistigende daran, Objekt nur unterm Blickpunkt der subjektiv gerichteten Analyse, welcher der Primat des Subjekts fraglos dünkt. Von außen betrachtet wird, was in der Reflexion auf Geist spezifisch als nicht Geistiges, als Objekt sich darstellt, Materie. Die Kategorie Nichtidentität gehorcht noch dem Maß von Identität. Emanzipiert von solchem Maß, zeigen die nichtidentischen Momente sich als materiell, oder als untrennbar fusioniert mit Materiellem. Die Empfindung, crux aller Erkenntnistheorie, wird erst von dieser, im Widerspruch zu ihrer eigenen vollen Beschaffenheit, welche doch die Rechtsquelle der Erkenntnis sein soll, in eine Tatsache des Bewußtseins uminterpretiert. Keine Empfindung ohne somatisches Moment. Insofern ist ihr Begriff, gegenüber dem, was er angeblich subsumiert, dem Verlangen eines autarkischen Zusammenhangs aller Stufen der Erkenntnis zuliebe verbogen. Während Empfindung nach dem cognitiven Stilisationsprinzip dem Bewußtsein angehört, müßte ihre nach cognitiver Regel unvoreingenommene Phänomenologie sie ebenso als ein nicht in Bewußtsein Aufgehendes beschreiben. Eine jegliche ist in sich auch Körpergefühl. Nicht einmal ›begleitet‹ es die Empfindung. Das setzte deren Chorismos vom Leibhaften voraus; er wird aber einzig von der noologischen Absicht ihr angeschafft, in strengem Sinn durch Abstraktion. Die sprachliche Tönung von Worten wie sinnlich, sensuell, ja schon von Empfindung verrät, wie wenig die damit designierten Sachverhalte sind, als was die Erkenntnistheorie sie abhandelt, pure Momente von Erkenntnis. Die subjekt-immanente Rekonstruktion der Dingwelt hätte die Basis ihrer Hierarchie, eben die Empfindung, nicht ohne die Physis, die autarkische Erkenntnistheorie erst über ihr aufbauen möchte. Irreduzibel ist das somatische Moment als das nicht rein cognitive an der Erkenntnis. Damit wird der subjektive Anspruch dort noch hinfällig, wo gerade der radikale Empirismus ihn konserviert hatte. Daß die cognitiven Leistungen des Erkenntnissubjekts dem eigenen Sinn nach somatisch sind, affiziert nicht nur das Fundierungsverhältnis von Subjekt und Objekt sondern die Dignität des Körperlichen. Am ontischen Pol subjektiver Erkenntnis tritt es als deren Kern hervor. Das entthront die leitende Idee von Erkenntnistheorie, den Körper als Gesetz des Zusammenhangs von Empfindungen und Akten, geistig also, zu konstituieren; die Empfindungen sind bereits an sich, was die Systematik als ihre Formung durch Bewußtsein dartun möchte. Traditionelle Philosophie hat das ihr Heterogene durch den Zuschnitt ihrer Kategorien verhext. Weder Subjekt noch Objekt sind ein nach Hegelscher Redeweise bloß »Gesetztes«. Das erst erklärt vollends, warum der Antagonismus, den Philosophie in die Worte Subjekt und Objekt kleidete, nicht als Ursachverhalt zu deuten sei. Sonst würde der Geist zum schlechthin Anderen des Körpers gemacht, im Widerspruch zu seinem immanent Somatischen; durch Geist allein zu tilgen jedoch ist der Antagonismus nicht, weil das virtuell ihn wiederum vergeistigte. In ihm bekundet sich ebenso, was den Vorrang hätte vorm Subjekt und diesem sich entzieht, wie die Unversöhntheit des Weltalters mit dem Subjekt, gleichsam die verkehrte Gestalt des Vorrangs von Objektivität.

Idealistische Kritik am Materialismus bedient sich, soweit sie immanent verfährt und nicht einfach predigt, gern der Lehre vom unmittelbar Gegebenen. Tatsachen des Bewußtseins sollen, wie alle Urteile über die Dingwelt, so auch den Materiebegriff fundieren. Wollte man, dem Usus des vulgären Materialismus gemäß, Geistiges Gehirnvorgängen gleichsetzen, dann müßten, wird idealistisch dagegen gehalten, die originären sinnlichen Wahrnehmungen solche von Gehirnvorgängen sein, nicht etwa die von Farben. Die unbestreitbare Stringenz solcher Widerlegung verdankt sich der plumpen Willkür dessen, wogegen sie polemisiert. Die Reduktion auf Bewußtseinsvorgänge läßt sich gängeln vom szientifischen Erkenntnisideal, dem Bedürfnis, die Validität wissenschaftlicher Sätze lückenlos methodisch zu erhärten. Verifikation, die ihrerseits der philosophischem Problematik unterliegt, wird zu deren Richtschnur, Wissenschaft gleichsam ontologisiert, als ob die Kriterien der Geltung von Urteilen, die Bahn ihrer Überprüfung umstandslos dasselbe wären wie die Sachverhalte, die sie doch rückwirkend, als bereits konstituierte, nach den Normen ihrer subjektiven Einsichtigkeit behandeln. Die Kontrolle wissenschaftlicher Urteile muß vielfach erfolgen, indem man Schritt für Schritt sich klar macht, wie man jeweils zum Urteil gelangte. Dadurch ist sie subjektiv akzentuiert: welche Fehler beging das erkennende Subjekt, als es sein Urteil – etwa ein anderen Sätzen der gleichen Disziplin widerstreitendes – fällte. Es erhellt aber, daß solche Rückfrage mit dem geurteilten Sachverhalt selbst und seiner objektiven Begründung nicht koinzidiert. Hat einer sich verrechnet, und wird ihm das dargetan, so will das nicht sagen, das Rechenexempel oder die mathematischen Regeln, die darauf angewandt werden, seien auf ›sein‹ Rechnen reduzierbar, so sehr es auch, als Moments seiner Objektivität, subjektiver Akte bedürfen mag. Diese Distinktion hat erhebliche Konsequenzen für den Begriff einer transzendentalen, konstitutiven Logik. Kant schon wiederholte den Fehler, dessen er seine rationalistischen Vorgänger bezichtigte, eine Amphibolie der Reflexionsbegriffe. Er unterschob die Reflexion auf die Bahn, die das erkennende Subjekt beim Urteilen einschlage, für die objektive Begründung des Urteils. Nicht zuletzt darin zeigte die Kritik der reinen Vernunft sich als Wissenschaftstheorie. Jene Amphibolie als philosophisches Prinzip zu instaurieren, schließlich Metaphysik aus ihr zu keltern, war wohl die verhängnisvollste Fehlleistung der neueren Philosophiegeschichte. Sie ist ihrerseits geschichtsphilosophisch zu begreifen. Nach der Zerstörung des Thomistischen ordo, der Objektivität als eine von Gott gewollte vor Augen stellte, schien diese zusammenzubrechen. Zugleich jedoch stieg wissenschaftliche Objektivität gegenüber dem bloßen Meinen maßlos an und damit das Selbstvertrauen ihres Organs, der ratio. Der Widerspruch war zu lösen, indem man von der ratio sich verlocken ließ, sie aus dem Instrument, der Revisionsinstanz der Reflexion, ins Konstituens umzuinterpretieren, ontologisch derart, wie der Rationalismus der Wolffschen Schule ausdrücklich verfuhr. Soweit blieb auch der Kantische Kritizismus dem vorkritischen Denken verhaftet und die gesamte subjektive Konstitutionslehre; bei den nach-Kantischen Idealisten wurde das offenbar. Die Hypostase des Mittels, heute bereits selbstverständliche Gepflogenheit der Menschen, lag theoretisch in der sogenannten Kopernikanischen Wendung. Nicht umsonst ist diese bei Kant eine Metapher, der inhaltlichen Tendenz nach das Gegenteil der astronomischen. Die traditionelle diskursive Logik, welche die gängige Argumentation gegen den Materialismus lenkt, müßte das Verfahren als petitio principii kritisieren. Die Vorgängigkeit des Bewußtseins, die ihrerseits Wissenschaft legitimieren soll, wie sie am Anfang der Kritik der reinen Vernunft vorausgesetzt ist, wird aus Maßstäben der Verfahrungsart gefolgert, die nach wissenschaftlichen Spielregeln Urteile bestätigen oder widerlegen. Solcher Zirkelschluß ist Index des falschen Ansatzes. Er vertuscht, daß es an sich, als unbezweifelbares und absolutes Erstes, reine Tatsachen des Bewußtseins überhaupt nicht gibt: das war die Grunderfahrung der Generation von Jugendstil und Neuromantik, der gegen die herrschende Vorstellung der bündigen Tatsächlichkeit von Psychischem die Nerven sich sträubten. Nachträglich, unterm Diktat der Geltungskontrolle und aus klassifikatorischem Bedürfnis, werden die Fakten des Bewußtseins von ihren subtilen, ihr vermeintlich Festes widerlegenden Grenzübergängen, zumal denen zu den körperhaften Innervationen, unterschieden. Dazu stimmt, daß kein Subjekt des unmittelbar Gegebenen, kein Ich, dem es gegeben sei, unabhängig von der transsubjektiven

Welt möglich ist. Der, dem etwas gegeben wird, gehört a priori derselben Sphäre an wie das ihm Gegebene. Das verurteilt die These vom subjektiven Apriori. Materialismus ist nicht das Dogma, als das seine gewitzigten Gegner ihn verklagen, sondern Auflösung eines seinerseits als dogmatisch Durchschauten; daher sein Recht in kritischer Philosophie. Als Kant in der ›Grundlegung‹ Freiheit als Freiheit von der Empfindung konstruierte, zollte er ungewollt dem Ehre, was er wegdisputieren wollte. So wenig wie die idealistische Hierarchie der Gegebenheiten ist die absolute Trennung von Körper und Geist zu retten, die insgeheim schon auf den Vorrang des Geistes hinausläuft. Beide sind geschichtlich, im Entwicklungszug von Rationalität und Ichprinzip, in Opposition zueinander geraten; doch keines ist ohne das andere. Die Logik der Widerspruchslosigkeit mag das bemängeln, jener Sachverhalt aber gebietet ihr Halt. Die Phänomenologie der Tatsachen des Bewußtseins nötigt, zu überschreiten, wodurch sie als solche definiert wurden.

Marx hatte den historischen Materialismus gegen den vulgärmetaphysischen pointiert. Dadurch zog er ihn in die philosophische Problematik hinein, während der Vulgärmaterialismus diesseits der Philosophie, dogmatisch sich tummelte. Materialismus ist seitdem keine durch Entschluß zu beziehende Gegenposition mehr, sondern der Inbegriff der Kritik am Idealismus und an der Realität, für welche der Idealismus optiert, indem er sie verzerrt. Die Horkheimersche Formulierung »kritische Theorie« will nicht den Materialismus akzeptabel machen, sondern an ihm zum theoretischen Selbstbewußtsein bringen, wodurch er von dilettantischen Welterklärungen nicht minder sich abhebt als von der »traditionellen Theorie« der Wissenschaft. Als dialektische muß Theorie – wie weithin die Marxische – immanent sein, auch wenn sie schließlich die gesamte Sphäre negiert, in der sie sich bewegt. Das kontrastiert sie einer bloß von außen herangebrachten und, wie die Philosophie behend entdeckte, dieser gegenüber ohnmächtigen Wissenssoziologie. Diese versagt vor der Philosophie, deren gesellschaftliche Funktion und deren Interessenbedingtheit sie für den Wahrheitsgehalt substituiert, während sie in dessen eigene Kritik nicht eintritt, ihm gegenüber gleichgültig sich verhält. Sie versagt ebenso vor dem Ideologiebegriff, aus dem sie ihre breite Bettelsuppe kocht. Denn der Begriff Ideologie ist sinnvoll nur im Verhältnis zur Wahrheit oder Unwahrheit dessen, worauf er geht; von gesellschaftlich notwendigem Schein kann einzig im Hinblick auf das gesprochen werden, was kein Schein wäre und was freilich im Schein seinen Index hat. An Ideologiekritik ist es, über den Anteil von Subjekt und Objekt und seine Dynamik zu urteilen. Sie dementiert falsche Objektivität, den Fetischismus der Begriffe, durch die Reduktion aufs gesellschaftliche Subjekt; falsche Subjektivität, den zuweilen bis zur Unsichtbarkeit verhüllten Anspruch, was ist, sei Geist, durch den Nachweis des Betrugs, seines parasitären Unwesens ebenso wie seiner immanenten Geistfeindschaft. Das Alles des unterschiedslos totalen Ideologiebegriffs dagegen terminiert im Nichts. Sobald er von keinem richtigen Bewußtsein sich unterscheidet, taugt er nicht länger zur Kritik von falschem. In der Idee objektiver Wahrheit wird materialistische Dialektik notwendig philosophisch, trotz und vermöge aller Philosophiekritik, die sie übt. Wissenssoziologie dagegen verleugnet wie die objektive Struktur der Gesellschaft so die Idee objektiver Wahrheit und ihrer Erkenntnis. Ihr ist, gleich dem Typus von positivistischer Ökonomie, dem ihr Begründer Pareto zuzählte, Gesellschaft nichts anderes als der Durchschnittswert individueller Reaktionsweisen. Sie schraubt die Lehre von der Ideologie zurück auf eine subjektive Idolenlehre nach Art der frühbürgerlichen; eigentlich ein Advokatenkniff, um mit der Philosophie insgesamt die materialistische Dialektik loszuwerden. Zuordnend wird der Geist tel quel lokalisiert. Solche Reduktion sogenannter Bewußtseinsformen ist wohlvereinbar mit philosophischer Apologetik. Ungestört bleibt der Wissenssoziologie die Ausflucht, Wahrheit oder Unwahrheit des philosophisch Gelehrten hätten nichts zu tun mit gesellschaftlichen Bedingungen; Relativismus und Arbeitsteilung verbünden sich. Die Zweiweltentheorie des späten Scheler schlachtete das bedenkenlos aus. In gesellschaftliche Kategorien ist philosophisch überzugehen allein durch Dechiffrierung des Wahrheitsgehalts der philosophischen.

Das Hegelsche Kapitel über Herr und Knecht entwickelt, wie man weiß, aus dem Arbeitsverhältnis die Genese des Selbstbewußtseins, und zwar in der Anpassung des Ichs an den von ihm bestimmten Zweck sowohl wie an das heterogene Material. Kaum noch eben wird dabei der Ursprung des Ichs im Nichtich verhüllt. Er wird im realen Lebensprozeß aufgesucht, in den Gesetzmäßigkeiten des Überlebens der Gattung, ihrer Versorgung mit Lebensmitteln. Vergebens hypostasiert Hegel danach den Geist. Um es irgend zuwege zu bringen, muß er ihn zum Ganzen aufblähen, während Geist doch dem Begriff nach seine differentia specifica daran hat, daß er Subjekt, also nicht das Ganze ist: solche Subreption weicht keiner Anspannung des dialektischen Begriffs. Geist, der Totalität sein soll, ist ein Nonsens, ähnlich den im zwanzigsten Jahrhundert arrivierten Parteien im Singular, die keine andere neben sich dulden und deren Namen in totalitären Staaten als Allegorien unmittelbarer Gewalt des Partikularen grinsen. Wird am Geist als Totalität jegliche Differenz von jenem Anderen eliminiert, in dem er Hegel zufolge sein Leben haben soll, so wird er zum zweiten Mal das Nichts, als welches am Anfang der dialektischen Logik reines Sein sich offenbaren soll: Geist verpuffte im bloß Seienden. Der Hegel der Phänomenologie hätte kaum gezögert, den Geistbegriff als ein in sich Vermitteltes, als Geist sowohl wie Nichtgeist zu designieren; nicht daraus die Konsequenz gezogen, die Kette absoluter Identität von sich zu schleudern. Bedarf jedoch der Geist, in dem, was er ist, dessen, was er nicht ist, so ist der Rekurs auf Arbeit nicht länger, was die Apologeten der Sparte Philosophie als ihre letzte Weisheit wiederholen: eine μετάβασις εἰς ἄλλο γένος. Unverloren ist die Einsicht des Idealismus, daß die Tätigkeit des Geistes als Arbeit durch die Individuen gleichwie durch ihre Mittel sich vollzieht und in ihrem Vollzug die Individuen zu ihrer Funktion herabsetzt. Der idealistische Geistbegriff beutet den Übergang zur gesellschaftlichen Arbeit aus: die allgemeine Tätigkeit, welche die einzelnen Tuenden absorbiert, vermag er leicht, unter Absehung von diesen, ins An sich zu transfigurieren. Darauf antwortet polemisch die Sympathie des Materialismus mit dem Nominalismus. Philosophisch aber war sie zu eng; daß das Individuelle und die Individuen allein das wahrhaft Wirkliche seien, unvereinbar mit der an Hegel geschulten Marxischen Theorie des Wertgesetzes, das im Kapitalismus über den Köpfen der Menschen sich realisiert. Die dialektische Vermittlung des Allgemeinen und Besonderen erlaubt es der Theorie, die für das Besondere optiert, nicht, übereifrig das Allgemeine als Seifenblase zu behandeln. Weder könnte dann Theorie die verderbliche Vormacht des Allgemeinen im Bestehenden fassen noch die Idee eines Zustands, der, indem er die Individuen zu dem Ihren brächte, das Allgemeine seiner schlechten Partikularität entäußerte. Ebensowenig aber ist ein transzendentales Subjekt ohne Gesellschaft, ohne die Einzelnen, die sie zum Guten und Bösen integriert, auch nur vorzustellen; daran scheitert der Begriff des transzendentalen Subjekts. Selbst Kants Allgemeinheit will eine für alle, nämlich für alle vernunftbegabten Wesen sein, und die Vernunftbegabten sind a priori vergesellschaftet. Schelers Versuch, den Materialismus umstandslos auf die nominalistische Seite zu verbannen, war ein taktisches Manöver. Erst wird der Materialismus, nicht ohne Mithilfe eines unleugbaren Mangels an philosophischer Reflexion, als subaltern angeschwärzt, dann seine Subalternität glanzvoll überwunden. Zur rohen Weltanschauung, die der materialistischen Dialektik so verhaßt war, daß diese lieber mit der Wissenschaft sich alliierte, wurde sie selbst in ihrem Niedergang, als politisches Herrschaftsmittel. Sie widerstreitet dem, was Brecht selbstmörderisch ihr abverlangte, der Simplifizierung zu taktischen Zwecken. Dialektisch ist sie noch dem eigenen Wesen nach, Philosophie und Antiphilosophie. Der Satz, Bewußtsein hinge vom Sein ab, war keine umgekehrte Metaphysik, sondern zugespitzt wider den Trug des Geistes, er sei an sich, jenseits des Gesamtprozesses, in dem er als Moment sich findet. Auch seine Bedingungen indessen sind kein An sich. Der Ausdruck Sein bei Marx und Heidegger bedeutet gänzlich Verschiedenes, obzwar nicht ohne alles Gemeinsame: in der ontologischen Doktrin der Priorität von Sein vor Denken, seiner ›Transzendenz‹, hallt aus weitester Ferne das materialistische Echo nach. Ideologisch wird die Doktrin vom Sein, indem sie das materialistische Moment im Denken durch seine Transposition in reine Funktionalität jenseits alles Seienden unvermerkt vergeistigt, wegzaubert, was dem materialistischen Seinsbegriff an Kritik falschen Bewußtseins innewohnt. Das Wort, das die Wahrheit gegen die Ideologie nennen wollte, wird zum Allerunwahrsten: das Dementi der Idealität zur Proklamation einer Idealsphäre.

Den Übergang der Philosophie vom Geist zu dessen Anderem erzwingt immanent seine Bestimmung als Tätigkeit. Ihr kann seit Kant der Idealismus nicht sich entwinden, auch nicht Hegel. Durch Tätigkeit aber hat der Geist teil an der Genesis, die den Idealismus als ein ihn Kontaminierendes ärgert. Geist als Tätigkeit ist, wie die Philosophen repetieren, ein Werden; darum nicht, worauf sie fast noch größeren Wert legen, χωρίς von der Geschichte. Ihrem einfachen Begriff nach ist seine Tätigkeit innerzeitlich, geschichtlich; Werden sowohl wie Gewordenes, in dem Werden sich akkumulierte. Gleich der Zeit, deren allgemeinste Vorstellung eines Zeitlichen bedarf, ist keine Tätigkeit ohne Substrat, ohne Tätiges und ohne das, woran sie geübt wird. In der Idee absoluter Tätigkeit versteckt sich nur, was da tun soll; die reine νόησις νοήσεως ist der verschämte, zur Metaphysik neutralisierte Glaube an den Schöpfergott. Die idealistische Lehre vom Absoluten möchte theologische Transzendenz als Prozeß absorbieren, einer Immanenz zubringen, die kein Absolutes, von ontischen Bedingungen Unabhängiges duldet. Vielleicht ist es die tiefste Unstimmigkeit des Idealismus, daß er einerseits Säkularisation zum Äußersten vollziehen muß, um nicht seinen Totalitätsanspruch zu opfern, andererseits jedoch sein Phantom vom Absoluten, die Totalität, allein in theologischen Kategorien aussprechen kann. Der Religion entrissen, werden sie wesenlos und erfüllen sich nicht in jener »Erfahrung des Bewußtseins«, der sie nun überantwortet sind. Tätigkeit des Geistes, einmal vermenschlicht, kann niemand und nichts anderem zugesprochen werden als den Lebendigen. Das infiltriert noch den Begriff, der über allen Naturalismus am höchsten hinausschießt, den der Subjektivität als synthetischer Einheit der Apperzeption, mit dem Naturmoment. Einzig sofern es seinerseits auch Nichtich ist, verhält das Ich sich zum Nichtich, ›tut‹ etwas, und wäre selbst das Tun Denken. Denken bricht in zweiter Reflexion die Suprematie des Denkens über sein Anderes, weil es Anderes immer in sich schon ist. Daher gebührt dem obersten Abstraktum aller Tätigkeit, der transzendentalen Funktion, kein Vorrang vor den faktischen Genesen. Zwischen dem Realitätsmoment in ihr und der Tätigkeit realer Subjekte gähnt kein ontologischer Abgrund; keiner darum zwischen Geist und Arbeit. Wohl erschöpft diese, Verfertigung eines Vorgestellten, das faktisch noch nicht war, sich nicht in Daseiendem; Geist ist auf Dasein so wenig zu nivellieren wie dieses auf ihn. Doch das nicht seiende Moment am Geist ist so ineinander mit dem Dasein, daß es säuberlich herausklauben soviel wäre wie es vergegenständlichen und fälschen. Die Kontroverse über die Priorität von Geist und Körper verfährt vordialektisch. Sie schleppt die Frage nach einem Ersten weiter. Hylozoistisch fast geht sie auf eine ἀρχή, der Form nach ontologisch, mag selbst die Antwort inhaltlich materialistisch lauten. Beides, Körper und Geist, sind Abstraktionen von ihrer Erfahrung, ihre radikale Differenz ein Gesetztes. Sie reflektiert das historisch gewonnene ›Selbstbewußtsein‹ des Geistes und seine Lossage von dem, was er um der eigenen Identität willen negiert. Alles Geistige ist modifiziert leibhafter Impuls, und solche Modifikation der qualitative Umschlag in das, was nicht bloß ist. Drang ist, nach Schellings Einsicht*, die Vorform von Geist.

Die vermeintlichen Grundtatsachen des Bewußtseins sind ein anderes als bloß solche. In der Dimension von Lust und Unlust ragt Körperliches in sie hinein. Aller Schmerz und alle Negativität, Motor des dialektischen Gedankens, sind die vielfach vermittelte, manchmal unkenntlich gewordene Gestalt von Physischem, so wie alles Glück auf sinnliche Erfüllung abzielt und an ihr seine Objektivität gewinnt. Ist dem Glück jeglicher Aspekt darauf verstellt, so ist es keines. In den subjektiv sensuellen Daten wird jene Dimension, ihrerseits das dem Geist Widersprechende in diesem, gleichsam zu ihrem erkenntnistheoretischen Nachbild abgeschwächt, gar nicht so verschieden von der wunderlichen Theorie Humes, der zufolge die Vorstellungen, ideas – die Bewußtseinstatsachen mit intentionaler Funktion – blasse Abbilder von Impressionen sein sollen. Bequem ist diese Lehre als insgeheim

* »So ist auch das Seyn vollkommen gleichgültig gegen das Seyende. Aber je inniger und an sich wonnevoller diese Gelassenheit ist, desto eher muß sich in der Ewigkeit, ohne ihr Zuthun und ohne daß sie es weiß, ein stilles Sehnen erzeugen, an sich selbst zu kommen, sich selbst zu finden und zu genießen, ein Drang zum Bewußtwerden, dessen sie doch sich selbst nicht wieder bewußt wird.« (Schelling, Die Weltalter, München 1946, S. 136.) – »Und so sehen wir die Natur, von der tiefsten Stufe an, ihrem Allerinnersten und Verborgensten nach begehrend und immer aufsteigend und weiter schreitend in ihrer Sucht, bis sie endlich das höchste Wesentliche, das rein Geistige selbst an sich gezogen, sich zu eigen gemacht hat.« (a. a. O., S. 140.)

naiv-naturalistisch zu kritisieren. Aber in ihr zittert ein letztes Mal das somatische Moment erkenntnistheoretisch nach, bis es vollends ausgetrieben wird. In der Erkenntnis überlebt es als deren Unruhe, die sie in Bewegung bringt und in ihrem Fortgang unbesänftigt sich reproduziert; unglückliches Bewußtsein ist keine verblendete Eitelkeit des Geistes sondern ihm inhärent, die einzige authentische Würde, die er in der Trennung vom Leib empfing. Sie erinnert ihn, negativ, an seinen leibhaften Aspekt; allein daß er dessen fähig ist, verleiht irgend ihm Hoffnung. Die kleinste Spur sinnlosen Leidens in der erfahrenen Welt straft die gesamte Identitätsphilosophie Lügen, die es der Erfahrung ausreden möchte: »Solange es noch einen Bettler gibt, solange gibt es noch Mythos«[15]; darum ist die Identitätsphilosophie Mythologie als Gedanke. Das leibhafte Moment meldet der Erkenntnis an, daß Leiden nicht sein, daß es anders werden solle. »Weh spricht: vergeh.« Darum konvergiert das spezifisch Materialistische mit dem Kritischen, mit gesellschaftlich verändernder Praxis. Die Abschaffung des Leidens, oder dessen Milderung hin bis zu einem Grad, der theoretisch nicht vorwegzunehmen, dem keine Grenze anzubefehlen ist, steht nicht bei dem Einzelnen, der das Leid empfindet, sondern allein bei der Gattung, der er dort noch zugehört, wo er subjektiv von ihr sich lossagt und objektiv in die absolute Einsamkeit des hilflosen Objekts gedrängt wird. Alle Tätigkeiten der Gattung verweisen auf ihren physischen Fortbestand, mögen sie es auch verkennen, sich organisatorisch verselbständigen und ihr Geschäft nur noch beiher besorgen. Sogar die Veranstaltungen, welche die Gesellschaft trifft, um sich auszurotten, sind, als losgelassene, widersinnige Selbsterhaltung, zugleich ihrer selbst unbewußte Aktionen gegen das Leiden. Borniert freilich im Eigenen, kehrt ihre totale Partikularität sich auch gegen jenes. Ihnen konfrontiert, verlangt der Zweck, der allein Gesellschaft zur Gesellschaft macht, daß sie so eingerichtet werde, wie die Produktionsverhältnisse hüben und drüben unerbittlich es verhindern, und wie es den Produktivkräften nach hier und heute unmittelbar möglich wäre. Eine solche Einrichtung hätte ihr Telos an der Negation des physischen Leidens noch des letzten ihrer Mitglieder, und der inwendigen Reflexionsformen jenes Leidens. Sie ist das Interesse aller, nachgerade einzig durch eine sich selbst und jedem Lebenden durchsichtige Solidarität zu verwirklichen.

Denen, die möchten, daß es nicht sich verwirkliche, hat unterdessen der Materialismus den Gefallen seiner Selbsterniedrigung getan. Die Unmündigkeit, die das verursachte, ist nicht so, wie Kant es dachte, von der Menschheit selbst verschuldet. Mittlerweile zumindest wird sie planvoll reproduziert von den Machthabern. Der objektive Geist, den sie steuern, weil sie seiner Fesselung bedürfen, mißt dem durch die Jahrtausende gefesselten Bewußtsein sich an. Solcher Praxis hat der zur politischen Macht gelangte Materialismus nicht weniger sich verschrieben als die Welt, die er einmal verändern wollte; er fesselt weiter das Bewußtsein, anstatt es zu begreifen und seinerseits zu verändern. Terroristische Staatsmaschinerien verschanzen unterm fadenscheinigen Vorwand einer bald fünfzig Jahre währenden Diktatur des längst verwalteten Proletariats sich als Dauerinstitution, Hohn auf die Theorie, die sie im Munde führen. Sie ketten ihre Untertanen an ihre nächsten Interessen und halten sie borniert. Die Depravation der Theorie indessen wäre nicht möglich gewesen ohne einen Bodensatz des Apokryphen in ihr. Indem die Funktionäre, die sie monopolisieren, mit der Kultur summarisch, von außen her umspringen, möchten sie plump vortäuschen, sie seien über der Kultur, und leisten der universalen Regression Beistand. Was, in der Erwartung der unmittelbar bevorstehenden Revolution, Philosophie liquidieren wollte, war, ungeduldig mit deren Anspruch, damals schon auch hinter ihr zurückgeblieben. Im Apokryphen des Materialismus offenbart sich das der hohen Philosophie, das Unwahre an der Souveränität des Geistes, den der herrschende Materialismus so zynisch verachtet, wie insgeheim zuvor die bürgerliche Gesellschaft es tat. Das idealistisch Erhabene ist der Abdruck des Apokryphen; die Texte von Kafka und Beckett belichten grell dies Verhältnis. Das Mindere am Materialismus ist das unreflektierte Mindere des herrschenden Zustandes. Was durch die Schuld von Vergeistigung als des versagenden Prinzips nicht mitkam, ist dem Höheren gegenüber, das vom Anblick des fortdauernd Inferioren blamiert wird, auch das Schlechtere. Das Banausische und Barbarische am Materialismus verewigt jene Exterritorialität des Vierten Standes zur Kultur, die mittlerweile nicht mehr auf diesen sich beschränkt, sondern über die Kultur selber sich ausgebreitet hat. Materialismus wird zum Rückfall in die Barbarei, den er verhindern sollte; dem entgegenzuarbeiten ist nicht die gleichgültigste unter den Aufgaben einer kritischen Theorie. Sonst dauert das alte Unwahre, mit verringertem Reibungskoeffizienten und desto schlimmer, fort. Das Subalterne wächst an, nachdem es mit der Revolution erging wie einst mit der Wiederkunft des Messias. Die materialistische Theorie wurde nicht bloß ästhetisch defekt gegenüber dem ausgehöhlt Sublimen des bürgerlichen Bewußtseins, sondern unwahr. Das ist theoretisch bestimmbar. Dialektik ist in den Sachen, aber wäre nicht ohne das Bewußtsein, das sie reflektiert; so wenig, wie sie in es sich verflüchtigen läßt. In einer schlechthin Einen, unterschiedslosen, totalen Materie wäre keine Dialektik. Die offiziell materialistische hat die Erkenntnistheorie durch Dekrete übersprungen. Rache ereilt sie erkenntnistheoretisch: in der Abbildlehre. Der Gedanke ist kein Abbild der Sache – dazu macht ihn einzig materialistische Mythologie Epikurischen Stils, die erfindet, die Materie sende Bildchen aus –, sondern geht auf die Sache selbst. Die aufklärende Intention des Gedankens, Entmythologisierung, tilgt den Bildcharakter des Bewußtseins. Was ans Bild sich klammert, bleibt mythisch befangen, Götzendienst. Der Inbegriff der Bilder fügt sich zum Wall vor der Realität. Die Abbildtheorie verleugnet die Spontaneität des Subjekts, ein Movens der objektiven Dialektik von Produktivkräften und Produktionsverhältnissen. Wird das Subjekt zur sturen Widerspiegelung des Objekts verhalten, die notwendig das Objekt verfehlt, das nur dem subjektiven Überschuß im Gedanken sich aufschließt, so resultiert die friedlose geistige Stille integraler Verwaltung. Einzig unverdrossen verdinglichtes Bewußtsein wähnt, oder redet andern ein, es besitze Photographien der Objektivität. Seine Illusion geht über in dogmatische Unmittelbarkeit. Als Lenin, anstatt in Erkenntnistheorie einzutreten, gegen diese zwangshaft wiederholend das Ansichsein der Erkenntnisgegenstände beteuerte, wollte er die Verschworenheit des subjektiven Positivismus mit den powers that be dartun. Sein politisches Bedürfnis kehrte dabei sich gegen das theoretische Erkenntnisziel. Transzendente Argumentation fertigt aus Machtanspruch ab und zum Unheil: das Kritisierte, in das nicht eingedrungen ward, bleibt unbehelligt, wie es ist, und vermag als gar nicht Getroffenes in veränderten Machtkonstellationen beliebig wieder aufzuerstehen. Brechts mündliche Äußerung, nach dem Buch über den Empiriokritizismus sei keine Kritik an der Immanenzphilosophie mehr not, war kurzsichtig. An die materialistische Theorie ergehen philosophische Desiderate, soll sie nicht dem gleichen Provinzialismus erliegen, der die Kunst der Oststaaten verunstaltet. Objekt der Theorie ist kein Unmittelbares, dessen Abguß sie nach Hause schleppen könnte; Erkenntnis besitzt nicht, wie die Staatspolizei, ein Album ihrer Gegenstände. Vielmehr denkt sie diese in ihrer Vermittlung: sonst beschiede sie sich bei der Deskription der Fassade. Das überdehnte und bereits an seiner Stelle problematische Kriterium sinnlicher Anschauung ist, wie Brecht denn doch zugestand, nicht auf das radikal Vermittelte, die Gesellschaft, anzuwenden; ihm entzieht sich, was ins Objekt als dessen Bewegungsgesetz einwanderte, notwendig verdeckt von der ideologischen Gestalt des Phänomens. Marx, der aus Ekel vorm akademischen Gezänk in den erkenntnistheoretischen Kategorien wie im sprichwörtlichen Porzellanladen wütete, hat schwerlich Ausdrücke wie Widerspiegelung allzusehr belastet. Deren angebliche Suprematie geht auf Kosten des subjektivkritischen Moments. In seiner Betonung lebt neben der Ideologie ein Stück Ideologiefeindschaft; verhindert wird die Erschleichung, Produziertes und Produktionsverhältnisse seien Natur unmittelbar. Keine Theorie darf agitatorischer Schlichtheit zuliebe gegen den objektiv erreichten Erkenntnisstand sich dumm stellen. Sie muß ihn reflektieren und weitertreiben. Die Einheit von Theorie und Praxis war nicht als Konzession an die Denkschwäche gemeint, die Ausgeburt der repressiven Gesellschaft ist. In Gestalt der Registriermaschine, der Denken sich gleichmachen und zu deren Ruhm es am liebsten sich ausschalten möchte, erklärt Bewußtsein den Bankrott vor einer Realität, die auf der gegenwärtigen Stufe nicht anschaulich gegeben ist sondern funktional, abstrakt in sich. Abbildendes Denken wäre reflexionslos, ein undialektischer Widerspruch; ohne Reflexion keine Theorie. Bewußtsein, das zwischen sich und das, was es denkt, ein Drittes, Bilder schöbe, reproduzierte unvermerkt den Idealismus; ein

Corpus von Vorstellungen substituierte den Gegenstand der Erkenntnis, und die subjektive Willkür solcher Vorstellungen ist die der Verordnenden. Die materialistische Sehnsucht, die Sache zu begreifen, will das Gegenteil: nur bilderlos wäre das volle Objekt zu denken. Solche Bilderlosigkeit konvergiert mit dem theologischen Bilderverbot. Der Materialismus säkularisierte es, indem er nicht gestattete, die Utopie positiv auszumalen; das ist der Gehalt seiner Negativität. Mit der Theologie kommt er dort überein, wo er am materialistischesten ist. Seine Sehnsucht wäre die Auferstehung des Fleisches; dem Idealismus, dem Reich des absoluten Geistes, ist sie ganz fremd. Fluchtpunkt des historischen Materialismus wäre seine eigene Aufhebung, die Befreiung des Geistes vom Primat der materiellen Bedürfnisse im Stand ihrer Erfüllung. Erst dem gestillten leibhaften Drang versöhnte sich der Geist und würde, was er so lange nur verheißt, wie er im Bann der materiellen Bedingungen die Befriedigung der materiellen Bedürfnisse verweigert.

Dritter Teil

Modelle

I
Freiheit

Zur Metakritik der praktischen Vernunft

Die Rede vom Scheinproblem wollte einmal aufklärerisch verhindern, daß aus der unbefragten Autorität von Dogmen Erwägungen entflössen, deren Entscheidung eben dem Denken unmöglich sei, an das sie überschrieben wurden. Im pejorativen Gebrauch des Wortes Scholastik schwingt das mit. Längst jedoch sollen Scheinprobleme nicht mehr solche sein, die des vernünftigen Urteils und des vernünftigen Interesses spotten, sondern solche, die unklar definierte Begriffe verwenden. Ein semantisches Tabu würgt Sachfragen ab, als wären es nur Bedeutungsfragen; die Vorerwägung artet aus ins Verbot der Erwägung. Spielregeln einer ohne weiteres nach den gängigen der exakten Wissenschaft gemodelten Methode regulieren, worüber nachgedacht werden darf, und wäre es das Dringlichste; approbierte Verfahrungsweisen, Mittel, gewinnen den Primat über das zu Erkennende, die Zwecke. Abgekanzelt werden Erfahrungen, die dem eindeutig ihnen zugeordneten Zeichen widerstreben. An den Schwierigkeiten, die sie bereiten, trage einzig laxe vorwissenschaftliche Nomenklatur die Schuld. – Ob der Wille frei sei, ist so relevant, wie die Termini spröde sind gegen das Desiderat, klipp und klar anzugeben, was sie meinen. Da Justiz und Strafe, schließlich die Möglichkeit dessen, was die Tradition der Philosophie hindurch Moral hieß oder Ethik, von der Antwort abhängen, läßt das intellektuelle Bedürfnis die naive Frage nicht als Scheinproblem sich ausreden. Selbstgerechte Sauberkeit des Denkens offeriert ihm kümmerliche Ersatzbefriedigung. Dennoch ist die semantische Kritik nicht lässig zu ignorieren. Die Dringlichkeit einer Frage kann keine Antwort erzwingen, wofern keine wahre zu erlangen ist; weniger noch kann das fehlbare Bedürfnis, auch nicht das verzweifelte, der Antwort die Richtung weisen. Zu reflektieren wäre über die in Rede stehenden Gegenstände nicht derart, daß man über sie als ein Seiendes oder ein Nichtseiendes urteilt, sondern indem man die Unmöglichkeit, sie dingfest zu machen, ebenso wie die Nötigung, sie zu denken, in ihre eigene Bestimmung hineinnimmt. Im Antinomiekapitel der Kritik der reinen und in großen Partien der Kritik der praktischen Vernunft ist das, mit ausdrücklicher Absicht oder ohne sie, versucht; freilich hat Kant dabei den dogmatischen Gebrauch nicht ganz vermieden, den er gleich Hume an anderen traditionellen Begriffen rügt. Er hat den Konflikt von Faktizität – ›Natur‹ – und Denknotwendigem – der intelligiblen Welt – dichotomisch geschlichtet. Wenn aber auf Wille oder Freiheit nicht als auf ein Seiendes kann hingewiesen werden, so schließt das, nach Analogie zur simplen vordialektischen Erkenntnistheorie, durchaus nicht aus, daß Einzelregungen oder -erfahrungen sich synthesieren lassen unter Begriffen, denen kein naturalistisches Substrat entspricht, die aber ähnlich jene Regungen oder Erfahrungen auf einen gemeinsamen Nenner bringen wie, vergleichsweise, der Kantische »Gegenstand« seine Erscheinungen. Nach dessen Modell wäre der Wille die gesetzmäßige Einheit aller Impulse, die als zugleich spontan und vernunftbestimmt sich erweisen, zum Unterschied von der Naturkausalität, in deren Rahmen sie allerdings verblieben: keine Folge von Willensakten außerhalb des Kausalnexus. Freiheit wäre das Wort für die Möglichkeit jener Impulse. Aber die behende erkenntniskritische Lösung langt nicht zu. Die Frage, ob der Wille frei sei oder nicht, erzwingt ein ebenso bündiges wie fragwürdiges Entweder/Oder, über welches der Begriff des Willens als der gesetzmäßigen Einheit seiner Impulse indifferent hinweggleitet. Und vor allem wird, bei der am Modell subjektiver Immanenzphilosophie orientierten Begriffsbildung, die monadologische Struktur von Wille und Freiheit stillschweigend unterstellt. Ihr widerspricht das Einfachste: vermittelt durch die von der analytischen Psychologie so genannte »Realitätsprüfung«, gehen in die mit Wille und Freiheit designierten Entscheidungen ungezählte Momente der auswendigen, zumal gesellschaftlichen Realität ein; wenn der Begriff des Vernunftgemäßen im Willen überhaupt etwas sagen soll, so bezieht er sich eben darauf, so eigensinnig Kant das auch bestreitet. Was der immanenzphilosophischen Bestimmung jener Begriffe ihre Eleganz verleiht und ihre Autarkie, ist in Wahrheit, angesichts der tatsächlichen Entscheidungen, bei denen nach frei oder unfrei gefragt werden kann, eine Abstraktion; was sie vom Seelischen übrigläßt, karg gegenüber der realen Komplexion von Innen und Außen. An diesem Verarmten, chemisch Reinen läßt nicht sich ablesen, was von Freiheit oder ihrem Gegenteil prädiziert werden darf. Strenger ausgedrückt, und Kantischer zugleich, ist das empirische Subjekt, das jene Entscheidungen fällt – und nur ein empirisches kann sie fällen, das transzendental reine Ich denke wäre keines Impulses fähig –, selbst Moment der raum-zeitlichen »auswendigen« Welt und hat vor ihr keine ontologische Priorität; darum scheitert der Versuch, die Frage nach der Willensfreiheit in ihm zu lokalisieren. Er zieht die Linie zwischen Intelligiblem und Empirischem inmitten der Empirie. Soviel ist wahr an der These vom Scheinproblem. Sobald die Frage nach der Willensfreiheit auf die nach der Entscheidung der je Einzelnen sich zusammenzieht, diese aus ihrem Kontext, das Individuum aus der Gesellschaft herauslöst, gehorcht sie dem Trug absoluten reinen Ansichseins: beschränkte subjektive Erfahrung usurpiert die Würde des Allergewissesten. Das Substrat der Alternative hat etwas Fiktives. Das vermeintlich ansichseiende Subjekt ist in sich vermittelt durch das, wovon es sich scheidet, den Zusammenhang aller Subjekte. Durch die Vermittlung wird es selber das, was es seinem Freiheitsbewußtsein nach nicht sein will, heteronom. Auch wo Unfreiheit positiv unterstellt wird, sucht man ihre Bedingungen, als solche einer immanent geschlossenen psychischen Kausalität, in dem abgespaltenen Individuum auf, das wesentlich kein derart Abgespaltenes ist. Findet der Einzelne schon keinen Sachverhalt Freiheit in sich vor, so vermag ebensowenig das Theorem von der Determination das naive Gefühl der Willkür einfach post festum auszulöschen; die Lehre vom psychologischen Determinismus wurde erst in einer späten Phase durchgeführt.

Seit dem siebzehnten Jahrhundert hatte die große Philosophie Freiheit als ihr eigentümlichstes Interesse bestimmt; unterm unausdrücklichen Mandat der bürgerlichen Klasse, sie durchsichtig zu begründen. Jenes Interesse jedoch ist in sich antagonistisch. Es geht gegen die alte Unterdrückung und befördert die neue, welche im rationalen Prinzip selbst steckt. Gesucht wird eine gemeinsame Formel für Freiheit und Unterdrückung: jene wird an die Rationalität zediert, die sie einschränkt, und von der Empirie entfernt, in der man sie gar nicht verwirklicht sehen will. Die Dichotomie bezieht sich auch auf fortschreitende Verwissenschaftlichung. Mit ihr ist die Klasse verbündet, soweit sie die Produktion fördert, und muß sie fürchten, sobald sie den Glauben, ihre bereits zur Innerlichkeit resignierte Freiheit sei existent, antastet. Das steht real hinter der Antinomienlehre. Bei Kant schon und dann bei den Idealisten tritt die Idee von Freiheit in Gegensatz zur einzelwissenschaftlichen, zumal psychologischen Forschung. Deren Gegenstände werden von Kant ins Reich der Unfreiheit verbannt; positive Wissenschaft soll unterhalb der Spekulation – bei Kant: der Lehre von den Noumena – ihre Stätte haben. Mit dem Erlahmen der spekulativen Kraft und der korrelativen einzelwissenschaftlichen Entwicklung hat der Gegensatz zum äußersten sich verschärft. Dafür zahlten die Einzelwissenschaften mit Engherzigkeit, die Philosophie mit unverbindlicher Leere. Je mehr von ihrem Inhalt die Einzelwissenschaften beschlagnahmen – die Psychologie etwa die Genese des Charakters, über die selbst Kant noch wilde Mutmaßungen anstellt –, desto peinlicher verkommen die Philosopheme über die Freiheit des Willens zu Deklamationen. Suchen die Einzelwissenschaften immer mehr Gesetzmäßigkeit; werden sie dadurch, vor aller Gesinnung, zur Partei des Determinismus gedrängt, so lagern sich in der Philosophie zunehmend vorwissenschaftliche, apologetische Anschauungen von der Freiheit ab. Bei Kant bildet Antinomik, bei Hegel Dialektik der Freiheit ein wesentliches philosophisches Moment; nach ihnen ward zumindest die akademische Philosophie vereidigt aufs Idol eines Höhenreichs über der Empirie. Die intelligible Freiheit der Individuen wird gepriesen, damit man die empirischen hemmungsloser zur Verantwortung ziehen, sie mit der Aussicht auf metaphysisch gerechtfertigte Strafe besser an der Kandare halten kann. Die Allianz von Freiheitslehre und repressiver Praxis entfernt die Philosophie immer weiter von genuiner Einsicht in Freiheit und Unfreiheit der Lebendigen. Sie nähert sich, anachronistisch, jener faden Erbaulichkeit, die Hegel als Elend der Philosophie diagnostizierte. Weil jedoch die Einzelwissenschaft – exemplarisch die vom Strafrecht – der Frage nach der Freiheit nicht gewachsen ist und ihre eigene Inkompetenz offenbaren muß, sucht sie Hilfe bei eben der Philosophie, welche durch ihren schlechten und abstrakten Gegensatz zum Szientivismus solche Hilfe nicht gewähren kann. Wo die Wissenschaft die Entscheidung des ihr Unauflöslichen von der Philosophie erhofft, empfängt sie von dieser nur weltanschaulichen Zuspruch. An ihm orientierten sich dann die Einzelwissenschaftler nach Geschmack und, so muß man fürchten, nach der eigenen psychologischen Triebstruktur. Das Verhältnis zu dem Komplex von Freiheit und Determinismus wird dem Belieben von Irrationalität überantwortet, schwankend zwischen unschlüssigen, mehr oder minder empirischen Einzelfeststellungen und dogmatischen Allgemeinheiten. Schließlich wird die Stellung zu jenem Komplex abhängig vom politischen Bekenntnis oder der gerade anerkannten Macht. Besinnungen über Freiheit und Determinismus klingen archaisch, wie aus den Frühzeiten des revolutionären Bürgertums. Aber daß Freiheit veraltet, ohne verwirklicht zu sein, ist nicht als Fatalität hinzunehmen; Widerstand muß diese erklären. Die Idee der Freiheit verlor nicht zuletzt darum ihre Gewalt über die Menschen, weil sie vorweg so abstrakt-subjektiv konzipiert war, daß die objektive gesellschaftliche Tendenz sie mühelos unter sich begraben konnte.

Die Gleichgültigkeit gegen die Freiheit, ihren Begriff und die Sache selbst, wird gezeitigt von der Integration der Gesellschaft, die den Subjekten widerfährt, als wäre sie unwiderstehlich. Ihr Interesse daran, daß für sie gesorgt werde, hat das an einer Freiheit gelähmt, die sie als Schutzlosigkeit fürchten. Wie der Appell an Freiheit klingt bereits ihre Nennung phrasenhaft. Dem mißt der intransigente Nominalismus sich an. Daß er objektive Antinomien nach logischem Kanon ins Bereich der Scheinprobleme relegiert, hat seinerseits gesellschaftliche Funktion: Widersprüche durch Verleugnung zuzudecken. Indem man sich an Daten hält oder deren zeitgemäße Erben, die Protokollsätze, wird das Bewußtsein von dem entlastet, was dem Äußeren widerspricht. Nach den Regeln jener Ideologie wären nur die Verhaltensweisen von Menschen in verschiedenen Situationen zu beschreiben und zu klassifizieren, nicht von Willen oder Freiheit zu reden; das sei Begriffsfetischismus. Alle Bestimmungen des Ichs müßte man, wie der Behaviorismus tatsächlich plante, einfach zurückübersetzen in Reaktionsweisen und Einzelreaktionen, die dann sich verfestigt hätten. Außer Betracht bleibt, daß das Verfestigte neue Qualitäten hervorbringt gegenüber den Reflexen, aus denen es entstanden sein mag. Die Positivisten gehorchen bewußtlos dem Dogma vom Vorrang des Ersten, das ihre metaphysischen Todfeinde hegten: »Am meisten verehrt nämlich wird das älteste, der Eidzeuge ist aber am höchsten geehrt.«[1] Bei Aristoteles ist es der Mythos; von ihm überlebt bei den blanken Antimythologen die Konzeption, alles, was ist, sei reduzibel auf das, was einmal war. Im Gleich um Gleich ihrer quantifizierenden Methode ist so wenig Raum für das sich bildende Andere wie im Bann von Schicksal. Was sich jedoch in den Menschen, aus ihren Reflexen und gegen diese, objektiviert hat, Charakter oder Wille, das potentielle Organ der Freiheit, untergräbt auch diese. Denn es verkörpert das herrschaftliche Prinzip, dem die Menschen fortschreitend sich selbst unterwerfen. Identität des Selbst und Selbstentfremdung begleiten einander von Anbeginn; darum ist der Begriff Selbstentfremdung schlecht romantisch. Bedingung von Freiheit, ist Identität unmittelbar zugleich das Prinzip des Determinismus. Wille ist soweit, wie die Menschen sich zum Charakter objektivieren. Damit werden sie sich selbst gegenüber – was immer das sein mag – zu einem Äußerlichen, nach dem Modell der auswendigen, der Kausalität unterworfenen Dingwelt. – Überdies setzt der seiner Absicht nach rein deskriptive, positivistische Begriff der »Reaktion« unvergleichlich viel mehr voraus, als er zugesteht: passive Abhängigkeit von der je gegebenen Situation. Eskamotiert wird a priori die Wechselwirkung von Subjekt und Objekt, Spontaneität schon durch die Methode ausgeschlossen, im Einklang mit der Anpassungsideologie, welche den Menschen, dienstfertig dem Weltlauf, nochmals jenes Moment theoretisch abgewöhnt. Bliebe es bei den passiven Reaktionen, so bliebe es, nach der Terminologie der älteren Philosophie, bei der Rezeptivität: kein Denken wäre möglich. Ist Wille nur durch Bewußtsein, so ist wohl, korrelativ, Bewußtsein auch nur, wo Wille ist. Selbsterhaltung ihrerseits verlangt, in ihrer Geschichte, mehr als den bedingten Reflex und bereitet damit vor, was sie schließlich überschritte. Dabei lehnt sie vermutlich an das biologische Individuum sich an, das seinen Reflexen die Form vorschreibt; schwerlich wären die Reflexe ohne jegliches Moment von Einheit. Sie kräftigt sich als das Selbst der Selbsterhaltung; ihm öffnet sich Freiheit als seine gewordene Differenz von den Reflexen.

Ohne allen Gedanken an Freiheit wäre organisierte Gesellschaft theoretisch kaum zu begründen. Sie verkürzt dann wiederum Freiheit. An der Hobbes'schen Konstruktion des Staatsvertrags ließe beides sich zeigen. Faktisch durchgängiger Determinismus sanktionierte, im Gegensatz zum Deterministen Hobbes, das bellum omnium contra omnes; jedes Kriterium von Handlungen entfiele, wenn alle gleich vorbestimmt und blind wären. Die Perspektive eines Äußersten wird aufgerissen; ob nicht darin, daß man um der Möglichkeit von Zusammenleben willen Freiheit fordert, ein Paralogismus steckt: damit nicht das Entsetzen sei, müsse Freiheit wirklich sein. Vielmehr ist aber das Entsetzen, weil noch keine Freiheit ist. Die Reflexion der Frage nach Willen und Freiheit schafft nicht die Frage ab, sondern wendet sie geschichtsphilosophisch: warum sind die Thesen: Der Wille ist frei, und: Der Wille ist unfrei, zur Antinomie geworden? Daß jene Reflexion historisch entsprungen sei, hat Kant nicht übersehen und den revolutionären Anspruch der eigenen Moralphilosophie ausdrücklich auf ihre Verspätung gegründet: »Man sah den Menschen durch seine Pflicht an Gesetze gebunden, man ließ es sich aber nicht einfallen, daß er nur seiner eigenen und dennoch allgemeinen Gesetzgebung unterworfen sei, und daß er nur verbunden sei, seinem eigenen, dem Naturzwecke nach aber allgemein gesetzgebenden Willen gemäß zu handeln.«[2] Keineswegs jedoch ist ihm beigekommen, ob nicht Freiheit selbst, ihm ewige Idee, geschichtlichen Wesens sein könne; als Begriff nicht bloß sondern dem Erfahrungsgehalt nach. Ganzen Epochen, ganzen Gesellschaften fehlte wie der Begriff der Freiheit so die Sache. Ihnen diese als objektives An sich zuzusprechen, auch wofern sie den Menschen durchaus verhüllt war, widerstritte dem Kantischen Prinzip des Transzendentalen, das im subjektiven Bewußtsein fundiert sein soll, und unhaltbar wäre, wofern es, das vermeintliche Bewußtsein überhaupt, irgendeinem Lebendigen gänzlich abginge. Daher wohl Kants hartnäckige Mühe, das moralische Bewußtsein als ein überall, selbst in den radikal Bösen Vorhandenes nachzuweisen. Sonst hätte er denjenigen Phasen und Gesellschaften, in denen keine Freiheit ist, mit dem Charakter des vernunftbegabten Wesens auch den der Menschheit verweigern müssen; der Anhänger Rousseaus hätte dazu kaum sich bequemt. Ehe das Individuum in dem für Kant selbstverständlichen, neuzeitlichen Sinn sich bildete, der nicht einfach das biologische Einzelwesen sondern das durch dessen Selbstreflexion als Einheit erst konstituierte meint[3], das Hegelsche »Selbstbewußtsein«, ist es anachronistisch, von Freiheit, von realer wie von geforderter, zu reden. Ebenso wiederum könnte Freiheit, ungeschmälert herzustellen einzig unter gesellschaftlichen Bedingungen entfesselter Güterfülle, gänzlich und vielleicht spurlos ausgelöscht werden. Das Übel ist nicht, daß freie Menschen radikal böse handeln, so wie über alles von Kant vorgestellte Maß hinaus böse gehandelt wird, sondern daß noch keine Welt ist, in der sie, wie es bei Brecht aufblitzt, nicht mehr böse zu sein brauchten. Das Böse wäre demnach ihre eigene Unfreiheit: was Böses geschieht, käme aus ihr. Gesellschaft bestimmt die Individuen, auch ihrer immanenten Genese nach, zu dem, was sie sind; ihre Freiheit oder Unfreiheit ist nicht das Primäre, als das sie unterm Schleier des principium individuationis erscheint. Denn auch die Einsicht in seine Abhängigkeit wird dem subjektiven Bewußtsein erschwert durchs Ich, so wie Schopenhauer mit dem Mythos vom Schleier der Maja es erläuterte. Das Individuationsprinzip, Gesetz der Besonderung, an welche die Allgemeinheit der Vernunft in den Einzelnen geknüpft ist, dichtet diese tendenziell gegen die sie umgreifenden Zusammenhänge ab und befördert dadurch das schmeichelhafte Vertrauen auf die Autarkie des Subjekts. Ihr Inbegriff wird unterm Namen von Freiheit der Totalität alles die Individualität Einschränkenden kontrastiert. Das principium individuationis ist aber keineswegs das metaphysisch Letzte und Unabänderliche, und darum auch nicht die Freiheit; diese vielmehr Moment im doppelten Sinn: nicht isolierbar sondern verflochten, und einstweilen stets nur ein Augenblick von Spontaneität, geschichtlicher Knotenpunkt, verstellt unter den gegenwärtigen Bedingungen. So wenig die von der liberalen Ideologie ungemäß betonte Independenz des Individuums herrscht, so wenig ist seine höchst reale Trennung von der Gesellschaft zu verleugnen, die jene Ideologie falsch interpretiert. Zuzeiten hat das Individuum der Gesellschaft als ein wenngleich partikular Selbständiges sich entgegengesetzt, das mit Vernunft die eigenen Interessen verfolgen konnte. In jener Phase, und über sie hinaus, war die Frage nach Freiheit die genuine, ob die Gesellschaft dem Individuum so frei zu sein gestattet, wie sie es ihm verspricht; damit auch, ob sie selbst es ist. Das Individuum ragt über den blinden Zusammenhang der Gesellschaft temporär hinaus, hilft aber in seiner fensterlosen Isoliertheit jenen Zusammenhang erst recht reproduzieren. – Nicht minder meldet die These von der Unfreiheit die geschichtliche Erfahrung der Unversöhntheit von Innen und Außen an: unfrei sind die Menschen als Hörige des Auswendigen, und dies ihnen Auswendige sind wiederum auch sie selbst. Erst an dem von ihm Getrennten und gegen es Notwendigen erwirbt das Subjekt, nach der Erkenntnis der Hegelschen Phänomenologie, die Begriffe Freiheit und Unfreiheit, die es dann auf seine eigene monadologische Struktur zurückbezieht. Das vorphilosophische Bewußtsein ist diesseits der Alternative; dem naiv handelnden und sich selbst gegen die Umwelt setzenden Subjekt die eigene Bedingtheit undurchsichtig. Sie zu beherrschen, muß das Bewußtsein sie transparent machen. Die Souveränität des Gedankens, der vermöge seiner Freiheit auf sich als auf sein Subjekt sich zurückwendet, zeitigt auch den Begriff Unfreiheit. Beides ist kein einfacher Gegensatz sondern ineinander. Dessen wird Bewußtsein nicht aus theoretischem Wissensdrang inne. Ihm suggeriert die naturbeherrschende Souveränität und ihre gesellschaftliche Gestalt, Herrschaft über Menschen, deren Gegenteil, die Idee der Freiheit. Der in Hierarchien obenauf ist, nicht sichtbar abhängig, war deren historischer Archetyp. Freiheit wird, im abstrakten Allgemeinbegriff eines Jenseits der Natur, zur Freiheit vom Reich der Kausalität vergeistigt. Damit aber zur Selbsttäuschung. Psychologisch gesprochen, wäre das Interesse des Subjekts an der These, es sei frei, narzißtisch, so maßlos wie alles Narzißtische. Sogar in der Argumentation Kants, der doch die Sphäre der Freiheit kategorisch oberhalb von Psychologie lokalisiert, schlägt Narzißmus durch. Jeder Mensch, auch der »ärgste Bösewicht«, wünsche, der ›Grundlegung zur Metaphysik der Sitten‹ zufolge, daß auch er so gesinnt sein möchte, »wenn man ihm Beispiele der Redlichkeit in Absichten, der Standhaftigkeit in Befolgung guter Maximen, der Teilnehmung und des allgemeinen Wohlwollens . . . vorlegt«.

Davon könne er sich keine »Vergnügung der Begierden«, »keinen für irgend eine seiner wirklichen oder sonst erdenklichen Neigungen befriedigenden Zustand« erwarten, »sondern nur einen größeren inneren Wert seiner Person ... Diese bessere Person glaubt er aber zu sein, wenn er sich in den Standpunkt eines Gliedes der Verstandeswelt versetzt, dazu die Idee der Freiheit, d.i. Unabhängigkeit von bestimmenden Ursachen der Sinnenwelt, ihn unwillkürlich nöthigt ...«[4] Kant scheut keine Anstrengung, jene Erwartung eines größeren inneren Wertes der Person, welche die Thesis der Freiheit motiviere, ihrerseits schon mit jener Objektivität des Sittengesetzes zu begründen, zu welcher das Bewußtsein doch erst auf Grund jener Erwartung aufsteige. Dennoch kann er nicht vergessen machen, daß der »praktische Gebrauch der gemeinen Menschenvernunft«[5] hinsichtlich der Freiheit dem Bedürfnis nach Selbsterhöhung, dem »Wert« der Person, verkoppelt ist. Nicht weniger indessen erfährt jenes unmittelbare Bewußtsein, die »gemeine sittliche Vernunfterkenntnis«, von der die Kantische ›Grundlegung‹ methodisch ausgeht, auch das Interesse, dieselbe Freiheit zu leugnen, die es reklamiert. Je mehr Freiheit das Subjekt, und die Gemeinschaft der Subjekte, sich zuschreibt, desto größer seine Verantwortung, und vor ihr versagt es in einem bürgerlichen Leben, dessen Praxis nie dem Subjekt die ungeschmälerte Autonomie gewährte, die es ihm theoretisch zuschob. Darum muß es sich schuldig fühlen. Die Subjekte werden der Grenze ihrer Freiheit inne an ihrer eigenen Zugehörigkeit zur Natur wie vollends an ihrer Ohnmacht angesichts der ihnen gegenüber verselbständigten Gesellschaft. Die Universalität des Freiheitsbegriffs jedoch, an dem auch die Unterdrückten partizipieren, wendet sich umschlagend gegen Herrschaft als Modell von Freiheit. Als Reaktion darauf freuen die Privilegierten der Freiheit sich darüber, daß die anderen zur Freiheit noch nicht reif seien. Das rationalisieren sie einleuchtend mit der Naturkausalität. Nicht nur sind die Subjekte mit der eigenen Körperlichkeit fusioniert, sondern auch in dem durch Reflexion mühsam von der Körperwelt gesonderten Seelischen waltet durchgängige Gesetzmäßigkeit. Das Bewußtsein davon stieg proportional mit der Bestimmung der Seele als einer Einheit. So wenig indessen wie ein unmittelbar evidentes Selbstbewußtsein von Freiheit existiert eines von Unfreiheit; es bedarf immer bereits entweder der Rückspiegelung des an der Gesellschaft Wahrgenommenen aufs Subjekt – die älteste ist die sogenannte Platonische Psychologie – oder der psychologischen Wissenschaft als einer vergegenständlichenden, welcher unter den Händen das von ihr entdeckte Seelenleben zum Ding unter Dingen wird und unter die von der Dingwelt prädizierte Kausalität gerät.

Das dämmernde Freiheitsbewußtsein nährt sich von der Erinnerung an den archaischen, noch von keinem festen Ich gesteuerten Impuls. Je mehr das Ich diesen zügelt, desto fragwürdiger wird ihm die vorzeitliche Freiheit als chaotische. Ohne Anamnesis an den ungebändigten, vor-ichlichen Impuls, der später in die Zone unfreier Naturhörigkeit verbannt ist, wäre die Idee von Freiheit nicht zu schöpfen, welche doch ihrerseits in der Stärkung des Ichs terminiert. In dem philosophischen Begriff, der Freiheit als Verhaltensweise am höchsten über das empirische Dasein erhebt, dem der Spontaneität, hallt das Echo dessen wider, was bis zur Vernichtung zu kontrollieren das Ich der idealistischen Philosophie für die Bewährung seiner Freiheit hält. Zur Apologie ihrer verkehrten Gestalt ermuntert die Gesellschaft die Individuen, die eigene Individualität zu hypostasieren und damit ihre Freiheit. Soweit solcher hartnäckige Schein reicht, wird das Bewußtsein über das Moment seiner Unfreiheit belehrt einzig in pathogenen Zuständen wie den Zwangsneurosen. Sie gebieten ihm, inmitten des Umkreises der eigenen Immanenz nach Gesetzen zu handeln, die es als ›ichfremd‹ erfährt; Verweigerung von Freiheit in deren einheimischem Reich. Der Schmerz der Neurosen hat metapsychologisch auch den Aspekt, daß sie das kommode Bild: frei innen, unfrei von außen, zerrütten, ohne daß dem Subjekt an seinem pathischen Zustand die Wahrheit aufginge, die er ihm mitteilt, und die es weder mit seinem Trieb noch mit seinem Vernunftinteresse versöhnen kann. Jeder Wahrheitsgehalt der Neurosen ist, daß sie dem Ich in sich am Ichfremden, dem Gefühl des Das bin ich doch gar nicht, seine Unfreiheit demonstrieren; dort, wo seine Herrschaft über die innere Natur versagt. Was in die Einheit dessen fällt, was der traditionellen Erkenntnistheorie persönliches Selbstbewußtsein hieß – selber insofern zwangvollen Wesens, als diese Einheit all ihren Momenten als Gesetzmäßigkeit sich aufprägt –, erscheint dem sich auf sich zurücknehmenden Ich als frei, weil es die Idee der Freiheit vom Modell der eigenen Herrschaft herleitet, erst der über Menschen und Dinge, dann, verinnerlicht, der über seinen gesamten konkreten Inhalt, über den es verfügt, indem es ihn denkt. Das ist nicht nur Selbsttäuschung der sich als Absolutes aufblähenden Unmittelbarkeit. Einzig wofern einer als Ich, nicht bloß reaktiv handelt, kann sein Handeln irgend frei heißen. Dennoch wäre gleichermaßen frei das vom Ich als dem Prinzip jeglicher Determination nicht Gebändigte, das dem Ich, wie in Kants Moralphilosophie, unfrei dünkt und bis heute tatsächlich ebenfalls unfrei war. Freiheit wird durch den Fortschritt der Selbsterfahrung dieser, als Gegebenheit, problematisch und, weil doch das Interesse des Subjekts von ihr nicht abläßt, zur Idee sublimiert. Das verifiziert metapsychologisch die psychoanalytische Theorie der Verdrängung. Ihr zufolge ist, dialektisch genug, die verdrängende Instanz, der Zwangsmechanismus, eins mit dem Ich, dem Organon von Freiheit. Introspektion entdeckt in sich weder Freiheit noch Unfreiheit als Positives. Beides konzipiert sie an der Beziehung auf Extramentales: Freiheit als polemisches Gegenbild zum Leiden unterm gesellschaftlichen Zwang, Unfreiheit als dessen Ebenbild. So wenig ist das Subjekt die »Sphäre absoluter Ursprünge«, als die es sich philosophiert; noch die Bestimmungen, kraft deren es seine Souveränität sich zuspricht, bedürfen immer auch dessen, was ihrem Selbstverständnis nach bloß ihrer bedürfen soll. Über das am Ich Entscheidende, seine Selbständigkeit und Autonomie kann nur geurteilt werden im Verhältnis zu seiner Andersheit, zum Nichtich. Ob Autonomie sei oder nicht, hängt ab von ihrem Widersacher und Widerspruch, dem Objekt, das dem Subjekt Autonomie gewährt oder verweigert; losgelöst davon ist Autonomie fiktiv.

Wie wenig das Bewußtsein durch den Rekurs auf seine Selbsterfahrung über Freiheit ausmachen kann, davon zeugen die experimenta crucis der Introspektion. Das populärste wird nicht umsonst einem Esel aufgebürdet. Seinem Schema folgt noch Kant im Versuch, Freiheit zu demonstrieren am in Becketts Stücken zuständigen Entschluß, vom Stuhl aufzustehen. Um bündig, empirisch sozusagen darüber entscheiden zu lassen, ob der Wille frei sei, müssen die Situationen rigoros von ihrem empirischen Gehalt gereinigt werden; gedankenexperimentelle Bedingungen hergestellt, denen möglichst wenig an Determinanten anzumerken ist. Jedes weniger clownische Paradigma enthält Vernunftgründe für das sich entscheidende Subjekt, die als Determinanten anzukreiden wären; zum Läppischen verdammt die experimenta das Prinzip, nach dem sie entscheiden sollen, und das entwertet die Entscheidung. Reine Situationen Buridanischen Stils dürften grundsätzlich nicht unterlaufen, außer wo sie dem Beweis der Freiheit zuliebe ausgedacht oder hergestellt werden. Ließe selbst dergleichen sich aufspüren, so wäre es irrelevant fürs Leben irgendeines Menschen und darum ἀδιάφορον für die Freiheit. Manche Kantischen experimenta crucis freilich sind von größerer Prätention. Er zieht sie an als empirische Belege für das Recht, »Freiheit in die Wissenschaft einzuführen«, denn »auch die Erfahrung bestätigt diese Ordnung der Begriffe in uns«[6]; während doch empirische Belege für ein seiner eigenen Theorie zufolge schlechterdings Überempirisches ihn mißtrauisch machen sollten, weil dadurch der kritische Sachverhalt in jener Sphäre lokalisiert wird, der er prinzipiell entrückt sei. Das Beispiel ist denn auch nicht stringent: »Setzet, daß jemand von seiner wollüstigen Neigung vorgiebt, sie sei, wenn ihm der beliebte Gegenstand und die Gelegenheit dazu vorkämen, für ihn ganz unwiderstehlich: ob wenn ein Galgen vor dem Hause, da er diese Gelegenheit trifft, aufgerichtet wäre, um ihn sogleich nach genossener Wollust daran zu knüpfen, er alsdann nicht seine Neigung bezwingen würde. Man darf nicht lange rathen, was er antworten würde. Fragt ihn aber, ob, wenn sein Fürst ihm unter Androhung derselben unverzögerten Todesstrafe zumuthete, ein falsches Zeugniß wider einen ehrlichen Mann, den er gerne unter scheinbaren Vorwänden verderben möchte, abzulegen, ob er da, so groß auch seine Liebe zum Leben sein mag, sie wohl zu überwinden für möglich halte. Ob er es thun würde, oder nicht, wird er vielleicht sich nicht getrauen zu versichern; daß es ihm aber möglich sei, muß er ohne Bedenken einräumen. Er urtheilt also, daß er etwas kann, darum weil er sich bewußt ist, daß er es soll, und erkennt in sich die Freiheit, die ihm sonst ohne das moralische Gesetz unbekannt geblieben wäre.«[7] Daß er es könne, dürfte der von Kant einer »wollüstigen Neigung« Bezichtigte vermutlich so gut konzedieren wie der vom Tyrannen, den Kant respektvoll seinen Fürsten nennt, Erpreßte; es wäre wohl die Wahrheit, wenn im Bewußtsein des Gewichts der Selbsterhaltung in derlei Entscheidungen beide sagten, sie wüßten nicht, wie sie in der realen Situation sich verhielten. Ein psychologisches Moment wie der ›Ichtrieb‹ und die Angst vorm Tode stellten in der akuten Situation unweigerlich anders sich dar als in dem unwahrscheinlichen Gedankenexperiment, das jene Momente zur unaffektiv erwägbaren Vorstellung neutralisiert. Von keinem, nicht dem Integersten, kann prophezeit werden, wie er auf der Folter sich verhielte; die unterdessen keineswegs mehr fiktive Situation bezeichnet eine Grenze des für Kant Selbstverständlichen. Sein Beispiel erlaubt nicht, wie er sich erhoffte, die Legitimation des Freiheitsbegriffes nach seinem praktischen Gebrauch, sondern allenfalls ein Achselzucken. Nicht mehr taugt das vom Falschspieler: »Der im Spiel verloren hat, kann sich wohl über sich selbst und seine Unklugheit ärgern, aber wenn er sich bewußt ist, im Spiel betrogen (obzwar dadurch gewonnen) zu haben, so muß er sich selbst verachten, sobald er sich mit dem sittlichen Gesetze vergleicht. Dieses muß also doch wohl etwas anderes, als das Princip der eigenen Glückseligkeit sein. Denn zu sich selber sagen zu müssen: ich bin ein Nichtswürdiger, ob ich gleich meinen Beutel gefüllt habe, muß doch ein anderes Richtmaß des Urtheils haben, als sich selbst Beifall zu geben und zu sagen: ich bin ein kluger Mensch, denn ich habe meine Casse bereichert.«[8] Ob der Betrüger sich verachtet oder nicht, gesetzt selbst, er reflektiere auf das Sittengesetz, ist eine kraß empirische Frage. Er mag sich infantil, als Erwählter, über jeder bürgerlichen Verpflichtung fühlen; auch über den gelungenen Streich derart sich ins Fäustchen lachen, daß sein Narzißmus ihn gegen die angebliche Selbstverachtung panzert; und er mag einem unter seinesgleichen approbierten Sittenkodex folgen. Das Pathos, mit dem er sich einen Nichtswürdigen schimpfen müßte, basiert auf der Anerkennung des Kantischen Sittengesetzes, welche dieser mit dem Beispiel begründen will. Bei der Gruppe all derer etwa, die der Begriff moral insanity deckt, ist es suspendiert, während ihnen doch keineswegs die Vernunft abgeht; nur metaphorisch wären sie unter die Wahnsinnigen einzureihen. Was an Sätzen über den mundus intelligibilis nach Zuspruch beim empirischen sucht, muß sich empirische Kriterien gefallen lassen, und diese sprechen gegen den Zuspruch, gemäß jener Aversion des spekulativen Gedankens gegen das sogenannte Beispiel als ein Minderwertiges, für die es an Zeugnissen bei Kant nicht fehlt: »Dieses ist auch der einige und große Nutzen der Beispiele, daß sie die Urtheilskraft schärfen. Denn was die Richtigkeit und Präcision der Verstandeseinsicht betrifft, so thun sie derselben vielmehr gemeiniglich einigen Abbruch, weil sie nur selten die Bedingung der Regel adäquat erfüllen (als casus in terminis) und überdem diejenige Anstrengung des Verstandes oftmals schwächen, Regeln im Allgemeinen und unabhängig von den besonderen Umständen der Erfahrung nach ihrer Zulänglichkeit einzusehen, und sie daher zuletzt mehr wie Formeln als Grundsätze zu gebrauchen angewöhnen. So sind Beispiele der Gängelwagen der Urtheilskraft, welchen derjenige, dem es am natürlichen Talent derselben mangelt, niemals entbehren kann.«[9] Verschmähte Kant, der eigenen Einsicht entgegen, trotzdem in der Kritik der praktischen Vernunft nicht die Beispiele, so erregt er den Verdacht, daß er ihrer bedurfte, weil anders als durch empirische Subreption die Beziehung zwischen dem formalen Sittengesetz und dem Dasein, und damit die Möglichkeit des Imperativs, nicht darzutun gewesen wäre; seine Philosophie rächt sich an ihm dadurch, daß die Beispiele verpuffen. Der Widersinn moralischer Experimente dürfte zum Kern haben, daß sie Inkompatibles verkoppeln; sich anheischig machen, auszukalkulieren, was seinerseits den Bereich des Kalkulabeln sprengt*.

* Die Kantischen Gedankenexperimente sind nicht unähnlich der existentialistischen Ethik. Kant, der wohl wußte, daß der gute Wille sein Medium in der Kontinuität eines Lebens hat und nicht in der isolierten Tat, spitzt im Experiment, damit es beweise, was es soll, den guten Willen in die Entscheidung zwischen zwei Alternativen zu. Jene Kontinuität gibt es kaum mehr; darum klammert Sartre sich einzig an die Entscheidung, in einer Art Regression aufs achtzehnte Jahrhundert. Während jedoch an der Alternativsituation Autonomie demonstriert werden soll, ist sie heteronom vor allen Inhalten. Kant muß im einen seiner Beispiele für Entscheidungssituationen einen Despoten aufbieten; analog stammen die Sartreschen vielfach aus dem Faschismus, wahr als dessen Denunziation, nicht als condition humaine. Frei wäre erst, wer keinen Alternativen sich beugen müßte, und im Bestehenden ist es eine Spur von Freiheit, ihnen sich zu verweigern. Freiheit meint Kritik und

Trotz all dem zeigen sie ein Moment, das, wie es seiner vagen Erfahrung entspricht, das Hinzutretende heißen mag. Die Entscheidungen des Subjekts schnurren nicht an der Kausalkette ab, ein Ruck erfolgt. Dies Hinzutretende, Faktische, in dem Bewußtsein sich entäußert, interpretiert die philosophische Tradition wieder nur als Bewußtsein. Es soll eingreifen, wie wenn der Eingriff von reinem Geist irgend vorstellbar wäre. Konstruiert wird dem zuliebe, was zu beweisen sei: allein die Reflexion des Subjekts vermöchte wenn nicht die Naturkausalität zu durchbrechen, so doch, andere Motivationsreihen hinzufügend, ihre Richtung zu ändern. Selbsterfahrung des Moments von Freiheit ist mit Bewußtsein verknüpft; nur soweit weiß das Subjekt sich frei, wie ihm seine Handlung als identisch mit ihm erscheint, und das ist lediglich bei bewußten der Fall. In ihnen allein erhebt Subjektivität mühsam, ephemer das Haupt. Aber die Insistenz darauf verengte sich rationalistisch. Insofern war Kant, seiner Konzeption der praktischen Vernunft als der wahrhaft »reinen«, nämlich jeglichem Material gegenüber souveränen gemäß, der Schule verhaftet, welche die Kritik der theoretischen Vernunft stürzte. Bewußtsein, vernünftige Einsicht ist nicht einfach dasselbe wie freies Handeln, nicht blank dem Willen gleichzusetzen. Eben das geschieht bei Kant. Wille ist ihm der Inbegriff von Freiheit, das »Vermögen«, frei zu handeln, die Merkmaleinheit all der Akte, die als frei vorgestellt werden. Von den mit dem »Bestimmungsgrunde des reinen Willens« in »nothwendiger Verbindung« stehenden Kategorien »im Felde des Übersinnlichen« lehrt er, »daß sie immer nur auf Wesen als Intelligenzen, und an diesen auch nur auf das Verhältnis der Vernunft zum Willen, mithin immer nur aufs Praktische Beziehung haben«[10]. Durch den Willen verschaffe Vernunft sich Realität, ungebunden durchs wie immer geartete Material. Darin dürften die über Kants moralphilosophische Schriften verstreuten Formulierungen konvergieren. In der ›Grundlegung zur Metaphysik der Sitten‹ wird der Wille »als ein Vermögen gedacht, der Vorstellung gewisser Gesetze gemäß

Veränderung der Situationen, nicht deren Bestätigung durch Entscheidung inmitten ihres Zwangsgefüges. Als Brecht dem kollektivistischen Lehrstück vom Jasager, nach einer Diskussion mit Schülern, den abweichenden Neinsager folgen ließ, hat er jener Einsicht, seinem offiziellen Credo trotzend, zum Durchbruch verholfen.

sich selbst zum Handeln zu bestimmen«[11].* Nach einer späteren Stelle derselben Schrift sei der Wille »eine Art von Causalität lebender Wesen, sofern sie vernünftig sind, und Freiheit würde diejenige Eigenschaft dieser Causalität sein, da sie unabhängig von fremden sie bestimmenden Ursachen wirkend sein kann«[12]. Das Oxymoron »Kausalität durch Freiheit«, auftretend in der Thesis der dritten Antinomie und in der ›Grundlegung‹ expliziert, wird plausibel einzig dank der Abstraktion, die den Willen in Vernunft aufgehen läßt. Tatsächlich wird Freiheit für Kant eine Eigenschaft der Kausalität lebender Subjekte, weil sie jenseits von fremden, sie bestimmenden Ursachen sei und auf jene Notwendigkeit sich zusammenziehe, die mit Vernunft koinzidiert. Noch die Auffassung des Willens als »Vermögen der Zwecke«[13] in der Kritik der praktischen Vernunft legt ihn, trotz ihrer Orientierung am objektiven Zweckbegriff, als theoretische Vernunft aus, da die Zwecke »jederzeit Bestimmungsgründe des Begehrungsvermögens nach Principien sind«[14]; unter den Prinzipien aber sind einzig die Gesetze der Vernunft vorzustellen, welchen stillschweigend die Fähigkeit zugeschrieben wird, das Begehrungsvermögen, das seinerseits der Sinnenwelt angehört, zu lenken. Als reiner λόγος wird der Wille ein Niemandsland zwischen Subjekt und Objekt, antinomisch derart, wie es in der Vernunftkritik nicht visiert ward. – Am Beginn der Selbstreflexion des sich emanzipierenden neuzeitlichen Subjekts jedoch, im Hamlet, ist die Divergenz von Einsicht und Handeln paradigmatisch aufgezeichnet. Je mehr das Subjekt sich zu einem für sich Seienden wird und vom ungebrochenen Einklang mit vorgegebener Ordnung sich distanziert, desto weniger sind Tat und Bewußtsein Eines. Dem Hinzutretenden eignet ein nach rationalistischen Spielregeln irrationaler Aspekt. Er dementiert den Cartesianischen Dualismus von res extensa und res cogitans, der das Hinzutretende, als Mentales, der res cogitans zuschlägt, bar der Rücksicht auf seine Differenz vom Gedanken. Das Hinzutretende ist Impuls, Rudiment einer Phase, in der der Dualismus des Extra- und Intramentalen noch nicht durchaus verfestigt war, weder willent-

* Die »Vorstellung gewisser Gesetze« läuft auf den Begriff der reinen Vernunft hinaus, die ja Kant als »das Vermögen der Erkenntnis aus Prinzipien« definiert.

lich zu überbrücken noch ein ontologisch Letztes. Davon wird auch der Begriff des Willens tangiert, der sogenannte Bewußtseinstatsachen zum Inhalt hat, die zugleich, rein deskriptiv, nicht nur solche sind; das versteckt sich im Übergang des Willens in Praxis. Der Impuls, intramental und somatisch in eins, treibt über die Bewußtseinssphäre hinaus, der er doch auch angehört. Mit ihm reicht Freiheit in die Erfahrung hinein; das beseelt ihren Begriff als den eines Standes, der so wenig blinde Natur wäre wie unterdrückte. Ihr Phantasma, das Vernunft von keinem Beweis kausaler Interdependenz sich verkümmern läßt, ist das einer Versöhnung von Geist und Natur. Es ist der Vernunft nicht so fremd, wie es unter dem Aspekt von deren Kantischer Gleichsetzung mit dem Willen erscheint; fällt nicht vom Himmel. Der philosophischen Reflexion scheint es ein schlechthin Anderes, weil der auf die reine praktische Vernunft gebrachte Wille eine Abstraktion ist. Das Hinzutretende ist der Name für das, was von jener Abstraktion ausgemerzt ward; real wäre Wille ohne es überhaupt nicht. Zwischen den Polen eines längst Gewesenen, fast unkenntlich Gewordenen und dessen, was einmal sein könnte, blitzt es auf. Wahre Praxis, der Inbegriff von Handlungen, welche der Idee von Freiheit genügten, bedarf zwar des vollen theoretischen Bewußtseins. Der Dezisionismus, der die Vernunft im Übergang zur Handlung durchstreicht, liefert diese dem Automatismus der Herrschaft aus: die unreflektierte Freiheit, die er sich anmaßt, wird zum Knecht totaler Unfreiheit. Das Reich des Hitler, das Dezisionismus und Sozialdarwinismus, die affirmative Verlängerung von Naturkausalität, vereinte, hat darüber belehrt. Aber Praxis bedarf auch eines Anderen, in Bewußtsein nicht sich Erschöpfenden, Leibhaften, vermittelt zur Vernunft und qualitativ von ihr verschieden. Beide Momente werden keineswegs getrennt erfahren; doch hat die philosophische Analyse das Phänomen derart zurechtgestutzt, daß es danach, in der Sprache der Philosophie, gar nicht anders kann ausgedrückt werden, als wie wenn zu Rationalität ein Anderes addiert würde. Indem Kant einzig Vernunft als Movens von Praxis gelten ließ, verblieb er im Bann jenes verblaßt Theoretischen, gegen den er komplementär den Primat der praktischen Vernunft ersann. Daran laboriert seine gesamte Moralphilosophie. Was anders ist an der Handlung als das reine Bewußtsein, das Kantisch zu ihr nötigt: das jäh Herausspringende, ist die Spontaneität, die Kant ebenfalls in reines Bewußtsein transplantierte, weil sonst die konstitutive Funktion des Ich denke gefährdet worden wäre. Das Gedächtnis ans Ausgeschiedene lebt bei ihm nur noch in der doppelten Deutung der intramental gedeuteten Spontaneität fort. Sie ist einerseits Leistung des Bewußtseins: Denken; andererseits unbewußt und unwillkürlich, der Herzschlag der res cogitans jenseits von dieser. Reines Bewußtsein – ›Logik‹ – selber ist ein Gewordenes und ein Geltendes, in dem seine Genese unterging. Diese hat es an dem von der Kantischen Doktrin unterschlagenen Moment der Negation des Willens, der Kant zufolge reines Bewußtsein wäre. Logik ist eine wider sich selbst abgedichtete Praxis. Kontemplatives Verhalten, das subjektive Korrelat der Logik, ist das Verhalten, das nichts will. Umgekehrt durchbricht jeder Willensakt den autarkischen Mechanismus der Logik; das rückt Theorie und Praxis in Gegensatz. Kant stellt den Sachverhalt auf den Kopf. Mag immer das Hinzutretende mit ansteigendem Bewußtsein mehr stets sublimiert werden, ja mag der Begriff des Willens als eines Substantiellen und Einstimmigen damit erst sich bilden – wäre die motorische Reaktionsform ganz liquidiert, zuckte nicht mehr die Hand, so wäre kein Wille. Was die großen rationalistischen Philosophen unter diesem sich vorstellten, verneint ihn bereits, ohne Rechenschaft davon zu geben, und der Schopenhauer des Vierten Buches konnte nicht mit Unrecht als Kantianer sich fühlen. Daß ohne Wille kein Bewußtsein ist, verschwimmt den Idealisten in blanker Identität: als wäre Wille nichts anderes als Bewußtsein. Im tiefsten Konzept der transzendentalen Erkenntnistheorie, der produktiven Einbildungskraft, wandert die Spur des Willens in die reine intellektive Funktion ein. Ist das einmal geschehen, so wird Spontaneität wunderlich am Willen unterschlagen. Nicht bloß hat Vernunft genetisch aus der Triebenergie als deren Differenzierung sich entwickelt: ohne jenes Wollen, das in der Willkür eines jeden Denkaktes sich manifestiert und allein den Grund abgibt für dessen Unterscheidung von den passiven, ›rezeptiven‹ Momenten des Subjekts, wäre dem eigenen Sinn nach kein Denken. Der Idealismus aber ist aufs Gegenteil eingeschworen und darf das, um den Preis seiner Vernichtung, nicht Wort haben; das erklärt wie die Verkehrung so deren Nähe zum wahren Sachverhalt.

Freiheit ist einzig in bestimmter Negation zu fassen, gemäß der konkreten Gestalt von Unfreiheit. Positiv wird sie zum Als ob. So buchstäblich in der ›Grundlegung zur Metaphysik der Sitten‹: »Ich sage nun: Ein jedes Wesen, das nicht anders als unter der Idee der Freiheit handeln kann, ist eben darum in praktischer Rücksicht wirklich frei, d. i. es gelten für dasselbe alle Gesetze, die mit der Freiheit unzertrennlich verbunden sind, eben so als ob sein Wille auch an sich selbst und in der theoretischen Philosophie gültig für frei erklärt würde.«[15] Das Aporetische dieser Fiktion, der vielleicht gerade ihrer Schwäche wegen das »Ich sage nun« soviel subjektiven Nachdruck verleiht, wird beleuchtet von einer Fußnote, in der Kant sich entschuldigt, »die Freiheit nur als von vernünftigen Wesen bei ihren Handlungen bloß in der Idee zum Grunde gelegt zu unserer Absicht hinreichend anzunehmen«, »damit ich mich nicht verbindlich machen dürfte, die Freiheit auch in ihrer theoretischen Absicht zu beweisen«[16]. Er hat aber Wesen im Auge, die nicht anders als unter jener Idee handeln können, also reale Menschen; und diese sind, der Kritik der reinen Vernunft zufolge, von jener »theoretischen Absicht« gemeint, welche Kausalität auf ihrer Kategorientafel vermerkt. Empirischen Menschen Freiheit zu verbriefen, als ob ihr Wille auch in der theoretischen Philosophie, der der Natur, als frei erwiesen wäre, bedarf es Kants unmäßiger Anstrengung; denn wäre das Sittengesetz ihnen schlechthin inkommensurabel, so hätte die Moralphilosophie keinen Sinn. Gern möchte sie abschütteln, daß die dritte Antinomie die beiden möglichen Antworten gleichermaßen als Grenzüberschreitungen ahndete, endend mit einem Remis. Während Kant den Chorismos von Seiendem und Seinsollendem in der praktischen Philosophie rigoros verkündet, ist er gleichwohl zu Vermittlungen gezwungen. Seine Idee der Freiheit wird paradox: der Kausalität der Erscheinungswelt einverleibt, die ihrem Kantischen Begriff unvereinbar ist. Mit der großartigen Unschuld, der noch Kants Fehlschlüsse ihren Vorrang über alle Gewitztheit verdanken, spricht er das aus in dem Satz von den Wesen, die nicht anders als unter der Idee von Freiheit handeln könnten, deren subjektives Bewußtsein an diese Idee gekettet sei. Ihre Freiheit hat zur Basis ihre Unfreiheit, das nicht anders Können, und zugleich ein empirisches Bewußtsein, das über seine Freiheit wie über ungezähltes Anderes des eigenen seelischen Lebens aus amour propre sich täuschen könnte; das Sein von Freiheit wäre der Zufälligkeit von raumzeitlichem Dasein überantwortet. Wird Freiheit positiv, als Gegebenes oder Unvermeidliches inmitten von Gegebenem gesetzt, so wird sie unmittelbar zum Unfreien. Aber die Paradoxie von Kants Freiheitslehre entspricht streng ihrem Standort in der Realität. Gesellschaftlicher Nachdruck auf Freiheit als einem Existenten koaliert sich mit ungeminderter Unterdrückung, psychologisch mit Zwangszügen. Sie sind der in sich antagonistischen Kantischen Moralphilosophie gemeinsam mit einer kriminologischen Praxis, in welcher der dogmatischen Lehre von der Willensfreiheit das Bedürfnis sich paart, hart, uneingedenk empirischer Bedingungen, zu strafen. Sämtliche Begriffe, welche in der Kritik der praktischen Vernunft, zu Ehren von Freiheit, die Kluft zwischen dem Imperativ und den Menschen ausfüllen sollen, sind repressiv: Gesetz, Nötigung, Achtung, Pflicht. Kausalität aus Freiheit korrumpiert diese in Gehorsam. Kant, wie die Idealisten nach ihm, kann Freiheit ohne Zwang nicht ertragen; ihm schon bereitet ihre unverbogene Konzeption jene Angst vor der Anarchie, die später dem bürgerlichen Bewußtsein die Liquidation seiner eigenen Freiheit empfahl. Beliebige Formulierungen der Kritik der praktischen Vernunft lassen das, durch den Ton mehr fast noch als durch den Inhalt, erkennen: »Das Bewußtsein einer freien Unterwerfung des Willens unter das Gesetz, doch als mit einem unvermeidlichen Zwange, der allen Neigungen, aber nur durch eigene Vernunft angethan wird, verbunden, ist nun die Achtung fürs Gesetz.«[17] Das von Kant zur furchterregenden Majestät Apriorisierte führen die Analytiker auf psychologische Bedingungen zurück. Indem deterministische Wissenschaft kausal erklärt, was im Idealismus Freiheit zum unableitbaren Zwang erniedrigt, steht sie real der Freiheit bei: ein Stück von deren Dialektik.

Der entfaltete deutsche Idealismus hält es mit einem in der gleichen Periode in Des Knaben Wunderhorn aufgenommenen Lied:

Die Gedanken sind frei. Weil nach seiner Doktrin alles, was ist, Gedanke sein soll, der des Absoluten, soll alles, was ist, frei sein. Aber das will nur das Bewußtsein dessen beschwichtigen, daß die Gedanken keineswegs frei sind. Noch vor aller gesellschaftlicher Kontrolle, vor aller Anpassung an Herrschaftsverhältnisse wäre ihrer reinen Form, der logischen Stringenz, Unfreiheit nachzuweisen, Zwang, dem Gedachten gegenüber ebenso wie dem Denkenden, der es erst durch Konzentration sich antun muß. Abgewürgt wird, was nicht in den Vollzug des Urteils hineinpaßt; Denken übt vorweg jene Gewalt aus, die Philosophie im Begriff der Notwendigkeit reflektierte. Durch Identifikation vermitteln sich zuinnerst Philosophie und Gesellschaft in jener. Die heute universale Reglementierung wissenschaftlichen Denkens bringt dies uralte Verhältnis in Verfahrungsweisen und Organisationsformen nach außen. Ohne Zwangsmoment indessen könnte Denken überhaupt nicht sein. Der Widerspruch von Freiheit und Denken ist vom Denken so wenig wie fürs Denken zu beseitigen, sondern verlangt dessen Selbstbesinnung. Die spekulativen Philosophen von Leibniz bis Schopenhauer haben mit Recht ihre Anstrengung auf Kausalität konzentriert. Sie ist die Crux des Rationalismus in jenem weiteren Sinn, der noch die Schopenhauersche Metaphysik einbegreift, soweit sie auf Kantischem Boden sich weiß. Die Gesetzmäßigkeit der reinen Denkformen, die causa cognoscendi, wird projiziert auf die Gegenstände als causa efficiens. Kausalität unterstellt das formallogische Prinzip, eigentlich die Widerspruchslosigkeit, das der nackten Identität, als Regel der materialen Erkenntnis von Objekten, mag auch historisch die Entwicklung umgekehrt verlaufen sein. Daher die Äquivokation im Wort ratio: Vernunft und Grund. Dafür hat Kausalität zu büßen: sie kann, nach Humes Einsicht, auf kein sinnlich Unmittelbares sich berufen. Insofern ist sie dem Idealismus als dogmatischer Rest eingesprengt, während er ohne Kausalität die Herrschaft über das Seiende nicht ausüben könnte, die er erstrebt. Des Identitätszwangs ledig, entriete Denken vielleicht der Kausalität, die jenem Zwang nachgebildet ist. Sie hypostasiert die Form als verbindlich für einen Inhalt, der von sich aus diese Form nicht hergibt; metakritische Reflexion hätte den Empirismus zu rezipieren. Demgegenüber steht die gesamte Philosophie Kants im Zeichen von Einheit. Das verleiht ihr trotz der schweren Akzente auf dem nicht aus den reinen Formen stammenden ›Material‹ den Charakter des Systems: von einem solchen erwartete er sich nicht weniger als seine Nachfolger. Die waltende Einheit aber ist der Begriff der Vernunft selbst, schließlich die logische der reinen Widerspruchslosigkeit. Zu ihr tritt in der Kantischen Lehre von der Praxis nichts hinzu. Der terminologisch suggerierte Unterschied zwischen der reinen theoretischen und der reinen praktischen, ebenso der zwischen einer formal- und transzendentallogischen und schließlich der der Ideenlehre im engeren Sinn sind nicht Differenzen innerhalb der Vernunft an sich, sondern einzig solche hinsichtlich ihres Gebrauchs, der entweder überhaupt nichts mit Gegenständen zu tun habe, oder auf die Möglichkeit von Gegenständen schlechthin sich beziehe, oder, wie die praktische Vernunft, seine Gegenstände, die freien Handlungen, aus sich heraus schaffe. Hegels Doktrin, Logik und Metaphysik seien dasselbe, wohnt Kant inne, ohne daß sie bereits thematisch würde. Ihm wird die Objektivität der Vernunft als solcher, der Inbegriff formallogischer Gültigkeit, zur Zufluchtsstätte der in allen materialen Bereichen von Kritik tödlich ereilten Ontologie. Das stiftet nicht nur die Einheit der drei Kritiken: als dies Einheitsmoment gerade erlangt Vernunft jenen Doppelcharakter, welcher nachmals Dialektik motivieren half. Vernunft ist ihm einerseits, unterschieden von Denken, die reine Gestalt von Subjektivität; andererseits, Inbegriff objektiver Gültigkeit, Urbild aller Objektivität. Ihr Doppelcharakter erlaubt der Kantischen Philosophie wie den deutschen Idealisten ihre Wendung: die von Subjektivität nominalistisch ausgehöhlte Objektivität der Wahrheit und jeglichen Gehalts kraft derselben Subjektivität zu lehren, die sie vernichtet hat. In Vernunft sei beides schon Eines; wobei freilich das als Objektivität irgend zu Meinende, dem Subjekt Entgegengesetzte durch Abstraktion in jenem untergeht, wie sehr auch Kant dagegen noch sich sträubt. Die strukturelle Doppelschlächtigkeit des Vernunftbegriffs teilt aber auch dem des Willens sich mit. Während er im Namen von Spontaneität, des am Subjekt um keinen Preis zu Vergegenständlichenden, nichts als Subjekt sein soll, wird er, fest und identisch gleich der Vernunft, vergegenständlicht, zu einem hypothetischen, doch faktischen Vermögen inmitten der faktisch-empirischen Welt und so dieser kommensurabel. Nur dank seiner a priori ontischen Natur, der eines gleichwie eine Eigenschaft Vorhandenen, kann von ihm ohne Widersinn geurteilt werden, daß er seine Objekte, die Handlungen, schaffe. Er gehört der Welt an, in der er wirkt. Daß ihm das bestätigt werden kann, ist der Lohn für die Installierung der reinen Vernunft als Indifferenzbegriff. Zu zahlen hat dafür der Wille, aus dem alle der Vergegenständlichung sich versagenden Impulse als heteronom verbannt sind.

Nicht allzu schwer wiegen mag der gegen Kant systemimmanent zu erhebende Einwand, die Unterteilung der Vernunft nach ihren Objekten mache sie, wider die Lehre von der Autonomie, abhängig von dem, was sie nicht sein soll, vom Außervernünftigen. In jener Unstimmigkeit bricht das von Kant Fortgescheuchte, die inwendige Verwiesenheit der Vernunft auf ihr Nichtidentisches, trotz seiner Absicht durch. Nur geht Kant nicht so weit: die Lehre von der Einheit der Vernunft in all ihren angeblichen Anwendungsgebieten supponiert eine feste Trennung zwischen der Vernunft und ihrem Worauf. Weil sie jedoch notwendig auf ein solches Worauf sich bezieht, um irgend Vernunft zu sein, wird sie, seiner Theorie entgegen, auch in sich davon bestimmt. Die Beschaffenheit von Objekten geht etwa in Urteile über praktisch zu Tuendes qualitativ anders ein als in die Kantischen theoretischen Grundsätze. Vernunft differenziert sich in sich nach ihren Gegenständen, darf nicht äußerlich, mit verschiedenen Graden von Gültigkeit, als stets dieselbe verschiedenen Gegenstandsbereichen aufgeprägt werden. Das teilt auch der Lehre vom Willen sich mit. Er ist nicht χωρίς von seinem Material, der Gesellschaft. Wäre er es, so frevelte der kategorische Imperativ an sich selbst; nichts als dessen Material, würden die anderen Menschen vom autonomen Subjekt nur als Mittel, nicht auch als Zweck gebraucht. Das ist der Widersinn der monadologischen Konstruktion der Moral. Moralisches Verhalten, offensichtlich konkreter als bloß theoretisches, wird formaler denn dieses als Konsequenz aus der Lehre, praktische Vernunft sei unabhängig von jeglichem ihr ›Fremden‹, jeglichem Objekt. Wohl ist der Formalismus der Kantischen Ethik nicht nur das Verdammenswerte, als welches, seit Scheler, die reaktionäre deutsche

Schulphilosophie ihn brandmarkte. Während er keine positive Kasuistik des zu Tuenden an die Hand gibt, verhindert er human den Mißbrauch inhaltlich-qualitativer Differenzen zugunsten des Privilegs und der Ideologie. Er stipuliert die allgemeine Rechtsnorm; insofern lebt trotz und wegen seiner Abstraktheit selbst ein Inhaltliches, die Idee der Egalität in ihm fort. Die deutsche Kritik, der der Kantische Formalismus zu rationalistisch war, hat ihre blutige Farbe bekannt in der faschistischen Praxis, die von blindem Schein, der Zugehörigkeit oder Nichtzugehörigkeit zu einer designierten Rasse, abhängig machte, wer umgebracht werden sollte. Der Scheincharakter solcher Konkretheit: daß in vollendeter Abstraktion Menschen unter willkürliche Begriffe subsumiert und danach behandelt wurden, wischt nicht den Makel weg, der das Wort konkret seitdem befleckt. Dadurch wird aber nicht die Kritik an der abstrakten Moralität rückgängig gemacht. Sie so wenig wie die angeblich materiale Wertethik kurzfristig ewiger Normen langt zu angesichts der fortwährenden Unversöhntheit von Besonderem und Allgemeinem. Zum Prinzip erkoren, wird die Berufung aufs eine so gut wie aufs andere Unrecht am Entgegengesetzten. Die Entpraktizierung von Kants praktischer Vernunft, ihr Rationalismus also, und ihre Entgegenständlichung sind verkoppelt; erst als entgegenständlichte wird sie zu jenem absolut Souveränen, das in der Empirie ohne Rücksicht auf diese, und auf den Sprung zwischen Handeln und Tun, soll wirken können. Die Doktrin von der reinen praktischen Vernunft bereitet die Rückübersetzung von Spontaneität in Kontemplation vor, die in der späteren Geschichte des Bürgertums real sich vollzog und in der politischen Apathie, einem höchst Politischen, sich vollendete. Den Schein der ansichseienden Objektivität praktischer Vernunft stiftet ihre vollendete Subjektivierung; nicht länger erhellt, wie sie, über den ontologischen Abgrund hinweg, eingreifend Seiendes irgend erreichen soll. Das ist die Wurzel des Irrationalen auch am Kantischen Sittengesetz, dessen, wofür er den alle vernünftige Durchsichtigkeit verleugnenden Ausdruck Gegebenheit wählte: es gebietet dem Fortgang der Reflexion Einhalt. Weil bei ihm Freiheit auf die invariante Sich-Selbstgleichheit der Vernunft auch im praktischen Bereich hinausläuft, büßt sie ein, worin der Sprachgebrauch Vernunft und Willen distinguiert. Kraft seiner totalen Rationalität wird der Wille irrational. Die Kritik der praktischen Vernunft bewegt sich im Verblendungszusammenhang. Ihr schon dient Geist als Surrogat der Handlung, die da nichts sein soll als der schiere Geist. Das sabotiert die Freiheit: ihr Kantischer Träger, die Vernunft, koinzidiert mit dem reinen Gesetz. Freiheit bedürfte des bei Kant Heteronomen. Ohne ein nach dem Kriterium reiner Vernunft Zufälliges wäre so wenig Freiheit wie ohne das vernünftige Urteil. Die absolute Scheidung zwischen Freiheit und Zufall ist so willkürlich wie die absolute zwischen Freiheit und Rationalität. Nach einem undialektischen Maß von Gesetzlichkeit erscheint an Freiheit stets etwas kontingent; sie verlangt Reflexion, welche über die partikularen Kategorien Gesetz und Zufall sich erhebt.

Der neuzeitliche Begriff von Vernunft war einer der Indifferenz. In ihm glich sich das auf die reine Form gebrachte – und dadurch potentiell objektivierte, vom Ich losgerissene – subjektive Denken aus mit der ihrer Konstitution entäußerten Gültigkeit der logischen Formen, die doch wiederum ohne subjektives Denken nicht vorzustellen wäre. An solcher Objektivität partizipieren bei Kant die Äußerungen des Willens, die Handlungen; sie heißen denn auch Gegenstände*. Ihre dem Vernunftmodell nachgeahmte Gegenständlichkeit ignoriert die differentia specifica von Handlung und Gegenstand. Analog ist der Wille, Oberbegriff oder Einheitsmoment der Handlungen, vergegenständlicht. Was ihm theoretisch dadurch widerfährt, enträt indessen bei allem flagranten Widerspruch nicht völlig des Wahrheitsgehalts. Angesichts der Einzelimpulse ist der Wille tatsächlich soweit selbständig, quasi dinghaft, wie das Einheitsprinzip des Ichs einige Selbständigkeit erlangt gegenüber seinen Phänomenen als den ›seinen‹. Von einem selbständigen und soweit auch gegen-

* »Unter einem Begriffe der praktischen Vernunft verstehe ich die Vorstellung eines Objects als einer möglichen Wirkung durch Freiheit. Ein Gegenstand der praktischen Erkenntniß als einer solchen zu sein, bedeutet also nur die Beziehung des Willens auf die Handlung, dadurch er oder sein Gegentheil wirklich gemacht würde, und die Beurtheilung, ob etwas ein Gegenstand der reinen praktischen Vernunft sei oder nicht, ist nur die Unterscheidung der Möglichkeit oder Unmöglichkeit, diejenige Handlung zu wollen, wodurch, wenn wir das Vermögen dazu hätten (worüber die Erfahrung urtheilen muß), ein gewisses Object werden würde.« (Kant, Kritik der praktischen Vernunft, WW V, Akademie-Ausgabe, S. 57.)

ständlichen Willen kann so gut die Rede sein wie von einem starken Ich oder, nach der älteren Sprache, von Charakter; auch außerhalb von Kants Konstruktion ist er jenes Mittlere zwischen Natur und mundus intelligibilis, als welches Benjamin ihn dem Schicksal kontrastiert[18]. Die Vergegenständlichung der einzelnen Impulse zu dem sie synthesierenden und bestimmenden Willen ist ihre Sublimierung, die gelungene, verschiebende, Dauer involvierende Ablenkung vom primären Triebziel. Sie ist von der Rationalität des Willens bei Kant getreu umschrieben. Durch sie wird der Wille ein Anderes als sein ›Material‹, die diffusen Regungen. An einem Menschen seinen Willen hervorheben, meint das Einheitsmoment seiner Handlungen, und das ist deren Subordination unter die Vernunft. Im italienischen Titel des Don Giovanni heißt der Wüstling il dissoluto, der Aufgelöste; die Sprache optiert für Moral als die Einheit der Person nach dem abstrakten Vernunftgesetz. Kants Sittenlehre spricht der Totalität des Subjekts die Vorherrschaft über die Momente zu, an denen allein sie ihr Leben hat und die doch außerhalb solcher Totalität nicht Wille wäre. Die Entdeckung war progressiv: sie verhinderte, länger kasuistisch über die partikularen Regungen zu urteilen; bereitete der Werkgerechtigkeit auch inwendig ihr Ende. Das stand der Freiheit bei. Moralisch wird das Subjekt für sich selber, kann nicht nach innerlich und äußerlich Partikularem, ihm Fremdem gewogen werden. Durch die Etablierung der vernünftigen Einheit des Willens als alleiniger sittlicher Instanz erlangt es Schutz gegen die ihm von einer hierarchischen Gesellschaft angetane Gewalt, die – wie noch bei Dante – seine Taten richtet, ohne daß deren Gesetz von seinem eigenen Bewußtsein zugeeignet wäre. Die einzelnen Handlungen werden läßlich; keine isolierte ist absolut gut oder böse, ihr Kriterium der ›gute Wille‹, ihr Einheitsprinzip. Verinnerlichung der Gesellschaft als ganzer tritt anstelle der Reflexe einer ständischen Ordnung, deren Gefüge, je dichter es sich gibt, desto mehr das an den Menschen Allgemeine zersplittert. Die Relegation der Moral an die nüchterne Einheit der Vernunft war Kants bürgerlich Erhabenes, trotz des falschen Bewußtseins in der Vergegenständlichung des Willens.

Die Behauptung von Freiheit wie von Unfreiheit terminiert Kant zufolge in Widersprüchen. Darum soll die Kontroverse fruchtlos sein. Unter Hypostasis wissenschaftlich-methodischer Kriterien wird als selbstverständlich ausgegeben, daß Theoreme, die vor der Möglichkeit ihres kontradiktorischen Gegensatzes nicht behütet werden können, von vernünftigem Denken abzulegen seien. Das ist seit Hegel nicht mehr zu halten. Der Widerspruch mag einer in der Sache sein, nicht vorweg dem Verfahren aufzubürden. Die Dringlichkeit des Interesses an der Freiheit suggeriert solche objektive Widersprüchlichkeit. Indem Kant die Notwendigkeit der Antinomien demonstrierte, hat auch er die Ausrede vom Scheinproblem verschmäht, rasch jedoch der Logik der Widerspruchslosigkeit sich gebeugt*. Der transzendentalen Dialektik fehlt nicht durchaus das Bewußtsein davon. Wohl wird die Kantische Dialektik nach Aristotelischem Muster als eine von Fangschlüssen vorgetragen. Aber sie entwickelt These wie Antithese jeweils widerspruchslos in sich. Insofern erledigt sie keineswegs bequem die Antithetik, sondern will ihre Unvermeidlichkeit demonstrieren. Sie sei erst durch eine Reflexion höherer Stufe ›aufzulösen‹, als Hypostasis der logischen Vernunft dem gegenüber, von dessen Ansichsein sie nichts wisse und über das ihr darum positiv zu urteilen nicht gebühre. Daß der Vernunft der Widerspruch unausweichlich sei, indiziert ihn als ein jener und der ›Logik‹ Entzogenes. Inhaltlich erlaubt das die Möglichkeit, der Träger der Vernunft, das Subjekt, sei beides, frei und unfrei. Den Widerspruch schlichtet Kant, mit den Mitteln undialektischer Logik,

* »Denn das, was uns nothwendig über die Grenze der Erfahrung und aller Erscheinungen hinaus zu gehen treibt, ist das Unbedingte, welches die Vernunft in den Dingen an sich selbst nothwendig und mit allem Recht zu allem Bedingten und dadurch die Reihe der Bedingungen als vollendet verlangt. Findet sich nun, wenn man annimmt, unsere Erfahrungserkenntnis richte sich nach den Gegenständen als Dingen an sich selbst, daß das Unbedingte ohne Widerspruch gar nicht gedacht werden könne; dagegen, wenn man annimmt, unsere Vorstellung der Dinge, wie sie uns gegeben werden, richte sich nicht nach diesen als Dingen an sich selbst, sondern diese Gegenstände vielmehr als Erscheinungen richten sich nach unserer Vorstellungsart, der Widerspruch wegfalle; und daß folglich das Unbedingte nicht an Dingen, sofern wir sie kennen (sie uns gegeben werden), wohl aber an ihnen, sofern wir sie nicht kennen, als Sachen an sich selbst angetroffen werden müsse: so zeigt sich, daß, was wir anfangs nur zum Versuche annahmen, gegründet sei.« (Kant, Kritik der reinen Vernunft, WW III, Akademie-Ausgabe, S. 13 f.)

durch die Distinktion des reinen und des empirischen Subjekts, die von der Vermitteltheit beider Begriffe absieht. Unfrei soll das Subjekt sein, insofern auch es, Objekt seiner selbst, der gesetzmäßigen Synthesis durch die Kategorien unterworfen ist. Um in der empirischen Welt handeln zu können, kann das Subjekt tatsächlich nicht anders denn als ›Phänomen‹ vorgestellt werden. Kant verleugnet das keineswegs stets. Die spekulative Kritik lasse, lehrt das Werk über die praktische Vernunft im Einklang mit dem über die reine, »die Gegenstände der Erfahrung als solche und darunter selbst unser eigenes Subjekt nur für Erscheinung gelten«[19]. Synthesis, die Vermittlung kann von nichts subtrahiert werden, worüber positiv geurteilt wird. Einheitsmoment des Gedankens, befaßt sie alles Gedachte unter sich und bestimmt es als notwendig. Auch die Rede vom starken Ich als fester Identität, Bedingung der Freiheit, würde davon ereilt. Es hätte keine Macht über den Chorismos. Die Vergegenständlichung des Charakters wäre kantisch nur im Bereich des Konstitutums lokalisierbar, nicht in dem des Konstituens. Sonst beginge Kant denselben Paralogismus, dessen er die Rationalisten überführt. Frei aber sei das Subjekt, indem es die eigene Identität, den Grund seiner Gesetzlichkeit, setzt, kantisch »konstituiert«. Daß das Konstituens das transzendentale, das Konstitutum das empirische Subjekt sein soll, räumt den Widerspruch nicht weg, denn anders als zur Bewußtseinseinheit individuiert, also als Moment des empirischen ist kein transzendentales. Es bedarf des irreduktiblen Nichtidentischen, das zugleich die Gesetzlichkeit begrenzt. Ohne es wäre Identität so wenig wie ein immanentes Gesetz von Subjektivität. Nur für Nichtidentisches ist es eines; sonst Tautologie. Das identifizierende Prinzip des Subjekts ist selber das verinnerlichte der Gesellschaft. Darum hat in den realen, gesellschaftlich seienden Subjekten Unfreiheit vor der Freiheit bis heute den Vorrang. Innerhalb der nach dem Identitätsprinzip gemodelten Wirklichkeit ist keine Freiheit positiv vorhanden. Wo, unterm universalen Bann, die Menschen in sich dem Identitätsprinzip und damit den einsichtigen Determinanten enthoben scheinen, sind sie einstweilen nicht mehr sondern weniger denn determiniert: als Schizophrenie ist subjektive Freiheit ein Zerstörendes, welches die Menschen erst recht dem Bann der Natur einverleibt.

Wille ohne Körperimpulse, die abgeschwächt in der Imagination nachleben, wäre keiner; zugleich jedoch richtet er sich ein als zentralisierende Einheit der Impulse, als die Instanz, welche sie bändigt und potentiell negiert. Das nötigt zu seiner dialektischen Bestimmung. Er ist die Kraft des Bewußtseins, mit der es den eigenen Bannkreis verläßt und dadurch verändert, was bloß ist; sein Umschlag ist Widerstand. Fraglos hat die Erinnerung daran die transzendentale Vernunftlehre der Moral stets begleitet; so in der Kantischen Beteuerung der Gegebenheit des Sittengesetzes unabhängig vom philosophischen Bewußtsein. Seine These ist heteronom und autoritär, hat aber ihr Wahrheitsmoment daran, daß sie den puren Vernunftcharakter des Sittengesetzes einschränkt. Würde die Eine Vernunft streng genommen, so könnte sie keine andere sein als die unverkürzte, philosophische. Das Motiv kulminiert in der Fichteschen Formel von der Selbstverständlichkeit des Moralischen. Als schlechtes Gewissen der Rationalität des Willens jedoch wird seine Irrationalität verdrückt und falsch. Soll er einmal selbstverständlich sein, dispensiert von der vernünftigen Reflexion, so gewährt das Selbstverständliche dem unerhellten Rückstand und der Repression seinen Unterschlupf. Selbstverständlichkeit ist Kennmarke des Zivilisatorischen: gut sei das Eine, Unveränderliche, Identische. Was dem nicht sich fügt, alles Erbe des prälogischen Naturmoments, wird unmittelbar zum Bösen, so abstrakt wie das Prinzip seines Gegenbildes. Das bürgerlich Böse ist die Postexistenz des Älteren, Unterworfenen, nicht ganz Unterworfenen. Böse ist es aber nicht unbedingt, so wenig wie sein gewalttätiges Widerspiel. Darüber entscheiden kann jeweils allein das Bewußtsein, das die Momente so weit und so konsequent reflektiert, wie sie ihm erreichbar sind. Eigentlich gibt es keine andere Instanz für richtige Praxis und das Gute selbst als den fortgeschrittensten Stand der Theorie. Eine Idee des Guten, welche den Willen lenken soll, ohne daß in sie die konkreten Vernunftbestimmungen voll eingingen, pariert unvermerkt dem verdinglichten Bewußtsein, dem gesellschaftlich Approbierten. Der von Vernunft losgerissene und zum Selbstzweck erklärte Wille, dessen Triumph die Nationalsozialisten auf einem ihrer Parteitage sich selbst bescheinigten, ist gleich allen gegen die Vernunft aufmuckenden Idealen bereit zur Untat. Die Selbstverständlichkeit guten

Willens verstockt sich im Trugbild, geschichtliches Sediment der Macht, welcher der Wille zu widerstehen hätte. Im Gegensatz zu seinem Pharisäismus verurteilt das irrationale Moment des Willens alles Moralische prinzipiell zur Fehlbarkeit. Moralische Sicherheit existiert nicht; sie unterstellen wäre bereits unmoralisch, falsche Entlastung des Individuums von dem, was irgend Sittlichkeit heißen dürfte. Je unbarmherziger die Gesellschaft bis in jegliche Situation hinein objektiv-antagonistisch sich schürzt, desto weniger ist irgendeine moralische Einzelentscheidung als die rechte verbrieft. Was immer der Einzelne oder die Gruppe gegen die Totalität unternimmt, deren Teil sie bildet, wird von deren Bösem angesteckt, und nicht minder, wer gar nichts tut. Dazu hat die Erbsünde sich säkularisiert. Das Einzelsubjekt, das moralisch sicher sich wähnt, versagt und wird mitschuldig, weil es, eingespannt in die Ordnung, kaum etwas über die Bedingungen vermag, die ans sittliche Ingenium appellieren: nach ihrer Veränderung schreien. Für solchen Verfall nicht der Moral, sondern des Moralischen hat das gewitzigte Neudeutsch nach dem Krieg den Namen der Überforderung ausgeheckt, seinerseits wiederum ein apologetisches Instrument. Alle denkbaren Bestimmungen des Moralischen, bis zur formalsten, der Einheit des Selbstbewußtseins als Vernunft, sind aus jener Materie herausgepreßt, von welcher die Moralphilosophie unbefleckt sich halten wollte. Heute ist Moral an die ihr verhaßte Heteronomie zurückerstattet, und hebt sich tendenziell auf. Ohne Rekurs auf Material könnte aus der Vernunft kein Sollen entfließen; muß sie aber einmal ihr Material in abstracto als Bedingung ihrer Möglichkeit anerkennen, so darf sie nicht die Besinnung aufs spezifische Material unterbinden; sonst gerade würde sie heteronom. Dem Rückblick enthüllt sich die Positivität des Moralischen, die Unfehlbarkeit, welche die subjektiven Idealisten ihm attestierten, als Funktion einer noch einigermaßen geschlossenen Gesellschaft, oder wenigstens von deren Schein für das in ihr beschränkte Bewußtsein. Das mochte Benjamin mit den Bedingungen und Grenzen der Humanität meinen. Der von der Kantischen und Fichteschen Lehre geforderte Primat der praktischen Vernunft über die Theorie, eigentlich von Vernunft über Vernunft, gilt nur für traditionalistische Phasen, deren Horizont die Zweifel nicht erst duldet, welche die Idealisten zu lösen wähnten.

Marx hat die These vom Primat der praktischen Vernunft von Kant und dem deutschen Idealismus empfangen und geschärft zur Forderung, die Welt zu verändern anstatt sie bloß zu interpretieren. Er hat damit das Programm absoluter Naturbeherrschung, ein Urbürgerliches, unterschrieben. Das reale Modell des Identitätsprinzips schlägt durch, das als solches vom dialektischen Materialismus bestritten ist, die Anstrengung, das dem Subjekt Ungleiche ihm gleichzumachen. Wie aber Marx das dem Begriff immanente Reale nach außen stülpt, bereitet er einen Umschlag vor. Das Telos der ihm zufolge fälligen Praxis war die Abschaffung ihres Primats in der Gestalt, welche die bürgerliche Gesellschaft durchherrscht hatte. Kontemplation wäre möglich ohne Inhumanität, sobald die Produktivkräfte soweit entfesselt sind, daß die Menschen nicht länger von einer Praxis verschlungen werden, die der Mangel ihnen abzwingt und die dann in ihnen sich automatisiert. Das Schlechte an der Kontemplation bis heute, der diesseits von Praxis sich genügenden, wie Aristoteles erstmals als summum bonum sie entwickelt hatte, war, daß sie gerade durch ihre Gleichgültigkeit gegen die Veränderung der Welt zum Stück bornierter Praxis: daß sie Methode und instrumentell ward. Die mögliche Reduktion von Arbeit auf ein Minimum müßte den Begriff Praxis radikal affizieren. Was an Einsicht einer durch Praxis befreiten Menschheit zufiele, wäre von Praxis, die ideologisch sich selbst erhöht und die Subjekte so oder so sich zu tummeln veranlaßt, verschieden. Ein Abglanz davon fällt auf Kontemplation heute. Der gängige, aus den Feuerbachthesen extrapolierte Einwand, das Glück des Geistes sei inmitten des ansteigenden Unglücks der explodierenden Bevölkerung der armen Länder, nach den geschehenen und bevorstehenden Katastrophen, unerlaubt, hat gegen sich nicht bloß, daß er meist aus der Impotenz eine Tugend macht. Wohl ist des Geistes nicht mehr recht zu genießen, weil Glück keines wäre, das die eigene Nichtigkeit, die erborgte Zeit, die ihm gegönnt ist, durchschauen müßte. Auch subjektiv ist es unterhöhlt, selbst wo es noch sich regt. Daß an Erkenntnis, deren mögliche Beziehung auf verändernde Praxis zumindest temporär gelähmt ist, auch in sich kein Segen sei, dafür spricht vieles. Praxis wird aufgeschoben und kann nicht warten; daran krankt auch Theorie. Wer jedoch nichts tun kann, ohne daß es, auch wenn es das Bessere will, zum Schlechten auszuschlagen drohte, wird zum Denken verhalten; das ist seine Rechtfertigung und die des Glücks am Geiste. Dessen Horizont muß keineswegs der einer durchsichtigen Beziehung auf später mögliche Praxis sein. Vertagendes Denken über Praxis hat allemal etwas Ungemäßes, auch wenn es aus nacktem Zwang sie aufschiebt. Leicht jedoch wird alles verderben, wer sein Denken durchs cui bono gängelt. Was einmal einer besseren Praxis obliegt und zuteil wird, kann Denken, der Warnung vorm Utopismus gemäß, jetzt und hier so wenig absehen, wie Praxis, ihrem eigenen Begriff nach, je in Erkenntnis aufgeht. Ohne praktischen Sichtvermerk sollte Denken so sehr gegen die Fassade angehen, soweit sich bewegen, wie ihm möglich ist. Eine Realität, die gegen die überlieferte Theorie, auch die bislang beste, sich abdichtet, verlangt danach um des Bannes willen, der sie umhüllt; sie blickt das Subjekt mit so fremden Augen an, daß es, seines Versäumnisses eingedenk, die Anstrengung zur Antwort nicht sich ersparen darf. Das Verzweifelte, daß die Praxis, auf die es ankäme, verstellt ist, gewährt paradox die Atempause zum Denken, die nicht zu nutzen praktischer Frevel wäre. Dem Denken kommt heute ironisch zugute, daß man seinen eigenen Begriff nicht verabsolutieren darf: es bleibt, als Verhalten, ein Stück Praxis, sei diese sich selbst noch so sehr verborgen. Wer aber dem unerlaubten Glück des Geistes das buchstäbliche, sinnliche als Besseres kontrastiert, verkennt, daß, am Ende der geschichtlichen Sublimierung, das abgespaltene sinnliche Glück etwas ähnlich Regressives annimmt, wie das Verhältnis von Kindern zum Essen den Erwachsenen abstößt. Jenen darin nicht zu gleichen, ist ein Stück Freiheit.

Nach den Ergebnissen der transzendentalen Analytik wäre die dritte Antinomie vorweg abgeschnitten: »Wer hat euch geheißen, einen schlechthin ersten Zustand der Welt und mithin einen absoluten Anfang der nach und nach ablaufenden Reihe der Erscheinungen zu erdenken und damit ihr eurer Einbildung einen Ruhepunkt verschaffen möget, der unbeschränkten Natur Grenzen zu setzen?«[20] Indessen begnügte Kant sich nicht mit der summarischen Konstatierung, die Antinomie sei ein vermeidbarer Fehler des Vernunftgebrauchs, und führte sie, gleich den anderen, aus. Der Kantische transzendentale Idealismus enthält das anti-idealistische Verbot, absolute Identität zu setzen. Erkenntnistheorie solle nicht so sich gebärden, als sei der unabsehbare, »unendliche« Gehalt der Erfahrung aus positiven Bestimmungen der Vernunft an sich zu erlangen. Wer dagegen sich verfehlt, der gerate in den dem common sense unerträglichen Widerspruch. An diesem Plausiblen jedoch bohrt Kant weiter. Vernunft, die verfährt, wie er an ihr es tadelt, muß dem eigenen Sinn nach, ihrem unaufhaltsamen Erkenntnisideal zuliebe, so weiter gehen, wie sie es nicht dürfe, gleichwie unter einer natürlichen und unwiderstehlichen Versuchung. Der Vernunft werde zugeflüstert, die Totalität des Seienden konvergiere doch mit ihr. Andererseits hat die gleichsam systemfremde Notwendigkeit im unendlichen Fortgang der nach Bedingungen suchenden Vernunft ihr Authentisches, die Idee des Absoluten, ohne die Wahrheit nicht zu denken wäre, im Gegensatz zur Erkenntnis als bloßer adaequatio rei atque cogitationis. Daß der Fortgang, und damit die Antinomie, der gleichen Vernunft unabdingbar sei, die doch als kritische in der transzendentalen Analytik derlei Ausschweifungen unterdrücken muß, belegt, mit unabsichtlicher Selbstkritik, den Widerspruch des Kritizismus zu seiner eigenen Vernunft als des Organs emphatischer Wahrheit. Kant dringt auf die Notwendigkeit des Widerspruchs und verstopft zugleich das Loch, indem er jene Notwendigkeit, die von der Natur der Vernunft herstamme, zu deren höherer Ehre eskamotiert, lediglich aus einem korrigibel falschen Gebrauch der Begriffe erklärt. – Wie von »Kausalität durch Freiheit« wird in der Thesis der dritten Antinomie, zur Erklärung von Freiheit, von »nothwendig«[21] geredet. Seine eigene praktische Freiheitslehre, so eindeutig auch ihre Intention sich bekundet, kann danach nicht einfach akausal oder antikausal sein. Er modifiziert oder erweitert den Begriff von Kausalität, solange er ihn nicht von dem in der Antithesis verwendeten explizit unterscheidet. Widersprechendes durchfurcht sein Theorem schon vor aller Paradoxie des Unendlichen. Als Theorie der Geltung wissenschaftlicher Erkenntnis kann die Kritik der reinen Vernunft ihre Themen anders als unterm Gesetzesbegriff nicht abhandeln, selbst das nicht, was der Gesetzlichkeit entrückt sein soll.

Die berühmte, äußerst formale Kantische Definition der Kausalität lautet, daß alles, was geschehe, einen vorigen Zustand voraussetze, »auf den es unausbleiblich nach einer Regel folgt«[22]. Historisch richtet sie sich gegen die Leibniz'sche Schule; gegen die Interpretation der Folge der Zustände aus innerer Notwendigkeit als einem Ansichsein. Andererseits unterscheidet sie sich von Hume: ohne die von diesem der Konvention, einem Zufälligen überantwortete Regelhaftigkeit des Denkens sei einstimmige Erfahrung nicht möglich; muß doch Hume, an Ort und Stelle, kausal reden, um plausibel zu machen, was er zur Konvention vergleichgültigt. Bei Kant dagegen wird Kausalität zur Funktion subjektiver Vernunft, und damit das unter ihr Vorgestellte immer dünner. Es zergeht wie ein Stück Mythologie. Sie nähert sich dem Vernunftprinzip als solchem, eben dem Denken nach Regeln. Urteile über Kausalzusammenhänge spielen in Tautologie hinüber: Vernunft konstatiert an ihnen, was sie ohnehin als Vermögen von Gesetzen wirkt. Daß sie der Natur die Gesetze vorschreibt oder vielmehr das Gesetz, besagt nicht mehr als Subsumtion unter die Einheit von Vernunft. Sie überträgt diese Einheit, ihr eigenes Identitätsprinzip, auf die Objekte und unterschiebt sie dann als deren Erkenntnis. Ist einmal Kausalität so gründlich entzaubert, wie durchs Tabu über die innere Determination der Objekte, so zersetzt sie sich auch in sich selber. Vor der Humeschen Leugnung hat die Kantische Rettung einzig noch voraus, daß sie, was jener wegfegte, für der Vernunft eingeboren, gleichsam für die Not ihrer Beschaffenheit ansieht, wenn nicht für anthropologische Zufälligkeit. Kausalität soll nicht in den Gegenständen und ihrem Verhältnis, statt dessen lediglich in subjektivem Denkzwang entspringen. Daß ein Zustand mit dem folgenden etwas Wesentliches, Spezifisches zu tun haben könne, gilt auch für Kant als dogmatisch. Es ließen aber Gesetzmäßigkeiten von Sukzessionen nach der Kantischen Konzeption sich aufstellen, die in nichts ans Kausalverhältnis erinnerten. Virtuell wird das Verhältnis der durchs Inwendige hindurchgegangenen Gegenstände zueinander dem Kausalitätstheorem zum Äußerlichen. Mißachtet wird das Einfachste der Rede, etwas sei die Ursache von etwas anderem. Kausalität, die rigoros gegens Innere der Gegenstände sich abdichtet, ist nur noch ihre eigene Hülse. Die reductio ad hominem im Gesetzesbegriff erreicht einen Schwellenwert, wo das Gesetz über die Objekte nichts mehr besagt; die Ausweitung der Kausalität zum reinen Vernunftbegriff negiert sie. Die Kantische Kausalität ist eine ohne causa. Indem er sie vom naturalistischen Vorurteil kuriert, zergeht sie ihm unter den Händen. Daß das Bewußtsein der Kausalität, als seiner eingeborenen Form, gar nicht entrinnen könne, antwortet gewiß auf Humes Schwäche. Aber indem laut Kant das Subjekt kausal denken muß, folgt auch er in der Analyse der Konstituentien, nach dem Wortsinn von Müssen, dem Kausalsatz, dem er erst die Konstituta unterwerfen dürfte. Unterliegt bereits die Konstitution der Kausalität durch die reine Vernunft, die doch ihrerseits die Freiheit sein soll, der Kausalität, so ist Freiheit vorweg so kompromittiert, daß sie kaum einen anderen Ort hat als die Gefügigkeit des Bewußtseins dem Gesetz gegenüber. Im Aufbau der gesamten Antithetik überschneiden sich Freiheit und Kausalität. Weil jene bei Kant soviel ist wie Handeln aus Vernunft, ist auch sie gesetzmäßig, auch die freien Handlungen »folgen aus Regeln«. Daraus ist die unerträgliche Hypothek der nach-Kantischen Philosophie geworden, daß Freiheit ohne Gesetz keine sei; einzig in der Identifikation mit diesem bestünde. Über den deutschen Idealismus hat sich das, mit unabsehbarer politischer Konsequenz, auf Engels* fortgeerbt: theoretischer Ursprung der falschen Versöhnung.

* »Hegel war der erste, der das Verhältnis von Freiheit und Notwendigkeit richtig darstellte. Für ihn ist die Freiheit die Einsicht in die Notwendigkeit. ›Blind ist die Notwendigkeit nur, insofern dieselbe nicht begriffen wird.‹ Nicht in der geträumten Unabhängigkeit von den Naturgesetzen liegt die Freiheit, sondern in der Erkenntnis dieser Gesetze, und in der damit gegebenen Möglichkeit, sie planmäßig zu bestimmten Zwecken wirken zu lassen. Es gilt dies mit Beziehung sowohl auf die Gesetze der äußern Natur, wie auf diejenigen, welche das körperliche und geistige Dasein des Menschen selbst regeln – zwei Klassen von Gesetzen, die wir höchstens in der Vorstellung, nicht aber in der Wirklichkeit voneinander trennen können. Freiheit des Willens heißt daher nichts andres als die Fähigkeit, mit Sachkenntnis entscheiden zu können. Je freier also das Urteil eines Menschen in Beziehung auf einen bestimmten Fragepunkt ist, mit desto größerer Notwendigkeit wird der Inhalt dieses Urteils bestimmt sein; während die auf Unkenntnis beruhende Unsicherheit, die zwischen vielen verschiednen und widersprechenden Entscheidungsmöglichkeiten scheinbar willkürlich wählt, eben dadurch ihre Unfreiheit beweist, ihr Beherrschtsein von dem Gegenstande, den sie grade beherrschen sollte. Freiheit besteht also in der, auf Erkenntnis der Naturnotwendigkeiten

Mit dem erkenntnistheoretischen Zwangscharakter würde auch jener Anspruch auf Totalität hinfällig, den Kausalität so lange erhebt, wie sie mit dem Prinzip von Subjektivität koinzidiert. Was im Idealismus als Freiheit paradox nur erscheinen kann, würde dann inhaltlich jenes Moment, das die Verklammerung des Weltlaufs zum Schicksal transzendiert. Würde Kausalität als eine – wie immer auch subjektiv vermittelte – Bestimmung der Sachen selbst aufgesucht, so öffnete sich in solcher Spezifikation, gegenüber dem unterschiedslos Einen reiner Subjektivität, die Perspektive von Freiheit. Sie gälte dem von Zwang Unterschiedenen. Dann wäre der Zwang nicht länger gepriesen als Tathandlung des Subjekts, nicht länger seine Totalität bejaht. Er büßte die apriorische Gewalt ein, die aus dem realen Zwang extrapoliert ward. Je objektiver die Kausalität, desto größer die Möglichkeit von Freiheit; nicht zuletzt darum muß, wer Freiheit will, auf der Notwendigkeit insistieren. Kant dagegen fordert die Freiheit und verhindert sie. Die Begründung der Thesis der dritten Antinomie, der von der absoluten Spontaneität der Ursache, Säkularisierung des freien göttlichen Schöpfungsaktes, ist Cartesianischen Stils; sie soll gelten, damit der Methode genügt werde. Vollständigkeit der Erkenntnis etabliert sich als erkenntnistheoretisches Kriterium; ohne Freiheit sei »selbst im Laufe der Natur die Reihenfolge der Erscheinungen auf der Seite der Ursachen niemals vollständig«[23]. Die Totalität von Erkenntnis, die dabei stillschweigend der Wahrheit gleichgesetzt wird, wäre die Identität von Subjekt und Objekt. Kant schränkt sie ein als Erkenntniskritiker und lehrt sie als Theoretiker der Wahrheit. Einer Erkenntnis, die über eine derart vollständige Reihe verfügte, wie sie laut Kant nur unter der Hypostasis eines ursprünglichen Aktes absoluter Freiheit vorzustellen ist; die also nichts an sinnlich Gegebenem mehr draußen ließe, wäre eine, der kein von ihr Verschiedenes gegenüberstünde. Kritik solcher Identität träfe wie die positiv-ontologische Apotheose des subjektiven Kausalbegriffs auch den Kantischen Beweis für die Notwendigkeit der Freiheit, dem ohnehin, der reinen Form nach, etwas Widersprechendes

gegründeten Herrschaft über uns selbst und über die äußere Natur; sie ist damit notwendig ein Produkt der geschichtlichen Entwicklung.« (Karl Marx/Friedrich Engels, Werke, Berlin 1962, Bd. 20, S. 106.)

anhaftet. Daß Freiheit sein müsse, ist die höchste iniuria des rechtsetzenden autonomen Subjekts. Der Inhalt seiner eigenen Freiheit – der Identität, die alles Nichtidentische annektiert hat – ist eins mit dem Muß, dem Gesetz, der absoluten Herrschaft. Daran entflammt das Kantische Pathos. Noch Freiheit konstruiert er als Spezialfall von Kausalität. Ihm geht es um die »beständigen Gesetze«. Sein bürgerlich verzagter Abscheu vor Anarchie ist nicht geringer als sein bürgerlich selbstbewußter Widerwille gegen Bevormundung. Auch damit reicht Gesellschaft bis in seine formalsten Erwägungen hinein. Das Formale an sich, das einerseits den Einzelnen befreit von den einengenden Bestimmungen des So und nicht anders Gewordenen, andererseits dem Seienden nichts entgegenhält, auf nichts sich stützt als auf die zum reinen Prinzip erhobene Herrschaft, ist ein Bürgerliches. Im Ursprung der Kantischen Metaphysik der Sitten birgt sich die spätere soziologische Dichotomie Comtes zwischen den Gesetzen des Fortschritts und denen der Ordnung, samt der Parteiischkeit für diese; vermöge ihrer Gesetzlichkeit soll sie den Fortschritt bändigen. Solchen Oberton hat der Satz aus dem Kantischen Beweis der Antithese, »die Freiheit (Unabhängigkeit) von den Gesetzen der Natur ist zwar eine Befreiung vom Zwange, aber auch vom Leitfaden aller Regeln«[24]. Er soll durch die »unbedingte Kausalität«, will sagen: den freien Akt der Erzeugung, »abreißen«; wo Kant diesen, in der Antithesis, szientifisch kritisiert, schilt er ihn, wie sonst das sture Faktum, »blind«[25]. Daß Kant Freiheit eilends als Gesetz denkt, verrät, daß er es so wenig streng mit ihr nimmt wie je seine Klasse. Schon ehe sie das industrielle Proletariat fürchtete, verband sie, etwa in der Smith'schen Ökonomie, den Preis des emanzipierten Individuums mit der Apologie einer Ordnung, in der einerseits die invisible hand für den Bettler sorge wie für den König, während andererseits in ihr noch der freie Konkurrent des – feudalen – fair play sich zu befleißigen habe. Kants Popularisator hat seinen philosophischen Lehrer nicht verfälscht, als er die Ordnung die segensreiche Himmelstochter nannte im gleichen Poem, das einhämmert, es könne, wenn sich die Völker selbst befrei'n, die Wohlfahrt nicht gedeih'n. Beide wollten nichts davon wissen, daß das Chaos, welches jener Generation an den vergleichsweise bescheidenen Schrecken der Französischen Revolution vor

Augen stand – über die Greuel der Chouans entrüsteten sie sich weniger –, Ausgeburt einer Repression war, deren Züge in denen überleben, welche gegen sie sich aufbäumen. Erleichtert schon wie all die anderen deutschen Genien, die gar nicht rasch genug die Revolution, die sie zunächst hatten begrüßen müssen, schmähen konnten, sobald Robespierre ihnen den Vorwand lieferte, lobt Kant im Beweis der Antithesis »Gesetzmäßigkeit« auf Kosten von »Gesetzlosigkeit« und spricht gar vom »Blendwerk von Freiheit«[26]. Gesetzen wird das rühmende Epitheton »beständig« verliehen, das sie über das Schreckbild der Anarchie erheben soll, ohne daß der Verdacht dämmerte, sie gerade seien das alte Übel des Unfreien. Die Vormacht des Gesetzesbegriffs bei Kant aber zeigt sich darin, daß er sie in der Beweisführung für die Thesis sowohl wie für die Antithesis, als deren vermeintlich höhere Einheit, anruft.

Der gesamte Abschnitt über die Antithetik der reinen Vernunft argumentiert, wie bekannt, e contrario; in der These derart, daß die Gegenthese jenes transzendenten Gebrauchs der Kausalität schuldig sei, der die Kategorienlehre vorweg verletzt; die Kausalkategorie überschritte in der Antithese die Grenzen der Möglichkeit von Erfahrung. Vernachlässigt wird dabei inhaltlich, daß der konsequente Szientivismus vor solcher metaphysischen Verwendung der Kausalkategorie sich hütet. Um der agnostischen Konsequenz des Szientivismus zu entgehen, mit dem die Lehre von der theoretischen Vernunft unmißverständlich sympathisiert, baut Kant eine Antithese auf, die gar nicht der szientifischen Position entspricht: Freiheit wird errungen durch Destruktion einer nach Maß gefertigten Vogelscheuche. Bewiesen ist nur, daß Kausalität nicht als bis ins Unendliche positiv gegeben angesehen werden dürfe – nach dem Tenor der Kritik der reinen Vernunft eine Tautologie, gegen welche die Positivisten am letzten etwas einzuwenden hätten. Keineswegs jedoch folgt daraus, auch im Argumentationszusammenhang der Thesis nicht, die Kausalkette breche mit der Supposition einer nicht weniger denn jene positiv unterstellten Freiheit ab. Der Paralogismus ist von unabsehbarer Tragweite, weil er es erlaubt, das non liquet positiv umzudeuten. Die positive Freiheit ist ein aporetischer Begriff, ersonnen, um gegenüber Nominalismus und Verwissenschaftlichung das Ansichsein eines Geistigen zu konservieren. An zentraler Stelle der Kritik der praktischen Vernunft hat Kant zugestanden, worum es dieser geht, eben um Rettung eines Residuums: »Da dieses Gesetz aber unvermeidlich alle Causalität der Dinge, so fern ihr Dasein in der Zeit bestimmbar ist, betrifft, so würde, wenn dieses die Art wäre, wornach man sich auch das Dasein dieser Dinge an sich selbst vorzustellen hätte, die Freiheit als ein nichtiger und unmöglicher Begriff verworfen werden müssen. Folglich wenn man sie noch retten will, so bleibt kein Weg übrig, als das Dasein eines Dinges, so fern es in der Zeit bestimmbar ist, folglich auch die Causalität nach dem Gesetze der Naturnothwendigkeit blos der Erscheinung, die Freiheit aber eben demselben Wesen als Dinge an sich selbst beizulegen.«[27] Die Konstruktion der Freiheit bekennt sich als inspiriert von der später in den Wahlverwandtschaften so genannten Begierde des Rettens, während sie, zur Eigenschaft des innerzeitlichen Subjekts relegiert, als »nichtig und unmöglich« sich enthüllte. Das aporetische Wesen der Konstruktion, nicht die abstrakte Möglichkeit der Antithesis im Unendlichen spricht gegen die positive Freiheitslehre. Apodiktisch verwehrt die Vernunftkritik, von einem Subjekt jenseits von Raum und Zeit als einem Gegenstand der Erkenntnis zu reden. So argumentiert anfangs noch die Moralphilosophie: »Sogar sich selbst und zwar nach der Kenntniß, die der Mensch durch innere Empfindung von sich hat, darf er sich nicht anmaßen zu erkennen, wie er an sich selbst sei.«[28] Die Vorrede der Kritik der praktischen Vernunft wiederholt das, unter Berufung auf die der reinen[29]. Daß man den »Gegenständen der Erfahrung«, wie Kant stipuliert, »gleichwohl Dinge an sich selbst zum Grunde zu legen«[30] habe, klingt danach kraß dogmatisch. Aporetisch indessen ist keineswegs nur die Frage nach der Möglichkeit, zu erkennen, was das Subjekt an und für sich sei. In sie gerät jede auch nur denkbare, im Kantischen Sinn »noumenale« Bestimmung des Subjekts. Um der Freiheit teilhaftig zu werden, müßte nach Kants Lehre dies noumenale Subjekt außerzeitlich sein, »als reine Intelligenz, in seinem nicht der Zeit nach bestimmbaren Dasein«[31]. Die Begierde der Rettung macht dies Noumenale ebensowohl zu einem Dasein – weil sonst schlechterdings nichts davon prädiziert werden könnte –, wie es nicht der Zeit nach bestimmbar sein soll. Dasein jedoch, als irgend gegebenes, nicht zur reinen Idee verblaßtes, ist dem eigenen Begriff nach innerzeitlich. In der Kritik der reinen Vernunft: der Deduktion der reinen Verstandesbegriffe ebenso wie im Schematismuskapitel*, wird die Einheit des Subjekts zur reinen Zeitform. Sie integriert die Tatsachen des Bewußtseins, als solche der gleichen Person. Keine Synthesis ohne die innerzeitliche Bezogenheit der synthesierten Momente aufeinander; sie wäre Bedingung sogar der formalsten logischen Operationen und ihrer Geltung. Danach könnte aber auch einem absoluten Subjekt Zeitlosigkeit nicht zugesprochen werden, solange unter dem Namen Subjekt irgend etwas auch nur gedacht werden soll. Eher allenfalls wäre es absolute Zeit. Unerfindlich, wie Freiheit, prinzipiell Attribut temporalen Handelns und einzig temporal aktualisiert, von einem radikal Unzeitlichen soll prädiziert werden können; unerfindlich auch, wie ein derart Unzeitliches in die raumzeitliche Welt hineinzuwirken vermöchte, ohne selbst zeitlich zu werden und ins Kantische Reich der Kausalität sich zu verirren. Als deus ex machina springt der Ding-an-sich-Begriff ein. Verborgen und unbestimmt, markiert er eine Leerstelle des Gedankens; einzig seine Unbestimmtheit erlaubt, ihn nach Bedarf zur Erklärung heranzuziehen. Das einzige, was Kant vom Ding an sich Wort haben will, ist, daß es das Subjekt »affiziert«. Damit aber wäre es diesem schroff entgegengesetzt und nur durch uneinlösbare, von Kant denn auch nirgends ausgeführte Spekulation mit dem moralischen Subjekt als einem gleichfalls Ansichseienden zusammenzuwerfen. Freiheit ins Dasein zu zitieren, verhindert Kants Erkenntniskritik; er hilft sich durch

* »Hieraus erhellt nun, daß der Schematismus des Verstandes durch die transcendentale Synthesis der Einbildungskraft auf nichts anders, als die Einheit alles Mannigfaltigen der Anschauung in dem inneren Sinne und so indirekt auf die Einheit der Apperception als Function, welche dem innern Sinn (einer Receptivität) correspondirt, hinauslaufe. Also sind die Schemata der reinen Verstandesbegriffe die wahren und einzigen Bedingungen, diesen eine Beziehung auf Objecte, mithin Bedeutung zu verschaffen, und die Kategorien sind daher am Ende von keinem andern als einem möglichen empirischen Gebrauche, indem sie bloß dazu dienen, durch Gründe einer a priori nothwendigen Einheit (wegen der nothwendigen Vereinigung alles Bewußtseins in einer ursprünglichen Apperception) Erscheinungen allgemeinen Regeln der Synthesis zu unterwerfen und sie dadurch zur durchgängigen Verknüpfung in einer Erfahrung schicklich zu machen.« (Kant, Kritik der reinen Vernunft, a.a.O., S. 138.)

Beschwörung einer Daseinssphäre, die zwar von jener Kritik ausgenommen wäre, aber auch von jeglichem Urteil, was sie sei. Sein Versuch, die Freiheitslehre zu konkretisieren, Freiheit lebendigen Subjekten zuzuschreiben, verfängt sich in paradoxalen Behauptungen: »Man kann also einräumen, daß, wenn es für uns möglich wäre, in eines Menschen Denkungsart, so wie sie sich durch innere sowohl als äußere Handlungen zeigt, so tiefe Einsicht zu haben, daß jede, auch die mindeste Triebfeder dazu uns bekannt würde, imgleichen alle auf diese wirkende äußere Veranlassung, man eines Menschen Verhalten auf die Zukunft mit Gewißheit, so wie eine Mond- oder Sonnenfinsterniß ausrechnen könnte und dennoch dabei behaupten, daß der Mensch frei sei.«[32] Daß Kant sogar in der Kritik der praktischen Vernunft nicht ohne Termini wie Triebfeder auskommt, ist inhaltlich relevant. Der Versuch, Freiheit so weit verständlich zu machen, wie eine Freiheitslehre es nicht entbehren kann, führt durchs Medium seiner Metaphern unausweichlich auf Vorstellungen aus der empirischen Welt. ›Feder‹ ist ein kausal-mechanischer Begriff. Gälte jedoch selbst der Vordersatz, so wäre der Nachsatz Nonsens. Er taugte einzig noch dazu, den empirisch in die totale Kausalität Einbezogenen überdies metaphysisch, durch mythischen Schicksalszusammenhang einzubeziehen, indem ihm im Namen von Freiheit als Schuld aufgebürdet wird, was bei total gegebener Determination keine wäre. Durch seine Schuldhaftigkeit würde diese verstärkt bis ins Innerste seiner Subjektivität hinein. Solcher Konstruktion der Freiheit bleibt schon gar nichts mehr übrig, als, unter Preisgabe der Vernunft, auf welcher sie beruhen soll, autoritär den einzuschüchtern, der sie vergebens zu denken trachtet. Vernunft ihrerseits aber ist ihm nichts anderes als das gesetzgebende Vermögen. Darum muß er Freiheit von Anbeginn als »besondere Art von Causalität«[33] vorstellen. Indem er sie setzt, nimmt er sie zurück.

Tatsächlich basiert die aporetische Konstruktion der Freiheit nicht auf dem Noumenalen sondern auf dem Phänomenalen. Dort läßt jene Gegebenheit des Sittengesetzes sich beobachten, durch welche Kant Freiheit trotz allem als ein Daseiendes verbrieft glaubt. Gegebenheit indessen ist, worauf das Wort anspielt, das Gegenteil von Freiheit, nackter Zwang, ausgeübt in Raum und

Zeit. Freiheit heißt bei Kant soviel wie die reine praktische Vernunft, die ihre Gegenstände sich selber produziert; diese habe zu tun »nicht mit Gegenständen, sie zu erkennen, sondern mit ihrem eigenen Vermögen, jene (der Erkenntniß derselben gemäß) wirklich zu machen«[34]. Die darin implizierte absolute Autonomie des Willens wäre soviel wie absolute Herrschaft über die innere Natur. Kant rühmt: »Consequent zu sein, ist die größte Obliegenheit eines Philosophen und wird doch am seltensten angetroffen.«[35] Das unterschiebt nicht nur die formale Logik der reinen Konsequenz als höchste moralische Instanz, sondern zugleich die Unterordnung jeglicher Regung unter die logische Einheit, ihren Primat über das Diffuse der Natur, ja über alle Vielfalt des Nichtidentischen; jene erscheint im geschlossenen Kreis der Logik stets als inkonsequent. Trotz der Auflösung der dritten Antinomie bleibt die Kantische Moralphilosophie antinomisch: sie vermag, gemäß der Gesamtkonzeption, den Begriff der Freiheit einzig als Unterdrückung vorzustellen. Sämtliche Konkretisierungen der Moral tragen bei Kant repressive Züge. Ihre Abstraktheit ist inhaltlich, weil sie vom Subjekt ausscheidet, was seinem reinen Begriff nicht entspricht. Daher der Kantische Rigorismus. Gegen das hedonistische Prinzip wird argumentiert, nicht weil es an sich böse, sondern dem reinen Ich heteronom sei: »Die Lust aus der Vorstellung der Existenz einer Sache, sofern sie ein Bestimmungsgrund des Begehrens dieser Sache sein soll, gründet sich auf der Empfänglichkeit des Subjects, weil sie von dem Dasein eines Gegenstandes abhängt; mithin gehört sie dem Sinne (Gefühl) und nicht dem Verstande an, der eine Beziehung der Vorstellung auf ein Object nach Begriffen, aber nicht auf das Subject nach Gefühlen ausdrückt.«[36] Aber die Ehre, welche Kant der Freiheit angedeihen läßt, indem er sie von allem sie Beeinträchtigenden reinigen möchte, verurteilt zugleich prinzipiell die Person zur Unfreiheit. Anders denn als Einschränkung ihrer eigenen Regungen kann sie solche zum äußersten gespannte Freiheit nicht erfahren. Neigte Kant gleichwohl in manchen Passagen wie der großartigen zweiten Anmerkung zum zweiten Lehrsatz aus den Grundsätzen der praktischen Vernunft dem Glück sich zu, so durchbrach seine Humanität die Norm von Konsequenz. Ihm mochte dämmern, daß ohne solche Erbittlichkeit nach dem Sittengesetz nicht zu leben wäre. Das reine Vernunftprinzip der Persönlichkeit müßte konvergieren mit dem der Selbsterhaltung der Person, der Totalität seines ›Interesses‹, die das Glück einbegreift. Zu diesem steht Kant so ambivalent wie der bürgerliche Geist insgesamt, der dem Individuum the pursuit of happiness garantieren und aus Arbeitsmoral verbieten möchte. Solche soziologische Reflexion ist nicht von außen, zuordnend, in den Kantischen Apriorismus hineingetragen. Daß in der Grundlegung und in der Kritik der praktischen Vernunft Termini gesellschaftlichen Inhalts immer wieder auftreten, mag unvereinbar sein mit der aprioristischen Intention. Aber ohne derlei Metabasis müßte Kant verstummen vor der Frage nach der Kompatibilität des Sittengesetzes mit den empirischen Menschen. Er würde vor der Heteronomie kapitulieren, sobald er Autonomie als unrealisierbar einbekennte. Wollte man im Dienst systematischer Stimmigkeit jene sozial sachhaltigen Termini ihres einfachen Sinnes enteignen und sie zu Ideen sublimieren, so mißachtete man nicht nur den Wortlaut. Mit größerer Gewalt, als daß Kants Absicht etwas darüber vermöchte, meldet in ihnen der wahre Ursprung der moralischen Kategorien sich an. Heißt es in der berühmten Variante des kategorischen Imperativs aus der ›Grundlegung‹: »Handle so, daß du die Menschheit sowohl in deiner Person, als in der Person eines jeden andern jederzeit zugleich als Zweck, niemals bloß als Mittel brauchst«[37], so mag immerhin »Menschheit«, menschliches Potential in den Menschen, nur als regulative Idee gemeint sein; Menschheit, Prinzip des Menschseins, keineswegs die Summe aller Menschen, ist noch nicht verwirklicht. Gleichwohl ist der Zusatz von faktischem Gehalt in dem Wort nicht abzuschütteln: jeder Einzelne sei als Repräsentant der vergesellschafteten Gattung Mensch zu achten, keine bloße Funktion des Tauschvorgangs. Der von Kant entscheidend urgierte Unterschied von Mittel und Zweck ist gesellschaftlich, der zwischen den Subjekten als der Ware Arbeitskraft, aus denen Wert herauszuwirtschaften ist, und den Menschen, die noch als solche Ware die Subjekte bleiben, um derentwillen das gesamte Getriebe in Gang gesetzt ist, das sie vergißt und nur beiher befriedigt. Ohne diese Perspektive verlöre die Variante des Imperativs sich ins Leere. Das »niemals bloß« aber ist, nach Horkheimers Bemerkung, eine jener Wendungen erhabener Nüchternheit, in denen Kant, um der Utopie nicht die Chance ihrer Realisierung zu verderben, die Empirie noch in ihrer verworfenen Gestalt, der von Ausbeutung, als Bedingung des Besseren soweit mithineinnimmt, wie er es dann in der Geschichtsphilosophie, unterm Begriff des Antagonismus, entfaltet. Dort heißt es: »Das Mittel, dessen sich die Natur bedient, die Entwicklung aller ihrer Anlagen zu Stande zu bringen, ist der Antagonism derselben in der Gesellschaft, so fern dieser doch am Ende die Ursache einer gesetzmäßigen Ordnung derselben wird. Ich verstehe hier unter dem Antagonism die ungesellige Geselligkeit der Menschen, d. i. den Hang derselben in Gesellschaft zu treten, der doch mit einem durchgängigen Widerstande, welcher diese Gesellschaft beständig zu trennen droht, verbunden ist. Hiezu liegt die Anlage offenbar in der menschlichen Natur. Der Mensch hat eine Neigung sich zu vergesellschaften: weil er in einem solchen Zustande sich mehr als Mensch, d. i. die Entwickelung seiner Naturanlagen, fühlt. Er hat aber auch einen großen Hang sich zu vereinzelnen (isoliren): weil er in sich zugleich die ungesellige Eigenschaft antrifft, alles bloß nach seinem Sinne richten zu wollen, und daher allerwärts Widerstand erwartet, so wie er von sich selbst weiß, daß er seinerseits zum Widerstande gegen andere geneigt ist. Dieser Widerstand ist es nun, welcher alle Kräfte des Menschen erweckt, ihn dahin bringt seinen Hang zur Faulheit zu überwinden und, getrieben durch Ehrsucht, Herrschsucht oder Habsucht, sich einen Rang unter seinen Mitgenossen zu verschaffen, die er nicht wohl leiden, von denen er aber auch nicht lassen kann.«[38] Das »Princip der Menschheit als Zwecks an sich selbst«[39] ist, aller Gesinnungsethik zum Trotz, kein bloß Inwendiges, sondern Anweisung auf die Verwirklichung eines Begriffs vom Menschen, der als soziales, wenngleich verinnerlichtes Prinzip seinen Ort nur in jedem Einzelnen hat. Den Doppelsinn des Wortes Menschheit, als der Idee des Menschseins und des Inbegriffs aller Menschen, muß Kant bemerkt haben. Mit dialektischem Tiefsinn hat er ihn, sei's auch spielend, der Theorie zugeführt. In der Folge schwankt sein Sprachgebrauch weiter zwischen ontischen und auf die Idee bezogenen Redeweisen. »Vernünftige Wesen«[40] sind gewiß die lebendigen menschlichen Subjekte ebenso, wie das »allgemeine

Reich der Zwecke an sich selbst«[41], das mit den vernünftigen Wesen identisch sein soll, diese bei Kant transzendiert. Er möchte die Idee der Menschheit weder an die bestehende Gesellschaft zedieren noch zum Phantasma verflüchtigen. Die Spannung steigert sich bis zum Zerreißen in seiner Ambivalenz zum Glück. Einerseits verteidigt er es im Begriff der Glückswürdigkeit, andererseits verunglimpft er es als heteronom, etwa dort, wo er sogar die »allgemeine Glückseligkeit«[42] für untauglich zum Gesetz des Willens befindet. Wie wenig Kant, trotz des kategorischen Charakters des Imperativs, gesonnen war, diesen schlackenlos zu ontologisieren, bestätigt der Passus, »daß ... der Begriff des Guten und Bösen nicht vor dem moralischen Gesetze (dem er dem Anschein nach sogar zum Grunde gelegt werden müßte), sondern nur (wie hier auch geschieht) nach demselben und durch dasselbe bestimmt werden müsse«[43]. Gut und Böse sind kein Ansichseiendes einer geistig-moralischen Hierarchie sondern ein von der Vernunft Gesetztes; so tief reicht der Nominalismus noch in den Kantischen Rigorismus hinein. Indem er jedoch die moralischen Kategorien an der selbsterhaltenden Vernunft befestigt, sind sie nicht länger durchaus unvereinbar mit jenem Glück, gegen das Kant so hart sie exponierte. Die Modifikationen seiner Stellung zum Glück im Fortgang der Kritik der praktischen Vernunft sind keine nachlässigen Konzessionen an die Tradition der Güterethik; vielmehr, vor Hegel, Modell einer Bewegung des Begriffs. Moralische Allgemeinheit geht, gewollt oder nicht, zur Gesellschaft über. Aktenkundig wird das in der ersten Anmerkung zum vierten Lehrsatz der praktischen Vernunft: »Also die bloße Form eines Gesetzes, welches die Materie einschränkt, muß zugleich ein Grund sein, diese Materie zum Willen hinzuzufügen, aber sie nicht voraussetzen. Die Materie sei z. B. meine eigene Glückseligkeit. Diese, wenn ich sie jedem beilege (wie ich es denn in der That bei endlichen Wesen thun darf), kann nur alsdann ein objectives praktisches Gesetz werden, wenn ich anderer ihre in dieselbe mit einschließe. Also entspringt das Gesetz, anderer Glückseligkeit zu befördern, nicht von der Voraussetzung, daß dieses ein Object für jedes seine Willkür sei, sondern blos daraus, daß die Form der Allgemeinheit, die die Vernunft als Bedingung bedarf, einer Maxime der Selbstliebe die objective Gültigkeit eines Gesetzes zu geben, der Bestimmungsgrund des Willens wird, und also war das Object (anderer Glückseligkeit) nicht der Bestimmungsgrund des reinen Willens, sondern die bloße gesetzliche Form war es allein, dadurch ich meine auf Neigung gegründete Maxime einschränkte, um ihr die Allgemeinheit eines Gesetzes zu verschaffen und sie so der reinen praktischen Vernunft angemessen zu machen, aus welcher Einschränkung, und nicht dem Zusatz einer äußeren Triebfeder, alsdann der Begriff der Verbindlichkeit, die Maxime meiner Selbstliebe auch auf die Glückseligkeit anderer zu erweitern, allein entspringen konnte.«[44] Die Doktrin von der absoluten Independenz des Sittengesetzes von empirischen Wesen und gar dem Lustprinzip ist suspendiert, indem die radikale, allgemeine Formulierung des Imperativs den Gedanken an die Lebendigen sich einverleibt.

Daneben behält Kants Ethik, brüchig in sich, ihren repressiven Aspekt. Er triumphiert ungemildert im Strafbedürfnis*. Nicht aus den Spätwerken sondern aus der Kritik der praktischen Vernunft stammen die Sätze: »Eben so haltet dem, der sonst ein ehrlicher Mann ist (oder sich doch diesmal nur in Gedanken in die Stelle eines ehrlichen Mannes versetzt), das moralische Gesetz vor, an dem er die Nichtswürdigkeit eines Lügners erkennt, sofort verläßt seine praktische Vernunft (im Urtheil über das, was von ihm geschehen sollte) den Vortheil, vereinigt sich mit dem, was ihm die Achtung für seine eigene Person erhält (der Wahrhaftigkeit), und der Vortheil wird nun von jedermann, nachdem er von allem Anhängsel der Vernunft (welche nur gänzlich auf der Seite der Pflicht ist) abgesondert und gewaschen worden, gewogen, um mit der Vernunft noch wohl in anderen Fällen in Verbindung zu treten, nur nicht wo er dem moralischen Gesetze, welches die Vernunft niemals verläßt, sondern sich innigst damit vereinigt, zuwider sein könnte.«[45] In der Verachtung fürs Mitleid stimmt die reine praktische Vernunft mit dem Werdet hart

* Dem Tenor der Kritik der reinen Vernunft gemäß ist dort noch die entgegengesetzte Intention anzutreffen: »Je übereinstimmender die Gesetzgebung und Regierung mit dieser Idee eingerichtet wären, desto seltener würden allerdings die Strafen werden, und da ist es denn ganz vernünftig (wie Plato behauptet), daß bei einer vollkommenen Anordnung derselben gar keine dergleichen nöthig sein würden.« (Kant, Kritik der reinen Vernunft, a. a. O., S. 248.)

des Antipoden Nietzsche zusammen: »Selbst dies Gefühl des Mitleids und der weichherzigen Theilnehmung, wenn es vor der Überlegung, was Pflicht sei, vorhergeht und Bestimmungsgrund wird, ist wohldenkenden Personen selbst lästig, bringt ihre überlegte Maximen in Verwirrung und bewirkt den Wunsch, ihrer entledigt und allein der gesetzgebenden Vernunft unterworfen zu sein.«[46] Zuweilen steigert sich die der inneren Zusammensetzung von Autonomie beigemischte Heteronomie zur Wut gegen dieselbe Vernunft, die der Ursprung von Freiheit sein soll. Dann schlägt Kant sich auf die Seite der Antithesis der dritten Antinomie: »Wo aber Bestimmung nach Naturgesetzen aufhört, da hört auch alle Erklärung auf, und es bleibt nichts übrig als Vertheidigung, d. i. Abtreibung der Einwürfe derer, die tiefer in das Wesen der Dinge geschaut zu haben vorgeben und darum die Freiheit dreust für unmöglich erklären.«[47] Obskurantismus verschränkt sich mit dem Kultus der Vernunft als des absolut Herrschenden. Die Nötigung, die laut Kant vom kategorischen Imperativ ausgeht, widerspricht der Freiheit, die in ihm als ihrer obersten Bestimmung sich zusammenfassen soll. Nicht zuletzt darum wird der aller Empirie entäußerte Imperativ als ein keiner Prüfung durch die Vernunft bedürftiges »Factum«[48] vorgeführt, trotz des Chorismos zwischen Faktizität und Idee. Die Antinomik der Kantischen Freiheitslehre spitzt darin sich zu, daß ihr das Sittengesetz unmittelbar für vernünftig gilt und für nicht vernünftig; vernünftig, weil es sich auf reine logische Vernunft ohne Inhalt reduziert; nicht vernünftig, weil es in seiner Gegebenheit zu akzeptieren, nicht weiter zu analysieren sei; jeder Versuch dazu ist anathema. Diese Antinomik ist nicht dem Philosophen aufzubürden: die reine Konsequenzlogik, willfährig der Selbsterhaltung ohne Selbstbesinnung, ist an sich verblendet, unvernünftig. Die abscheuliche Kantische, noch in Hegels »Raisonnieren« nachwirkende Redeweise vom Vernünfteln, die Vernunft ohne triftigen Unterscheidungsgrund anprangert, und deren Hypostasis jenseits aller vernünftigen Zwecke, vertragen sich trotz ihres eklatanten Widerspruchs. Ratio wird zur irrationalen Autorität.

Der Widerspruch datiert zurück auf den objektiven zwischen der Erfahrung des Bewußtseins von sich selbst und seinem Verhältnis zur Totalität. Das Individuum fühlt sich frei, soweit es der Gesellschaft sich entgegengesetzt hat und, wenngleich unverhältnismäßig viel weniger, als es glaubt, etwas gegen sie oder andere Individuen vermag. Seine Freiheit ist primär die eines solchen, der eigene Zwecke verfolgt, die in den gesellschaftlichen nicht unvermittelt aufgehen; soweit koinzidiert sie mit dem Prinzip der Individuation. Freiheit dieses Typus hat sich der naturwüchsigen Gesellschaft entrungen; innerhalb einer zunehmend rationalen erlangte sie einige Realität. Zugleich jedoch blieb sie inmitten der bürgerlichen Gesellschaft Schein nicht weniger als die Individualität überhaupt. Kritik an der Willensfreiheit wie am Determinismus heißt Kritik an diesem Schein. Über den Kopf der formal freien Individuen hinweg setzt das Wertgesetz sich durch. Unfrei sind sie, nach der Einsicht von Marx, als seine unwillentlichen Exekutoren, und zwar desto gründlicher, je mehr die gesellschaftlichen Antagonismen anwachsen, an denen die Vorstellung von Freiheit erst sich bildete. Der Prozeß der Verselbständigung des Individuums, Funktion der Tauschgesellschaft, terminiert in dessen Abschaffung durch Integration. Was Freiheit produzierte, schlägt in Unfreiheit um. Frei war das Individuum als wirtschaftendes bürgerliches Subjekt, soweit vom ökonomischen System Autonomie gefordert wurde, damit es funktioniere. Damit ist seine Autonomie im Ursprung schon potentiell verneint. Die Freiheit, auf die es pochte, war, wie Hegel zuerst durchschaute, auch ein Negatives, Hohn auf die wahre; Ausdruck der Kontingenz des gesellschaftlichen Schicksals eines jeden Einzelnen. Die reale Notwendigkeit in der Freiheit, die sich zu behaupten und, wie die ultraliberale Ideologie es pries, mit den Ellbogen sich durchzusetzen hatte, war Deckbild der totalen gesellschaftlichen Notwendigkeit, die den Einzelnen zur *ruggedness* zwingt, damit er überlebe. Selbst Begriffe, die so abstrakt sind, daß sie der Invarianz sich zu nähern scheinen, erweisen daran sich als geschichtlich. So der des Lebens. Während es unter den Bedingungen von Unfreiheit weiter sich reproduziert, setzt sein Begriff, dem eigenen Sinn nach, die Möglichkeit des nicht schon Einbezogenen, der offenen Erfahrung voraus, die so sehr sich minderte, daß das Wort Leben bereits wie leerer Trost klingt. Nicht weniger als die Freiheit des bürgerlichen Individuums aber ist auch die Notwendigkeit seines Handelns Zerrbild. Sie ist nicht, wie der Gesetzesbegriff es erheischte, durchsichtig, sondern trifft jedes Einzelsubjekt als Zufall, Fortsetzung mythischen Schicksals. Dies Negative hat das Leben behalten, einen Aspekt, der einem vierhändigen Klavierstück von Schubert, ›Lebensstürme‹, zum Titel diente. In der Anarchie der Warenproduktion offenbart sich die Naturwüchsigkeit der Gesellschaft, wie sie im Wort Leben, einer biologischen Kategorie für ein wesentlich Soziales, mitschwingt. Wäre der Produktions- und Reproduktionsprozeß der Gesellschaft den Subjekten transparent und von ihnen bestimmt, so würden sie auch nicht mehr von den ominösen Lebensstürmen passiv hin- und hergeworfen. Damit verschwände, was so Leben heißt, samt der fatalen Aura, die der Jugendstil im industriellen Zeitalter um das Wort legte, zur Rechtfertigung der schlechten Irrationalität. Zuweilen wirft die Vergänglichkeit jenes Surrogats ihren freundlichen Schatten voraus: heute schon ist die Ehebruchsliteratur des neunzehnten Jahrhunderts Makulatur, nimmt man ihre größten Produkte aus, welche die geschichtlichen Urbilder jener Epoche zitieren. So wie kein Theaterdirektor es wagte, einem Publikum, dessen Damen auf ihren Bikini nicht verzichten mögen, Hebbels Gyges vorzuspielen – die Angst vor stofflich Anachronistischem, der Mangel an ästhetischer Distanz hat zugleich etwas Barbarisches –, so wird es, wenn die Menschheit sich herausarbeitet, einmal fast allem ergehen, was heute noch für Leben gilt und nur darüber täuscht, wie wenig Leben schon ist. Bis dahin ist die waltende Gesetzlichkeit dem Einzelnen und seinen Interessen konträr. Unter Bedingungen bürgerlicher Wirtschaft ist daran nicht zu rütteln; in ihr kann die Frage nach Freiheit oder Unfreiheit des Willens, als einem Vorhandenen, nicht beantwortet werden. Sie ist ihrerseits Abguß der bürgerlichen Gesellschaft: die in Wahrheit historische Kategorie des Individuums eximiert trugvoll jene Frage von der gesellschaftlichen Dynamik und behandelt den je Einzelnen als Urphänomen. Gehorsam der Ideologie der individualistischen Gesellschaft hat Freiheit schlecht sich verinnerlicht; das verhält jede bündige Antwort zur Ideologie. Belastet die These von der Willensfreiheit die abhängigen Individuen mit dem gesellschaftlichen Unrecht, über das sie nichts vermögen, und demütigt sie unablässig mit Desideraten, vor denen sie versagen müssen, so verlängert demgegenüber die These von der Unfreiheit die Vormacht des Gegebenen metaphysisch, erklärt sich als unveränderlich und animiert den Einzelnen, wofern er nicht ohnehin dazu bereit ist, zu kuschen, da ihm ja doch nichts anderes übrigbleibe. Determinismus verhält sich, als wäre Entmenschlichung, der zur Totalität entfaltete Warencharakter von Arbeitskraft, das menschliche Wesen schlechthin, ungedenk dessen, daß der Warencharakter an der Arbeitskraft seine Grenze findet, die nicht bloß Tauschwert sondern Gebrauchswert hat. Wird Willensfreiheit schlechterdings geleugnet, so werden die Menschen ohne Vorbehalt auf die Normalform des Warencharakters ihrer Arbeit im entfalteten Kapitalismus gebracht. Nicht minder verkehrt ist der aprioristische Determinismus als die Lehre von der Willensfreiheit, die inmitten der Warengesellschaft von dieser abstrahiert. Das Individuum selber bildet ein Moment von ihr; ihm wird die reine Spontaneität zugesprochen, welche die Gesellschaft enteignet. Das Subjekt braucht nur die ihm unausweichliche Alternative von Freiheit oder Unfreiheit des Willens zu stellen und ist schon verloren. Jede drastische These ist falsch. Im Innersten koinzidieren die vom Determinismus und die von der Freiheit. Beide proklamieren Identität. Durch Reduktion auf reine Spontaneität werden die empirischen Subjekte demselben Gesetz unterworfen, das als Kausalitätskategorie zum Determinismus sich expandiert. Vielleicht wären freie Menschen auch vom Willen befreit; sicherlich erst in einer freien Gesellschaft die Einzelnen frei. Mit der äußeren Repression verschwände, wahrscheinlich nach langen Fristen und unter der permanenten Drohung des Rückfalls, die innere. Konfundiert die philosophische Tradition, im Geist von Unterdrückung, Freiheit und Verantwortung, so ginge diese über in die angstlose, aktive Partizipation jedes Einzelnen: in einem Ganzen, welches die Teilnahme nicht mehr institutionell verhärtet, worin sie aber reale Folgen hätte. Die Antinomie zwischen der Determination des Individuums und der ihr kontradiktorischen gesellschaftlichen Verantwortung ist kein falscher Gebrauch der Begriffe sondern real, die moralische Gestalt der Unversöhntheit von Allgemeinem und Besonderem. Daß noch Hitler und seine Monstren, nach aller psychologischen Einsicht, Sklaven ihrer frühen Kindheit, Produkte von Verstümmelung sind und daß gleichwohl die wenigen, deren man habhaft wurde, nicht freigesprochen werden dürfen, wenn nicht die Untat ins Unabsehbare sich wiederholen soll, die im Unbewußten der Massen damit sich rechtfertigt, daß kein Strahl vom Himmel niederfuhr – das ist nicht durch Hilfskonstruktionen wie der einer der Vernunft widerstreitenden utilitären Notwendigkeit zu glätten. Humanität widerfährt dem Individuum erst, sobald die gesamte Sphäre der Individuation, ihr moralischer Aspekt inbegriffen, als Epiphänomen durchschaut ist. Zuzeiten vertritt die Gesamtgesellschaft, aus der Verzweiflung ihres Zustands heraus, gegen die Individuen die Freiheit, die in ihrer Unfreiheit zu Protest geht. Andererseits lebt im Zeitalter universaler gesellschaftlicher Unterdrückung nur in den Zügen des geschundenen oder zermalmten Individuums das Bild von Freiheit gegen die Gesellschaft. Wo jene geschichtlich jeweils unterschlüpft, läßt nicht ein für allemal sich dekretieren. Konkret wird Freiheit an den wechselnden Gestalten der Repression: im Widerstand gegen diese. Soviel Freiheit des Willens war, wie Menschen sich befreien wollten. Freiheit selbst aber ist derart mit der Unfreiheit verfilzt, daß sie von dieser nicht bloß inhibiert wird, sondern sie zur Bedingung ihres eigenen Begriffs hat. So wenig wie irgendein anderer einzelner, ist dieser als Absolutes auszusondern. Ohne die Einheit und den Zwang von Vernunft wäre nie ein der Freiheit Ähnliches auch nur gedacht worden, geschweige denn gewesen; das dokumentiert sich in der Philosophie. Kein Modell von Freiheit ist verfügbar, als daß Bewußtsein, wie in die gesellschaftliche Gesamtverfassung, so durch diese hindurch in die Komplexion des Individuums eingriffe. Das ist darum nicht durchaus schimärisch, weil Bewußtsein seinerseits abgezweigte Triebenergie, selber auch Impuls, auch ein Moment dessen ist, worein sie eingreift. Wäre jene Affinität, die Kant krampfhaft verleugnet, nicht, so wäre ebensowenig die Idee von Freiheit, um derentwillen er die Affinität nicht Wort haben will.

Wie der Idee von Freiheit indessen scheint es auch ihrem Widerpart zu ergehen, dem Begriff der Kausalität; gemäß dem universalen Zug zur falschen Aufhebung der Antagonismen dadurch, daß das Allgemeine von oben her das Besondere durch Identifizierung liquidiert. Dabei ist nicht kurzschlüssig auf die Krise der

Kausalität in den Naturwissenschaften zu rekurrieren. Sie gilt dort ausdrücklich nur für den Mikrobereich; andererseits sind die Formulierungen der Kausalität bei Kant, wenigstens die der Kritik der reinen Vernunft, so large, daß sie vermutlich sogar den bloß noch statistischen Gesetzmäßigkeiten Raum gewährten. Die Naturwissenschaften, die auch der Kausalität gegenüber mit operationellen, ihren Verfahrungsweisen immanenten Definitionen sich begnügen, und Philosophie, die von der Rechenschaft über Kausalität nicht sich dispensieren kann, wenn anders sie mehr will als naturwissenschaftliche Methodologie abstrahierend wiederholen, sind elend auseinandergebrochen, und Bedürfnis allein leimt sie nicht zusammen. Die Krisis der Kausalität wird sichtbar jedoch auch an dem, woran philosophische Erfahrung noch heranreicht, der zeitgenössischen Gesellschaft. Kant akzeptierte es als die fraglose Methode der Vernunft, einen jeden Zustand auf »seine« Ursache zurückzuführen. Die Wissenschaften, denen meist die Philosophie desto ferner rückt, je eifriger sie als ihr Fürsprecher sich empfiehlt, dürften weniger mit Kausalketten als Kausalnetzen operieren. Das ist aber mehr denn ein beiläufiges Zugeständnis an die empirische Vieldeutigkeit der kausalen Relationen. Das Bewußtsein all der Kausalreihen, die in jedem Phänomen sich kreuzen, anstatt daß Kausalität es eindeutig in der Zeitreihe bestimmte, müßte auch Kant als wesentlich für die Kategorie selbst, nach seiner Sprache als a priori, anerkennen: kein Einzelereignis ist von jener Vielheit ausgenommen. Die Unendlichkeit des Verwobenen und sich Kreuzenden macht es prinzipiell, keineswegs erst praktisch unmöglich, eindeutige Kausalketten zu bilden, so wie Thesis und Antithesis der dritten Antinomie gleichermaßen sie stipulieren. Schon handfeste historische Rückfragen, die bei Kant noch im endlichen Fortgang verblieben, involvieren, horizontal gleichsam, jene positive Unendlichkeit, der die Kritik im Antinomiekapitel gilt. Davon sieht Kant ab, als ob er kleinstädtisch übersichtliche Verhältnisse auf alle möglichen Gegenstände übertrüge. Kein Weg führt von seinem Modell zu durchgeführten Kausalbestimmungen. Weil er vom Kausalverhältnis lediglich als von einem Prinzip handelt, denkt er an der prinzipiellen Verwobenheit vorbei. Bedingt ist dies Versäumnis von der Verlagerung der Kausalität ins transzendentale Subjekt.

Als reine Form von Gesetzlichkeit schrumpft sie zur Eindimensionalität. Die Aufnahme der übel beleumundeten »Wechselwirkung« in die Kategorientafel ist der nachträgliche Versuch, dem Mangel abzuhelfen, bezeugt auch früh die heraufdämmernde Krise der Kausalität. Deren Schema ahmte, wie der Durkheimschule nicht entging, ebensosehr das simple Generationsverhältnis nach, wie dessen Erklärung der Kausalität bedarf. Ihr eignet ein Aspekt des Feudalen, wenn nicht, wie bei Anaximander und Heraklit, einer archaischer Rechtsverhältnisse von Rache. Der Prozeß der Entmythologisierung hat Kausalität, die Erbin der wirkenden Geister in den Dingen, sowohl eingedämmt wie, im Namen des Gesetzes, verstärkt. Ist Kausalität die eigentliche Einheit in der Mannigfaltigkeit, als welche Schopenhauer sie unter den Kategorien bevorzugte, so war die bürgerliche Ära hindurch soviel Kausalität wie System. Man konnte von ihr in Geschichte um so eher reden, je eindeutiger die Verhältnisse waren. Das Hitlersche Deutschland verursachte präziser den Zweiten Weltkrieg als das Wilhelminische den Ersten. Aber die Tendenz schlägt um. Schließlich gibt es ein Maß an System – das gesellschaftliche Stichwort lautet: Integration –, das als universale Abhängigkeit aller Momente von allen die Rede von Kausalität als veraltet überholt; vergebens die Suche danach, was innerhalb einer monolithischen Gesellschaft Ursache gewesen sein soll. Ursache ist nur noch jene selbst. Kausalität hat sich gleichsam auf die Totalität zurückgezogen; inmitten ihres Systems wird sie ununterscheidbar. Je mehr ihr Begriff, unter wissenschaftlichem Gebot, zur Abstraktheit sich verdünnt, desto weniger erlaubt das gleichzeitig aufs äußerste verdichtete Gefädel der universal vergesellschafteten Gesellschaft, einen Zustand mit Evidenz auf einen einzelnen anderen zurückzuführen. Jeder hängt horizontal wie vertikal mit allen zusammen, tingiert alle, wird von allen tingiert. Die Lehre, in der zuletzt Aufklärung Kausalität als entscheidende politische Waffe benutzte, die Marxische von Überbau und Unterbau, bleibt unschuldig fast hinter einem Zustand zurück, in dem wie die Apparaturen der Produktion, der Distribution und der Beherrschung, so auch ökonomische und soziale Beziehungen und Ideologien unentwirrbar ineinander sind, und in dem die lebendigen Menschen zu einem Stück Ideologie wurden. Wo diese zum Seienden nicht mehr als Rechtfertigendes oder Komplementäres hinzugefügt wird, sondern in den Schein übergeht, was ist, sei unausweichlich und damit legitimiert, zielt Kritik daneben, die mit der eindeutigen Kausalrelation von Überbau und Unterbau operiert. In der totalen Gesellschaft ist alles gleich nah zum Mittelpunkt; sie ist so durchschaubar, ihre Apologie so fadenscheinig, wie die aussterben, welche sie durchschauen. Kritik könnte an jedem Verwaltungshaus der Industrie und jedem Flughafen dartun, in welchem Maß der Unterbau sein eigener Überbau wurde. Dazu bedarf sie einerseits der Physiognomik des Gesamtzustandes und ausgebreiteter Einzeldaten, andererseits der Analyse der ökonomischen Strukturveränderungen; nicht länger der Ableitung einer selbständig und mit eigenem Wahrheitsanspruch gar nicht mehr vorhandenen Ideologie aus ihren kausalen Bedingungen. Daß korrelativ zum Niedergang der Möglichkeit von Freiheit die Gültigkeit der Kausalität sich zersetzt, ist Symptom der Verwandlung einer in ihren Mitteln rationalen Gesellschaft in jene offen irrationale, die sie latent, den Zwecken nach längst war. Die Philosophie Leibnizens und Kants hat, durch die Trennung der Finalursache von der phänomenal geltenden Kausalität im engeren Sinn, und den Versuch der Vereinigung von beidem, etwas von jener Divergenz verspürt, ohne zu ihrer Wurzel in der Zweck-Mittel-Antinomie der bürgerlichen Gesellschaft zu gelangen. Aber das Verschwinden der Kausalität heute signalisiert kein Reich der Freiheit. In der totalen Wechselwirkung reproduziert erweitert sich die alte Abhängigkeit. Durch ihr millionenfältiges Gespinst verhindert sie die fällige, zum Greifen nahe rationale Durchdringung, die das kausale Denken, im Dienst des Fortschritts, befördern wollte. Kausalität selber hat Sinn nur in einem Horizont von Freiheit. Vorm Empirismus schien sie geschützt, weil ohne ihre Annahme die in Wissenschaft organisierte Erkenntnis nicht möglich dünkte; der Idealismus besaß kein stärkeres Argument. Kants Anstrengung aber, Kausalität als subjektive Denknotwendigkeit zur konstitutiven Bedingung von Objektivität zu erheben, war nicht stichhaltiger als ihre empiristische Leugnung. Er schon mußte sich von jener Annahme eines inwendigen Zusammenhangs der Phänomene distanzieren, ohne die Kausalität zur Wenn-Dann-Beziehung wird, der eben jene emphatische Gesetzlichkeit – »Apriorität« – entgleitet, welche die Lehre vom subjektiv-kategorialen Wesen der Kausalität konservieren will; die wissenschaftliche Entwicklung hat dann das Potential von Kants Doktrin vollstreckt. Behelf ist auch die Begründung von Kausalität durch ihre unmittelbare Selbsterfahrung in der Motivation. Unterdessen tat Psychologie inhaltlich dar, daß jene Selbsterfahrung trügen nicht nur kann, sondern muß.

Ist Kausalität als subjektives Denkprinzip mit Widersinn behaftet, ist ganz ohne sie jedoch nicht zu erkennen, so wäre an ihr ein Moment dessen aufzusuchen, was nicht selbst Denken ist. An Kausalität ist zu lernen, was Identität am Nichtidentischen verübte. Das Bewußtsein der Kausalität ist, als das von Gesetzlichkeit, das Bewußtsein davon; als Erkenntniskritik auch das des subjektiven Scheins in der Identifikation. Reflektierte Kausalität deutet auf die Idee von Freiheit als Möglichkeit von Nichtidentität. Kausalität wäre objektiv, provokativ-antikantianisch, ein Verhältnis zwischen Dingen an sich, so weit, und einzig so weit, wie diese vom Identitätsprinzip unterjocht sind. Sie ist, objektiv und subjektiv, der Bann der beherrschten Natur. Ihr fundamentum in re hat sie in der Identität, die als geistiges Prinzip nur Widerschein der realen Naturbeherrschung ist. In der Reflexion auf Kausalität wird Vernunft, welche diese in der Natur überall dort findet, wo jene von ihr beherrscht wird, auch der eigenen Naturwüchsigkeit sich bewußt als des bannenden Prinzips. In solchem Selbstbewußtsein scheidet fortschreitende Aufklärung sich von dem Rückfall in Mythologie, dem sie unreflektiert sich verschrieb. Sie entzieht dem Schema ihrer Reduktion, ›das ist der Mensch‹, seine Allmacht dadurch, daß der Mensch sich selbst als das erkennt, was er sonst unersättlich reduziert. Nichts anderes jedoch ist Kausalität, als die Naturwüchsigkeit des Menschen, die er als Herrschaft über die Natur fortsetzt. Weiß einmal das Subjekt das Moment seiner Gleichheit mit Natur, so wird es nicht länger Natur nur sich gleichmachen. Das ist der geheime und verkehrte Wahrheitsgehalt des Idealismus. Denn je gründlicher das Subjekt, nach idealistischem Brauch, die Natur sich gleichmacht, desto weiter entfernt es sich von aller Gleichheit mit ihr. Affinität ist die Spitze einer Dialektik von

Aufklärung. Sie schlägt in Verblendung, begriffslose Vollstreckung von außen zurück, sobald sie die Affinität vollends durchschneidet. Ohne diese keine Wahrheit: das hat der Idealismus identitätsphilosophisch karikiert. Das Bewußtsein weiß von seinem Anderen soviel, wie es ihm ähnlich ist, nicht indem es sich samt der Ähnlichkeit ausstreicht. Objektivität als Residuum nach Abzug des Subjekts äfft. Sie ist das seiner selbst unbewußte Schema, unter welches das Subjekt sein Anderes bringt. Je weniger es an Affinität zu den Sachen duldet, desto rücksichtsloser identifiziert es. Aber auch Affinität ist keine positive ontologische Einzelbestimmung. Wird sie sich zur Intuition, zur unmittelbar, einfühlend erkannten Wahrheit, so wird sie als Rückstand zermahlen von der Dialektik der Aufklärung, als aufgewärmter Mythos; einverstanden mit der aus reiner Vernunft sich reproduzierenden Mythologie, mit Herrschaft. Affinität ist kein Rest, den Erkenntnis nach Ausschaltung der Identifikationsschemata der kategorialen Apparatur in Händen hielte, vielmehr deren bestimmte Negation. Kausalität wird in solcher Kritik reflektiert. In ihr vollzieht Denken Mimikry an den Bann der Dinge, den es um diese gelegt hat, an der Schwelle einer Sympathie, vor welcher der Bann verschwände. Die Subjektivität der Kausalität ist wahlverwandt den Objekten als Ahnung dessen, was ihnen vom Subjekt widerfuhr.

Die Kantische Wendung des Sittengesetzes ins Faktum zieht ihre Suggestivkraft daraus, daß er in der Sphäre der empirischen Person tatsächlich eine derartige Gegebenheit für sich anführen kann. Das ist für die wie immer auch problematische Vermittlung zwischen dem Intelligiblen und Empirischen von Vorteil. Die Phänomenologie des empirischen Bewußtseins, und gar die Psychologie, stößt auf eben jenes Gewissen, das in der Kantischen Lehre Stimme des Sittengesetzes ist. Die Beschreibungen seiner Wirksamkeit, zumal die der ›Nötigung‹, sind keine Hirngespinste. Die Zwangszüge, die Kant der Freiheitslehre eingräbt, wurden am realen Gewissenszwang abgelesen. Die empirische Unwiderstehlichkeit des psychologisch existenten Gewissens, des Überichs, verbürgt ihm, wider sein transzendentales Prinzip, die Faktizität des Sittengesetzes, die es doch für Kant als Begründung der autonomen Moral ebenso disqualifizieren müßte wie den heteronomen Trieb. Daß Kant keine Kritik am Gewissen duldet, bringt ihn in Konflikt mit der eigenen Einsicht, daß in der phänomenalen Welt alle Motivationen solche des empirischen, psychologischen Ichs sind. Deswegen hat er das genetische Moment aus der Moralphilosophie entfernt und durch die Konstruktion des intelligiblen Charakters ersetzt, den freilich zu Anfang das Subjekt sich selbst gebe*. Der zeitlich-genetische, trotz allem wiederum ›empirische‹ Anspruch jenes Zu Anfang jedoch ist nicht einzulösen. Was irgend man von der Genese des Charakters weiß, ist mit der Behauptung eines solchen Akts moralischer Urzeugung unvereinbar. Das Ich, das ihn bei Kant vollziehen soll, ist kein Unmittelbares sondern selber auch ein Vermitteltes, Entsprungenes, in psychoanalytischen Termini: von der diffusen Libido-Energie Abgezweigtes. Konstitutiv auf faktisches Dasein bezogen ist nicht nur aller spezifische Inhalt des Sittengesetzes sondern auch seine vermeintlich reine, imperativische Form. Sie setzt ebenso die Verinnerlichung der Repression voraus, wie daß die feste, identisch sich durchhaltende Instanz des Ichs bereits entwickelt ist, die von Kant, als notwendige Bedingung der Sittlichkeit, verabsolutiert wird. Jede Kantinterpretation, die seinen Formalismus beanstandete und die mit dessen Hilfe ausgeschaltete empirische Relativität der Moral an den Inhalten darzutun sich unterfinge, griffe zu kurz. Noch in seiner äußersten Abstraktheit ist das Gesetz ein Gewordenes, das Schmerzhafte seiner Abstraktheit sedimentierter Inhalt, Herrschaft auf ihre Normalform gebracht, die von Identität. Psychologie holte konkret nach, was sie zu Kants Zeiten noch nicht wußte und worum

* »Wir können also mit der Beurtheilung freier Handlungen in Ansehung ihrer Causalität nur bis an die intelligibele Ursache, aber nicht über dieselbe hinaus kommen; wir können erkennen, daß sie frei, d. i. von der Sinnlichkeit unabhängig bestimmt, und auf solche Art die sinnlich unbedingte Bedingung der Erscheinungen sein könne. Warum aber der intelligibele Charakter gerade diese Erscheinungen und diesen empirischen Charakter unter vorliegenden Umständen gebe, das überschreitet so weit alles Vermögen unserer Vernunft es zu beantworten, ja alle Befugniß derselben nur zu fragen, als ob man früge: woher der transcendentale Gegenstand unserer äußeren sinnlichen Anschauung gerade nur Anschauung im Raume und nicht irgendeine andere gebe.« (Kant, Kritik der reinen Vernunft, a. a. O., S. 376 f.)

er deshalb nicht spezifisch sich zu bekümmern brauchte: die empirische Genese dessen, was, unanalysiert, Kant als zeitlos intelligibel glorifizierte. In ihren heroischen Zeiten hat die Freudsche Schule, darin eines Sinnes mit dem anderen, aufklärerischen Kant, die rücksichtslose Kritik des Überichs als eines Ichfremden, wahrhaft Heteronomen, gefordert. Sie durchschaute es als blinde und bewußtlose Verinnerlichung von gesellschaftlichem Zwang. In Sandor Ferenczis ›Bausteine zur Psychoanalyse‹ heißt es, mit einer Vorsicht, die allenfalls aus Scheu vor den gesellschaftlichen Konsequenzen zu erklären ist, »daß eine wirkliche Charakteranalyse, wenigstens vorübergehend, mit jeder Art von Über-Ich, also auch mit dem des Analytikers, aufzuräumen hat. Schließlich muß ja der Patient von aller gefühlsmäßigen Bindung, soweit sie über die Vernunft und die eigenen libidinösen Tendenzen hinausgeht, frei werden. Nur diese Art Abbau des Über-Ichs überhaupt kann eine radikale Heilung herbeiführen; Erfolge, die nur in der Substitution des einen Über-Ichs durch ein anderes bestehen, müssen noch als Übertragungserfolge bezeichnet werden; dem Endzweck der Therapie, auch die Übertragung loszuwerden, werden sie bestimmt nicht gerecht.«[49] Vernunft, bei Kant Grund des Gewissens, soll es hier auflösend widerlegen. Denn die unreflektierte Herrschaft der Vernunft, die des Ichs über das Es, ist identisch mit dem repressiven Prinzip, das die Psychoanalyse, deren Kritik vorm Realitätsprinzip des Ichs verstummt, in dessen unbewußtes Walten verschob. Die Trennung von Ich und Überich, auf der ihre Topologie besteht, ist dubios; genetisch führen beide gleichermaßen auf die Verinnerlichung der Vaterimago. Daher erlahmen die analytischen Theorien über das Überich bald, so kühn sie anheben: sonst müßten sie auf das gehätschelte Ich übergreifen. Ferenczi schränkt seine Kritik sogleich ein: »sein Kampf« richte »sich nur gegen den unbewußt gewordenen und daher unbeeinflußbaren Teil des Über-Ichs«[50]. Aber das langt nicht zu: die von Kant konstatierte Unwiderstehlichkeit des Gewissenszwanges besteht, wie die archaischen Tabus, in solchem Unbewußtwerden; wäre ein Zustand allseitiger rationaler Aktualität vorstellbar, so etablierte sich kein Überich. Versuche, es, wie schon Ferenczi und vollends der psychoanalytische Revisionismus, der mit anderen gesunden Ansichten auch die vom gesunden Überich unterschreibt, in einen unbewußten und einen vorbewußten, darum harmloseren Teil einzuteilen, sind müßig; die Vergegenständlichung und Verselbständigung, durch die das Gewissen zur Instanz wird, ist konstitutiv ein Vergessen und insofern ichfremd. Ferenczi betont zustimmend, daß »der normale Mensch in seinem Vorbewußten auch weiterhin eine Summe von positiven und negativen Vorbildern beibehält«[51]. Ist aber ein Begriff im strengen Kantischen Verstande heteronom, psychoanalytisch gesprochen einer von libidinöser Bindung, so der des Vorbilds, Korrelat jenes ebenfalls von Ferenczi respektierten »normalen Menschen«, der aktiv und passiv zu jeglicher sozialen Repression sich hergibt und den die Psychoanalyse unkritisch, im verhängnisvollen Glauben an die Arbeitsteilung, von der bestehenden Gesellschaft bezieht. Wie nah die Psychoanalyse, sobald sie die von ihr inaugurierte Kritik des Überichs aus sozialem Konformismus bremst, jener Repression kommt, die bis heute alle Lehre von der Freiheit verunstaltete, zeigt am klarsten ein Passus Ferenczis wie: »Solange dieses Über-Ich in gemäßigter Weise dafür sorgt, daß man sich als gesitteter Bürger fühlt und als solcher handelt, ist es eine nützliche Einrichtung, an der nicht gerüttelt werden muß. Aber pathologische Übertreibungen der Über-Ich-Bildung ...« [52] Die Angst vor Übertreibungen ist die Signatur derselben gesitteten Bürgerlichkeit, die auf das Überich samt seinen Irrationalitäten um keinen Preis verzichten mag. Wie zwischen dem normalen und dem pathischen Überich subjektiv, nach psychologischen Kriterien zu unterscheiden sei, darüber schweigt die allzu rasch zur Vernunft gekommene Psychoanalyse ebenso sich aus wie der Spießbürger über die Grenze zwischen dem, was er als sein natürliches Nationalgefühl hütet, und dem Nationalismus. Einziges Kriterium der Distinktion ist der soziale Effekt, vor dessen quaestiones iuris die Psychoanalyse sich als inkompetent erklärt. Besinnungen über das Überich sind, wie Ferenczi sagt, doch im Widerspruch zu seinen Sätzen, wahrhaft »metapsychologisch«. Kritik des Überichs müßte Kritik der Gesellschaft werden, die es produziert; verstummt sie davor, so wird der herrschenden gesellschaftlichen Norm willfahrt. Das Überich um seiner sozialen Nützlichkeit oder Unabdingbarkeit willen zu empfehlen, während ihm selber, als einem Zwangsmechanismus, nicht jene objektive Geltung zukommt, die es im Wirkungszusammenhang der psychologischen Motivation beansprucht, wiederholt und befestigt innerhalb der Psychologie die Irrationalitäten, mit denen »aufzuräumen« jene sich stark machte.

Was jedoch im jüngsten Zeitalter sich zuträgt, ist die Veräußerlichung des Überichs zur bedingungslosen Anpassung, nicht seine Aufhebung in einem vernünftigeren Ganzen. Die ephemeren Spuren von Freiheit, die Sendboten der Möglichkeit an das empirische Leben, werden tendenziell seltener; Freiheit zum Grenzwert. Nicht einmal als komplementäre Ideologie getraut sie recht sich vor; die Verfügenden, die mittlerweile auch die Ideologie mit fester Hand verwalten, trauen der Freiheit als Propagandatechniker offenbar wenig Zugkraft mehr zu. Sie wird vergessen. Unfreiheit vollendet sich in ihrer unsichtbaren Totalität, die kein Draußen mehr toleriert, von dem aus sie zu erblicken und zu brechen wäre. Die Welt wie sie ist wird zur einzigen Ideologie und die Menschen deren Bestandteil. Auch darin noch waltet dialektische Gerechtigkeit: sie ergeht übers Individuum, den Prototyp und Agenten einer partikularistischen und unfreien Gesellschaft. Die Freiheit, auf die es für sich hoffen muß, könnte nicht bloß seine eigene, sie müßte die des Ganzen sein. Kritik am Individuum führt über die Kategorie der Freiheit so weit hinaus, wie diese nach dem Bilde des unfreien Individuums geschaffen ist. Der Widerspruch, daß für die Sphäre des Individuums keine Willensfreiheit und darum keine Moral sich verkünden läßt, während ohne sie nicht einmal das Leben der Gattung bewahrt werden kann, läßt nicht durch den Octroi sogenannter Werte sich schlichten. Ihr heteronomes Gesetztsein, die Nietzscheschen Neuen Tafeln wären von Freiheit das Gegenteil. Jene muß aber nicht bleiben, worin sie entsprang und was sie war. Vielmehr reift in der Verinnerlichung gesellschaftlichen Zwangs zum Gewissen mit dem Widerstand gegen die gesellschaftliche Instanz, der jene am eigenen Prinzip kritisch mißt, ein Potential heran, das des Zwangs ledig wäre. Kritik des Gewissens visiert die Rettung solchen Potentials, doch nicht im psychologischen Bereich sondern in der Objektivität eines versöhnten Lebens von Freien. Konvergiert schließlich die Kantische Moral, scheinbar wider ihren rigorosen Anspruch auf Autonomie, mit der Güterethik, so behauptet darin der durch keine begriffliche Synthesis zu überbrückende Bruch zwischen dem gesellschaftlichen Ideal und dem subjektiven der selbsterhaltenden Vernunft sein Wahrheitsrecht. Der Vorwurf, in der Objektivität des Sittengesetzes spreize einzig die subjektive Vernunft zum Absoluten sich auf, wäre subaltern. Kant spricht, fehlbar und entstellt, aus, was gesellschaftlich mit Grund zu fordern wäre. Solche Objektivität ist so lange nicht in die subjektive Sphäre, nicht die der Psychologie und nicht die der Rationalität, zu übersetzen, sondern existiert zum Bösen und Guten getrennt von ihr fort, bis besonderes und allgemeines Interesse real zusammenstimmen. Das Gewissen ist das Schandmal der unfreien Gesellschaft. Das Arcanum seiner Philosophie war Kant notwendig verborgen: daß das Subjekt, um, wie er es ihm zutraut, Objektivität konstituieren oder sich in der Handlung objektivieren zu können, immer auch seinerseits ein Objektives sein muß. Im transzendentalen Subjekt, der als objektiv sich auslegenden reinen Vernunft, geistert der Vorrang des Objekts, ohne den, als Moment, auch die Kantischen objektivierenden Leistungen des Subjekts nicht wären. Sein Begriff von Subjektivität hat im Kern apersonale Züge. Sogar die Personalität des Subjekts, diesem das Unmittelbare, Nächste, Gewisseste, ist ein Vermitteltes. Kein Ichbewußtsein ohne Gesellschaft, so wie keine Gesellschaft ist jenseits ihrer Individuen. Die das Subjekt transzendierenden Postulate der praktischen Vernunft, Gott, Freiheit, Unsterblichkeit, implizieren Kritik am kategorischen Imperativ, der reinen subjektiven Vernunft. Ohne jene Postulate könnte er gar nicht gedacht werden, wie sehr auch Kant das Gegenteil beteuert; ohne Hoffnung ist kein Gutes.

Die nominalistische Tendenz verleitet den Gedanken, der auf den Schutz der Moral angesichts der allerorten durchbrechenden unmittelbaren Gewalt nicht verzichten mag, dazu, Moral an der Person wie an einem unzerstörbaren Gut festzumachen. Freiheit, die allein in der Einrichtung einer freien Gesellschaft aufginge, wird dort gesucht, wo die Einrichtung der bestehenden sie verweigert, beim je Einzelnen, der ihrer bedürfte, aber sie, so wie er einmal ist, nicht garantiert. Reflexion auf die Gesellschaft unterbleibt im ethischen Personalismus ebenso wie die auf die Person selbst. Ist diese einmal vollkommen vom Allgemeinen losgerissen, so vermag sie auch kein Allgemeines zu konstituieren; es wird dann insgeheim von bestehenden Formen der Herrschaft bezogen. Im Vorfaschismus haben Personalismus und Bindungsgeschwätz auf der Plattform von Irrationalität nicht schlecht miteinander sich vertragen. Person, als Absolutes, negiert die Allgemeinheit, die aus ihr herausgelesen werden soll, und schafft der Willkür ihren fadenscheinigen Rechtstitel. Ihr Charisma ist erborgt von der Unwiderstehlichkeit des Allgemeinen, während sie, irre geworden an dessen Legitimität, in der Not des Gedankens sich auf sich zurückzieht. Ihr Prinzip, das unerschütterlicher Einheit, wie es ihre Selbstheit ausmacht, wiederholt trotzig im Subjekt die Herrschaft. Die Person ist der geschichtlich geknüpfte Knoten, der aus Freiheit zu lösen, nicht zu verewigen wäre; der alte Bann des Allgemeinen, im Besonderen verschanzt. Was an Moralischem aus ihr gefolgert wird, bleibt zufällig wie die unmittelbare Existenz. Anders als in Kants altertümlicher Rede von der Persönlichkeit wurde Person zur Tautologie für die, denen schon gar nichts mehr übrigbleibt als das begriffslose Diesda ihres Daseins. Die Transzendenz, welche manche Neo-Ontologien von der Person sich erhoffen, überhöht einzig ihr Bewußtsein. Es wäre aber nicht ohne jenes Allgemeine, das der Rekurs auf die Person als ethischen Grund ausschließen möchte. Darum haben der Begriff der Person und auch seine Varianten, etwa die Ich-Du-Beziehung, den öligen Ton ungeglaubter Theologie angenommen. So wenig der Begriff eines richtigen Menschen vorweggenommen werden kann, so wenig gliche er der Person, dem geweihten Duplikat ihrer eigenen Selbsterhaltung. Geschichtsphilosophisch setzt jener Begriff, wie gewiß einerseits das zum Charakter objektivierte Subjekt, andererseits seinen Zerfall voraus. Vollendete Ichschwäche, der Übergang der Subjekte in passives und atomistisches, reflexähnliches Verhalten, ist zugleich das Gericht, welches die Person sich verdiente, in der das ökonomische Prinzip der Aneignung anthropologisch geworden war. Was an den Menschen als intelligibler Charakter zu denken wäre, ist nicht das Personhafte an ihnen, sondern wodurch sie von ihrem Dasein sich unterscheiden. In der Person erscheint dies Unterscheidende notwendig als Nichtidentisches. Jede menschliche Regung widerspricht der Einheit dessen, der sie hegt; jeder Impuls zum Besseren ist nicht nur, kantisch, Vernunft, sondern vor dieser auch Dummheit. Human sind die Menschen nur dort, wo sie nicht als Person agieren und gar als solche sich setzen; das Diffuse der Natur, darin sie nicht Person sind, ähnelt der Lineatur eines intelligiblen Wesens, jenes Selbst, das vom Ich erlöst wäre; die zeitgenössische Kunst innerviert davon etwas. Das Subjekt ist die Lüge, weil es um der Unbedingtheit der eigenen Herrschaft willen die objektiven Bestimmungen seiner selbst verleugnet; Subjekt wäre erst, was solcher Lüge sich entschlagen, was aus der eigenen Kraft, die der Identität sich verdankt, deren Verschalung von sich abgeworfen hätte. Das ideologische Unwesen der Person ist immanent kritisierbar. Das Substantielle, das nach jener Ideologie der Person ihre Würde verleiht, existiert nicht. Die Menschen, keiner ausgenommen, sind überhaupt noch nicht sie selbst. Mit Fug dürfte unter dem Begriff des Selbst ihre Möglichkeit gedacht werden, und sie steht polemisch gegen die Wirklichkeit des Selbst. Nicht zuletzt darum ist die Rede von der Selbstentfremdung unhaltbar. Sie ist, trotz ihrer besseren Hegelschen und Marxischen* Tage, oder um ihretwillen, der Apologetik anheimgefallen, weil sie mit Vatermiene zu verstehen gibt, der Mensch wäre von einem Ansichseienden, das er immer schon war, abgefallen, während er es nie gewesen ist und darum von Rückgriffen auf seine ἀρχαί nichts zu hoffen hat als Unterwerfung unter Autorität, gerade das ihm Fremde. Daß jener Begriff im Marxischen Kapital nicht mehr figuriert, ist nicht nur von der ökonomischen Thematik des Werkes bedingt sondern philosophischen Sinnes. – Negative Dialektik hält ebensowenig inne vor der Geschlossenheit der Existenz, der festen Selbstheit des Ichs, wie vor ihrer nicht minder verhärteten Antithesis, der Rolle, die von der zeitgenössischen subjektiven Soziologie als universales Heilmittel benützt wird, als letzte Bestimmung der Vergesellschaftung, analog zur Existenz der Selbstheit bei manchen Ontologen. Der Rollenbegriff sanktioniert die verkehrte schlechte Depersonalisierung heute: Unfreiheit, welche an die Stelle der mühsamen und wie auf Widerruf errungenen Autonomie tritt bloß um der vollkommenen Anpas-

* »Diese ›Entfremdung‹, um den Philosophen verständlich zu bleiben, kann natürlich nur unter zwei praktischen Voraussetzungen aufgehoben werden.« (Karl Marx / Friedrich Engels, Die deutsche Ideologie, Berlin 1960, S. 31.)

sung willen, ist unter der Freiheit, nicht über ihr. Die Not der Arbeitsteilung wird im Rollenbegriff als Tugend hypostasiert. Mit ihm verordnet das Ich, wozu die Gesellschaft es verdammt, nochmals sich selbst. Das befreite Ich, nicht länger eingesperrt in seine Identität, wäre auch nicht länger zu Rollen verdammt. Was gesellschaftlich, bei radikal verkürzter Arbeitszeit, an Arbeitsteilung übrigbliebe, verlöre den Schrecken, die Einzelwesen durch und durch zu formen. Die dingliche Härte des Selbst und dessen Einsatzbereitschaft und Verfügbarkeit für die gesellschaftlich erwünschten Rollen sind Komplizen. Auch im Moralischen ist Identität nicht abstrakt zu negieren, sondern im Widerstand zu bewahren, wenn sie je in ihr Anderes übergehen soll. Der gegenwärtige Zustand ist zerstörend: Identitätsverlust um der abstrakten Identität, der nackten Selbsterhaltung willen.

Die Doppelschlächtigkeit des Ichs hat in der Existentialontologie ihren Niederschlag gefunden. Der Rekurs aufs Dasein ebenso wie der Entwurf der Eigentlichkeit gegen das »Man« verklären die Idee des starken, in sich geschlossenen, »entschlossenen« Ichs zur Metaphysik; ›Sein und Zeit‹ wirkte als Manifest des Personalismus. Indem Heidegger jedoch Subjektivität als einen dem Denken vorgeordneten Modus von Sein interpretierte, ging bereits der Personalismus in sein Gegenteil über. Daß fürs Subjekt apersonale Ausdrücke wie Dasein und Existenz gewählt werden, indiziert das sprachlich. In solchem Gebrauch kehrt unvermerkt die idealistisch deutsche, staatsfromme Vorherrschaft von Identität jenseits ihres eigenen Trägers, des Subjekts wieder. Auf Depersonalisierung, der bürgerlichen Entwertung des im gleichen Atemzug glorifizierten Einzelnen, beruhte bereits die Differenz zwischen Subjektivität als dem Allgemeinprinzip des individuierten Ichs – nach Schellings Sprache der Egoität – und dem individuierten Ich selber. Das Wesen von Subjektivität als Dasein, thematisch in ›Sein und Zeit‹, gleicht dem, was von der Person übrigbleibt, wenn sie nicht mehr Person ist. Die Motive dafür sind unverächtlich. Das dem allgemeinbegrifflichen Umfang der Person Kommensurable, ihr individuelles Bewußtsein, ist immer auch Schein, verflochten in jene transsubjektive Objektivität, die nach idealistischer wie ontologischer Lehre im reinen Subjekt fundiert sein soll. Was irgend das Ich introspektiv als Ich zu erfahren vermag, ist auch Nichtich, die absolute Egoität unerfahrbar; daher die von Schopenhauer konstatierte Schwierigkeit, seiner selbst innezuwerden. Das Letzte ist kein Letztes. Die objektive Wendung von Hegels absolutem Idealismus, dem Äquivalent absoluter Subjektivität, wird dem gerecht. Je gründlicher aber das Individuum einbüßt, was einmal sein Selbstbewußtsein hieß, desto mehr steigt Depersonalisierung an. Daß bei Heidegger der Tod zum Wesen von Dasein wurde, kodifiziert die Nichtigkeit des bloßen für sich selbst Seins*. Der finstere Entschluß zur Depersonalisierung jedoch beugt regressiv sich einem als unentrinnbar gefühlten Verhängnis, anstatt über die Person durch die Idee hinauszuweisen, daß sie zu dem Ihren gelange. Heideggers Apersonalität ist sprachlich veranstaltet; zu leicht gewonnen, durch bloßes Weglassen dessen, wodurch Subjekt allein Subjekt wird. Er denkt am Knoten des Subjekts vorbei. Die Perspektive von Depersonalisierung würde nicht der abstrakten Verdünnung des Daseins zu seiner reinen Möglichkeit sich öffnen sondern einzig der Analyse der daseienden innerweltlichen Subjekte. Vor ihr hält die Heideggersche Daseinsanalyse inne; darum können seine apersonalen Existentialien so mühelos Personen angeheftet werden. Ihre Mikro-Analyse ist autoritärem Denken unerträglich: in der Selbstheit träfe sie das Prinzip aller Herrschaft. Von Dasein generell dagegen, als von einem Apersonalen, läßt anstandslos sich handeln, wie wenn es ein Übermenschliches und gleichwohl Menschliches wäre. Tatsächlich bewegt die Gesamtverfassung der lebendigen Menschen, als ihnen allen objektiv vorgängiger Funktionszusammenhang, sich hin aufs Apersonale im Sinn von Anonymität. Darüber klagt die Heideggersche Sprache ebenso, wie sie jenen Sachverhalt als suprapersonalen bejahend widerspiegelt. Eingeholt wäre das Grauen von Depersonalisierung erst von der Einsicht ins Dinghafte der Person selbst, in die Schranke der Egoität, die anbefohlen war von der Gleichheit des Selbst mit Selbsterhaltung. Bei Heidegger bleibt die onto-

* Kurz nach der Publikation von Heideggers Hauptwerk konnte bereits an Kierkegaards Existenzbegriff dessen objektiv-ontologische Implikation und der Umschlag des objektlosen Innen in negative Objektivität nachgewiesen werden. (Vgl. Theodor W. Adorno, Kierkegaard. Konstruktion des Ästhetischen, Frankfurt am Main 1962, S. 87 ff.)

logische Apersonalität immer die Ontologisierung der Person, ohne diese zu erreichen. Erkenntnis dessen, wozu Bewußtsein unter Preisgabe seines Lebendigen wurde, hat rückwirkende Kraft: so dinghaft ist Egoität immer schon gewesen. Im Kern des Subjekts wohnen die objektiven Bedingungen, die es um der Unbedingtheit seiner Herrschaft willen verleugnen muß und die deren eigene sind. Ihrer müßte das Subjekt sich entäußern. Voraussetzung seiner Identität ist das Ende des Identitätszwangs. Das erscheint einzig verzerrt in der Existentialontologie. Nichts aber ist geistig länger relevant, was nicht in die Zone der Depersonalisierung und ihrer Dialektik eindränge; Schizophrenie die geschichtsphilosophische Wahrheit übers Subjekt. Unvermerkt wird bei Heidegger jene Zone, die er streift, zum Gleichnis der verwalteten Welt, und komplementär zur verzweifelt befestigten Bestimmung der Subjektivität. Allein an deren Kritik fände seinen Gegenstand, was er, unterm Namen Destruktion, der Geschichte der Philosophie vorbehält. Die Lehre des antimetaphysischen Freud vom Es ist der metaphysischen Kritik am Subjekt näher als die Heideggersche Metaphysik, die keine sein will. Ist die Rolle, die von Autonomie verordnete Heteronomie, die jüngste objektive Gestalt unglücklichen Bewußtseins, so ist umgekehrt kein Glück, als wo das Selbst nicht es selbst ist. Stürzt es, unter dem unmäßigen Druck, der auf ihm lastet, als schizophrenes zurück in den Zustand der Dissoziation und Vieldeutigkeit, dem geschichtlich das Subjekt sich entrang, so ist die Auflösung des Subjekts zugleich das ephemere und verurteilte Bild eines möglichen Subjekts. Gebot einmal seine Freiheit dem Mythos Einhalt, so befreite es sich, als vom letzten Mythos, von sich selbst. Utopie wäre die opferlose Nichtidentität des Subjekts.

In dem Kantischen Eifer wider die Psychologie drückt sich, neben der Angst, das mühsam erhaschte Zipfelchen des mundus intelligibilis wiederum zu verlieren, auch die authentische Einsicht aus, daß die moralischen Kategorien des Individuums mehr als nur individuell sind. Was an ihnen nach dem Modell des Kantischen Gesetzesbegriffs als Allgemeines offenbar wird, ist insgeheim ein Gesellschaftliches. Unter den Funktionen des freilich schillernden Begriffs der Menschheit in der Kritik der praktischen Vernunft ist nicht die geringfügigste, daß reine Vernunft als allgemeine für alle vernünftigen Wesen gelte: ein Indifferenzpunkt von Kants Philosophie. Ward der Begriff der Allgemeinheit an der Vielheit der Subjekte gewonnen und dann zur logischen Objektivität der Vernunft verselbständigt, in der alle einzelnen Subjekte und dem Schein nach Subjektivität als solche verschwinden, so möchte Kant auf dem schmalen Grat zwischen logischem Absolutismus und empirischer Allgültigkeit zurück zu jenem Seienden, das die Konsequenzlogik des Systems zuvor verbannte. Darin konvergiert die antipsychologische Moralphilosophie mit späteren psychologischen Funden. Indem die Psychologie das Überich als verinnerlichte gesellschaftliche Norm enthüllt, durchbricht sie ihre monadologischen Schranken. Diese sind ihrerseits gesellschaftlich produziert. Seine Objektivität den Menschen gegenüber zieht das Gewissen aus der der Gesellschaft, in der und durch welche sie leben und die bis in den Kern ihrer Individuation hineinreicht. Ungeschieden sind in solcher Objektivität die antagonistischen Momente ineinander: der heteronome Zwang und die Idee einer die divergenten Einzelinteressen übersteigenden Solidarität. Was am Gewissen das zäh beharrende, repressive Unwesen der Gesellschaft reproduziert, ist das Gegenteil von Freiheit und durch den Nachweis der eigenen Determination zu entzaubern. Dagegen zeugt die allgemeine Norm, die vom Gewissen bewußtlos zugeeignet wird, von dem an der Gesellschaft, was über Partikularität als das Prinzip ihrer Totale hinausweist. Das ist ihr Wahrheitsmoment. Der Frage nach Recht und Unrecht des Gewissens ist die bündige Antwort versagt, weil ihm selber Recht und Unrecht innewohnt und kein abstraktes Urteil sie sondern könnte: erst an seiner repressiven Gestalt bildet sich die solidarische, die jene aufhebt. Daß zwischen Individuum und Gesellschaft so wenig einfache Differenz klafft, wie sie versöhnt sind, ist der Moralphilosopie wesentlich. Am gesellschaftlich unerfüllten Anspruch des Individuums hat sich das Schlechte der Allgemeinheit deklariert. Das ist der überindividuelle Wahrheitsgehalt der Kritik an der Moral. Aber das Individuum, das, schuldig aus Not, sich zum Letzten und Absoluten wird, verfällt dabei seinerseits dem Schein der individualistischen Gesellschaft, und verkennt sich; das wiederum hat Hegel durchschaut, und zwar am schärfsten dort, wo er dem reaktionären Mißbrauch Vorschub leistet.

Die Gesellschaft, die gegen das Individuum unrecht hat in ihrem allgemeinen Anspruch, hat gegen es auch recht, insofern im Individuum das gesellschaftliche Prinzip unreflektierter Selbstbehauptung, selber das schlecht Allgemeine, hypostasiert wird. Die Gesellschaft mißt es Maß für Maß. Der Satz des späten Kant, die Freiheit eines jeden Menschen müsse nur insoweit eingeschränkt werden, wie sie die Freiheit eines anderen beeinträchtigt*, chiffriert einen versöhnten Zustand, der nicht nur über dem schlecht Allgemeinen, dem Zwangsmechanismus der Gesellschaft wäre, sondern auch über dem verstockten Individuum, in welchem jener Zwangsmechanismus mikrokosmisch sich wiederholt. Die Frage nach der Freiheit erheischt kein Ja oder Nein sondern Theorie, die wie über die bestehende Gesellschaft so über die bestehende Individualität sich erhebt. Anstatt die verinnerlichte und verhärtete Instanz des Überichs zu sanktionieren, trägt sie die Dialektik von Einzelwesen und Gattung aus. Der Rigorismus des Überichs ist lediglich der Reflex darauf, daß der antagonistische Zustand das verhindert. Befreit wäre das Subjekt erst als mit dem Nichtich versöhntes, und damit auch über der Freiheit, soweit sie mit ihrem Widerpart, der Repression, verschworen ist. Wieviel Aggression bislang in der Freiheit liegt, wird sichtbar, wann immer Menschen inmitten der allgemeinen Unfreiheit wie Freie agieren. So wenig jedoch in einem Stand von Freiheit das Individuum die alte Partikularität krampfhaft hütete – Individualität ist sowohl Produkt des Drucks wie das Kraftzentrum, das ihm widersteht –, so wenig vertrüge sich jener Stand mit dem gegenwärtigen Kollektivbegriff. Daß in den Ländern, die heute den Namen des Sozialismus monopolisieren, Kollektivismus unmittelbar, als Unterordnung des Einzelnen unter die Gesellschaft, anbefohlen wird, straft ihren Sozialismus Lügen und befestigt den Antagonismus. Die Schwächung des Ichs durch eine vergesellschaftete Gesellschaft, die unermüdlich die Menschen zusammentreibt und, wörtlich wie übertragen, unfähig macht, allein zu sein, manifestiert sich in den Klagen über Vereinzelung nicht weniger

* »Eine jede Handlung ist recht, die oder nach deren Maxime die Freiheit der Willkür eines jeden mit jedermanns Freiheit nach einem allgemeinen Gesetze zusammen bestehen kann.« (Kant, Metaphysik der Sitten, Einleitung in die Rechtslehre, § C, WW VI, Akademie-Ausgabe, S. 230.)

als die wahrhaft unerträgliche Kälte, die mit dem sich expandierenden Tauschverhältnis über alles sich verbreitet, und die im autoritären, gegen die Bedürfnisse der Subjekte rücksichtslosen Regiment der angeblichen Volksdemokratien prolongiert wird. Daß in einem Verein freier Menschen diese dauernd sich zusammenrotten müßten, gehört in den Vorstellungskreis von Umzügen, von Marschieren, Fahnenschwenken, Festansprachen von Führern. Sie gedeihen nur so lange, wie die Gesellschaft irrational ihre Zwangsmitglieder zusammenkitten will; objektiv bedarf es ihrer nicht. Kollektivismus und Individualismus ergänzen einander im Falschen. Gegen beides protestierte die spekulative Geschichtsphilosophie seit Fichte in der Lehre vom Stand der vollendeten Sündhaftigkeit, später in der vom verlorenen Sinn. Die Moderne wird einer entformten Welt gleichgesetzt, während Rousseau, der Initiator retrospektiver Feindschaft gegen die eigene Zeit, sie am letzten großen Stil entzündete: sein Widerwille galt einem Zuviel an Form, der Denaturierung der Gesellschaft. An der Zeit wäre, die imago der sinnentleerten Welt zu kündigen, die aus einer Chiffre der Sehnsucht zur Parole von Ordnungswütigen degenerierte. Nirgendwo auf Erden ist die gegenwärtige Gesellschaft, wie ihr szientifische Apologeten bescheinigen, ›offen‹; nirgendwo auch entformt. Der Glaube, daß sie es sei, entsprang in den Verwüstungen der Städte und Landschaften durch die planlos sich ausdehnende Industrie, in einem Mangel an Rationalität, nicht in deren Übermaß. Virtuell liefert Ideologien, wer Entformung auf metaphysische Prozesse zurückführt, anstatt auf die Verhältnisse der materiellen Produktion. Mit ihrer Änderung könnte das Bild der Gewalt sich sänftigen, als welches die Welt den Menschen sich präsentiert, die ihr Gewalt antaten. Daß überindividuelle Bindungen verschwanden – sie verschwanden keineswegs –, wäre gar nicht an sich das Schlechte; die wahrhaft emanzipierten Kunstwerke des zwanzigsten Jahrhunderts sind denn auch nicht schlechter als die, welche in den Stilen gediehen, deren die Moderne mit Grund sich entschlug. Wie im Spiegel verkehrt sich die Erfahrung, daß nach dem Stande des Bewußtseins und der materiellen Produktivkräfte von den Menschen erwartet wird, daß sie Freie seien, daß sie es auch von sich selbst erwarten, und daß sie es nicht sind, während doch im Stande ihrer radikalen Unfreiheit kein Muster von Denken, Verhalten und, mit dem schmählichsten Terminus, von ›Wert‹ übrig ist, wie sie als Unfreie es begehren. Das Lamento über den Mangel an Bindung hat zur Substanz eine Verfassung der Gesellschaft, die Freiheit vorgaukelt, ohne sie zu verwirklichen. Freiheit existiert nur, blaß genug, im Überbau; ihr perennierendes Mißlingen lenkt die Sehnsucht ab auf die Unfreiheit. Wahrscheinlich ist die Frage nach dem Sinn des Daseins insgesamt Ausdruck jenes Mißverhältnisses.

Schwarz verhängt sich der Horizont eines Standes von Freiheit, darin es keiner Repression und keiner Moral mehr bedürfte, weil der Trieb nicht länger zerstörend sich äußern müßte. Moralische Fragen stellen sich bündig, nicht in ihrer widerlichen Parodie, der sexuellen Unterdrückung, sondern in Sätzen wie: Es soll nicht gefoltert werden; es sollen keine Konzentrationslager sein, während all das in Afrika und Asien fortwährt und nur verdrängt wird, weil die zivilisatorische Humanität wie stets inhuman ist gegen die von ihr schamlos als unzivilisiert Gebrandmarkten. Bemächtigte aber ein Moralphilosoph sich jener Sätze und jubelte, nun hätte er die Kritiker der Moral erwischt: auch sie zitierten die von Moralphilosophen mit Behagen verkündeten Werte, so wäre der bündige Schluß falsch. Wahr sind die Sätze als Impuls, wenn gemeldet wird, irgendwo sei gefoltert worden. Sie dürfen sich nicht rationalisieren; als abstraktes Prinzip gerieten sie sogleich in die schlechte Unendlichkeit ihrer Ableitung und Gültigkeit. Kritik an der Moral gilt der Übertragung von Konsequenzlogik aufs Verhalten der Menschen; die stringente Konsequenzlogik wird dort Organ von Unfreiheit. Der Impuls, die nackte physische Angst und das Gefühl der Solidarität mit den, nach Brechts Wort, quälbaren Körpern, der dem moralischen Verhalten immanent ist, würde durchs Bestreben rücksichtsloser Rationalisierung verleugnet; das Dringlichste würde abermals kontemplativ, Spott auf die eigene Dringlichkeit. Der Unterschied von Theorie und Praxis involviert theoretisch, daß Praxis so wenig rein auf Theorie zu bringen ist wie χωρίς von ihr. Beides läßt nicht zur Synthese sich zusammenleimen. Das Ungetrennte lebt einzig in den Extremen, in der spontanen Regung, die, ungeduldig mit dem Argument, nicht dulden will, daß das Grauen weitergehe, und in dem von keinem Anbefohlenen terrorisierten theoretischen Bewußtsein, das durchschaut, warum es gleichwohl unabsehbar weitergeht. Dieser Widerspruch allein ist, angesichts der realen Ohnmacht aller Einzelnen, der Schauplatz von Moral heute. Spontan wird Bewußtsein so weit reagieren, wie es das Schlechte erkennt, ohne mit der Erkenntnis sich zu befriedigen. Die Inkompatibilität jedes allgemein moralischen Urteils mit der psychologischen Determination, die doch von dem Urteil, dies sei das Böse, nicht dispensiert, entspringt nicht in mangelnder Folgerichtigkeit des Denkens, sondern im objektiven Antagonismus. Fritz Bauer hat bemerkt, daß dieselben Typen, die mit hundert faulen Argumenten den Freispruch der Schinder von Auschwitz verlangen, Freunde der Wiedereinführung der Todesstrafe seien. Darin konzentriert sich der jüngste Stand der moralischen Dialektik: der Freispruch wäre das nackte Unrecht, die gerechte Sühne würde von dem Prinzip zuschlagender Gewalt sich anstecken lassen, dem zu widerstehen allein Humanität ist. Benjamins Satz, der Vollzug der Todesstrafe könne moralisch sein, niemals ihre Legitimierung, prophezeit diese Dialektik. Hätte man die Chargierten der Folter samt ihren Auftraggebern und deren hochmögenden Gönnern sogleich erschossen, so wäre es moralischer gewesen, als einigen von ihnen den Prozeß zu machen. Daß ihnen zu fliehen, zwanzig Jahre sich zu verstekken gelang, verändert qualitativ die damals versäumte Gerechtigkeit. Sobald gegen sie eine Justizmaschine mit Strafprozeßordnung, Talar und verständnisvollen Verteidigern mobilisiert werden muß, ist die Gerechtigkeit, ohnehin keiner Sanktion fähig, die der begangenen Untat gerecht würde, schon falsch, kompromittiert vom gleichen Prinzip, nach dem die Mörder einmal handelten. Die Faschisten sind klug genug, solchen objektiven Wahnsinn mit ihrer teuflisch irren Vernunft auszuschlachten. Der geschichtliche Grund der Aporie ist, daß in Deutschland die Revolution gegen die Faschisten scheiterte, vielmehr daß es 1944 keine revolutionäre Massenbewegung gab. Der Widerspruch, empirischen Determinismus zu lehren und gleichwohl die Normalungetüme zu verurteilen – vielleicht sollte man sie danach laufen lassen –, ist von keiner übergeordneten Logik zu schlichten. Theoretisch reflektierte Justiz dürfte ihn nicht scheuen. Verhilft sie ihm nicht selber zum Bewußtsein, so ermutigt sie, als

Politikum, die Fortsetzung der Foltermethoden, auf die ohnehin das kollektive Unbewußte hofft und auf deren Rationalisierung es lauert; soviel jedenfalls stimmt an der Abschreckungstheorie. Im eingestandenen Bruch zwischen einer Vernunft des Rechts, welche zum letzten Mal den Schuldigen die Ehre einer Freiheit antut, die ihnen nicht gebührt, und der Einsicht in ihre reale Unfreiheit wird die Kritik am konsequenzlogischen Identitätsdenken moralisch.

Zwischen dem Dasein und dem Sittengesetz vermittelt Kant durch die Konstruktion des intelligiblen Charakters. Sie lehnt sich an die These an, »das moralische Gesetz beweiset seine Realität«[53] – als ob, was gegeben, was da ist, dadurch legitimiert wäre. Redet Kant davon, »daß der Bestimmungsgrund jener Causalität auch außer der Sinnenwelt in der Freiheit als Eigenschaft eines intelligibelen Wesens angenommen werden kann«[54], so wird durch den Begriff der Eigenschaft das intelligible Wesen vollends zu einem im Leben des Individuums positiv Vorstellbaren, »realen«. Das aber ist, innerhalb der Axiomatik von Widerspruchslosigkeit, konträr der Lehre vom Intelligiblen als einem Jenseits der Sinnenwelt. Unverhohlen erinnert Kant sogleich daran: »Hingegen ist das sittlich Gute etwas dem Objecte nach Übersinnliches, für das also in keiner sinnlichen Anschauung etwas correspondirendes« – ganz gewiß also keine »Eigenschaft« – »gefunden werden kann, und die Urtheilskraft unter Gesetzen der reinen praktischen Vernunft scheint daher besonderen Schwierigkeiten unterworfen zu sein, die darauf beruhen, daß ein Gesetz der Freiheit auf Handlungen als Begebenheiten, die in der Sinnenwelt geschehen und also so fern zur Natur gehören, angewandt werden soll.«[55] Der Passus wendet im Geist der Vernunftkritik sich nicht nur gegen die in der Kritik der praktischen Vernunft stringent kritisierte Ontologie von Gut und Böse als von ansichseienden Gütern, sondern auch gegen das ihr zugeordnete subjektive Vermögen, das, den Phänomena entrückt, jene Ontologie verbürge, einen Charakter schlechthin supranaturalen Wesens. Führte Kant, um Freiheit zu erretten, die überaus exponierte und wider Erfahrung sich sträubende, gleichwohl als

Vermittlung zur Empirie konzipierte Lehre vom intelligiblen Charakter ein, so war objektiv eines der stärksten Motive, daß der Wille nicht als Seiendes aus den Phänomenen erschlossen, auch nicht durch ihre begriffliche Synthesis definiert werden könne, sondern als ihre Bedingung vorausgesetzt werden müsse, mit den Unzuträglichkeiten eines naiven Realismus der Innerlichkeit, die er, an anderen Hypostasen von Seelischem, im Paralogismuskapitel zerstörte. Der Nachweis, der Charakter gehe weder in Natur auf noch sei er ihr absolut transzendent, wie es übrigens sein Begriff dialektisch impliziert, soll die prekäre Vermittlung besorgen. Motivationen aber, ohne die keine solche Vermittlung wäre, haben ihr psychologisches Moment, während die des menschlichen Willens Kant zufolge »niemals etwas anderes als das moralische Gesetz sein« können[56]. Das zeichnet die Antinomie jeder möglichen Antwort vor. Sie wird von Kant schroff herausgearbeitet: »Denn wie ein Gesetz für sich und unmittelbar Bestimmungsgrund des Willens sein könne (welches doch das Wesentliche aller Moralität ist), das ist ein für die menschliche Vernunft unauflösliches Problem und mit dem Einerlei: wie ein freier Wille möglich sei. Also werden wir nicht den Grund, woher das moralische Gesetz in sich eine Triebfeder abgebe, sondern was, so fern es eine solche ist, sie im Gemüthe wirkt (besser zu sagen, wirken muß), a priori anzuzeigen haben.«[57] Kants Spekulation verstummt, wo sie einzusetzen hätte, und resigniert zu einer bloßen Beschreibung immanenter Wirkungszusammenhänge, die er, wäre er nicht überwältigt von seinem Vorsatz, schwerlich gezögert hätte, Blendwerk zu nennen: ein Empirisches erschleicht durch die Kraft der Affektion, die es ausübt, überempirische Autorität. Von der »intelligibelen Existenz«[58], einem Dasein ohne die Zeit, welche Kant zufolge Daseiendes mit konstituiert, wird gehandelt, ohne daß ihn die contradictio in adjecto schreckte, ohne daß er sie dialektisch artikulierte, gar sagte, was irgend unter jener Existenz zu denken sei. Am weitesten wagt er sich vor mit der Rede »von der Spontaneität des Subjects als Dinges an sich selbst«[59]. Nach der Vernunftkritik wäre von dieser positiv so wenig zu sprechen wie von den transzendenten Ursachen der Phänomene des äußeren Sinnes, während ohne intelligiblen Charakter moralisches Handeln in der Empirie, Einwirkung auf diese unmöglich wäre und damit die Moral. Er muß verzweifelt um das sich bemühen, was der Grundriß des Systems verhindert. Zustatten kommt ihm dabei, daß, gegenüber dem Kausalautomatismus der physischen wie der psychischen Natur, Vernunft einzugreifen, einen neuen Nexus zu stiften vermag. Läßt er sich in der ausgeführten Moralphilosophie dazu herbei, nicht länger das intelligible Reich, säkularisiert zur reinen praktischen Vernunft, als absolut Verschiedenes zu denken, so ist das, angesichts jenes konstatierbaren Influxus der Vernunft, keineswegs das Wunder, als welches es nach dem abstrakten Verhältnis der Kantischen Grundthesen zueinander sich darstellt. Daß Vernunft ein anderes als Natur und doch ein Moment von dieser sei, ist ihre zu ihrer immanenten Bestimmung gewordene Vorgeschichte. Naturhaft ist sie als die zu Zwecken der Selbsterhaltung abgezweigte psychische Kraft; einmal aber abgespalten und der Natur kontrastiert, wird sie auch zu deren Anderem. Dieser ephemer entragend, ist Vernunft mit Natur identisch und nichtidentisch, dialektisch ihrem eigenen Begriff nach. Je hemmungsloser jedoch die Vernunft in jener Dialektik sich zum absoluten Gegensatz der Natur macht und an diese in sich selbst vergißt, desto mehr regrediert sie, verwilderte Selbsterhaltung, auf Natur; einzig als deren Reflexion wäre Vernunft Übernatur. Keine interpretative Kunst vermöchte die immanenten Widersprüche der Bestimmungen des intelligiblen Charakters zu beseitigen. Kant schweigt darüber sich aus, was er sei, wie er von sich aus auf den empirischen einwirke; ob er nichts als der reine Akt von dessen Setzung sein soll oder neben jenem fortwähren, wie es zwar erklügelt klingt, aber nicht ohne Plausibilität für die Selbsterfahrung ist. Er begnügt sich mit der Beschreibung, wie jene Einwirkung in der Empirie erscheint. Wird der intelligible Charakter, wozu das Wort veranlaßt, durchaus χωρίς vorgestellt, so ist überhaupt von ihm zu reden so unmöglich wie über das Ding an sich, dem Kant den intelligiblen Charakter kryptisch genug, in höchst formaler Analogie, gleichsetzt, nicht einmal erklärend, ob er ›ein‹ Ding an sich, eines in jeder Person, die unbekannte Ursache der Phänomene des inneren Sinnes oder, wie Kant gelegentlich redet, »das« Ding an sich sei, identisch mit allen, Fichtes absolutes Ich. Indem ein solches radikal getrenntes Subjekt einwirkte, würde es Moment der phänomenalen Welt und unterläge deren Bestimmungen, also der Kausalität. Der traditionelle Logiker Kant dürfte niemals damit sich abfinden, daß derselbe Begriff der Kausalität sowohl unterstände wie nicht unterstände*. Wäre aber der intelligible Charakter nicht mehr χωρίς, so wäre er nicht länger intelligibel sondern, im Sinn des Kantischen Dualismus, kontaminiert mit dem mundus sensibilis und widerspräche sich nicht minder. Wo Kant sich verpflichtet fühlt, die Lehre vom intelligiblen Charakter näher auszuführen, muß er ihn einerseits auf eine Handlung in der Zeit, auf jenes Empirische gründen, das er schlechterdings nicht sein soll; andererseits die Psychologie vernachlässigen, mit der er sich embrouilliert: »Es gibt Fälle, wo Menschen von Kindheit auf, selbst unter einer Erziehung, die mit der ihrigen zugleich andern ersprießlich war, dennoch so frühe Bosheit zeigen und so bis in ihre Mannesjahre zu steigen fortfahren, daß man sie für geborne Bösewichter und gänzlich, was die Denkungsart betrifft, für unverbesserlich hält, gleichwohl aber sie wegen ihres Thuns und Lassens eben so richtet, ihnen ihre

* Dem Begriff des Intelligiblen ist bequem vorzurechnen, es wäre verboten, unbekannte Ursachen der Erscheinungen auch nur in äußerster Abstraktion positiv zu erwähnen. Mit einem Begriff, über den schlechterdings nichts sich sagen läßt, wäre nicht zu operieren, er wäre gleich Nichts, Nichts auch sein eigener Gehalt. Daran hatte der deutsche Idealismus eines seiner wirksamsten Argumente gegen Kant, ohne daß er sich viel bei der Kantisch-Leibniz'schen Idee des Grenzbegriffs aufgehalten hätte. Gegen Fichtes und Hegels plausible Kritik an Kant indessen wäre zu remonstrieren. Sie folgt ihrerseits der traditionellen Logik, welche von etwas zu reden als eitel verwehrt, was nicht auf Sachgehalte zu reduzieren sei, welche die Substanz jenes Begriffs ausmachten. Die Idealisten haben, in ihrer Rebellion gegen Kant, übereifrig das Prinzip vergessen, dem sie gegen jenen folgten: daß die Konsequenz des Gedankens zur Konstruktion von Begriffen nötige, die keinen Repräsentanten an positiv bestimmbarer Gegebenheit haben. Der Spekulation zuliebe denunzierten sie Kant als Spekulanten, schuldig des gleichen Positivismus, dessen sie ihn bezichtigten. In dem angeblichen Fehler der Kantischen Apologie des Dinges an sich, den die Konsequenzlogik seit Maimon so triumphal beweisen konnte, überlebt in Kant die Erinnerung an das gegen die Konsequenzlogik widerspenstige Moment, die Nichtidentität. Darum hat er, der die Konsequenz seiner Kritiker gewiß nicht verkannte, gegen diese protestiert und sich lieber des Dogmatismus überführen lassen als die Identität zu verabsolutieren, deren eigenem Sinn, wie Hegel rasch genug erkannte, die Beziehung auf ein Nichtidentisches unabdingbar ist. Die Konstruktion von Ding an sich und intelligiblem Charakter ist die eines Nichtidentischen als der Bedingung der Möglichkeit von Identifikation, aber auch die dessen, was der kategorialen Identifizierung entschlüpft.

Verbrechen eben so als Schuld verweiset, ja sie (die Kinder) selbst diese Verweise so ganz gegründet finden, als ob sie ungeachtet der ihnen beigemessenen hoffnungslosen Naturbeschaffenheit ihres Gemüths eben so verantwortlich blieben, als jeder andere Mensch. Dieses würde nicht geschehen können, wenn wir nicht voraussetzten, daß alles, was aus seiner Willkür entspringt (wie ohne Zweifel jede vorsätzlich verübte Handlung), eine freie Causalität zum Grunde habe, welche von der frühen Jugend an ihren Charakter in ihren Erscheinungen (den Handlungen) ausdrückt, die wegen der Gleichförmigkeit des Verhaltens einen Naturzusammenhang kenntlich machen, der aber nicht die arge Beschaffenheit des Willens nothwendig macht, sondern vielmehr die Folge der freiwillig angenommenen bösen und unwandelbaren Grundsätze ist, welche ihn nur noch um desto verwerflicher und strafwürdiger machen.«[60] Kant ventiliert nicht, daß das moralische Verdikt über Psychopathen irren könnte. Die vorgeblich freie Kausalität wird in die frühe Kindheit verlegt, ganz adäquat übrigens der Genese des Überichs. Aberwitzig jedoch, Babies, deren Vernunft selbst erst sich bildet, jene Autonomie zu attestieren, die an der voll entfalteten Vernunft haftet. Indem die moralische Verantwortung von der Einzelhandlung des Erwachsenen in ihre dämmernde Vorzeit zurückdatiert wird, ergeht im Namen von Mündigkeit ein unmoralisch pädagogisches Strafgericht über den Unmündigen. Die Prozesse, die in den ersten Lebensjahren über die Formierung von Ich und Überich oder, wie in dem Kantischen Paradigma, über deren Mißlingen entscheiden, können evidenterweise weder um ihrer Anciennität willen apriorisiert werden, noch ist ihrem höchst empirischen Gehalt jene Reinheit zuzusprechen, die Kants Lehre vom Sittengesetz fordert. In seinem Enthusiasmus für die Strafwürdigkeit frühkindlicher Bösewichter verläßt er den intelligiblen Bereich einzig, um im empirischen Unheil zu stiften.

Woran Kant beim Begriff des intelligiblen Charakters dachte, ist trotz der asketischen Schweigsamkeit seiner Theorie nicht aller Mutmaßung entzogen: die Einheit der Person, Äquivalent der erkenntnistheoretischen Einheit des Selbstbewußtseins. Hinter den Kulissen des Kantischen Systems wird erwartet, der oberste Begriff der praktischen Philosophie koinzidiere mit dem obersten der theoretischen, dem Ichprinzip, das ebenso theoretisch Einheit stiftet wie praktisch die Triebe bändigt und integriert. Die Einheit der Person ist der Ort der Lehre vom Intelligiblen. Nach der Architektur des bei Kant durchgängigen Form-Inhalt-Dualismus zählt sie zu den Formen: das Prinzip von Besonderung ist, in ungewollter, erst von Hegel explizierter Dialektik ein Allgemeines. Zu Ehren der Allgemeinheit unterscheidet Kant terminologisch Persönlichkeit von Person. Jene sei »die Freiheit und Unabhängigkeit von dem Mechanismus der ganzen Natur, doch zugleich als ein Vermögen eines Wesens betrachtet, welches eigenthümlichen, nämlich von seiner eigenen Vernunft gegebenen, reinen praktischen Gesetzen, die Person also, als zur Sinnenwelt gehörig, ihrer eigenen Persönlichkeit unterworfen ist, so fern sie zugleich zur intelligibelen Welt gehört«[61]. Persönlichkeit, das Subjekt als reine Vernunft, wie es in dem Suffix ›-keit‹, dem Index eines begrifflich Allgemeinen, sich abzeichnet, soll die Person, das Subjekt, als empirisches, natürliches Einzelwesen, sich unterwerfen. Das von Kant mit dem intelligiblen Charakter Gemeinte dürfte der Persönlichkeit im älteren Sprachgebrauch sehr nahe kommen, die »zur intelligibelen Welt gehört«. Die Einheit des Selbstbewußtseins setzt psychologisch-faktische Bewußtseinsinhalte nicht nur genetisch, sondern ihrer eigenen reinen Möglichkeit nach voraus; bezeichnet eine Zone der Indifferenz von reiner Vernunft und raum-zeitlicher Erfahrung. Humes Kritik am Ich glitt darüber hinweg, daß Bewußtseinstatsachen nicht vorhanden wären, ohne daß sie innerhalb eines einzelnen Bewußtseins, nicht eines beliebigen anderen sich bestimmten. Kant berichtigt ihn, vernachlässigt jedoch auch seinerseits die Reziprozität: seiner Kritik an Hume ist Persönlichkeit zum Prinzip jenseits der Einzelpersonen, zu deren Rahmen erstarrt. Er faßt die Bewußtseinseinheit unabhängig von jeglicher Erfahrung. Solche Unabhängigkeit existiert einigermaßen gegenüber den wechselnden einzelnen Bewußtseinstatsachen, nicht aber radikal gegenüber allem Vorhandensein tatsächlicher Bewußtseinsinhalte. Kants Platonismus – im Phaidon war die Seele ein Idee-Ähnliches – wiederholt erkenntnistheoretisch die eminent bürgerliche Affirmation der persönlichen Einheit an sich auf Kosten ihres Inhalts, die schließlich unter dem Namen von Persönlichkeit nur den starken Mann übrigließ. Die formale Leistung der Integration, a priori keineswegs formal sondern inhaltlich, die sedimentierte Beherrschung der inneren Natur, usurpiert den Rang des Guten. Je mehr einer Persönlichkeit sei, wird suggeriert, desto besser sei er, unbekümmert um die Fragwürdigkeit des Man-selber-Seins. Große Romane des achtzehnten Jahrhunderts waren darin noch argwöhnisch. Fieldings Tom Jones, das Findelkind, ein im psychologischen Sinn »triebhafter Charakter«, steht für den von Konvention unverstümmelten Menschen ein und wird zugleich komisch. Letzter Widerhall dessen sind die Nashörner von Ionesco: der einzige, der der tierischen Standardisierung widersteht und insofern ein starkes Ich bewährt, hat, Alkoholiker und beruflich erfolglos, nach dem Verdikt des Lebens gar kein so starkes. Trotz des Beispiels vom radikal bösen Kleinkind wäre zu fragen, ob bei Kant ein böser intelligibler Charakter denkmöglich sei; ob er das Böse nicht darin sucht, daß die formale Einheit mißlang. Wo jene Einheit gar nicht ist, wäre wohl ihm zufolge von Gut so wenig zu reden wie bei den Tieren, auch nicht von Böse; er dürfte den intelligiblen Charakter am ehesten als starkes Ich sich vorgestellt haben, das alle seine Regungen vernünftig kontrolliert, so wie es in der Gesamttradition des neueren Rationalismus gelehrt ward, insbesondere von Spinoza und Leibniz, die wenigstens in diesem Punkt übereinstimmen*. Die große Philosophie verhärtet sich gegen die Idee eines nicht nach dem Realitätsprinzip gemodelten, nicht in sich verhärteten Menschen. Das trägt Kant den denkstrategischen Vorteil ein, parallel zur durchgehenden Kausalität die These von der Freiheit durchführen zu können. Denn die Einheit der Person ist nicht bloß das formale Apriori, als das sie im Kantischen System auftritt, sondern wider seinen Willen, und zugunsten seines Demonstrandum, Moment aller einzelnen Inhalte des Subjekts. Jede seiner Regungen ist »dessen« Regung ebenso wie das Subjekt die Totalität der Regungen, und dadurch deren qualitativ Anderes. In der höchst formalen Region des Selbstbewußtseins verschwimmt beides. Von ihr läßt ununterschieden sich prädizieren, was nicht ineinander auf-

* Zum Verhältnis der Kantischen Willenslehre und der von Leibniz und Spinoza vgl. Johann Eduard Erdmann, Geschichte der neueren Philosophie, Neudruck Stuttgart 1932, insbes. Vierter Band, S. 128 ff.

geht: der faktische Inhalt und die Vermittlung, das Prinzip seines Zusammenhangs. Durch äußerste Abstraktion verschafft sich, im Indifferenzbegriff der Persönlichkeit, der nach traditionell-logischer Argumentationsweise tabuierte, aber desto realere dialektische Sachverhalt sein Recht, daß in der antagonistischen Welt die einzelnen Subjekte auch in sich antagonistisch sind, frei und unfrei. In der Nacht der Indifferenz fällt das karge Licht auf die Freiheit als die Persönlichkeit an sich, ein protestantisch Innerliches, noch sich selbst Entrücktes. Das Subjekt wird, nach Schillers Kernspruch, gerechtfertigt durch das, was es ist, nicht durch das, was es tut, wie einst der Lutheraner durch den Glauben, nicht die Werke. Die unfreiwillige Irrationalität des Kantischen intelligiblen Charakters, seine vom System erzwungene Unbestimmbarkeit, säkularisiert stillschweigend die ausdrückliche theologische Lehre von der Irrationalität der Gnadenwahl. Diese wird allerdings, konserviert in fortschreitender Aufklärung, immer drückender. Ward Gott von der Kantischen Ethik einmal in die gleichsam dienende Rolle des Postulats der praktischen Vernunft gedrängt – auch das ist in Leibniz und sogar Descartes präformiert –, so fällt es schwer, unter dem intelligiblen Charakter, einem irrational Soseienden, irgendein Anderes zu denken als das gleiche blinde Schicksal, gegen welches die Idee der Freiheit Einspruch erhebt. Stets changierte der Begriff des Charakters zwischen Natur und Freiheit[62]. Je rücksichtsloser das absolute Sosein des Subjekts seiner Subjektivität gleichgesetzt wird, desto undurchdringlicher deren Begriff. Was ehemals Gnadenwahl aus göttlichem Ratschluß dünkte, kann kaum noch als eine aus objektiver Vernunft gedacht werden, die doch an die subjektive appellieren müßte. Das reine, jeden empirischen Inhalts bare Ansichsein des Menschen, das in nichts gesucht wird als seiner eigenen Vernünftigkeit, läßt kein vernünftiges Urteil darüber zu, warum es hier gelungen sei, dort gescheitert. Die Instanz aber, an der der intelligible Charakter befestigt wird, die reine Vernunft, ist selbst ein Werdendes und insofern auch Bedingtes, kein absolut Bedingendes. Daß sie sich außerhalb der Zeit als Absolutes setze – eine Antezipation des gleichen Fichte, den Kant befehdete –, ist weit irrationaler als je die Schöpfungslehre. Das trug wesentlich zum Bündnis der Idee von Freiheit mit der realen Unfreiheit bei. Irreduktibel daseiend, verdoppelt der intelligible Charakter im Begriff jene zweite Natur, als welche die Gesellschaft ohnehin die Charaktere ihrer sämtlichen Angehörigen stanzt. Übersetzt man die Kantische Ethik in Urteile über reale Menschen, so ist ihr einziges Kriterium: wie einer nun einmal sei, also seine Unfreiheit. Jener Kernspruch Schillers wollte gewiß primär den Abscheu bekunden, den die Unterwerfung aller menschlichen Verhältnisse unter das Tauschprinzip, das Abschätzen der einen Handlung gegen die andere, einflößt. Die Kantische Moralphilosophie meldet dasselbe Motiv an im Gegensatz von Würde und Preis. In einer richtigen Gesellschaft jedoch würde der Tausch nicht nur abgeschafft sondern erfüllt: keinem würde der Ertrag seiner Arbeit verkürzt. So wenig die isolierte Handlung gewogen werden kann, so wenig ist ein Gutes, das nicht zu Handlungen sich entäußerte. Absolute Gesinnung, bar des spezifischen Eingriffs, verkäme zur absoluten Gleichgültigkeit, zum Unmenschlichen. Beide, Kant wie Schiller, präludieren objektiv den schmählichen Begriff eines freischwebend Edlen, das dann später nach Belieben Eliten als Eigenschaft sich bescheinigen können, die sich selbst dazu ernennen. In der Kantischen Moralphilosophie lauert eine Tendenz zu ihrer Sabotage. Ihr wird die Totalität des Menschen ununterscheidbar von prästabilierter Erwähltheit. Daß nach dem Recht oder Unrecht einer Handlung nicht mehr kasuistisch zu fragen ist, hat auch sein Sinistres: die Urteilskompetenz geht an die Zwänge der empirischen Gesellschaft über, welche das Kantische ἀγαθόν transzendieren wollte. Die Kategorien edel und gemein sind, wie alle der bürgerlichen Freiheitslehre, mit familialen, mit Naturverhältnissen verwachsen. In der spätbürgerlichen Gesellschaft bricht ihre Naturwüchsigkeit nochmals durch, als Biologismus und schließlich Rassetheorie. Die vom Philosophen Schiller, gegen Kant und insgeheim im Einklang mit ihm, visierte Versöhnung von Moral und Natur ist im Bestehenden nicht durchaus so human und unschuldig, wie sie sich weiß. Natur, einmal mit Sinn ausstaffiert, setzt sich anstelle jener Möglichkeit, auf welche die Konstruktion des intelligiblen Charakters hinauswollte. Bei Goethes Kalokagathie ist der am Ende mörderische Umschlag unverkennbar. Schon ein Brief Kants über ein Porträt, das ein jüdischer Maler von ihm angefertigt hatte, bedient sich einer gehässig antisemitischen These, die durch den Nationalsozialisten Paul Schultze-Naumburg populär wurde*. Freiheit ist real begrenzt durch Gesellschaft, nicht nur von außen sondern in sich selbst. Sobald sie von sich Gebrauch macht, vermehrt sie die Unfreiheit; der Statthalter des Besseren ist immer auch Komplize des Schlechteren. Noch wo die Menschen am ehesten frei von der Gesellschaft sich fühlen, in der Stärke ihres Ichs, sind sie zugleich deren Agenten: das Ichprinzip ist ihnen von der Gesellschaft eingepflanzt, und sie honoriert es, obwohl sie es eindämmt. Kants Ethik ist dieses Vertrackten noch nicht gewahr geworden, oder setzt darüber sich hinweg.

Wollte man es wagen, dem Kantischen X des intelligiblen Charakters seinen wahren Inhalt zu verleihen, der sich gegen die totale Unbestimmtheit des aporetischen Begriffs behauptet, so wäre er wohl das geschichtlich fortgeschrittenste, punktuell aufleuchtende, rasch verlöschende Bewußtsein, dem der Impuls innewohnt, das Richtige zu tun. Er ist die konkrete, intermittierende Vorwegnahme der Möglichkeit, weder fremd den Menschen noch mit ihnen identisch. Sie sind nicht nur die Substrate von Psychologie. Denn sie erschöpfen sich nicht in der vergegenständlichten Naturbeherrschung, die sie von der auswendigen Natur auf sich zurückprojiziert haben. Sie sind soweit Dinge an sich, wie die Dinge nur ein von ihnen Gemachtes sind; insofern ist die Welt der Phänomene wahrhaft ein Schein. Der reine Wille der Kantischen ›Grundlegung‹ ist darum vom intelligiblen Charakter gar nicht so verschieden. Der Vers von Karl Kraus »Was hat die Welt aus uns gemacht« sinnt ihm schwermütig nach; ihn fälscht, wer ihn zu besitzen sich einbildet. Negativ schlägt er durch im Schmerz des Subjekts, daß alle Menschen in dem, was sie wurden, in ihrer Wirklichkeit, verstümmelt sind. Was anders wäre, das

* »Den innigsten Dank, mein höchstschätzbarer und geliebtester Freund, für die Eröffnung ihrer gütigen Gesinnungen gegen mich, die mir sammt Ihrem schönen Geschenk den Tag nach meinem Geburtstage richtig zu Handen gekommen sind! Das von Hrn Loewe, einem jüdischen Maler, ohne meine Einwilligung ausgefertigte Portrait, soll, wie meine Freunde sagen, zwar einen Grad Ähnlichkeit mit mir haben, aber ein guter Kenner von Mahlereyen sagte beym ersten Anblick: ein Jude mahlt immer wiederum einen Juden; wovon er den Zug an der Nase setzt: Doch hievon genug.« (Aus: Kants Briefwechsel, Band II, 1789–1794, Berlin 1900, S. 33.)

nicht länger verkehrte Wesen, weigert sich einer Sprache, welche die Stigmata des Seienden trägt: Theologie redete einmal vom mystischen Namen. Die Trennung des intelligiblen vom empirischen Charakter aber wird erfahren an dem äonenalten Block, der vor den reinen Willen, das Hinzutretende sich schiebt: äußere Rücksicht aller erdenklichen Art, vielfach subaltern irrationale Interessen der Subjekte falscher Gesellschaft; generell das Prinzip des partikularen Eigeninteresses, das jedem Individuum ohne Ausnahme in der Gesellschaft, wie sie ist, sein Handeln vorschreibt und der Tod aller ist. Nach innen verlängert sich der Block in den borniert ichlichen Strebungen, dann in den Neurosen. Diese absorbieren, wie man weiß, ein unmäßiges Quantum verfügbarer menschlicher Kraft und verhindern, auf der Linie des geringsten Widerstandes, mit der Schlauheit des Unbewußten jenes Richtige, das unweigerlich der befangenen Selbsterhaltung widerspricht. Dabei haben die Neurosen es um so leichter, können um so besser sich rationalisieren, als das selbsterhaltende Prinzip in einem Stand der Freiheit ebenso zu dem Seinen kommen müßte wie die Interessen der anderen, die es a priori schädigt. Neurosen sind Stützen der Gesellschaft; sie vereiteln bessere Möglichkeiten der Menschen und damit das objektiv Bessere, das die Menschen herbeiführen könnten. Die Instinkte, die über den falschen Zustand hinausdrängen, stauen sie tendenziell auf den Narzißmus zurück, der im falschen Zustand sich befriedigt. Das ist ein Scharnier im Mechanismus des Bösen: Schwäche, die sich womöglich als Stärke verkennt. Am Ende wäre der intelligible Charakter der gelähmte vernünftige Wille. Was dagegen an ihm für das Höhere, Sublimere, vom Niedrigen Unverschandelte gilt, ist wesentlich seine eigene Bedürftigkeit, die Unfähigkeit, das Erniedrigende zu verändern; Versagung, die sich zum Selbstzweck stilisiert. Gleichwohl ist nichts Besseres unter den Menschen als jener Charakter; die Möglichkeit, ein anderer zu sein, als man ist, während doch alle in ihrem Selbst eingesperrt sind und dadurch abgesperrt noch von ihrem Selbst. Der eklatante Mangel der Kantischen Lehre, das sich Entziehende, Abstrakte des intelligiblen Charakters, hat auch etwas von der Wahrheit des Bilderverbots, welches die nach-Kantische Philosophie, Marx inbegriffen, auf alle Begriffe vom Positiven ausdehnte. Als Möglichkeit des Subjekts ist der intelligible Charakter wie die Freiheit ein Werdendes, kein Seiendes. Er wäre verraten, sobald er dem Seienden durch Deskription, auch die vorsichtigste, einverleibt würde. Im richtigen Zustand wäre alles, wie in dem jüdischen Theologumenon, nur um ein Geringes anders als es ist, aber nicht das Geringste läßt so sich vorstellen, wie es dann wäre. Trotzdem ist vom intelligiblen Charakter nur insofern zu reden, wie er nicht abstrakt und ohnmächtig über dem Seienden schwebt, sondern in dessen schuldhaftem Zusammenhang, und von ihm gezeitigt, stets wieder real aufgeht. Der Widerspruch von Freiheit und Determinismus ist nicht, wie das Selbstverständnis der Vernunftkritik es möchte, einer zwischen den theoretischen Positionen des Dogmatismus und Skeptizismus, sondern einer der Selbsterfahrung der Subjekte, bald frei, bald unfrei. Unterm Aspekt von Freiheit sind sie mit sich unidentisch, weil das Subjekt noch keines ist, und zwar gerade vermöge seiner Instauration als Subjekt: das Selbst ist das Inhumane. Freiheit und intelligibler Charakter sind mit Identität und Nichtidentität verwandt, ohne clare et distincte auf der einen oder anderen Seite sich verbuchen zu lassen. Frei sind die Subjekte, nach Kantischem Modell, soweit, wie sie ihrer selbst bewußt, mit sich identisch sind; und in solcher Identität auch wieder unfrei, soweit sie deren Zwang unterstehen und ihn perpetuieren. Unfrei sind sie als nichtidentische, als diffuse Natur, und doch als solche frei, weil sie in den Regungen, die sie überwältigen – nichts anderes ist die Nichtidentität des Subjekts mit sich –, auch des Zwangscharakters der Identität ledig werden. Persönlichkeit ist die Karikatur von Freiheit. Die Aporie hat den Grund, daß Wahrheit jenseits des Identitätszwanges nicht dessen schlechthin Anderes wäre, sondern durch ihn vermittelt. Alle Einzelnen sind in der vergesellschafteten Gesellschaft des Moralischen unfähig, das gesellschaftlich gefordert ist, wirklich jedoch nur in einer befreiten Gesellschaft wäre. Gesellschaftliche Moral wäre einzig noch, einmal der schlechten Unendlichkeit, dem verruchten Tausch der Vergeltung sein Ende zu bereiten. Dem Einzelnen indessen bleibt an Moralischem nicht mehr übrig, als wofür die Kantische Moraltheorie, welche den Tieren Neigung, keine Achtung konzediert[63], nur Verachtung hat: versuchen, so zu leben, daß man glauben darf, ein gutes Tier gewesen zu sein.

II
Weltgeist und Naturgeschichte

Exkurs zu Hegel

Wogegen der durch seine Gesundheit erkrankte Menschenverstand am empfindlichsten sich sträubt, die Vormacht eines Objektiven über die einzelnen Menschen, in ihrem Zusammenleben so wie in ihrem Bewußtsein, das läßt täglich kraß sich erfahren. Man verdrängt jene Vormacht als grundlose Spekulation, damit die Einzelnen die schmeichelhafte Täuschung, ihre mittlerweile standardisierten Vorstellungen wären die im doppelten Sinn unbedingte Wahrheit, bewahren können vor dem Verdacht, es sei nicht so und sie lebten unterm Verhängnis. In einer Epoche, die das System des objektiven Idealismus so erleichtert abschüttelte wie die objektive Wertlehre der Ökonomie, sind Theoreme erst recht aktuell, mit denen ein Geist nichts anfangen zu können behauptet, der seine eigene Sekurität und die der Erkenntnis sucht im Vorhandenen als der wohlgeordneten Summe unmittelbarer Einzeltatsachen der gesellschaftlichen Institutionen oder der subjektiven Beschaffenheit ihrer Mitglieder. Der Hegelsche objektive und schließlich absolute Geist, das ohne Bewußtsein der Menschen sich durchsetzende Marxische Wertgesetz ist der ungegängelten Erfahrung evidenter als die aufbereiteten Fakten des positivistischen Wissenschaftsbetriebs, der heute ins naive vorwissenschaftliche Bewußtsein hinein sich verlängert; nur gewöhnt dieser, zum höheren Ruhm von Objektivität der Erkenntnis, den Menschen die Erfahrung der realen Objektivität ab, der sie, auch in sich selbst, unterworfen sind. Wären die Denkenden zu solcher Erfahrung fähig und bereit, so müßte sie den Glauben an Faktizität selbst erschüttern; müßte sie zwingen, so weit über die Tatsachen hinauszugehen, daß sie ihren unreflektierten Vorrang vor den Universalien einbüßten, die dem triumphierenden Nominalismus ein Nichts, subtrahierbare Zutat des einteilenden Forschers sind. Jener Satz aus den Anfangserwägungen der Hegelschen Logik, es gebe nichts in der Welt, was nicht ebenso vermittelt wie unmittelbar sei, überdauert nirgendwo präziser als in den Fakten, auf welche die Geschichtsschreibung pocht. Wohl wäre es töricht, mit erkenntniskritischer Finesse wegzudisputieren, daß, wenn unterm Hitlerschen Faschismus bei einem Abweichenden um sechs Uhr morgens die Staatspolizei läutet, das unmittelbarer zu dem Individuum ist, dem es widerfährt, als die vorausgehenden Machinationen der Macht und die Installierung der Parteiapparatur in allen Zweigen der Verwaltung; oder gar als die historische Tendenz, welche ihrerseits die Kontinuität der Weimarer Republik aufsprengte, und die anders nicht als in begrifflichem Zusammenhang, verbindlich erst in entfalteter Theorie sich offenbart. Dennoch hängt das factum brutum des behördlichen Überfalls, mit dem der Faschismus dem Einzelnen auf den Leib rückt, von all jenen fürs Opfer entfernteren und im Augenblick gleichgültigen Momenten ab. Bloß die armseligste Stoffhuberei könnte, unterm Titel wissenschaftlicher Akribie, dagegen sich blind machen, daß die Französische Revolution, so abrupt manche ihrer Akte erfolgten, dem Gesamtzug der Emanzipation des Bürgertums sich einfügte. Sie wäre weder möglich gewesen noch gelungen, hätte es nicht 1789 die Schlüsselstellungen wirtschaftlicher Produktion bereits okkupiert und den Feudalismus und seine absolutistische Spitze, die zuzeiten mit dem bürgerlichen Interesse koaliert war, überflügelt. Der schockhafte Imperativ Nietzsches: »Was fällt, soll man stoßen«, kodifiziert nachträglich eine urbürgerliche Maxime. Wahrscheinlich waren alle bürgerlichen Revolutionen vorentschieden durch den historischen Aufschwung der Klasse und hatten eine Beimischung von Ostentation, die in der Kunst als klassizistisches Dekor nach außen drang. Gleichwohl hätte jener Zug an der historischen Bruchstelle kaum sich realisiert ohne die akute absolutistische Mißwirtschaft und die Finanzkrise, an der die physiokratischen Reformer unter Ludwig XVI. scheiterten. Die spezifische Not zumindest der Pariser Massen dürfte die Bewegung ausgelöst haben, während in anderen Ländern, wo sie nicht derart akut war, der bürgerliche Emanzipationsprozeß ohne Revolution gelang und zunächst die mehr oder minder absolutistische Herrschaftsform nicht tangierte. Die infantile Unterscheidung von tieferer Ursache und äußerem Anlaß hat für sich, daß sie krud wenigstens den Dualismus von Unmittelbarkeit und Vermittlung verzeichnet: die Anlässe sind das Unmittelbare, die sogenannten tieferen Ursachen das Vermittelnde, Übergreifende, das die Details sich einverleibt. Noch in der jüngsten Vergangenheit war die Vormacht der Tendenz an den Fakten selbst abzulesen. Spezifisch militärische Akte wie die Bombenangriffe auf Deutschland fungierten als slum clearing, nachträglich jener Veränderung der Städte integriert, die längst nicht mehr nur in Nordamerika, sondern auf der ganzen Erde sich beobachten läßt. Oder: die Kräftigung der Familie in den Notstandssituationen der Flüchtlinge hielt zwar die antifamiliale Entwicklungstendenz temporär auf, schwerlich aber den Trend; die Zahl der Scheidungen und die der unvollständigen Familien nahm zunächst auch in Deutschland weiter zu. Selbst die Konquistadorenüberfälle auf das alte Mexiko und Peru, die dort müssen erfahren worden sein wie Invasionen von einem anderen Planeten, haben, irrational für die Azteken und Inkas, der Ausbreitung der bürgerlich rationalen Gesellschaft bis zur Konzeption von one world blutig weitergeholfen, die dem Prinzip jener Gesellschaft teleologisch innewohnt. Solche Präponderanz des Trends in den Fakten, deren er stets doch bedarf, verurteilt den altväterischen Unterschied von Ursache und Anlaß schließlich doch zum Läppischen; der ganze Unterschied, nicht nur der Anlaß ist äußerlich, weil die Ursache konkret ist im Anlaß. War höfische Mißwirtschaft ein Hebel der Pariser Aufstände, so war noch diese Mißwirtschaft Funktion der Totale, der Zurückgebliebenheit der absolutistischen ›Ausgaben-‹ hinter der kapitalistischen Einnahmewirtschaft. Momente selbst, die dem historischen Ganzen konträr sind und es freilich, wie in der Französischen Revolution, erst recht befördern, gewinnen nur in jenem ihren Stellenwert. Sogar die Zurückgebliebenheit der Produktivkräfte der einen Klasse ist nicht absolut sondern einzig relativ auf die Fortgeschrittenheit der anderen. Geschichtsphilosophische Konstruktion bedarf der Kenntnis alles dessen. Nicht zuletzt darum nähert, wie bereits in Hegel und Marx, die Geschichtsphilosophie ebenso der Geschichtsschreibung sich an, wie diese, als Einsicht in das von der Faktizität verschleierte, aber diese bedingende Wesen, bloß noch als Philosophie möglich ist.

Auch unter diesem Aspekt ist Dialektik keine weltanschauliche

Spielart, keine philosophische Position, auf einer Musterkarte auszuwählen unter anderen. Wie die Kritik der angeblich ersten philosophischen Begriffe zur Dialektik treibt, so wird sie von unten her gefordert. Nur die gewalttätig auf einen bornierten Begriff von sich selbst zurechtgestutzte Erfahrung schließt den emphatischen Begriff, als selbständiges, wenngleich vermitteltes Moment, von sich aus. Kann gegen Hegel eingewandt werden, der absolute Idealismus schlage als Deifizierung dessen, was ist, um in eben den Positivismus, den er als Reflexionsphilosophie attackierte, so wäre umgekehrt die heute fällige Dialektik nicht nur Anklage des herrschenden Bewußtseins sondern auch ihm gewachsen, der zu sich selbst gebrachte, dadurch freilich sich negierende Positivismus. Die philosophische Forderung, ins Detail sich zu versenken, die durch keine Philosophie von oben her, durch keine ihr infiltrierten Intentionen sich steuern läßt, war bereits die eine Seite Hegels. Nur verfing ihre Durchführung bei ihm sich tautologisch: seine Art Versenkung ins Detail fördert wie auf Verabredung jenen Geist zutage, der als Totales und Absolutes von Anbeginn gesetzt war. Dieser Tautologie opponierte die Absicht des Metaphysikers Benjamin, entwickelt in der Vorrede zum ›Ursprung des deutschen Trauerspiels‹, die Induktion zu erretten. Seine Sentenz, die kleinste Zelle angeschauter Wirklichkeit wiege den Rest der übrigen Welt auf, bezeugt früh das Selbstbewußtsein des gegenwärtigen Erfahrungsstandes; desto authentischer, weil sie exterritorial zu den sogenannten großen Streitfragen der Philosophie sich formte, denen zu mißtrauen einem veränderten Begriff von Dialektik ziemt. Der Vorrang der Totale über die Erscheinung ist in der Erscheinung zu greifen, über die herrscht, was der Tradition für Weltgeist gilt; nicht von dieser Tradition, der im weitesten Sinn Platonischen, als göttlich zu übernehmen. Der Weltgeist ist, aber ist keiner, ist nicht Geist, sondern eben das Negative, welches Hegel von ihm abwälzte auf diejenigen, die ihm parieren müssen und deren Niederlage das Verdikt, ihre Differenz von der Objektivität sei das Unwahre und Schlechte, verdoppelt. Ein Selbständiges wird der Weltgeist gegenüber den einzelnen Handlungen, aus denen wie die reale Gesamtbewegung der Gesellschaft so auch sogenannte geistige Entwicklungen sich synthesieren, und gegenüber den lebendigen

Subjekten dieser Handlungen. Er ist über den Köpfen durch jene hindurch und insofern vorweg antagonistisch. Der Reflexionsbegriff Weltgeist desinteressiert sich an den Lebendigen, deren das Ganze, dessen Primat er ausdrückt, ebenso bedarf, wie sie nur vermöge jenes Ganzen existieren können. Solche Hypostasis war, handfest nominalistisch, mit dem Marxischen Terminus »mystifiziert« gemeint. Die demontierte Mystifikation wäre aber auch nach jener Theorie nicht nur Ideologie. Ebenso ist sie das verzerrte Bewußtsein von der realen Vormacht des Ganzen. Sie eignet im Gedanken die undurchsichtige und unwiderstehliche des Allgemeinen, den perpetuierten Mythos sich zu. Noch die philosophische Hypostasis hat ihren Erfahrungsgehalt an den heteronomen Verhältnissen, in denen solche von Menschen unsichtbar wurden. Was irrational ist am Begriff des Weltgeistes, entlehnte er der Irrationalität des Weltlaufs. Trotzdem bleibt er fetischistisch. Geschichte hat bis heute kein wie immer konstruierbares Gesamtsubjekt. Ihr Substrat ist der Funktionszusammenhang der realen Einzelsubjekte: »Die Geschichte tut nichts, sie ›besitzt keinen ungeheuren Reichtum‹, sie ›kämpft keine Kämpfe‹! Es ist vielmehr der Mensch, der wirkliche, lebendige Mensch, der das alles tut, besitzt und kämpft; es ist nicht etwa die ›Geschichte‹, die den Menschen zum Mittel braucht, um ihre – als ob sie eine aparte Person wäre – Zwecke durchzuarbeiten, sondern sie ist nichts als die Tätigkeit des seine Zwecke verfolgenden Menschen.«[1] Geschichte aber wird mit jenen Qualitäten ausgestattet, weil über die Jahrtausende das Bewegungsgesetz der Gesellschaft von ihren Einzelsubjekten abstrahierte. Sie hat sie ebenso real zu bloßen Exekutoren, zu bloßen Teilhabern an gesellschaftlichem Reichtum und gesellschaftlichem Kampf erniedrigt, wie, nicht minder real, nichts ohne sie und ihre Spontaneitäten wäre. Diesen antinominalistischen Aspekt hat Marx immer wieder hervorgehoben, ohne ihm freilich philosophische Konsequenz zuzubilligen: »Nur soweit der Kapitalist personifiziertes Kapital ist, hat er einen historischen Wert und jenes historische Existenzrecht... Nur als Personifikation des Kapitals ist der Kapitalist respektabel. Als solche teilt er mit dem Schatzbildner den absoluten Bereicherungstrieb. Was aber bei diesem als individuelle Manie erscheint, ist beim Kapitalisten Wirkung des gesellschaftlichen

Mechanismus, worin er nur ein Triebrad ist. Außerdem macht die Entwicklung der kapitalistischen Produktion eine fortwährende Steigerung des in einem industriellen Unternehmen angelegten Kapitals zur Notwendigkeit, und die Konkurrenz herrscht jedem individuellen Kapitalisten die immanenten Gesetze der kapitalistischen Produktionsweise als äußere Zwangsgesetze auf. Sie zwingt ihn, sein Kapital fortwährend auszudehnen, um es zu erhalten, und ausdehnen kann er es nur vermittelst progressiver Akkumulation.«[2]

Im Begriff des Weltgeistes war das Prinzip der göttlichen Allmacht zum einheitssetzenden säkularisiert, der Weltplan zur Unerbittlichkeit des Geschehenden. Der Weltgeist wird wie die Gottheit verehrt; ihrer Personalität und all ihrer Attribute von Vorsehung und Gnade wird sie entkleidet. Damit vollstreckt sich ein Stück Dialektik der Aufklärung: der entzauberte und konservierte Geist bildet sich dem Mythos an oder regrediert bis zum Schauder vor einem zugleich Übermächtigen und Qualitätslosen. Solchen Wesens ist das Gefühl, vom Weltgeist berührt zu sein oder sein Rauschen zu vernehmen. Es wird zum Verfallensein ans Schicksal. Gleich dessen Immanenz ist der Weltgeist mit Leiden und Fehlbarkeit durchtränkt. Seine Negativität wird durch die Aufspreizung der totalen Immanenz ins Wesenhafte zum Akzidens bagatellisiert. Den Weltgeist als Ganzes erfahren jedoch heißt, seine Negativität erfahren. Das hat Schopenhauers Kritik des offiziellen Optimismus angemeldet. Sie blieb indessen so obsessiv wie die Hegelsche Theodizee des Diesseits. Daß nur in der totalen Verflechtung die Menschheit lebt, vielleicht nur kraft ihrer überlebte, widerlegte nicht Schopenhauers Zweifel daran, daß der Wille zum Leben zu bejahen sei. Wohl aber ruhte auf dem, womit der Weltgeist war, zuzeiten auch der Abglanz eines Glücks weit über das individuelle Unglück hinaus: so im Verhältnis der geistigen Einzelbegabung zum geschichtlichen Stand. Ist der individuelle Geist nicht, wie es der vulgären Trennung von Individuum und Allgemeinem gefällt, vom Allgemeinen ›beeinflußt‹, sondern in sich durch die Objektivität vermittelt, so kann diese dem Subjekt nicht immer nur feindlich sein; die Konstellation verändert sich in der geschichtlichen Dynamik. In Phasen, da der Weltgeist, die Totalität sich verfinstert, ist es selbst bedeutend Angelegten versagt, zu werden, was sie sind; in günstigen wie der Periode während und unmittelbar nach der Französischen Revolution wurden Mittlere hoch über sich hinausgetragen. Noch dem individuellen Untergang des Individuums, das mit dem Weltgeist ist, gerade weil es seiner Zeit vorauseilt, gesellt sich zuweilen das Bewußtsein des nicht Vergeblichen. Unwiderstehlich an der Musik des jungen Beethoven der Ausdruck der Möglichkeit, alles könne gut werden. Die sei's noch so fragile Versöhntheit mit der Objektivität transzendiert das Immergleiche. Die Augenblicke, in denen ein Partikulares sich befreit, ohne selbst schon wieder durch die eigene Partikularität anderes einzuengen, sind Antezipationen des Unbeengten selbst; solcher Trost strahlt vom früheren Bürgertum bis in sein spätes Zeitalter. Kaum war die Hegelsche Geschichtsphilosophie unabhängig davon, daß in ihr, bereits sich entfernend, der Stundenschlag einer Epoche nachhallte, in der die Verwirklichung der bürgerlichen Freiheit ein solcher Atem bewegte, daß sie über sich hinausschoß und die Perspektive einer Versöhnung des Ganzen eröffnete, in der dessen Gewalt zerginge.

Perioden des mit dem Weltgeist Seins, substantielleres Glück als das individuelle, möchte man der Entfesselung der Produktivkräfte assoziieren, während die Last des Weltgeists die Menschen zu erdrücken droht, sobald der Konflikt zwischen den gesellschaftlichen Formen, unter denen sie existieren, und ihren Kräften flagrant wird. Aber auch dies Schema ist zu simpel: die Rede vom aufsteigenden Bürgertum tönern. Entfaltung und Entfesselung der Produktivkräfte sind nicht Gegensätze derart, daß ihnen wechselnde Phasen zuzuordnen wären, sondern wahrhaft dialektisch. Die Entfesselung der Produktivkräfte, Tat des naturbeherrschenden Geistes, hat Affinität zur gewalttätigen Herrschaft über Natur. Temporär vermag sie zurückzutreten, nicht aber ist sie vom Begriff der Produktivkraft wegzudenken und am letzten von dem der entfesselten; im bloßen Wort klingt eine Drohung mit. Im ›Kapital‹ findet sich der Passus: »Als Fanatiker der Verwertung des Werts zwingt er« – der Tauschwert – »rücksichtslos die Menschheit zur Produktion um der Produktion willen.«[3] An Ort und Stelle kehrt sich das gegen die Fetischisierung des Produktionsvorgangs in der Tauschgesellschaft, verletzt

jedoch darüber hinaus das heute universale Tabu überm Zweifel an Produktion als Selbstzweck. Zuzeiten werden die technischen Produktivkräfte gesellschaftlich kaum gehemmt, arbeiten aber in fixierten Produktionsverhältnissen ohne viel Einfluß auf diese. Sobald die Entfesselung der Kräfte von den tragenden Beziehungen zwischen den Menschen sich sondert, wird sie nicht weniger fetischisiert als die Ordnungen; auch sie ist nur ein Moment der Dialektik, nicht deren Zauberformel. In solchen Phasen kann der Weltgeist, Totalität des Partikularen, übergehen an das, was er unter sich begräbt. Trügt nicht alles, so ist das die Signatur der gegenwärtigen Epoche. In Perioden dagegen, wo die Lebenden des Fortschritts der Produktivkräfte bedürfen oder wenigstens nicht sichtbar von ihnen gefährdet werden, überwiegt wohl das Gefühl der Konkordanz mit dem Weltgeist, wenngleich mit dem ahnungsvollen Unterstrom, jene sei ein Waffenstillstand; auch mit der Versuchung für den subjektiven Geist, im Drang der Geschäfte übereifrig zu dem objektiven überzulaufen wie Hegel. In alldem bleibt auch subjektiver Geist historische Kategorie, ein Entsprungenes, sich Veränderndes, virtuell Vergängliches. Der noch nicht individuierte Volksgeist primitiver Gesellschaften, der unter dem Druck der zivilisierten in diesen sich reproduziert, wird vom nachindividuellen Kollektivismus geplant und losgelassen; dann ist der objektive Geist übermächtig sowohl wie nackter Schwindel.
Wäre Philosophie, als was die Hegelsche Phänomenologie sie proklamierte, die Wissenschaft von der Erfahrung des Bewußtseins, dann könnte sie nicht, wie Hegel in fortschreitendem Maß, die individuelle Erfahrung des sich durchsetzenden Allgemeinen als eines unversöhnt Schlechten souverän abfertigen und zum Apologeten der Macht auf angeblich höherer Warte sich hergeben. Die peinliche Erinnerung daran, wie etwa in Gremien, auch bei subjektiv gutem Willen der Mitglieder, das Mindere sich durchsetzt, bringt die Vormacht des Allgemeinen zu einer Evidenz, für deren Schmach keine Berufung auf den Weltgeist entschädigt. Gruppenmeinung dominiert; durch Anpassung an die Majorität der Gruppe, oder ihre einflußreichsten Mitglieder, häufiger kraft der jenseits der Gruppe in einer umfassenderen maßgebenden Meinung, zumal der von den Gremienmitgliedern approbierten. Der objektive Geist der Klasse reicht in den Beteiligten weit über

ihre individuelle Intelligenz hinaus. Ihre Stimme ist dessen Echo, obwohl sie selbst, subjektiv womöglich Verteidiger der Freiheit, nichts davon spüren; Intrigen treten nur an kritischen Stellen, als offenbare Kriminalität, hinzu. Das Gremium ist Mikrokosmos der Gruppe seiner Angehörigen, schließlich der Totale; das präformiert die Entscheidungen. Derlei allgegenwärtige Beobachtungen ähneln ironisch denen der formalen Soziologie Simmelschen Stils. Jedoch haben sie ihren Gehalt nicht in Vergesellschaftung schlechthin, in Leerkategorien wie der der Gruppe. Vielmehr sind sie, worauf formale Soziologie ihrer Definition gemäß nur ungern reflektiert, Abdruck gesellschaftlichen Inhalts; ihre Invarianz ist lediglich Memento dessen, wie wenig in der Geschichte an der Gewalt des Allgemeinen sich änderte, wie sehr sie stets noch Vorgeschichte ist. Der formale Gruppengeist ist Reflexbewegung auf materiale Herrschaft. Formale Soziologie hat ihr Existenzrecht an der Formalisierung der gesellschaftlichen Mechanismen, dem Äquivalent der durch die ratio hindurch fortschreitenden Herrschaft. Damit stimmt überein, daß die Entscheidungen jener Gremien, wie inhaltlich sie auch dem Wesen nach sein mögen, manifest meist unter formaljuridischen Gesichtspunkten getroffen werden. Formalisierung ist gegenüber dem Klassenverhältnis kein Neutraleres. Durch Abstraktion, die logische Hierarchie der Allgemeinheitsstufen, reproduziert es sich, und zwar auch dort, wo Herrschaftsverhältnisse hinter demokratischen Prozeduren sich zu tarnen veranlaßt werden.

Hegel trieb denn auch, nach Phänomenologie und Logik, den Kultus des Weltlaufs am weitesten in der Rechtsphilosophie. Das Medium, in dem das Schlechte um seiner Objektivität willen recht behält und den Schein des Guten sich erborgt, ist in weitem Maß das der Legalität, welches zwar positiv die Reproduktion des Lebens schützt, aber, in seinen bestehenden Formen, dank des zerstörenden Prinzips von Gewalt, sein Zerstörendes ungemindert hervorkehrt. Während die Gesellschaft ohne Recht, wie im Dritten Reich, Beute purer Willkür wurde, konserviert das Recht in der Gesellschaft den Schrecken, jederzeit bereit, auf ihn zu rekurrieren mit Hilfe der anführbaren Satzung. Hegel lieferte die Ideologie des positiven Rechts, weil es ihrer, in der bereits sichtbar antagonistischen Gesellschaft, am dringendsten bedurfte.

Recht ist das Urphänomen irrationaler Rationalität. In ihm wird das formale Äquivalenzprinzip zur Norm, alle schlägt es über denselben Leisten. Solche Gleichheit, in der die Differenzen untergehen, leistet geheim der Ungleichheit Vorschub; nachlebender Mythos inmitten einer nur zum Schein entmythologisierten Menschheit. Die Rechtsnormen schneiden das nicht Gedeckte, jede nicht präformierte Erfahrung des Spezifischen um bruchloser Systematik willen ab und erheben dann die instrumentale Rationalität zu einer zweiten Wirklichkeit sui generis. Das juristische Gesamtbereich ist eines von Definitionen. Seine Systematik gebietet, daß nichts in es eingehe, was deren geschlossenem Umkreis sich entziehe, quod non est in actis. Dies Gehege, ideologisch an sich selbst, übt durch die Sanktionen des Rechts als gesellschaftlicher Kontrollinstanz, vollends in der verwalteten Welt, reale Gewalt aus. In den Diktaturen geht es über in diese unmittelbar, mittelbar stand sie von je dahinter. Daß der Einzelne so leicht Unrecht bekommt, wenn der Interessenantagonismus ihn in die juridische Sphäre treibt, ist nicht, wie Hegel ihm einreden möchte, seine Schuld, derart, daß er das eigene Interesse in der objektiven Rechtsnorm und ihren Garantien wiederzuerkennen zu verblendet wäre; vielmehr die von Konstituentien der Rechtssphäre selbst. Objektiv wahr indessen bleibt die Beschreibung, die Hegel als eine vermeintlich subjektiver Befangenheit entwirft: »Daß Recht und Sittlichkeit, und die wirkliche Welt des Rechts und des Sittlichen sich durch den Gedanken erfaßt, durch Gedanken sich die Form der Vernünftigkeit, nämlich Allgemeinheit und Bestimmtheit giebt, dieß, das Gesetz, ist es, was jenes sich das Belieben vorbehaltende Gefühl, jenes das Rechte in die subjektive Überzeugung stellende Gewissen, mit Grund als das sich feindseligste ansieht. Die Form des Rechten als einer Pflicht und als eines Gesetzes wird von ihm als ein todter, kalter Buchstabe und als eine Fessel empfunden; denn es erkennt in ihm nicht sich selbst, sich in ihm somit nicht frei, weil das Gesetz die Vernunft der Sache ist, und diese dem Gefühle nicht verstattet, sich an der eigenen Partikularität zu wärmen.«[4] Daß das subjektive Gewissen die objektive Sittlichkeit »mit Grund« als das sich Feindseligste ansehe, ist Hegel wie mit philosophischer Fehlleistung in die Feder gekommen. Er plaudert aus, was er im gleichen Atemzug bestreitet. Sieht tatsächlich das individuelle Gewissen die »wirkliche Welt des Rechts und des Sittlichen« als feindselig an, weil es in ihr nicht sich selbst erkennt, so wäre darüber nicht beteuernd hinwegzugleiten. Denn die Hegelsche Dialektik besagt, daß es darin gar nicht sich anders verhalten, gar nicht darin sich erkennen kann. Damit konzediert er, daß die Versöhnung, die zu beweisen Inhalt seiner Philosophie ist, nicht stattfand. Wäre nicht dem Subjekt die Rechtsordnung objektiv fremd und äußerlich, so ließe der für Hegel unausweichliche Antagonismus durch bessere Einsicht sich schlichten; Hegel aber hat seine Unschlichtbarkeit viel zu gründlich erfahren, als daß er darauf vertraute. Daher das Paradoxon, daß er die Versöhntheit von Gewissen und Rechtsnorm lehrt und desavouiert in eins.

Führt jede inhaltlich ausgeführte, positive Lehre vom Naturrecht auf Antinomien, so bewahrt dessen Idee dennoch kritisch die Unwahrheit positiven Rechts. Heute ist es das in die Realität zurückübersetzte und dort die Herrschaft vermehrende verdinglichte Bewußtsein. Schon der bloßen Form nach, vor Klasseninhalt und Klassenjustiz, drückt es Herrschaft, die klaffende Differenz der Einzelinteressen von dem Ganzen aus, in dem sie abstrakt sich zusammenfassen. Das System selbstgemachter Begriffe, das die ausgereifte Jurisprudenz vor den Lebensprozeß der Gesellschaft schiebt, entscheidet sich durch Subsumtion alles Einzelnen unter die Kategorie vorweg für die Ordnung, der das klassifikatorische System nachgeahmt ist. Zu seiner unvergänglichen Ehre hat Aristoteles in der Lehre von der ἐπιείκεια, der Billigkeit, das gegen die abstrakte Rechtsnorm angemeldet. Je konsequenter aber die Rechtssysteme durchgebildet sind, desto unfähiger werden sie zu absorbieren, was sein Wesen daran hat, der Absorption sich zu verweigern. Das rationale Rechtssystem vermag den Anspruch der Billigkeit, in dem das Korrektiv des Unrechts im Recht gemeint war, regelmäßig als Protektionswesen, unbilliges Privileg niederzuschlagen. Die Tendenz dazu ist universal, einen Sinnes mit dem ökonomischen Prozeß, der die Einzelinteressen auf den Generalnenner einer Totalität kürzt, die negativ bleibt, weil sie vermöge ihrer konstitutiven Abstraktion von den Einzelinteressen sich entfernt, aus denen sie zugleich doch sich zusammensetzt. Die Allgemeinheit, welche die Erhaltung des Lebens reproduziert, gefährdet es zugleich, auf stets bedrohlicherer Stufe. Die Gewalt des sich realisierenden Allgemeinen ist nicht, wie Hegel dachte, dem Wesen der Individuen an sich identisch, sondern immer auch konträr. Nicht bloß sind sie in einer vermeintlichen Sondersphäre von Ökonomie Charaktermasken, Agenten des Wertes. Auch wo sie dem Primat der Ökonomie sich entronnen wähnen, bis tief hinein in ihre Psychologie, die maison tolérée des unerfaßt Individuellen, reagieren sie unterm Zwang des Allgemeinen; je identischer sie mit ihm sind, desto unidentischer sind sie wiederum mit ihm als wehrlos Gehorchende. In den Individuen selber drückt sich aus, daß das Ganze samt ihnen nur durch den Antagonismus hindurch sich erhält. Ungezählte Male werden Menschen, auch bewußte und der Kritik an der Allgemeinheit mächtige, durch unausweichliche Motive der Selbsterhaltung zu Handlungen und Attituden genötigt, die dem Allgemeinen blind sich zu behaupten helfen, während sie dem Bewußtsein nach ihm opponieren. Einzig weil sie das ihnen Fremde zu ihrer eigenen Sache machen müssen, um zu überleben, entsteht der Schein jener Versöhntheit, den die Hegelsche Philosophie, welche die Vormacht des Allgemeinen unbestechlich erkannte, bestechlich als Idee verklärt. Was strahlt, als wäre es über den Antagonismen, ist eins mit der universalen Verstrickung. Das Allgemeine sorgt dafür, daß das ihm unterworfene Besondere nicht besser sei als es selbst. Das ist der Kern aller bis heute hergestellten Identität.

Der Vormacht des Allgemeinen ins Auge zu sehen, schädigt psychologisch den Narzißmus aller Einzelnen und den demokratisch organisierter Gesellschaft bis zum Unerträglichen. Selbstheit als nichtexistent, als Illusion zu durchschauen, triebe leicht die objektive Verzweiflung aller in die subjektive und raubte ihnen den Glauben, den die individualistische Gesellschaft ihnen eingepflanzt: sie, die Einzelnen, seien das Substantielle. Damit das funktional determinierte Einzelinteresse unter den bestehenden Formen irgend sich befriedige, muß es sich selbst zum Primären werden; muß der Einzelne das, was für ihn unmittelbar ist, mit der πρώτη οὐσία verwechseln. Solche subjektive Illusion ist objektiv verursacht: nur durch das Prinzip der individuellen Selbsterhaltung hindurch, mit all ihrer Engstirnigkeit, funktioniert das Ganze. Es nötigt jeden Einzelnen dazu, einzig auf sich zu blicken, beeinträchtigt seine Einsicht in die Objektivität, und schlägt darum objektiv erst recht zum Übel an. Nominalistisches Bewußtsein reflektiert ein Ganzes, das vermöge der Partikularität und ihrer Verstocktheit fortlebt; buchstäblich Ideologie, gesellschaftlich notwendiger Schein. Das allgemeine Prinzip ist das der Vereinzelung. Sie dünkt sich das unbezweifelbar Gewisse, verhext darauf, um den Preis ihres Daseins nicht dessen innezuwerden, wie sehr sie ein Vermitteltes sei. Daher die populäre Verbreitung des philosophischen Nominalismus. Je individuelles Dasein soll den Vorrang haben vor seinem Begriff; Geist, das Bewußtsein von Individuen, soll nur in Individuen sein und nicht ebenso das Überindividuelle, das in ihnen sich synthesiert und wodurch allein sie denken. Verbissen sperren die Monaden sich ihrer realen Gattungsabhängigkeit ebenso wie dem kollektiven Aspekt all ihrer Bewußtseinsformen und -inhalte: der Formen, die selbst jenes Allgemeine sind, das der Nominalismus verleugnet, der Inhalte, während doch dem Individuum keine Erfahrung, auch kein sogenanntes Erfahrungsmaterial zufällt, das nicht vom Allgemeinen vorverdaut und geliefert ist.

Gegenüber der erkenntniskritischen Reflexion aufs Allgemeine im individuellen Bewußtsein hat es, das nicht über Übel, Sünde und Tod sich mit der Berufung aufs Allgemeine trösten läßt, auch recht. In Hegel erinnert daran die gegenüber der Lehre von der universalen Vermittlung anscheinend paradoxe, jedoch dieser großartig gesellte von dem universal sich wiederherstellenden Unmittelbaren. Aber der als vorwissenschaftliches Bewußtsein ausgebreitete und heute von dorther wiederum die Wissenschaft kommandierende Nominalismus, der aus seiner Naivetät Profession macht – im positivistischen Instrumentarium fehlt nicht der Stolz darauf, man sei naiv, und die Kategorie der ›Alltagssprache‹ ist sein Echo –, kümmert sich nicht um den geschichtlichen Koeffizienten im Verhältnis von Allgemeinem und Besonderem. Wahrhafter Vorrang des Besonderen wäre selber erst zu erlangen vermöge der Veränderung des Allgemeinen. Ihn als Daseiendes schlechthin zu installieren, ist eine komplementäre Ideologie. Sie verdeckt, wie sehr das Besondere zur Funktion des Allgemeinen wurde, die es, der logischen Form nach, immer auch war. Woran der Nominalismus sich klammert als an seinen sichersten Besitz, ist Utopie: daher sein Haß gegen utopisches Denken, das der Differenz vom Bestehenden. Der Wissenschaftsbetrieb täuscht vor, der von höchst realen Herrschaftsmechanismen gestiftete objektive Geist, der mittlerweile auch die Bewußtseinsinhalte seiner Reservearmee plant, resultiere erst aus der Summe von deren subjektiven Reaktionen. Die aber sind längst nur noch Nachgeburten jener Allgemeinheit, welche die Menschen betulich fêtiert, um sich besser hinter ihnen verstecken, sie besser gängeln zu können. Der Weltgeist selber hat die subjektivistisch verstockte Vorstellung von der Wissenschaft angedreht, die auf deren autarkisches, empirisch-rationales System hinaus will, anstatt die in sich objektive, von oben her diktierende Gesellschaft zu begreifen. Die einstmals kritisch aufklärerische Rebellion gegen das Ding an sich ist zur Sabotage an der Erkenntnis geworden, obwohl noch in der verkrüppeltesten wissenschaftlichen Begriffsbildung Spuren der ihrerseits nicht minder verkrüppelten Sache selbst überleben. Der Refus des Kantischen Amphiboliekapitels, das Innere der Dinge zu erkennen, ist ultima ratio des Baconschen Programms. Es hatte als geschichtlichen Index seiner Wahrheit die Auflehnung gegen scholastische Dogmatik. Das Motiv kippt jedoch um, wo das von ihm der Erkenntnis Verbotene deren epistemologische und reale Bedingung ist; wo das erkennende Subjekt sich reflektieren muß als Moment des zu erkennenden Allgemeinen, ohne doch diesem ganz zu gleichen. Widersinnig, es daran zu verhindern, das von innen her zu erkennen, worin es selber haust und woran es allzuviel von seinem eigenen Innern hat; insofern war der Hegelsche Idealismus realistischer als Kant. Wo die wissenschaftliche Begriffsbildung in Konflikt gerät mit ihrem Ideal von Faktizität nicht weniger als mit dem von einfacher Vernunft, als deren antispekulativen Vollstrecker sie sich aufspielt, ist ihre Apparatur zur Unvernunft geworden. Methode verdrängt eigenmächtig, was zu erkennen ihr obläge. Nicht zu halten ist das positivistische Erkenntnisideal in sich einstimmiger und widerspruchsloser, logisch einwandfreier Modelle wegen des immanenten Widerspruchs des zu Erkennenden, der Antagonismen des Objekts. Es sind die des Allgemeinen und Besonderen der Gesellschaft, und sie werden von der Methode vor allem Inhalt verleugnet.

Die Erfahrung jener dem Individuum und seinem Bewußtsein vorgeordneten Objektivität ist die der Einheit der total vergesellschafteten Gesellschaft. Ihr ist die philosophische Idee absoluter Identität darin nächstverwandt, daß sie außerhalb ihrer selbst nichts duldet. Wie sehr auch die Erhebung der Einheit zur Philosophie diese auf Kosten des Vielen trugvoll mag erhöht haben; ihr Vorrang, der der siegreichen philosophischen Tradition seit den Eleaten als summum bonum gilt, ist das zwar nicht, aber ein ens realissimum. Etwas von der Transzendenz, welche die Philosophen an der Einheit als Idee rühmen, eignet ihr real. Während die entfaltete bürgerliche Gesellschaft – und schon das früheste Einheitsdenken war städtisch, rudimentär bürgerlich – aus ungezählten Einzelspontaneitäten der sich selbst erhaltenden und in ihrer Selbsterhaltung aufeinander angewiesenen Individuen sich komponierte, herrschte keineswegs zwischen der Einheit und den Individuen jenes Gleichgewicht, welches die Rechtfertigungstheoreme als vorhanden ausgeben. Die Nichtidentität von Einheit und Vielem indessen hat die Gestalt des Vorrangs des Einen, als Identität des Systems, das nichts freiläßt. Ohne die Einzelspontaneitäten wäre die Einheit nicht geworden und war, als deren Synthesis, ein Sekundäres; der Nominalismus mahnte daran. Indem sie aber, durch die Notwendigkeiten der Selbsterhaltung der Vielen hindurch oder bloß vermöge irrationaler Herrschaftsverhältnisse, die jene als Vorwand mißbrauchen, immer dichter sich wob, fing sie alle Einzelnen, bei Strafe des Untergangs, ein, integrierte sie nach Spencers Terminus, sog sie, auch wider ihr einsichtiges Einzelinteresse, mit ihrer Gesetzlichkeit auf. Das hat dann allmählich der fortschreitenden Differenzierung ihr Ende bereitet, von der Spencer noch wähnen durfte, sie begleite notwendig die Integration. Während unverändert das Ganze und Eine nur vermöge der von ihm unter sich befaßten Partikularitäten sich formiert, formiert es rücksichtslos sich über sie hinweg. Das durchs Einzelne und Viele sich Verwirklichende ist die eigene Sache der Vielen und ist es auch nicht: sie vermögen weniger stets darüber. Ihr Inbegriff ist zugleich ihr Anderes; von dieser Dialektik blickt die Hegelsche geflissentlich weg. Soweit die Einzelnen des Vorrangs der Einheit über sie irgend gewahr werden, spiegelt er ihnen sich als das Ansichsein des Allgemeinen zurück, auf welches sie tatsächlich stoßen: noch bis in ihr Innerstes wird es ihnen angetan, sogar wo sie selbst es sich antun. Die Sentenz ἦθος ἀνθρώπῳ δαίμων: daß die Wesensart, als solche immer durchs Allgemeine gemodelt, dem Menschen Schicksal sei, hat mehr Wahrheit als die eines charakterologischen Determinismus; das Allgemeine, durch welches jeder Einzelne sich überhaupt als Einheit seiner Besonderung bestimmt, ist dem ihm Auswendigen entlehnt und darum dem Einzelnen auch so heteronom, wie nur, was einst Dämonen über ihn sollten verhängt haben. Die Ideologie vom Ansichsein der Idee ist so mächtig, weil sie die Wahrheit ist, aber sie ist die negative; Ideologie wird sie durch ihre affirmative Umwendung. Sind die Menschen einmal über die Vormacht des Allgemeinen belehrt, so ist es ihnen fast unumgänglich, sie als das Höhere, das sie beschwichtigen müssen, zum Geist zu transfigurieren. Zwang wird ihnen zum Sinn. Nicht ohne allen Grund: denn das abstrakt Allgemeine des Ganzen, das den Zwang ausübt, ist verschwistert der Allgemeinheit des Denkens, dem Geist. Das erlaubt es diesem in seinem Träger wiederum, sich auf jene Allgemeinheit zurückzuprojizieren, als wäre er in dieser verwirklicht und hätte für sich seine eigene Wirklichkeit. Im Geist ist Einstimmigkeit des Allgemeinen Subjekt geworden, und Allgemeinheit behauptet in der Gesellschaft sich nur durchs Medium des Geistes, die abstrahierende Operation, die er höchst real vollzieht. Beides konvergiert im Tausch, einem zugleich subjektiv Gedachten und objektiv Geltenden, worin doch die Objektivität des Allgemeinen und die konkrete Bestimmung der Einzelsubjekte, gerade dadurch, daß sie kommensurabel werden, unversöhnt einander opponieren. Im Namen Weltgeist wird der Geist bloß als das bejaht und hypostasiert, was er an sich immer schon war; in ihm betet, wie Durkheim erkannte, den man deswegen der Metaphysik zieh, die Gesellschaft sich selber, ihren Zwang als Allmacht an. Durch den Weltgeist darf die Gesellschaft sich bestätigt finden, weil sie tatsächlich all die Attribute besitzt, welche sie dann am Geist anbetet. Dessen mythische Verehrung ist keine pure Begriffsmythologie: sie zollt den Dank dafür, daß in den entwickelteren geschichtlichen Phasen alle Einzelnen lebten nur vermittels jener gesellschaftlichen Einheit, die in ihnen nicht aufging und die je länger je mehr ihrem Verhängnis sich annähert. Wird ihnen heute, ohne daß sie es merkten, ihre Existenz buchstäblich von den großen Monopolen und Mächten widerruflich zugeteilt, so kommt zu sich selber, was der nachdrückliche Begriff von Gesellschaft teleologisch von je in sich hatte. Die Ideologie verselbständigte den Weltgeist, weil er potentiell schon verselbständigt war. Der Kultus seiner Kategorien aber, etwa der selbst von Nietzsche akzeptierten, höchst formalen von Größe, verstärkt im Bewußtsein bloß seine Differenz von allem Einzelnen, als wäre sie ontologisch; damit den Antagonismus und das absehbare Unheil.

Nicht erst heute ist die Vernunft des Weltgeists gegenüber der potentiellen, dem Gesamtinteresse der sich vereinenden Einzelsubjekte, von dem er differiert, die Unvernunft. Man hat Hegel, wie allen, die von ihm lernten, die Gleichsetzung logischer hier, geschichtsphilosophischer und gesellschaftlicher Kategorien dort als μετάβασις εἰς ἄλλο γένος angekreidet: sie sei jene Spitze des spekulativen Idealismus, die angesichts der Unkonstruierbarkeit der Empirie abbrechen müsse. Gerade jene Konstruktion jedoch war realitätsgerecht. Das Zug um Zug der Geschichte ebenso wie das zur Totalität fortschreitende Äquivalenzprinzip des gesellschaftlichen Verhältnisses zwischen den Einzelsubjekten verläuft nach der Logizität, die Hegel vorgeblich in sie bloß hineininterpretiert. Nur ist diese Logizität, der Primat des Allgemeinen in der Dialektik von Allgemeinem und Besonderem, index falsi. So wenig wie Freiheit, Individualität, all das, was Hegel mit dem Allgemeinen in Identität setzt, ist auch jene Identität. In der Totale des Allgemeinen spricht dessen eigenes Mißlingen sich aus. Was kein Partikulares erträgt, verrät damit sich selber als partikular Herrschendes. Die sich durchsetzende allgemeine Vernunft ist bereits die eingeschränkte. Sie ist nicht bloß Einheit innerhalb der Mannigfaltigkeit sondern, als Stellung zur Realität, aufgeprägt, Einheit über etwas. Damit aber der puren Form nach in sich antagonistisch. Einheit ist die Spaltung. Die Irrationalität der partikular verwirklichten ratio innerhalb des gesellschaftlich Totalen ist der ratio nicht äußerlich, nicht lediglich von ihrer Anwendung verschuldet. Vielmehr ihr immanent. Gemessen an einer vollen Vernunft, enthüllt die geltende sich bereits an sich, ihrem Prinzip nach, als polarisiert und insofern irrational. Aufklärung unterliegt wahrhaft der Dialektik: diese findet statt in ihrem eigenen Begriff. Ratio ist so wenig wie irgendeine andere Kategorie zu hypostasieren. Zu ihrer zugleich allgemeinen und antagonistischen Gestalt ist der Übergang des selbsterhaltenden Interesses der Individuen an die Gattung geistig geronnen. Er gehorcht einer Logik, welche die große bürgerliche Philosophie an historischen Eckpunkten wie Hobbes und Kant nachvollzog: ohne die Zession des selbsterhaltenden Interesses an die, im bürgerlichen Denken meist vom Staat repräsentierte Gattung vermöchte in entwickelteren gesellschaftlichen Verhältnissen das Individuum nicht sich selbst zu erhalten. Durch diesen für die Individuen notwendigen Transfer jedoch tritt die allgemeine Rationalität unvermeidlich fast in Gegensatz zu den besonderen Menschen, die sie negieren muß, um allgemein zu werden, und denen sie zu dienen vorgibt, und nicht bloß vorgibt. In der Allgemeinheit der ratio, welche die Bedürftigkeit alles Besonderen, sein Angewiesensein aufs Ganze ratifiziert, entfaltet sich kraft des Abstraktionsprozesses, auf dem jene beruht, ihr Widerspruch zum Besonderen. Allbeherrschende Vernunft, die über einem anderen sich instauriert, verengt notwendig auch sich selbst. Das Prinzip absoluter Identität ist in sich kontradiktorisch. Es perpetuiert Nichtidentität als unterdrückte und beschädigte. Die Spur davon ging ein in Hegels Anstrengung, Nichtidentität durch die Identitätsphilosophie zu absorbieren, ja Identität durch Nichtidentität zu bestimmen. Er verzerrt jedoch den Sachverhalt, indem er das Identische bejaht, das Nichtidentische als freilich notwendig Negatives zuläßt, und die Negativität des Allgemeinen verkennt. Ihm mangelt Sympathie für die unter der Allgemeinheit verschüttete Utopie des Besonderen, für jene Nichtidentität, welche erst wäre, wenn verwirklichte Vernunft die partikulare des Allgemeinen unter sich gelassen hätte. Das von ihm abgekanzelte Bewußtsein des Unrechts, das der Begriff des Allgemeinen impliziert, wäre von ihm zu achten wegen der Allgemeinheit des Unrechts selbst. Fand zu Beginn des neuen

Zeitalters der tödlich verwundete Condottiere Franz von Sickingen für sein Schicksal die Worte »Nichts ohne Ursach«, so drückte er mit der Kraft des Zeitalters beides aus: die Notwendigkeit des gesellschaftlichen Weltlaufs, die ihn zum Untergang verurteilte, und die Negativität des Prinzips eines Weltlaufs, der gemäß der Notwendigkeit verläuft. Es ist dem Glück auch des Ganzen schlechthin inkompatibel. Der Erfahrungsgehalt des Diktums ist mehr als die Platitude der allgemeinen Gültigkeit des Kausalsatzes. Dem Bewußtsein der Einzelperson dämmert an dem, was ihr widerfährt, die universale Interdependenz. Ihr dem Schein nach isoliertes Schicksal reflektiert das Ganze. Wofür einst der mythologische Name des Schicksals stand, ist als Entmythologisiertes nicht weniger mythisch als säkulare ›Logik der Dinge‹. Sie wird dem Einzelnen eingebrannt, Figur seiner Besonderung. Das motivierte objektiv Hegels Konstruktion des Weltgeistes. Einerseits legt sie Rechnung ab von der Emanzipation des Subjekts. Es muß von der Universalität erst zurückgetreten sein, um sie an sich und für es wahrzunehmen. Andererseits muß der Zusammenhang der gesellschaftlichen Einzelhandlungen zur lückenlosen, das Einzelne prädeterminierenden Totalität so sich geknüpft haben wie nie im feudalen Zeitalter.

Der Begriff der Universalgeschichte, von dessen Gültigkeit die Hegelsche Philosophie ähnlich inspiriert ist wie die Kantische von der der mathematischen Naturwissenschaften, wurde desto problematischer, je mehr die vereinheitlichte Welt einem Gesamtprozeß sich annäherte. Einmal hat die positivistisch fortschreitende historische Wissenschaft die Vorstellung von Totale und durchlaufender Kontinuität zerfällt. Vor ihr hatte die philosophische Konstruktion den dubiosen Vorteil geringerer Detailkenntnis voraus, den sie leicht genug als souveräne Distanz für sich verbuchen mochte; freilich auch weniger Angst, Essentielles zu sagen, das allein aus der Distanz sich konturiert. Andererseits mußte avancierte Philosophie das Einverständnis zwischen Universalgeschichte und Ideologie gewahren[5] und das zerrüttete Leben als diskontinuierlich. Hegel selbst hatte die Universalgeschichte als bloß kraft ihrer Widersprüche einheitliche konzipiert. Mit der materialistischen Umwendung der Dialektik fiel auf die Einsicht in die Diskontinuität des von keiner Einheit des Geistes und Begriffs tröstlich Zusammengehaltenen der schwerste Akzent. Diskontinuität jedoch und Universalgeschichte sind zusammenzudenken. Diese als Residuum metaphysischen Aberglaubens durchstreichen, würde geistig ebenso bloße Faktizität als das einzig zu Erkennende und darum zu Akzeptierende befestigen, wie vordem die Souveränität, welche die Fakten dem totalen Vormarsch des Einen Geistes einordnete, sie als dessen Äußerungen bestätigte. Universalgeschichte ist zu konstruieren und zu leugnen. Die Behauptung eines in der Geschichte sich manifestierenden und sie zusammenfassenden Weltplans zum Besseren wäre nach den Katastrophen und im Angesicht der künftigen zynisch. Nicht aber ist darum die Einheit zu verleugnen, welche die diskontinuierlichen, chaotisch zersplitterten Momente und Phasen der Geschichte zusammenschweißt, die von Naturbeherrschung, fortschreitend in die Herrschaft über Menschen und schließlich die über inwendige Natur. Keine Universalgeschichte führt vom Wilden zur Humanität, sehr wohl eine von der Steinschleuder zur Megabombe. Sie endet in der totalen Drohung der organisierten Menschheit gegen die organisierten Menschen, im Inbegriff von Diskontinuität. Hegel wird dadurch zum Entsetzen verifiziert und auf den Kopf gestellt. Verklärte jener die Totalität geschichtlichen Leidens zur Positivität des sich realisierenden Absoluten, so wäre das Eine und Ganze, das bis heute, mit Atempausen, sich fortwälzt, teleologisch das absolute Leiden. Geschichte ist die Einheit von Kontinuität und Diskontinuität. Die Gesellschaft erhält sich nicht trotz ihres Antagonismus am Leben sondern durch ihn; Profitinteresse, und damit das Klassenverhältnis sind objektiv der Motor des Produktionsvorgangs, an dem das Leben aller hängt und dessen Primat seinen Fluchtpunkt hat im Tod aller. Das impliziert auch das Versöhnende am Unversöhnlichen; weil es allein den Menschen zu leben erlaubt, wäre ohne es nicht einmal die Möglichkeit veränderten Lebens. Was geschichtlich jene Möglichkeit schuf, kann sie ebensowohl zerstören. Zu definieren wäre der Weltgeist, würdiger Gegenstand von Definition, als permanente Katastrophe. Unter dem alles unterjochenden Identitätsprinzip wird, was in die

Identität nicht eingeht und der planenden Rationalität im Reich der Mittel sich entzieht, zum Beängstigenden, Vergeltung für jenes Unheil, das dem Nichtidentischen durch Identität widerfährt. Kaum anders wäre Geschichte philosophisch zu interpretieren, ohne daß sie in Idee verzaubert würde.

Nicht müßig sind Spekulationen, ob der Antagonismus im Ursprung menschlicher Gesellschaft, ein Stück prolongierter Naturgeschichte, als Prinzip homo homini lupus ererbt oder erst θέσει geworden sei; und ob er, wäre er schon entsprungen, aus den Notwendigkeiten des Überlebens der Gattung folgte und nicht gleichsam kontingent, aus archaischen Willkürakten von Machtergreifung. Damit freilich fiele die Konstruktion des Weltgeistes auseinander. Das geschichtlich Allgemeine, die Logik der Dinge, die in der Notwendigkeit der Gesamttendenz sich zusammenballt, gründete in Zufälligem, ihr Äußerlichem; sie hätte nicht zu sein brauchen. Nicht Hegel allein sondern auch Marx und Engels, kaum irgendwo so idealistisch wie im Verhältnis zur Totalität, hätten den Zweifel an deren Unvermeidbarkeit, der doch der Absicht zur Veränderung der Welt sich aufdrängt, wie eine tödliche Attacke auf ihr eigenes System anstatt auf das herrschende abgewehrt. Marx hütet sich zwar, mißtrauisch gegen alle Anthropologie, den Antagonismus ins Menschenwesen oder in die Urzeit zu verlegen, die eher nach dem Topos des goldenen Zeitalters entworfen wird, insistiert aber um so zäher auf seiner historischen Notwendigkeit. Ökonomie habe den Primat vor der Herrschaft, die nicht anders denn ökonomisch abgeleitet werden dürfe. Mit Fakten ist die Kontroverse kaum zu schlichten; sie verlieren sich im Trüben der Frühgeschichte. Aber das Interesse an ihr war wohl so wenig eines an historischen Tatsachen wie einst das am Staatsvertrag, den schon Hobbes und Locke schwerlich für real vollzogen hielten*. Es ging um die Vergottung der Geschichte, auch bei den atheistischen Hegelianern Marx und Engels. Der Primat der Ökonomie soll mit historischer Stringenz das glückliche Ende als ihr immanent begründen; der Wirtschafts-

* Der imaginäre Staatsvertrag war den frühbürgerlichen Denkern so willkommen, weil er bürgerliche Rationalität, das Tauschverhältnis, als formalrechtliches Apriori zugrunde legte; imaginär aber war er ebenso, wie die bürgerliche ratio selbst in der undurchsichtigen realen Gesellschaft.

prozeß erzeuge die politischen Herrschaftsverhältnisse und wälze sie um bis zur zwangsläufigen Befreiung vom Zwang der Wirtschaft. Die Intransigenz der Doktrin, zumal bei Engels, war jedoch gerade ihrerseits politisch. Er und Marx wollten die Revolution als eine der wirtschaftlichen Verhältnisse in der Gesellschaft als ganzer, in der Grundschicht ihrer Selbsterhaltung, nicht als Änderung der Spielregeln von Herrschaft, ihrer politischen Form. Die Spitze war gegen die Anarchisten gerichtet. Was Marx und Engels dazu bewog, gleichsam noch den Sündenfall der Menschheit, ihre Urgeschichte, in politische Ökonomie zu übersetzen, obwohl doch deren Begriff, an die Totalität des Tauschverhältnisses gekettet, selber ein Spätes ist, war die Erwartung der unmittelbar bevorstehenden Revolution. Weil sie diese am nächsten Tag wollten, hatte es für sie die äußerste Aktualität, die Richtungen zu zerschlagen, von denen sie fürchten mußten, sie würden ähnlich besiegt wie einst Spartakus oder die aufständischen Bauern. Sie waren Feinde der Utopie um deren Verwirklichung willen. Ihre imago von der Revolution prägte die von der Vorwelt; das überwältigende Gewicht der wirtschaftlichen Widersprüche im Kapitalismus schien nach seiner Ableitung aus der akkumulierten Objektivität des seit unvordenklichen Zeiten geschichtlich Stärkeren zu verlangen. Sie konnten nicht ahnen, was dann im Mißlingen der Revolution auch dort, wo sie gelang, hervortrat: daß Herrschaft die Planwirtschaft, welche die Beiden freilich nicht mit Staatskapitalismus verwechselt hatten, zu überdauern vermag; ein Potential, das den von Marx und Engels entwickelten antagonistischen Zug der gegen bloße Politik pointierten Ökonomie über deren spezifische Phase hinaus verlängert. Die Zählebigkeit der Herrschaft nach dem Sturz dessen, was die Kritik der politischen Ökonomie zum Hauptobjekt hatte, ließ die Ideologie billig triumphieren, welche Herrschaft sei's aus angeblich unabdingbaren Formen gesellschaftlicher Organisation, etwa der Zentralisierung, sei's aus solchen des aus dem realen Prozeß herausabstrahierten Bewußtseins – der ratio – deduziert und dann der Herrschaft, mit offenem Einverständnis oder unter Krokodilstränen, unendliche Zukunft prophezeit, solange organisierte Gesellschaft irgend sei. Dagegen behält die Kritik der zum Ansichseienden fetischisierten Politik oder des in seiner Partikularität aufgeblähten Geistes ihre Kraft. Tangiert aber wird durch die Ereignisse des zwanzigsten Jahrhunderts die Idee der geschichtlichen Totalität als einer von kalkulabler ökonomischer Notwendigkeit. Nur wenn es anders hätte werden können; wenn die Totalität, gesellschaftlich notwendiger Schein als Hypostasis des aus Einzelmenschen herausgepreßten Allgemeinen, im Anspruch ihrer Absolutheit gebrochen wird, wahrt sich das kritische gesellschaftliche Bewußtsein die Freiheit des Gedankens, einmal könne es anders sein. Theorie vermag die unmäßige Last der historischen Nezessität zu bewegen allein, wenn diese als der zur Wirklichkeit gewordene Schein erkannt ist, die geschichtliche Determination als metaphysisch zufällig. Solche Erkenntnis wird von der Geschichtsmetaphysik hintertrieben. Der heraufziehenden Katastrophe korrespondiert eher die Vermutung einer irrationalen Katastrophe in den Anfängen. Heute hat sich die vereitelte Möglichkeit des Anderen zusammengezogen in die, trotz allem die Katastrophe abzuwenden.

Von Hegel jedoch, dem der Geschichts- und Rechtsphilosophie zumal, wird historische Objektivität, so wie sie einmal wurde, zur Transzendenz überhöht: »Diese allgemeine Substanz ist nicht das Weltliche; das Weltliche strebt ohnmächtig dagegen. Kein Individuum kann über diese Substanz hinaus; es kann sich wohl von andern einzelnen Individuen unterscheiden, aber nicht von dem Volksgeist.«[6] Danach wäre der Gegensatz zum »Weltlichen«, das über das besondere Seiende unidentisch Verhängte der Identität, überweltlich. Selbst solche Ideologie hat ihr Gran Wahrheit: auch der Kritiker des eigenen Volksgeistes ist gekettet an das ihm Kommensurable, solange die Menschheit nach Nationen sich zersplittert. Die Konstellation zwischen Karl Kraus und Wien ist dafür aus der jüngsten Vergangenheit das größte, meist freilich diffamierend angezogene Modell. Aber so dialektisch geht es bei Hegel, wie durchweg, wo er auf Störendes trifft, nicht zu. Das Individuum, fährt er fort, »kann geistreicher sein als viele andere, nicht aber kann es den Volksgeist übertreffen. Die Geistreichen sind nur die, die von dem Geist des Volkes wissen und sich danach zu richten wissen.«[7] Mit Rancune – im Gebrauch des

Wortes »geistreich« ist sie nicht zu überhören – beschreibt Hegel das Verhältnis weit unter dem Niveau seiner eigenen Konzeption. »Sich danach richten« wäre buchstäblich bloß Anpassung. Wie mit Geständniszwang dechiffriert er die von ihm gelehrte affirmative Identität als fortbestehenden Bruch und postuliert die Unterordnung des Schwächeren unter das Mächtigere. Euphemismen wie der der Geschichtsphilosophie, daß im Gang der Weltgeschichte »einzelne Individuen gekränkt worden sind«[8], rücken dem Bewußtsein der Unversöhntheit, unfreiwillig, sehr nahe, und die Fanfare »In der Pflicht befreit das Individuum sich zur substantiellen Freiheit«[9], übrigens gesamtidealistisches deutsches Gedankengut, ist von ihrer Parodie in der Doktorszene aus Büchners Woyzek schon nicht mehr zu unterscheiden. Hegel legt der Philosophie in den Mund, »daß keine Gewalt über die Macht des Guten, Gottes, geht, die ihn hindert, sich geltend zu machen, daß Gott Recht behält, daß die Weltgeschichte nichts anderes darstellt als den Plan der Vorsehung. Gott regiert die Welt; der Inhalt seiner Regierung, die Vollführung seines Plans ist die Weltgeschichte, diesen zu fassen ist die Philosophie der Weltgeschichte, und ihre Voraussetzung ist, daß das Ideal sich vollbringt, daß nur das Wirklichkeit hat, was der Idee gemäß ist«.[10] Der Weltgeist scheint arg listig am Werk gewesen zu sein, wenn Hegel dabei, gleichwie zur Krönung seiner Erbauungspredigt, ein Wort von Arnold Schönberg zu verwenden, Heidegger voräfft: »Denn die Vernunft ist das Vernehmen des göttlichen Werkes.«[11] Der omnipotente Gedanke muß abdanken und als bloßes Vernehmen sich willfährig machen. Hegel mobilisiert griechische Vorstellungen diesseits der Erfahrung von Individualität, um die Heteronomie des substantiell Allgemeinen zu vergolden. In solchen Passagen überspringt er die gesamte geschichtliche Dialektik und proklamiert die antike Gestalt der Sittlichkeit, die selber erst die der offiziellen griechischen Philosophie und dann die der deutschen Gymnasien war, ohne Zögern als die wahre: »Denn die Sittlichkeit des Staates ist nicht die moralische, die reflektierte, wobei die eigene Überzeugung waltet; diese ist mehr der modernen Welt zugänglich, während die wahre und antike darin wurzelt, daß jeder in seiner Pflicht steht.«[12] Der objektive Geist rächt sich an Hegel. Als Festredner des Spartanischen antezipiert er um hundert Jahre den Jargon der Eigentlichkeit mit dem Ausdruck »in seiner Pflicht stehen«. Er erniedrigt sich dazu, Opfern dekorativen Zuspruch zu spenden, ohne an die Substantialität des Zustandes zu rühren, dessen Opfer sie sind. Was da hinter seinen superioren Erklärungen geistert, war vorher schon Kleingeld im bürgerlichen Hausschatz Schillers. Dieser läßt in der Glocke den Familienvater an der Brandstätte seiner Habe nicht nur zum Wanderstabe greifen, der doch der Bettelstab ist, sondern verordnet ihm obendrein, er tue es fröhlich; der Nation, die sonst nichtswürdig sei, erlegt er auf, ihr Letztes an ihre Ehre auch noch freudig zu setzen. Der Terror des Wohlgemuten verinnerlicht die contrainte sociale. Solche Übertreibung ist kein poetischer Luxus; der idealistische Sozialpädagog muß ein Übriges tun, weil ohne die zusätzliche und irrationale Leistung von Identifikation gar zu flagrant würde, daß das Allgemeine dem Besonderen raubt, was es ihm verspricht. Die Macht des Allgemeinen assoziiert Hegel mit dem ästhetisch-formalen Begriff der Größe: »Diese sind die Großen eines Volks, sie lenken das Volk dem allgemeinen Geiste gemäß. Die Individualitäten also verschwinden für uns und gelten uns nur als diejenigen, die das in Wirklichkeit setzen, was der Volksgeist will.«[13] Das aus dem Handgelenk dekretierte Verschwinden der Individualitäten, ein Negatives, das Philosophie als Positives zu wissen sich anmaßt, ohne daß es real sich änderte, ist das Äquivalent des fortwährenden Bruchs. Die Gewalt des Weltgeistes sabotiert, was Hegel an einer späteren Stelle am Individuum feiert: »daß es seiner Substanz gemäß ist, dies ist es durch sich selbst«[14]. Dennoch rührt die abfertigende Formulierung ans Ernste. Der Weltgeist sei »der Geist der Welt, wie er sich im menschlichen Bewußtsein expliziert; die Menschen verhalten sich zu diesem als Einzelne zu dem Ganzen, das ihre Substanz ist«[15]. Das erteilt der bürgerlichen Anschauung vom Individuum, dem vulgären Nominalismus den Bescheid. Was sich in sich selbst als in das unmittelbar Gewisse und Substantielle verbeißt, wird eben dadurch Agent des Allgemeinen, Individualität zur trügenden Vorstellung. Darin traf Hegel mit Schopenhauer zusammen; vor ihm voraus hatte er die Einsicht, daß die Dialektik von Individuation und Allgemeinem nicht mit der abstrakten Negation des Individuellen abgetan ist. Nicht nur gegen Schopenhauer sondern gegen Hegel selbst aber bleibt einzuwenden, daß das Individuum, notwendige Erscheinung des Wesens, der objektiven Tendenz, gegen diese wiederum recht hat, insofern es sie mit ihrer Äußerlichkeit und Fehlbarkeit konfrontiert. Impliziert wird das in Hegels Lehre von der Substantialität des Individuums »durch sich selbst«. Anstatt sie jedoch zu entwickeln, verharrt er bei einem abstrakten Gegensatz von Allgemeinem und Besonderem, der seiner eigenen Methode unerträglich sein müßte.*

Gegen solche Trennung des Substantiellen und der Individualität nicht weniger als gegen das befangen unmittelbare Bewußtsein steht die Einsicht der Hegelschen Logik in die Einheit des Besonderen und Allgemeinen, die ihm zuweilen für Identität gilt: »Die Besonderheit aber ist als Allgemeinheit an und für sich selbst, nicht durch Übergehen solche immanente Beziehung; sie ist Totalität an ihr selbst, und einfache Bestimmtheit, wesentlich Princip. Sie hat keine andere Bestimmtheit, als welche durch das Allgemeine selbst gesetzt ist, und sich aus demselben folgendermaßen ergiebt. Das Besondere ist das Allgemeine selbst, aber es ist dessen Unterschied oder Beziehung auf ein Anderes, sein Scheinen nach Außen; es ist aber kein Anderes vorhanden, wovon das Besondere unterschieden wäre, als das Allgemeine selbst. – Das Allgemeine bestimmt sich, so ist es selbst das Besondere; die Bestimmtheit ist ein Unterschied; es ist nur von sich selbst

* Unter den Positivisten hat Emile Durkheim die Hegelsche Entscheidung fürs Allgemeine in der Lehre vom Kollektivgeist festgehalten und womöglich übertrumpft, insofern sein Schema einer Dialektik von Allgemeinem und Besonderem nicht einmal in abstracto mehr Platz zubilligt. In der Soziologie der primitiven Religionen hat er inhaltlich erkannt, daß, worauf das Besondere pocht, die Eigenschaft, ihm vom Allgemeinen angetan ward. Er hat ebenso den Trug des Besonderen als bloßer Mimesis ans Allgemeine wie die Gewalt designiert, die das Besondere überhaupt erst zu einem macht: »Le deuil (qui s'exprime au cours de certaines cérémonies) n'est pas un mouvement naturel de la sensibilité privée, froissée par une perte cruelle; c'est un devoir imposé par le groupe. On se lamente, non pas simplement parce qu'on est triste, mais parce qu'on est tenu de se lamenter. C'est une attitude rituelle qu'on est obligé d'adopter par respect pour l'usage, mais qui est, dans une large mesure, indépendante de l'état effectif des individus. Cette obligation est, d'ailleurs, sanctionnée par des peines ou mythiques ou sociales.« (Emile Durkheim, Les formes élémentaires de la vie religieuse: Le système totémique en Australie, Paris 1912, Travaux de l'Année sociologique, p. 568.)

unterschieden.«[16] Danach wäre das Besondere unmittelbar das Allgemeine, weil es eine jegliche Bestimmung seiner Sonderheit einzig durchs Allgemeine findet; ohne dieses, schließt Hegel, nach einem immer wiederkehrenden Modus, sei das Besondere nichts. Die neuere Geschichte des Geistes, und nicht erst sie, war die apologetische Sisyphusarbeit, das Negative des Allgemeinen wegzudenken. Geist erinnert bei Kant sich noch daran gegenüber der Notwendigkeit: er suchte diese auf die Natur einzugrenzen. Bei Hegel wird Kritik am Notwendigen eskamotiert. »Das Bewußtsein des Geistes muß sich in der Welt gestalten; das Material dieser Realisierung, ihr Boden ist nichts anderes als das allgemeine Bewußtsein, das Bewußtsein eines Volkes. Dieses Bewußtsein enthält und nach ihm richten sich alle Zwecke und Interessen des Volks; dieses Bewußtsein macht des Volkes Rechte, Sitten, Religionen aus. Es ist das Substantielle des Geistes eines Volks, auch wenn die Individuen es nicht wissen, sondern es als eine Voraussetzung ausgemacht dasteht. Es ist wie eine Notwendigkeit; das Individuum wird in dieser Atmosphäre erzogen, weiß von nichts anderm. Doch aber ist es nicht bloß Erziehung und Folge von Erziehung; sondern dies Bewußtsein wird aus dem Individuum selbst entwickelt, nicht ihm angelehrt: das Individuum ist in dieser Substanz.«[17] Die Hegelsche Formulierung »es ist wie eine Notwendigkeit« ist sehr adäquat der Vormacht des Allgemeinen; das »wie«, Andeutung des bloß metaphorischen Wesens solcher Notwendigkeit, streift dabei flüchtig das Scheinhafte des Allerwirklichsten. Sogleich wird der Zweifel an der Güte des Notwendigen niedergeschlagen und über Stock und über Stein beteuert, Notwendigkeit eben sei Freiheit. Das Individuum, heißt es bei Hegel, »ist in dieser Substanz«, jener Allgemeinheit, die ihm noch mit den Volksgeistern koinzidierte. Aber ihre Positivität ist negativ selber und wird es desto mehr, je positiver sie sich geriert; Einheit desto schlechter, je gründlicher sie des Vielen sich bemächtigt. Ihr Lob spendet ihr der Sieger, der auch als einer des Geistes auf den Triumphzug nicht verzichtet, auf die Ostentation, was ohne Unterlaß den Vielen angetan wird, sei der Sinn der Welt. »Es ist das Besondere, das sich aneinander abkämpft, und wovon ein Teil zugrunde gerichtet wird. Aber eben im Kampf, im Untergang des Besonderen resultiert das Allgemeine. Dieses wird nicht gestört.«[18] Bis heute ist es nicht gestört worden. Dennoch sei, Hegel zufolge, auch das Allgemeine nicht ohne jenes Besondere, das es bestimmt; als Losgelöstes. Allgemeines und nicht bestimmtes Besonderes bündig zu identifizieren, die Vermitteltheit beider Pole der Erkenntnis gleichzusetzen, vermag Hegels Logik, auch bei ihm a priori eine Lehre von allgemeinen Strukturen, nur dadurch, daß sie vom Besonderen gar nicht als Besonderem handelt sondern bloß von der Besonderheit, selber bereits einem Begrifflichen[19]. Der damit etablierte logische Primat des Allgemeinen liefert der Hegelschen Option für den sozialen und politischen das Fundament. Soviel wäre Hegel einzuräumen, daß nicht bloß Besonderheit sondern Besonderes selbst zu denken ohne das Moment des Allgemeinen unmöglich sei, welches das Besondere unterscheidet, prägt, in gewissem Sinn zum Besonderen erst macht. Aber daß dialektisch ein Moment des anderen, ihm kontradiktorisch entgegengesetzten bedarf, reduziert, wie Hegel wohl wußte, aber gelegentlich zu vergessen beliebte, weder dieses noch jenes zum μὴ ὄν. Sonst wird die absolute, ontologische Geltung der Logik reiner Widerspruchslosigkeit stipuliert, welche der dialektische Aufweis von »Momenten« durchbrochen hatte; letztlich die Position eines absolut Ersten – des Begriffs –, dem das Faktum sekundär sein soll, weil es nach idealistischer Tradition aus dem Begriff »folge«. Während über Besonderes nichts ohne Bestimmtheit und damit ohne Allgemeinheit prädiziert werden kann, geht darin das Moment eines Besonderen, Opaken, auf welches jene Prädikation sich bezieht und stützt, nicht unter. Sie erhält sich inmitten der Konstellation, sonst liefe die Dialektik auf die Hypostasis der Vermittlung hinaus, ohne die Momente der Unmittelbarkeit zu bewahren, wie Hegel umsichtig sonst es wollte.

Immanente Kritik der Dialektik sprengt den Hegelschen Idealismus. Erkenntnis geht aufs Besondere, nicht aufs Allgemeine. Ihren wahren Gegenstand sucht sie in der möglichen Bestimmung der Differenz jenes Besonderen, selbst von dem Allgemeinen, das sie als gleichwohl Unabdingbares kritisiert. Wird aber die Vermittlung des Allgemeinen durchs Besondere und des Besonderen durchs Allgemeine auf die abstrakte Normalform von Vermittlung schlechthin gebracht, so hat das Besondere dafür, bis zu seiner autoritären Abfertigung in den materialen Teilen des Hegelschen Systems, zu zahlen: »Was der Mensch thun müsse, welches die Pflichten sind, die er zu erfüllen hat, um tugendhaft zu seyn, ist in einem sittlichen Gemeinwesen leicht zu sagen – es ist nichts Anderes von ihm zu thun, als was ihm in seinen Verhältnissen vorgezeichnet, ausgesprochen und bekannt ist. Die Rechtschaffenheit ist das Allgemeine, was an ihn Theils rechtlich, Theils sittlich gefordert werden kann. Sie erscheint aber für den moralischen Standpunkt leicht als etwas Untergeordneteres, über das man an sich und Andere noch mehr fordern müsse; denn die Sucht, etwas Besonderes zu seyn, genügt sich nicht mit dem, was das An- und Fürsichseyende und Allgemeine ist; sie findet erst in einer Ausnahme das Bewußtseyn der Eigenthümlichkeit.«[20] Wenn Hegel die Doktrin von der Identität des Allgemeinen und Besonderen zu einer Dialektik im Besonderen selber weitergetrieben hätte, wäre dem Besonderen, das ja ihm zufolge das vermittelt Allgemeine ist, soviel Recht zuteil geworden wie jenem. Daß er dies Recht, wie ein Vater, der den Sohn zurechtweist: »Du meinst wohl, du wärest etwas Besonderes«, zur bloßen Sucht herabwürdigt, und psychologistisch das Menschenrecht als Narzißmuß anschwärzt, ist kein individueller Sündenfall des Philosophen. Die von ihm visierte Dialektik des Besonderen ist idealistisch nicht auszutragen. Weil, wider den Kantischen Chorismos, Philosophie nicht als Formenlehre im Allgemeinen sich einrichten, sondern den Inhalt selbst durchdringen soll, wird, in großartig verhängnisvoller petitio principii, die Wirklichkeit von der Philosophie derart zugerüstet, daß sie der repressiven Identität mit jener sich fügt. Das Wahrste an Hegel, das Bewußtsein des Besonderen, ohne dessen Schwere der Begriff der Wirklichkeit zur Farce verkommt, zeitigt das Falscheste, schafft das Besondere fort, nach dem in Hegel Philosophie tastet. Je insistenter sein Begriff um die Wirklichkeit sich bemüht, desto verblendeter kontaminiert er diese, das hic et nunc, das aufzuknacken wäre wie goldene Nüsse am Fest von den Kindern, mit dem Begriff, der es unter sich befaßt. »Es ist eben diese Stellung der Philosophie zur Wirklichkeit, welche die Mißverständnisse betreffen, und ich kehre hiermit zu dem zurück, was ich vorhin bemerkt habe, daß die Philosophie, weil sie das Ergründen des Vernünftigen ist, eben damit das Erfassen des Gegenwärtigen und Wirklichen, nicht das Aufstellen eines Jenseitigen ist, das Gott weiß wo seyn sollte – oder von dem man in der That wohl zu sagen weiß, wo es ist, nämlich in dem Irrthum eines einseitigen, leeren Raisonnirens ... Wenn die Reflexion, das Gefühl oder welche Gestalt das subjektive Bewußtseyn habe, die Gegenwart für ein Eitles ansieht, über sie hinaus ist und es besser weiß, so befindet es sich im Eiteln, und weil es Wirklichkeit nur in der Gegenwart hat, ist es selbst nur Eitelkeit. Wenn umgekehrt die Idee für das gilt, was nur so eine Idee, eine Vorstellung in einem Meinen ist, so gewährt hingegen die Philosophie die Einsicht, daß nichts wirklich ist als die Idee. Darauf kommt es dann an, in dem Scheine des Zeitlichen und Vorübergehenden die Substanz, die immanent, und das Ewige, das gegenwärtig ist, zu erkennen.«[21] * So platonisch spricht aus Not der Dialektiker. Er will nicht Wort haben, daß logisch wie geschichtsphilosophisch das Allgemeine ins Besondere sich zusammenzieht, bis dieses von der ihm äußerlich gewordenen, abstrakten Allgemeinheit sich losreißt, während korrelativ dazu das Allgemeine, das er als höhere Objektivität vindiziert, zum schlecht Subjektiven, zum Durchschnittswert der Partikularitäten herabsinkt. Der es auf den Übergang der Logik in die Zeit abgesehen hatte, resigniert in zeitloser Logik.

Die simple Dichotomie von Zeitlichem und Ewigem inmitten und trotz der Konzeption von Dialektik bei Hegel ist konform dem Primat des Allgemeinen in der Geschichtsphilosophie. Wie der Allgemeinbegriff, die Frucht der Abstraktion, über der Zeit sich dünkt und den Verlust, den das Subsumierte durch den Abstraktionsprozeß erleidet, als Gewinn und Anweisung auf Ewigkeit verbucht, so werden die vorgeblich überzeitlichen Momente der Geschichte Positiva. In ihnen versteckt sich jedoch das alte Übel. Einverständnis damit, daß es immer so bleibe, diskreditiert den

* Das Cliché »nur eine Idee« hat bereits Kant kritisiert. »Die platonische Republik ist als ein vermeintlich auffallendes Beispiel von erträumter Vollkommenheit, die nur im Gehirn des müßigen Denkers ihren Sitz haben kann, zum Sprichwort geworden ... Allein man würde besser thun, diesem Gedanken mehr nachzugehen, und ihn (wo der vortreffliche Mann uns ohne Hülfe läßt) durch neue Bemühung ins Licht zu stellen, als ihn unter dem sehr elenden und schädlichen Vorwande der Unthunlichkeit als unnütz bei Seite zu setzen.« (Kant, Kritik der reinen Vernunft, WW III, Akademie-Ausgabe, S. 247.)

Gedanken, der dagegen protestiert, als ephemer. Solcher Umschlag in Zeitlosigkeit ist der Hegelschen Dialektik und Geschichtsphilosophie nicht äußerlich. Indem seine Version von Dialektik auf die Zeit selbst sich erstreckt, wird diese ontologisiert, aus einer subjektiven Form zu einer Struktur von Sein schlechthin, selber einem Ewigen. Darauf gründen die Spekulationen Hegels, welche die absolute Idee der Totalität der Vergängnis alles Endlichen gleichsetzen. Sein Versuch, Zeit gleichsam zu deduzieren und als ein nichts außerhalb seiner selbst Duldendes zu verewigen, ist dieser Konzeption ebenso gemäß wie dem absoluten Idealismus, der bei der Trennung von Zeit und Logik so wenig sich bescheiden kann wie Kant bei der von Anschauung und Verstand. Auch darin im übrigen war Hegel, Kritiker Kants, dessen Exekutor. Wenn dieser die Zeit, als reine Anschauungsform und Bedingung alles Zeitlichen, apriorisiert, ist sie ihrerseits der Zeit enthoben.* Subjektiver und objektiver Idealismus stimmen darin überein. Denn die Grundschicht beider ist das Subjekt als Begriff, bar seines zeitlichen Inhalts. Noch einmal wird der actus purus, wie bei Aristoteles, zum Unbewegten. Die gesellschaftliche Parteiischkeit der Idealisten reicht hinab in die Konstituentien ihrer Systeme. Sie verherrlichen Zeit als unzeitlich, Geschichte als ewig aus Angst, daß sie beginne. Die Dialektik von Zeit und Zeitlichem wird folgerecht für Hegel zu einer des Wesens Zeit in sich**. Sie bietet dem Positivismus einen bevorzugten Angriffspunkt. Tatsächlich wäre es schlecht scholastisch, würde Dialektik dem formalen, von jedem zeitlichen Inhalt expurgierten Zeitbegriff zugeschrieben. Der kritischen Reflexion darauf jedoch dialektisiert sich die Zeit als in sich vermittelte Einheit von Form

* »Die Zeit verläuft sich nicht, sondern in ihr verläuft sich das Dasein des Wandelbaren. Der Zeit also, die selbst unwandelbar und bleibend ist, correspondirt in der Erscheinung das Unwandelbare im Dasein, d. i. die Substanz, und bloß an ihr kann die Folge und das Zugleichsein der Erscheinungen der Zeit nach bestimmt werden.« (Kant, Kritik der reinen Vernunft, a. a. O., S. 137.)

** »Näher nun gehört das wirkliche Ich selber der Zeit an, mit der es, wenn wir von dem konkreten Inhalt des Bewußtseyns und Selbstbewußtseyns abstrahiren, zusammenfällt, insofern es nichts ist, als diese leere Bewegung, sich als ein Anderes zu setzen und diese Veränderung aufzuheben, d. h. sich selbst, das Ich und nur das Ich als solches darin zu erhalten. Ich ist in der Zeit, und die Zeit ist das Seyn des Subjekts selber.« (Hegel, WW 14, a. a. O., S. 151.)

und Inhalt. Die transzendentale Ästhetik Kants hätte nichts auf den Einwand zu entgegnen, der rein formale Charakter der Zeit als einer »Form der Anschauung«, ihre »Leere«, entspreche selber keiner wie immer gearteten Anschauung. Die Kantische Zeit weigert sich jeder möglichen Vorstellung und Phantasie: um sie vorzustellen, muß immer ein Zeitliches mitvorgestellt werden, an dem sie sich ablesen läßt, ein Etwas, an dem ihr Verlauf oder ihr sogenanntes Fließen erfahrbar wird. Die Konzeption reiner Zeit bedarf eben der begrifflichen Vermittlung – der Abstraktion von allen vollziehbaren Zeitvorstellungen –, von der Kant, der Systematik, der Disjunktion von Sinnlichkeit und Verstand zuliebe, die Anschauungsformen dispensieren wollte und mußte. Absolute Zeit als solche, des letzten faktischen Substrats entäußert, das in ihr ist und verläuft, wäre überhaupt nicht mehr, was Kant zufolge Zeit unabdingbar sein muß: dynamisch. Keine Dynamik ohne das, woran sie statthat. Umgekehrt ist aber auch keine Faktizität vorzustellen, die nicht ihren Stellenwert im Zeitkontinuum besäße. Diese Reziprozität trägt Dialektik noch ins formalste Bereich: keines der darin wesentlichen und einander entgegengesetzten Momente ist ohne das andere. Sie wird indessen nicht von der reinen Form an sich motiviert, an der sie sich enthüllt. Ein Verhältnis von Form und Inhalt ist zur Form selber geworden. Sie ist unabdingbar Form von Inhalt; äußerste Sublimierung des Form-Inhalt-Dualismus in der abgetrennten und verabsolutierten Subjektivität. Hegel wäre noch in der Zeittheorie sein Wahrheitsmoment abzuzwingen, wofern man nicht, wie er, die Logik Zeit aus sich erzeugen läßt, sondern statt dessen in der Logik geronnene Zeitrelationen gewahrt, so wie es verschiedentlich in der Vernunftkritik, zumal im Schematismuskapitel, kryptisch genug angezeigt war. Ebenso bewahrt die diskursive Logik – unverkennbar in den Schlüssen – Zeitmomente auf, wie sie diese vermöge ihrer vom subjektiven Denken geleisteten Objektivation zur reinen Gesetzmäßigkeit entzeitlicht, abblendet. Ohne solche Entzeitlichung der Zeit wäre wiederum diese nie objektiviert worden. Die Interpretation des Zusammenhangs zwischen Logik und Zeit durch Rückgriff auf ein nach gängiger, positivistischer Wissenschaftslehre Prälogisches in der Logik wäre, als Erkenntnis eines Moments, mit Hegel vereinbar. Denn was bei ihm Synthesis heißt, ist nicht einfach die aus der bestimmten Negation herausspringende, schlechterdings neue Qualität sondern die Wiederkunft des Negierten; dialektischer Fortschritt stets auch Rückgriff auf das, was dem fortschreitenden Begriff zum Opfer fiel: dessen fortschreitende Konkretion seine Selbstkorrektur. Der Übergang der Logik in die Zeit möchte, soweit Bewußtsein das vermag, an dieser gutmachen, was die Logik ihr angetan hat, ohne welche Zeit doch nicht wäre. Unter diesem Aspekt ist die Bergsonsche Doppelung des Zeitbegriffs ein Stück ihrer selbst unbewußter Dialektik. Er hat im Begriff des temps durée, der gelebten Dauer, die lebendige Zeiterfahrung und damit ihr inhaltliches Moment theoretisch zu rekonstruieren versucht, das der Abstraktion der Philosophie und der kausal-mechanischen Naturwissenschaften geopfert war. Gleichwohl ist er so wenig wie diese, positivistischer als seine Polemik wußte, zum dialektischen Begriff übergegangen; hat das dynamische Moment, aus dégoût gegen die heraufziehende Verdinglichung des Bewußtseins, verabsolutiert, seinerseits gleichsam zu einer Form des Bewußtseins, einer besonderen und privilegierten Erkenntnisweise gemacht, es, wenn man will, zur Branche verdinglicht. Isoliert, wird die subjektive Erlebniszeit samt ihrem Inhalt so zufällig und vermittelt wie ihr Subjekt, und darum, angesichts der chronometrischen, stets zugleich ›falsch‹. Das zu erläutern, genügt die Trivialität, daß subjektive Zeiterfahrungen, gemessen an der Uhrzeit, der Täuschung exponiert sind, während doch keine Uhrzeit wäre ohne die subjektive Zeiterfahrung, die von jener vergegenständlicht wird. Die krasse Dichotomie der beiden Zeiten bei Bergson aber registriert die geschichtliche zwischen der lebendigen Erfahrung und den vergegenständlichten und wiederholbaren Arbeitsprozessen: seine brüchige Zeitlehre ist ein früher Niederschlag der objektiv gesellschaftlichen Krisis des Zeitbewußtseins. Die Unversöhnlichkeit von temps durée und temps espace ist die Wunde jenes gespaltenen Bewußtseins, das nur durch Spaltung irgend Einheit ist. Das bemeistert so wenig die naturalistische Interpretation des temps espace wie die Hypostasis des temps durée, in der das vor der Verdinglichung zurückweichende Subjekt vergebens sich selbst als schlechthin Lebendiges zu konservieren hofft. Tatsächlich ist das Lachen, in dem Bergson zufolge Leben gegenüber seiner konventionellen Verhärtung sich wiederherstellen soll, längst zur Waffe der Konvention gegen das unerfaßte Leben, gegen die Spuren eines nicht ganz domestizierten Natürlichen geworden.

Die Hegelsche Transposition des Besonderen in die Besonderheit folgt der Praxis einer Gesellschaft, die das Besondere bloß als Kategorie toleriert, als Form der Suprematie des Allgemeinen. Marx hat diesen Sachverhalt in von Hegel nicht abzusehender Weise designiert: »Die Auflösung aller Produkte und Tätigkeiten in Tauschwerte setzt voraus sowohl die Auflösung aller festen persönlichen (historischen) Abhängigkeitsverhältnisse in der Produktion, als die allseitige Abhängigkeit der Produzenten voneinander. Die Produktion sowohl jedes Einzelnen ist abhängig von der Produktion aller andern; als (auch) die Verwandlung seines Produkts in Lebensmittel für ihn selbst abhängig geworden ist von der Konsumtion aller andern ... Diese wechselseitige Abhängigkeit ausgedrückt in der beständigen Notwendigkeit des Austauschs und in dem Tauschwert als allseitigem Vermittler. Die Ökonomen drücken das so aus: Jeder verfolgt sein Privatinteresse; und dient dadurch, ohne es zu wollen und zu wissen, den Privatinteressen aller, den allgemeinen Interessen. Der Witz besteht nicht darin, daß, indem jeder sein Privatinteresse verfolgt, die Gesamtheit der Privatinteressen, also das allgemeine Interesse erreicht wird. Vielmehr könnte aus dieser abstrakten Phrase gefolgert werden, daß jeder wechselseitig die Geltendmachung des Interesses der andern hemmt, und statt einer allgemeinen Affirmation, vielmehr eine allgemeine Negation aus diesem bellum omnium contra omnes resultiert. Die Pointe liegt vielmehr darin, daß das Privatinteresse selbst schon ein gesellschaftlich bestimmtes Interesse ist und nur innerhalb der von der Gesellschaft gesetzten Bedingungen und mit den von ihr gegebnen Mitteln erreicht werden kann; also an die Reproduktion dieser Bedingungen und Mittel gebunden ist. Es ist das Interesse der Privaten; aber dessen Inhalt, wie Form und Mittel der Verwirklichung, durch von allen unabhängige gesellschaftliche Bedingungen gegeben.«[22] Solche negative Vormacht des Begriffs erhellt, warum Hegel, dessen Apologet, und Marx, dessen Kritiker, in der Vorstellung sich treffen, daß, was jener den Weltgeist nennt, ein Übergewicht des Ansichseins besitze und nicht bloß, wie es Hegel allein gemäß wäre, seine objektive Substanz in den Individuen habe: »Die Individuen sind unter die gesellschaftliche Produktion subsumiert, die als ein Verhängnis außer ihnen existiert; aber die gesellschaftliche Produktion ist nicht unter die Individuen subsumiert, die sie als ihr gemeinsames Vermögen handhaben.«[23] Der reale Chorismos nötigt Hegel dazu, wider seinen Willen die These von der Wirklichkeit der Idee umzumodeln. Ohne daß die Theorie das konzedierte, enthält dazu die Rechtsphilosophie unmißverständliche Sätze: »Bei der Idee des Staats muß man nicht besondere Staaten vor Augen haben, nicht besondere Institutionen, man muß vielmehr die Idee, diesen wirklichen Gott, für sich betrachten. Jeder Staat, man mag ihn auch nach den Grundsätzen, die man hat, für schlecht erklären, man mag diese oder jene Mangelhaftigkeit daran erkennen, hat immer, wenn er namentlich zu den ausgebildeten unserer Zeit gehört, die wesentlichen Momente seiner Existenz in sich. Weil es aber leichter ist, Mängel aufzufinden, als das Affirmative zu begreifen, verfällt man leicht in den Fehler, über einzelne Seiten den inwendigen Organismus des Staates selbst zu vergessen.«[24] Muß man »die Idee für sich betrachten«, nicht »besondere Staaten«, und zwar prinzipiell, einer umfassenden Struktur gehorsam, so steht der Widerspruch von Idee und Wirklichkeit wieder auf, den wegzudisputieren der Tenor des gesamten Werkes ist. Dazu schickt sich der ominöse Satz, es sei leichter Mängel aufzufinden, als das Affirmative zu begreifen; heute ist daraus das Geschrei nach der konstruktiven: sich duckenden Kritik geworden. Weil die Identität von Idee und Wirklichkeit von dieser dementiert wird, bedarf es gleichsam einer ergebenen Sonderanstrengung der Vernunft, um jener Identität gleichwohl sich zu versichern; das »Affirmative«, der Nachweis positiv vollbrachter Versöhnung, wird postuliert, als superiore Leistung des Bewußtseins angepriesen, weil das Hegelsche reine Zusehen zu solcher Affirmation nicht ausreicht. Der Druck, den Affirmation auf das ihr Widerstrebende, Wirkliche ausübt, verstärkt unermüdlich jenen realen, den die Allgemeinheit dem Subjekt als dessen Negation antut. Beides klafft desto sichtbarer auseinander, je konkreter das Subjekt mit der These von der objektiven Substantialität des Sittlichen konfrontiert wird. In Hegels später Konzeption von der Bildung ist diese bloß noch wie ein dem Subjekt Feindliches beschrieben: »Die Bildung ist daher in ihrer absoluten Bestimmung die Befreiung und die Arbeit der höheren Befreiung, nämlich der absolute Durchgangspunkt zu der, nicht mehr unmittelbaren, natürlichen, sondern geistigen, ebenso zur Gestalt der Allgemeinheit erhobenen unendlich subjektiven Substantialität der Sittlichkeit. – Diese Befreiung ist im Subjekt die harte Arbeit gegen die bloße Subjektivität des Benehmens, gegen die Unmittelbarkeit der Begierde, so wie gegen die subjektive Eitelkeit der Empfindung und die Willkür des Beliebens. Daß sie diese harte Arbeit ist, macht einen Theil der Ungunst aus, der auf sie fällt. Durch diese Arbeit der Bildung ist es aber, daß der subjektive Wille selbst in sich die Objektivität gewinnt, in der er seiner Seits allein würdig und fähig ist, die Wirklichkeit der Idee zu seyn.«[25] Das verbrämt die griechische Schulweisheit ὁ μὴ δαρείς, die Goethe, auf den sie gar nicht paßte, in Hegelscher Gesinnung als Motto seiner Autobiographie nicht verschmähte. Indem aber die klassizistische Maxime die Wahrheit über die Identität ausposaunt, die sie erst herbeiführen möchte, bekennt sie ihre eigene Unwahrheit, die von Prügelpädagogik im wörtlichen Sinn und im übertragenen des unansprechbaren Gebots, man müsse sich fügen. Als immanent unwahre ist sie untauglich zu dem Zweck, den man ihr anvertraut; die von der großen Philosophie bagatellisierte Psychologie weiß davon mehr als jene. Roheit gegen die Menschen reproduziert sich in ihnen; die Geschundenen werden nicht erzogen sondern zurückgestaut, rebarbarisiert. Nicht mehr auszulöschen ist die Einsicht der Psychoanalyse, daß die zivilisatorischen Mechanismen der Repression die Libido in antizivilisatorische Aggression verwandeln. Der mit Gewalt Erzogene kanalisiert die eigene Aggression, indem er mit der Gewalt sich identifiziert, um sie weiterzugeben und loszuwerden; so werden Subjekt und Objekt nach dem Bildungsideal von Hegels Rechtsphilosophie real identifiziert. Kultur, die keine ist, will von sich aus gar nicht, daß die, welche in ihre Mühle geraten, kultiviert seien. Hegel beruft, an einer der berühmtesten Stellen der Rechtsphilosophie, sich auf den Pythagoras zugeschriebenen Satz, die beste Weise, einen Sohn sittlich zu erziehen, sei, ihn zum Bürger eines Staates von guten Gesetzen zu machen[26]. Das verlangt ein Urteil darüber, ob der

Staat selber und seine Gesetze tatsächlich gut seien. Bei Hegel jedoch ist Ordnung es a priori, ohne vor denen sich verantworten zu müssen, die unter ihr leben. Ironisch bewährt sich seine spätere Reminiszenz an Aristoteles, die »substantielle Einheit ist absoluter unbewegter Selbstzweck«[27]; unbewegt, steht er in der Dialektik, die ihn herstellen soll. Dadurch wird zur leeren Beteuerung entwertet, daß im Staat »die Freiheit zu ihrem höchsten Recht kommt«[28]; Hegel verfällt in jene fade Erbaulichkeit, die er noch in der Phänomenologie verabscheute. Er wiederholt einen Topos antiken Denkens, aus dem Stadium, da der siegreiche, Platonisch-Aristotelische Hauptstrom der Philosophie mit den Institutionen gegen deren Grund im sozialen Prozeß sich solidarisierte; die Menschheit hat überhaupt die Gesellschaft später entdeckt als den Staat, der, an sich vermittelt, den Beherrschten gegeben und unmittelbar erscheint. Hegels Satz, »Alles, was der Mensch ist, verdankt er dem Staat«[29], die augenfälligste Übertreibung, schleppt die altertümliche Verwechslung fort. Zu der These veranlaßt ihn, daß jene »Unbewegtheit«, die er dem allgemeinen Zweck zuschreibt, zwar von der einmal verhärteten Institution, unmöglich aber von der wesentlich dynamischen Gesellschaft sich prädizieren ließe. Der Dialektiker bekräftigt die Prärogative des Staats, der Dialektik enthoben zu sein, weil, worüber er sich nicht täuschte, diese über die bürgerliche Gesellschaft hinaustreibt[30]. Er vertraut nicht der Dialektik als der Kraft zur Heilung ihrer selbst sich an, und desavouiert seine Versicherung der dialektisch sich herstellenden Identität.

Daß die Metaphysik der Versöhnung von Allgemeinem und Besonderem in der Konstruktion der Wirklichkeit, als Rechts- und Geschichtsphilosophie, scheiterte, konnte dem systematischen Bedürfnis Hegels nicht verborgen bleiben. Er hat um Vermittlung sich bemüht. Seine Vermittlungskategorie, der Volksgeist, reicht in die empirische Geschichte hinein. Den einzelnen Subjekten sei er die konkrete Gestalt des Allgemeinen, aber seinerseits sei der »bestimmte Volksgeist... nur ein Individuum im Gange der Weltgeschichte«[31], Individuation höheren Grades, doch als solche selbständig. Gerade die Thesis von dieser Selbständigkeit der

Volksgeister legalisiert bei Hegel, ähnlich wie später bei Durkheim die Kollektivnormen und bei Spengler jeweils die Kulturseelen, die Gewaltherrschaft über die einzelnen Menschen. Je reicher ein Allgemeines mit den Insignien des Kollektivsubjekts ausstaffiert ist, desto spurloser verschwinden darin die Subjekte. Jene Vermittlungskategorie indessen, die übrigens nicht ausdrücklich Vermittlung genannt wird, nur deren Funktion erfüllt, bleibt hinter Hegels eigenem Vermittlungsbegriff zurück. Sie waltet nicht in der Sache selbst, bestimmt nicht immanent deren Anderes, sondern fungiert als Brückenbegriff, ein hypostasiertes Mittleres zwischen dem Weltgeist und den Individuen. Hegel deutet die Vergänglichkeit der Volksgeister, analog der der Individuen, als das wahre Leben des Allgemeinen. Vergänglich aber ist in Wahrheit die Kategorie des Volkes und Volksgeistes selber, gar nicht erst ihre spezifischen Manifestationen. Auch wofern die neu hervortretenden Volksgeister heute tatsächlich die Brandfackel des Hegelschen Weltgeistes weitertragen sollten, drohen sie, das Leben der Gattung Mensch auf niedrigerer Stufe zu reproduzieren. Schon angesichts des kantisch Allgemeinen seiner Periode, der absehbaren Menschheit, war Hegels Lehre vom Volksgeist reaktionär, kultivierte ein als partikular bereits Durchschautes. Ohne Zaudern partizipiert er mit der emphatischen Kategorie der Volksgeister am selben Nationalismus, dessen Funestes er an den burschenschaftlichen Agitatoren diagnostizierte. Sein Begriff von Nation, in immergleichem Wechsel Trägerin des Weltgeistes, entpuppt sich als eine der Invarianten, von denen das dialektische Werk, paradox und doch seinem einen Aspekt gemäß, überfließt. Den undialektischen Konstanten bei Hegel, welche die Dialektik Lügen strafen und ohne die doch keine Dialektik wäre, kommt soviel Wahrheit zu, wie Geschichte als Immergleichheit, als schlechte Unendlichkeit von Schuld und Buße so verlief, wie Hegels Kronzeuge Heraklit schon in archaischen Zeiten es erkannte und ontologisch überhöhte. Aber Nation – Terminus wie Sache – sind jungen Datums. Eine prekäre zentralistische Organisationsform sollte die diffusen Naturverbände nach dem Untergang des Feudalismus zum Schutz der bürgerlichen Interessen bändigen. Sie mußte sich zum Fetisch werden, weil sie anders die Menschen nicht hätte integrieren können, die wirtschaftlich ebenso jener Organisationsform bedürfen, wie sie ihnen unablässig Gewalt antut. Vollends wo die Einigung der Nation, Vorbedingung einer sich emanzipierenden bürgerlichen Gesellschaft, mißlang, in Deutschland, wird ihr Begriff überwertig und destruktiv. Um die gentes zu ergreifen, mobilisiert er zusätzlich regressive Erinnerungen an den archaischen Stamm. Als böses Ferment sind sie geeignet, das Individuum, ebenfalls ein spät und fragil Entwickeltes, drunten zu halten dort, wo sein Konflikt mit der Allgemeinheit in deren rationale Kritik umzuschlagen sich anschickt: anders als mit wirksamen irrationalen Mitteln wäre die Irrationalität der Zwecke bürgerlicher Gesellschaft kaum zu stabilisieren gewesen. Die spezifisch deutsche Situation der unmittelbar nach-Napoleonischen Ära mochte Hegel darüber täuschen, wie anachronistisch die Lehre vom Volksgeist verglichen mit seinem eigenen Begriff vom Geist war, aus dessen Fortschritt fortschreitende Sublimierung, Befreiung von rudimentärer Naturwüchsigkeit nicht auszuscheiden ist. Bei ihm bereits war die Lehre vom Volksgeist falsches, wenngleich vom Bedürfnis der administrativen Einheit Deutschlands provoziertes Bewußtsein, Ideologie. Maskiert, als Besonderung verkoppelt mit dem nun einmal Seienden, sind die Volksgeister gefeit gegen jene Vernunft, deren Gedächtnis in der Allgemeinheit des Geistes doch auch aufbewahrt wird. Nach dem Traktat vom ewigen Frieden können die Hegelschen Lobreden auf den Krieg nicht mehr hinter der Naivetät mangelnder geschichtlicher Erfahrung sich verschanzen. Was er als Substantielles der Volksgeister lobt, die mores, war damals bereits hoffnungslos zu jenem Brauchtum depraviert, das man dann im Zeitalter der Diktaturen auskramte, um von staatswegen die Entmächtigung der Einzelnen durch den geschichtlichen Zug zu vermehren. Allein schon, daß Hegel von den Volksgeistern im Plural reden muß, verrät das Überholte ihrer vorgeblichen Substantialität. Sie ist negiert, sobald von einer Vielheit von Volksgeistern gesprochen, eine Internationale der Nationen visiert wird. Nach dem Faschismus tauchte sie wieder auf.

Durch seine nationelle Partikularisierung schließt der Hegelsche Geist nicht länger die materielle Basis derart mehr in sich ein, wie er als Totalität immerhin es noch behaupten mochte. Im Begriff

Volksgeist wird ein Epiphänomen, Kollektivbewußtsein, Stufe der gesellschaftlichen Organisation, dem realen Produktions- und Reproduktionsprozeß der Gesellschaft als wesenhaft gegenübergestellt. Daß der Geist eines Volkes zu realisieren, »zu einer vorhandenen Welt zu machen« sei, sagt Hegel, »diese Empfindung hat jedes Volk«[32]. Heute schwerlich, und wo man Völker so fühlen macht, gereicht es zum Übel. Die Prädikate jener »vorhandenen Welt«: »Religion, Kultus, Sitten, Gebräuche, Kunst, Verfassung, politische Gesetze, der ganze Umfang seiner Einrichtungen, seine Begebenheiten und Taten«[33] haben mit ihrer Selbstverständlichkeit auch eingebüßt, was für Hegel als ihre Substantialität galt. Sein Gebot, die Individuen hätten sich dem »substantiellen Sein« ihres Volkes »anzubilden, ihm gemäß zu machen«[34], ist despotisch; war schon bei ihm unvereinbar mit der unterdessen ebenfalls überholten, gleichsam Shakespeareschen Hypothese, das geschichtlich Allgemeine realisiere sich durch die Leidenschaften und Interessen der Individuen hindurch, während es ihnen einzig so noch eingeübt wird wie das gesunde Volksempfinden denjenigen, die in seiner Maschinerie sich verfangen. Hegels These, niemand könne »den Geist seines Volkes überspringen, sowenig er die Erde überspringen kann«[35], ist im Zeitalter tellurischer Konflikte und des Potentials einer tellurischen Einrichtung der Welt krähwinklerisch. An wenig Stellen hat Hegel der Geschichte so sehr den Zoll entrichten müssen, als wo er die Geschichte denkt. Doch hat er auch daran noch herangedacht, die von ihm hypostasierten Volksgeister ihrerseits geschichtsphilosophisch so relativiert, als hätte er es für möglich gehalten, eines Tages könne der Weltgeist der Volksgeister entraten, und dem Kosmopolitismus den Platz räumen. »Jeder einzelne neue Volksgeist ist eine neue Stufe in der Eroberung des Weltgeistes, zur Gewinnung seines Bewußtseins, seiner Freiheit. Der Tod eines Volksgeistes ist Übergang ins Leben, und zwar nicht so wie in der Natur, wie der Tod des einen ein anderes Gleiches ins Dasein ruft. Sondern der Weltgeist schreitet aus niedern Bestimmungen zu höheren Prinzipien, Begriffen seiner selbst, zu entwickelteren Darstellungen seiner Idee vor.«[36] Danach wäre immerhin die Idee eines zu »erobernden«, durch den Untergang der Volksgeister sich verwirklichenden und sie transzendierenden Weltgeistes offen. Nur ist keinem Fortschritt der Weltgeschichte kraft ihres Übergangs von Nation zu Nation mehr zu vertrauen in einer Phase, in der der Sieger nicht länger auf jener höheren Stufe sich befinden muß, die man ihm wahrscheinlich von je nur deshalb attestierte, weil er der Sieger war. Damit jedoch ähnelt der Trost über den Untergang der Völker den zyklischen Theorien bis zu Spengler sich an. Philosophische Verfügung übers Werden und Vergehen ganzer Völker oder Kulturen übertönt, daß das Unvernünftige und Unverständliche der Geschichte selbstverständlich wurde, weil es nie anders war; raubt der Rede vom Fortschritt ihren Inhalt. Trotz der allbekannten Definition der Geschichte hat denn auch Hegel keine Theorie des Fortschritts ausgeführt. Die Hegelsche Wanderung des Weltgeistes von einem Volksgeist zum anderen ist die zur Metaphysik aufgeplusterte Völkerwanderung; diese freilich, ein über die Menschen sich Wälzendes, Prototyp der Weltgeschichte selbst, deren Augustinische Konzeption in die Ära der Völkerwanderung fiel. Die Einheit der Weltgeschichte, welche die Philosophie animiert, sie als Bahn des Weltgeistes nachzuzeichnen, ist die Einheit des Überrollenden, des Schreckens, der Antagonismus unmittelbar. Konkret ging Hegel über die Nationen anders nicht hinaus als im Namen ihrer unabsehbar sich wiederholenden Vernichtung. Der ›Ring‹ des Schopenhauerianers Wagner ist hegelianischer, als Wagner je beikam.

Was den Volksgeistern, als Kollektivindividualitäten, von Hegel hypertrophisch zugemessen ward, ist der Individualität, dem menschlichen Einzelwesen entzogen. Sie wird bei Hegel, komplementär, zu hoch angesetzt und zu niedrig in einem. Zu hoch als Ideologie der großen Männer, zu deren Gunsten Hegel den Herrenwitz von Kammerdiener und Helden nacherzählt. Je undurchsichtiger und entfremdeter die Gewalt des sich durchsetzenden Allgemeinen, desto ungestümer das Bedürfnis des Bewußtseins, sie kommensurabel zu machen. Dafür müssen die Genies herhalten, die militärischen und politischen zumal. Ihnen wird die Publizität der Überlebensgröße zuteil, die von eben dem Erfolg sich herleitet, der seinerseits aus individuellen Qualitäten erklärt werden soll, deren sie meist ermangeln. Projektionen der ohnmächtigen Sehnsüchte aller, fungieren sie als imago entfesselter Freiheit, schrankenloser Produktivität, wie wenn diese stets und überall zu verwirklichen wäre. Zu solchem ideologischen Zuviel kontrastiert bei Hegel ein Zuwenig im Ideal; seine Philosophie hat kein Interesse daran, daß eigentlich Individualität sei. Darin harmoniert die Doktrin vom Weltgeist mit dessen eigener Tendenz. Hegel hat die Fiktion des historischen Fürsichseins von Individualität wie die jeglicher unvermittelten Unmittelbarkeit durchschaut und das Individuum, vermöge der auf Kants Geschichtsphilosophie zurückdatierenden Theorie der List der Vernunft, als den Agenten des Allgemeinen eingestuft, als welcher es über die Jahrhunderte sich verdient machte. Dabei dachte er, gemäß einer durchgängigen Denkstruktur, die seine Konzeption von Dialektik skelettiert zugleich und revoziert, das Verhältnis von Weltgeist und Einzelnem samt ihrer Vermittlung als invariant; hörig auch er seiner Klasse, die selbst ihre dynamischen Kategorien verewigen muß, um nicht das Bewußtsein der Grenze ihres Fortbestandes zu erreichen. Ihn leitet das Bild des Individuums in der individualistischen Gesellschaft. Es ist adäquat, weil das Prinzip der Tauschgesellschaft nur durch die Individuation der einzelnen Kontrahenten hindurch sich realisierte; weil also das principium individuationis buchstäblich ihr Prinzip, ihr Allgemeines war. Inadäquat ist es, weil in dem totalen Funktionszusammenhang, welcher der Form der Individuation bedarf, die Individuen zu bloßen Ausführungsorganen des Allgemeinen relegiert sind. Die Funktionen des Individuums, und damit dessen eigene Zusammensetzung, wechseln historisch. Gegenüber Hegel und seiner Epoche ist es zu einem Grad unerheblich geworden, der nicht sich antezipieren ließ: der Schein seines Fürsichseins so für alle zergangen, wie die Spekulation Hegels vorweg esoterisch ihn demolierte. Exemplarisch dafür die Leidenschaft, für Hegel wie für Balzac der Motor von Individualität. Den Ohnmächtigen, denen das Erreichbare und nicht Erreichbare immer enger vorgezeichnet ist, wird sie anachronistisch. Bereits der Hitler, zugeschnitten nach dem sozusagen klassischen bürgerlichen Modell des großen Mannes, parodierte Leidenschaft in Weinkrampf und Teppichbeißen. Selbst im privaten Bereich wird Leidenschaft zur Rarität. Die allbekannten Veränderungen der erotischen Verhaltensweisen von Jugendlichen indizieren die Dekomposition des Individuums, das weder mehr die Kraft zur

Leidenschaft – Ichstärke – aufbringt, noch ihrer bedarf, weil die gesellschaftliche Organisation, die es integriert, Sorge trägt, daß die offenbaren Widerstände beseitigt werden, an denen Leidenschaft einmal entflammte, und dafür die Kontrollen ins Individuum als ein um jeden Preis sich Anpassendes verlegt. Damit hat es keineswegs alle Funktion verloren. Nach wie vor konserviert der gesellschaftliche Produktionsprozeß im tragenden Tauschvorgang das principium individuationis, die private Verfügung, und damit alle bösen Instinkte des ins eigene Ich Eingekerkerten. Das Individuum überlebt sich selbst. Bei seinem Residuum aber, dem geschichtlich Verurteilten, ist allein noch, was nicht der falschen Identität sich opfert. Seine Funktion ist die des Funktionslosen; des Geistes, der nicht einig ist mit dem Allgemeinen und darum ohnmächtig es vertritt. Nur als das von der allgemeinen Praxis Eximierte ist das Individuum des Gedankens fähig, dessen verändernde Praxis bedürfte. Das Potential des Allgemeinen im Vereinzelten hat Hegel gespürt: »Die Handelnden haben in ihrer Tätigkeit endliche Zwecke, besondere Interessen; aber sie sind auch Wissende, Denkende.«[37] Die Methexis jedes Individuums am Allgemeinen durchs denkende Bewußtsein – und das Individuum wird es erst als Denkendes – überschreitet bereits die Kontingenz des Besonderen gegenüber dem Allgemeinen, auf der die Hegelsche wie nachmals die kollektivistische Verachtung des Individuellen basiert. Durch Erfahrung und Konsequenz ist das Individuum einer Wahrheit des Allgemeinen fähig, die dieses, als blind sich durchsetzende Macht, sich selbst und den anderen verhüllt. Nach herrschendem Consensus soll das Allgemeine seiner bloßen Form als Allgemeinheit wegen Recht haben. Selbst Begriff, wird sie dadurch begriffslos, reflexionsfeindlich; erste Bedingung von Widerstand, daß der Geist das an ihr durchschaut und nennt, ein bescheidener Anfang von Praxis.

Nach wie vor stehen die Menschen, die Einzelsubjekte unter einem Bann. Er ist die subjektive Gestalt des Weltgeists, die dessen Primat über den auswendigen Lebensprozeß inwendig verstärkt. Wogegen sie nicht ankönnen, und was sie selber negiert, dazu werden sie selber. Sie müssen es gar nicht erst mehr als das Höhere sich schmackhaft machen, das es in der Hierarchie der Allgemeinheitsgrade ihnen gegenüber tatsächlich ist. Von sich aus, gleichsam a priori, verhalten sie sich dem Unausweichlichen gemäß. Während das nominalistische Prinzip ihnen die Vereinzelung vorgaukelt, agieren sie kollektiv. Soviel ist wahr an der Hegelschen Insistenz auf der Allgemeinheit des Besonderen, daß das Besondere in der verkehrten Gestalt ohnmächtiger und dem Allgemeinen preisgegebener Vereinzelung vom Prinzip der verkehrten Allgemeinheit diktiert wird. Die Hegelsche Lehre von der Substantialität des Allgemeinen im Individuellen eignet den subjektiven Bann sich zu; was hier als das metaphysisch Würdigere sich vorstellt, dankt solche Aura vorab seiner Undurchsichtigkeit, Irrationalität, dem Gegenteil des Geistes, der es der Metaphysik zufolge sein soll. Die Grundschicht der Unfreiheit, in den Subjekten jenseits noch ihrer Psychologie, welche sie verlängert, dient dem antagonistischen Zustand, der heute das Potential, von den Subjekten aus ihn zu verändern, zu vernichten droht. Der Expressionismus, spontane, kollektive Reaktionsform, hat zukkend etwas von jenem Bann verzeichnet. Unterdessen wurde er so allgegenwärtig wie die Gottheit, deren Stelle er usurpiert. Er wird nicht mehr gefühlt, weil kaum etwas und kaum einer mehr so weit ihm entronnen wäre, daß er an der Differenz aufginge. Stets noch jedoch schleppt die Menschheit wie in den Plastiken Barlachs und in Kafkas Prosa sich dahin, ein endloser Zug gebeugt aneinander Geketteter, die den Kopf nicht mehr heben können unter der Last dessen, was ist[38]. Das bloß Seiende, nach den hochgemuten Doktrinen des Idealismus Gegenteil des Weltgeists, ist seine Inkarnation, verkoppelt dem Zufall, der Gestalt von Freiheit unterm Bann*. Während es scheint, als läge er über allem Lebendigen, ist er wahrscheinlich doch nicht, wie es nach Schopenhauers Sinn wäre, umstandslos eins mit dem principium individuationis und dessen sturer Selbsterhaltung. Das tierische Verhalten differiert vom menschlichen durch ein Zwangshaftes.

* Hegels Lehre von der Identität des Zufalls und des Notwendigen (vgl. Text, S. 350) behält ihren Wahrheitsgehalt über seine Konstruktion hinaus. Unterm Aspekt von Freiheit bleibt Notwendigkeit, wiewohl vom autonomen Subjekt vorgezeichnet, heteronom. Die Kantische empirische Welt, die der subjektiven Kategorie Kausalität unterstehen soll, ist eben dadurch außerhalb subjektiver Autonomie: das kausal Determinierte fürs Einzelsubjekt zugleich absolut zufällig. Soweit das Schicksal der Menschen im Reich der Notwendigkeit abläuft, ist es für sie blind, ›über ihren Köpfen‹, kontingent. Gerade der

An die Tiergattung Mensch dürfte es sich fortgeerbt haben, wird aber in dieser zu einem qualitativ Anderen. Und zwar gerade vermöge der Fähigkeit zur Reflexion, vor der der Bann zunichte werden könnte und die in seinen eigenen Dienst trat. Mit solcher Verkehrung ihrer selbst verstärkt sie ihn und macht ihn zum radikal Bösen, bar der Unschuld bloßen Soseins. In der menschlichen Erfahrung ist der Bann das Äquivalent des Fetischcharakters der Ware. Selbstgemachtes wird zum An sich, aus dem das Selbst nicht mehr hinausgelangt; im dominierenden Glauben an Tatsachen als solche, in ihrer positiven Hinnahme verehrt das Subjekt sein Spiegelbild. Als Bann ist das verdinglichte Bewußtsein total geworden. Daß es ein falsches ist, verspricht die Möglichkeit seiner Aufhebung: daß es nicht dabei bleibe, daß falsches Bewußtsein unvermeidlich sich über sich hinaus bewegen müsse, nicht das letzte Wort behalten könne. Je mehr die Gesellschaft der Totalität zusteuert, die im Bann der Subjekte sich reproduziert, desto tiefer denn auch ihre Tendenz zur Dissoziation. Diese bedroht sowohl das Leben der Gattung, wie sie den Bann des Ganzen, die falsche Identität von Subjekt und Objekt, dementiert. Das Allgemeine, von welchem das Besondere wie von einem Folterinstrument zusammengepreßt wird, bis es zersplittert, arbeitet gegen sich selbst, weil es seine Substanz hat am Leben des Besonderen; ohne es sinkt es zur abstrakten, getrennten und tilgbaren Form herab. Franz Neumann hat das im ›Behemot‹ an der institutionellen Sphäre diagnostiziert: der Zerfall in unverbundene und sich bekämpfende Machtapparaturen ist das Geheimnis des totalen faschistischen Staats. Dem entspricht die Anthropologie, der Chemismus der Menschen. Widerstandslos dem kollektiven Unwesen ausgeliefert, verlieren sie die Identität. Nicht ohne alle Wahrscheinlichkeit, daß damit der Bann sich selbst zerreißt. Was einstweilen fälschlich unterm Namen Pluralismus die

strikt deterministische Charakter der ökonomischen Bewegungsgesetze der Gesellschaft verurteilt ihre Mitglieder, würde ihre eigene Bestimmung wahrhaft als Kriterium geachtet, zum Zufall. Wertgesetz und Anarchie der Warenproduktion sind eines. Kontingenz ist daher nicht nur die Gestalt des von Kausalität verschandelten Nichtidentischen; sie koinzidiert selber auch mit dem Identitätsprinzip. Dieses birgt, als bloß Gesetztes, der Erfahrung Auferlegtes, nicht aus ihrem Nichtidentischen Entspringendes, seinerseits in seinem Innersten den Zufall.

totale Struktur der Gesellschaft wegleugnen möchte, empfängt seine Wahrheit von solcher sich ankündigenden Desintegration; dem Grauen zugleich und einer Realität, in der der Bann explodiert. Freuds ›Unbehagen in der Kultur‹ hat einen Gehalt, der ihm schwerlich gegenwärtig war; nicht allein in der Psyche der Vergesellschafteten akkumuliert sich der Aggressionstrieb bis zum offen destruktiven Drang, sondern die totale Vergesellschaftung brütet objektiv ihr Widerspiel aus, ohne daß bis heute zu sagen wäre, ob es die Katastrophe ist oder die Befreiung. Ein unfreiwilliges Schema dessen entwarfen die philosophischen Systeme, die ebenfalls, mit steigender Einheit, ihr Heterogenes, heiße es Empfindung, Nichtich oder wie immer, disqualifizierten bis zu jenem Chaotischen, dessen Namen Kant fürs Heterogene gebrauchte. Was mit Vorliebe Angst genannt und zum Existential veredelt wird, ist Klaustrophobie in der Welt: dem geschlossenen System. Sie perpetuiert den Bann als die Kälte zwischen den Menschen, ohne die das Unheil nicht sich wiederholen könnte. Wer nicht kalt ist, sich kalt macht wie nach der vulgären Sprachfigur der Mörder das Opfer, muß sich verurteilt fühlen. Mit der Angst und ihrem Grund verginge vielleicht auch die Kälte. Angst ist in der universalen Kälte die notwendige Gestalt des Fluchs über denen, die an ihr leiden.

Was die Herrschaft des Identitätsprinzips an Nichtidentischem toleriert, ist seinerseits vermittelt vom Identitätszwang, schaler Rest, nachdem die Identifizierung ihr Stück sich weggeschnitten hat. Unterm Bann verwandelt sich noch, was anders ist und wovon freilich die kleinste Beimischung unvereinbar wäre mit jenem, in Giftstoff. Als zufällig wird der unidentische Rest seinerseits wiederum so abstrakt, daß er der Gesetzlichkeit der Identifikation sich anpaßt. Das ist die triste Wahrheit der bei Hegel positiv vorgetragenen Lehre von der Einheit von Zufall und Notwendigkeit. Der Ersatz der traditionellen Kausalität durch die statistische Regel dürfte jene Konvergenz bestätigen. Das tödlich Gemeinsame aber von Notwendigkeit und Zufall, die schon Aristoteles gemeinsam dem bloß Seienden zuschrieb, ist Schicksal. Es hat seinen Ort ebenso in dem Kreis, den das herrschaftliche Denken um sich legt, wie in dem, was herausfällt und, von Vernunft verlassen, eine Irrationalität sich erwirbt, die mit der vom

Subjekt gesetzten Notwendigkeit konvergiert. Unverdaut speit der Herrschaftsprozeß Fetzen der unterjochten Natur aus. Daß das Besondere nicht philosophisch zur Allgemeinheit verflüchtigt werde, verlangt, daß es auch nicht im Trotz des Zufalls sich verschließe. Zur Versöhnung von Allgemeinem und Besonderem hülfe die Reflexion der Differenz, nicht deren Extirpation. Dieser verschreibt sich Hegels Pathos, welches dem Weltgeist die einzige Wirklichkeit zuwägt, Echo eines Höllengelächters im Himmel. Der mythische Bann hat sich säkularisiert zum fugenlos ineinandergepaßten Wirklichen. Das Realitätsprinzip, dem die Klugen folgen, um darin zu überleben, fängt sie als böser Zauber ein; sie sind desto weniger fähig und willens, die Last abzuschütteln, als der Zauber sie ihnen verbirgt: sie halten sie für das Leben. Metapsychologisch trifft die Rede von Regression zu. Alles, was heutzutage Kommunikation heißt, ausnahmslos, ist nur der Lärm, der die Stummheit der Gebannten übertönt. Die einzelmenschlichen Spontaneitäten, mittlerweile auch weithin die vermeintlich oppositionellen, sind zur Pseudoaktivität, potentiell zum Schwachsinn verurteilt. Die Techniken der Hirnwäsche und das ihnen Artverwandte praktizieren von außen eine immanent-anthropologische Tendenz, die freilich ihrerseits von außen motiviert wird. Die naturgeschichtliche Norm der Anpassung, der auch Hegel mit der Stammtischweisheit zustimmt, man müsse die Hörner sich ablaufen, ist, ganz wie bei ihm, das Schema des Weltgeists als des Bannes. Vielleicht projiziert die jüngste Biologie dessen Erfahrung, unter Menschen tabu, auf die Tiere, um die Menschen, die jene schinden, zu entlasten; die Ontologie der Tiere imitiert die uralte und stets als Besitz neu erworbene Vertiertheit der Menschen. Auch insofern ist der Weltgeist, anders als Hegel es wollte, sein eigener Widerspruch. Das Vertierte selbsterhaltender Vernunft treibt den Geist der Gattung aus, die ihn anbetet. Darum ist bereits die Hegelsche Geistmetaphysik auf all ihren Stufen so nah an der Geistfeindschaft. Wie in der bewußtlosen Gesellschaft die mythische Gewalt des Natürlichen sich erweitert reproduziert, so sind auch die Bewußtseinskategorien, welche sie produziert, bis zu den aufgeklärtesten, im Bann und werden zur Verblendung. Gesellschaft und Individuum harmonieren darin wie nirgends sonst. Mit der Gesellschaft ist die Ideologie derart fortgeschritten, daß sie nicht mehr zum gesellschaftlich notwendigen Schein und damit zur wie immer brüchigen Selbständigkeit sich ausbildet, sondern nur noch als Kitt: falsche Identität von Subjekt und Objekt. Die Individuen, das alte Substrat der Psychologie, sind vermöge des Individuationsprinzips selbst, der monotonen Beschränkung jedes Einzelnen aufs partikulare Interesse, auch einander gleich und sprechen demgemäß auf die herrschende abstrakte Allgemeinheit an, als wäre sie ihre eigene Sache. Das ist ihr formales Apriori. Umgekehrt ist das Allgemeine, dem sie sich beugen, ohne es noch zu spüren, derart auf sie zugeschnitten, appelliert so wenig mehr an das, was ihm in ihnen nicht gliche, daß sie sich frei und leicht und freudig binden. Die gegenwärtige Ideologie rezipiert ebenso als Gefäß die jeweils schon durchs Allgemeine vermittelte Psychologie der Einzelnen, wie sie in den Einzelnen das Allgemeine unablässig aufs neue hervorbringt. Bann und Ideologie sind dasselbe. Diese hat ihre Fatalität daran, daß sie zurückdatiert auf die Biologie. Das Spinozistische sese conservare, die Selbsterhaltung, ist wahrhaft Naturgesetz alles Lebendigen. Es hat die Tautologie von Identität zum Inhalt: sein soll, was ohnehin schon ist, der Wille wendet sich zurück auf den Wollenden, als bloßes Mittel seiner selbst wird er zum Zweck. Diese Wendung ist schon die zum falschen Bewußtsein; hätte der Löwe eines, so wäre seine Wut auf die Antilope, die er fressen will, Ideologie. Der Zweckbegriff, zu dem Vernunft um der konsequenten Selbsterhaltung willen sich erhebt, hätte vom Idol des Spiegels sich zu emanzipieren. Zweck wäre, was anders ist als das Mittel Subjekt. Das jedoch wird von der Selbsterhaltung verdunkelt; sie fixiert die Mittel als Zwecke, die vor keiner Vernunft sich legitimieren. Je weiter die Produktivkräfte sich steigern, desto mehr verliert die Perpetuierung des Lebens als Selbstzweck die Selbstverständlichkeit. Naturverfallen, wird er an sich selber fragwürdig, während in ihm das Potential eines Anderen heranreift. Leben bereitet sich zu dessen Mittel vor, wie unbestimmt und unbekannt dies Andere auch sei. Seine heteronome Einrichtung aber inhibiert es immer wieder. Weil Selbsterhaltung durch die Äonen hindurch schwierig und prekär war, haben die Ichtriebe, ihr Instrument, fast unwiderstehliche Gewalt, auch nachdem Selbsterhaltung durch die Technik virtuell leicht ward; größere als die Objekttriebe, deren Spezialist, Freud, es verkannte. Die nach dem Stand der Produktivkräfte überflüssige Anstrengung wird objektiv irrational, darum der Bann zur real herrschenden Metaphysik. Das gegenwärtige Stadium der Fetischisierung von Mitteln als Zwecken in der Technologie deutet auf den Sieg jener Tendenz bis zum offenbaren Widersinn: ehemals rationale, doch überholte Verhaltensweisen werden von der Logik der Geschichte unverändert heraufbeschworen. Sie ist logisch nicht länger.

Idealistisch formuliert Hegel: »Die Subjektivität ist selbst die absolute Form und die existirende Wirklichkeit der Substanz, und der Unterschied des Subjekts von ihr als seinem Gegenstande, Zwecke und Macht ist nur der zugleich ebenso unmittelbar verschwundene Unterschied der Form.«[39] Subjektivität, welche ja selbst bei Hegel das Allgemeine und die totale Identität ist, wird vergottet. Damit aber auch das Gegenteil erreicht, die Einsicht ins Subjekt als sich manifestierende Objektivität. Die Konstruktion des Subjekt-Objekts ist von abgründigem Doppelcharakter. Sie fälscht nicht nur ideologisch das Objekt in die freie Tat des absoluten Subjekts um, sondern erkennt auch im Subjekt das sich darstellende Objektive und schränkt damit das Subjekt anti-ideologisch ein. Subjektivität als existierende Wirklichkeit der Substanz reklamierte zwar den Vorrang, wäre aber als »existierendes«, entäußertes Subjekt ebenso Objektivität wie Erscheinung. Das jedoch müßte auch das Verhältnis von Subjektivität zu den konkreten Individuen affizieren. Ist Objektivität ihnen immanent und in ihnen am Werk; erscheint sie wahrhaft in ihnen, so ist die derart aufs Wesen bezogene Individualität weit substantieller, als wo sie dem Wesen nur untergeordnet wird. Vor solcher Konsequenz verstummt Hegel. Der Kants abstrakten Formbegriff zu liquidieren trachtet, schleppt gleichwohl die Kantische und Fichtesche Dichotomie von – transzendentalem – Subjekt und – empirischem – Individuum mit. Der Mangel konkreter Bestimmtheit des Subjektivitätsbegriffs wird ausgebeutet als Vorteil höherer Objektivität eines von der Zufälligkeit gereinigten Subjekts; das erleichtert die Identifikation von Subjekt und Objekt auf Kosten des Besonderen. Darin folgt Hegel dem Usus des gesamten Idealismus, zugleich jedoch untergräbt er seine Behauptung der Identität von Freiheit und Notwendigkeit. Das Substrat der Freiheit, das Subjekt, ist vermöge seiner Hypostasis als Geist soweit distanziert von den lebenden seienden Menschen, daß ihnen die Freiheit in der Notwendigkeit gar nichts mehr fruchtet. Hegels Sprache bringt das an den Tag: »Indem der Staat, das Vaterland, eine Gemeinsamkeit des Daseins ausmacht, indem sich der subjektive Wille des Menschen den Gesetzen unterwirft, verschwindet der Gegensatz von Freiheit und Notwendigkeit.«[40] Keine Interpretationskunst könnte wegdisputieren, daß das Wort Unterwerfung das Gegenteil von Freiheit meint. Ihre angebliche Synthesis mit der Notwendigkeit beugt sich der letzteren und widerlegt sich selbst.

Hegels Philosophie reißt die Perspektive des Verlusts auf, den der Aufstieg von Individualität im neunzehnten Jahrhundert bis tief ins zwanzigste hinein involvierte: den an Verbindlichkeit, jener Kraft zum Allgemeinen, in der erst Individualität zu sich käme. Der mittlerweile evidente Verfall von Individualität ist solchem Verlust gekoppelt; das Individuum, das sich entfaltet und differenziert, indem es von dem Allgemeinen immer nachdrücklicher sich scheidet, droht dadurch auf die Zufälligkeit zu regredieren, die Hegel ihm vorrechnet. Nur hat der restaurative Hegel dabei ebenso Logik und Zwang im Fortschritt von Individuation selber zugunsten eines Ideals aus griechischen Mustersätzen vernachlässigt, wie, die ärgste deutsche Reaktion des zwanzigsten Jahrhunderts präludierend, die Kräfte, die im Zerfall der Individualität erst heranreifen[41]. Auch damit tut er der eigenen Dialektik Unrecht. Daß das Allgemeine kein der Individualität bloß Übergestülptes sondern ihre inwendige Substanz sei, läßt nicht auf die Allerweltsweisheit vom Umfangenden geltender menschlicher Sittlichkeit sich bringen, sondern wäre im Zentrum individueller Verhaltensweisen, zumal im Charakter aufzuspüren; in jener Psychologie, die Hegel, einig mit dem Vorurteil, einer Zufälligkeit zeiht, welche Freud unterdessen widerlegte. Gewiß vollzieht der Hegelsche Antipsychologismus die Erkenntnis von der empirischen Vorgängigkeit des gesellschaftlich Allgemeinen, die später Durkheim handfest und unberührt von jeder dialektischen Reflexion aussprach[42]. Psychologie, anscheinend dem Allgemeinen entgegengesetzt, gibt unterm Druck, bis in die Zellen der Verinnerlichung hinein, dem Allgemeinen nach, und ist insofern reales Konstitutum[43]. Jedoch der dialektische wie der positivistische Objektivismus ist so kurzsichtig gegen die Psychologie wie ihr überlegen. Weil die herrschende Objektivität den Individuen objektiv inadäquat ist, realisiert sie sich einzig durch die Individuen hindurch, psychologisch. Die Freudsche Psychoanalyse webt nicht sowohl am Schein von Individualität mit, als daß sie ihn so gründlich zerstört wie nur der philosophische und gesellschaftliche Begriff. Schrumpft nach der Lehre vom Unbewußten das Individuum auf eine karge Anzahl sich wiederholender Konstanten und Konflikte zusammen, so desinteressiert jene sich zwar mit Menschenverachtung am konkret entfalteten Ich, mahnt es aber an die Hinfälligkeit seiner Bestimmungen gegenüber denen des Es und damit an sein dünnes und ephemeres Wesen. Die Theorie des Ichs als eines Inbegriffs von Abwehrmechanismen und Rationalisierungen zielt gegen die gleiche Hybris des seiner selbst mächtigen Individuums, gegen das Individuum als Ideologie, welche radikalere Theorien von der Vormacht des Objektiven demolierten. Wer einen richtigen Zustand ausmalt, um dem Einwand zu begegnen, er wisse nicht, was er wolle, kann von jener Vormacht, auch über ihn, nicht absehen. Vermöchte selbst seine Phantasie alles radikal verändert sich vorzustellen, so bliebe sie immer noch an ihn und seine Gegenwart als statischen Bezugspunkt gekettet, und alles würde schief. Auch der Kritischste wäre im Stande der Freiheit ein ganz anderer gleich denen, die er verändert wünscht. Wahrscheinlich wäre für jeden Bürger der falschen Welt eine richtige unerträglich, er wäre zu beschädigt für sie. Das sollte dem Bewußtsein des Intellektuellen, der nicht mit dem Weltgeist sympathisiert, inmitten seines Widerstands ein Quäntchen Toleranz beimischen. Wer in Differenz und Kritik nicht sich beirren läßt, darf doch nicht sich ins Recht setzen. Ein solcher Zusatz von Milde würde freilich in der ganzen Welt, gleichgültig unter welchem politischen System, als dekadent geächtet. Die Aporie erstreckt sich auch auf den teleologischen Begriff eines Glücks der Menschheit, welches das der Einzelnen wäre; die Fixierung des eigenen Bedürfnisses und der eigenen Sehnsucht verunstaltet die Idee eines Glücks, das erst aufginge, wo die Kategorie des Einzelnen nicht länger sich in sich verschlösse. Glück ist keine Invariante, nur das Unglück ist es, das sein Wesen hat an der Immergleichheit. Was an Glück intermittierend vom bestehenden Ganzen geduldet oder gewährt wird, trägt vorweg die Male der eigenen Partikularität[44]. Alles Glück bis heute verspricht, was noch nicht war, und der Glaube an seine Unmittelbarkeit ist dem im Wege, daß es werde. Das verleiht den glücksfeindlichen Wendungen der Hegelschen Geschichtsphilosophie mehr Wahrheit, als an Ort und Stelle gemeint war: »... glücklich nennt man den, der sich harmonisch mit sich findet. Man kann auch in der Betrachtung der Geschichte das Glück als Gesichtspunkt haben; aber die Geschichte ist nicht der Boden für das Glück. Die Zeiten des Glückes sind in ihr leere Blätter. Wohl ist in der Weltgeschichte auch Befriedigung; aber diese ist nicht das, was Glück genannt wird: denn es ist Befriedigung solcher Zwecke, die über den partikulären Interessen stehen. Zwecke, die in der Weltgeschichte Bedeutung haben, müssen durch abstraktes Wollen, mit Energie festgehalten werden. Die weltgeschichtlichen Individuen, die solche Zwecke verfolgt haben, haben wohl sich befriedigt, aber sie haben nicht glücklich sein wollen.«[45] Gewiß nicht, aber ihr Verzicht, zu dem noch Zarathustra sich bekennt, drückt die Insuffizienz des individuellen Glücks gegenüber der Utopie aus. Glück wäre erst die Erlösung von der Partikularität als dem allgemeinen Prinzip, unversöhnbar dem einzelmenschlichen Glück jetzt und hier. Das Repressive der Hegelschen Stellung zum Glück ist jedoch nicht, nach seiner eigenen Manier, von einem vermeintlich höheren Standpunkt aus als quantité négligeable zu behandeln. So eindringlich er den eigenen Geschichtsoptimismus durch den Satz, Geschichte sei nicht der Boden für das Glück, berichtigt, so sehr frevelt er, indem er jenen Satz als Idee jenseits des Glücks zu etablieren trachtet. Nirgendwo ist der latente Ästhetizismus dessen, dem die Wirklichkeit nicht wirklich genug sein kann, so eklatant wie hier[46]. Sollen die Zeiten des Glücks die leeren Blätter der Geschichte sein – übrigens eine dubiose Behauptung angesichts einigermaßen glücklicher Perioden der Menschheit wie des europäischen neunzehnten Jahrhunderts, dem es gleichwohl an geschichtlicher Dynamik nicht gebrach –, so deutet die Metapher eines Buches, in dem die Großtaten verzeichnet seien, auf einen unreflektiert der konventionellen Bildung abgeborgten Begriff der Weltgeschichte als des Grandiosen. Der als Zuschauer an Schlachten, Umstürzen und Katastrophen sich berauscht, schweigt darüber, ob nicht die Befreiung, der er bürgerlich das Wort redet, von jener Kategorie selbst sich befreien müßte. Marx lag das im Sinn: er designierte die Sphäre der als Gegenstand der Betrachtung zugerüsteten Größe, der der Politik, als Ideologie und als vergänglich. Die Stellung des Gedankens zum Glück wäre die Negation eines jeglichen falschen. Sie postuliert, schroff wider die allherrschende Anschauung, die Idee von Objektivität des Glücks, wie sie negativ konzipiert war in Kierkegaards Lehre von der objektiven Verzweiflung.

Die Objektivität des geschichtlichen Lebens ist die von Naturgeschichte. Marx hat das gegen Hegel erkannt, und zwar streng im Zusammenhang mit dem über die Köpfe der Subjekte sich realisierenden Allgemeinen: »Auch wenn eine Gesellschaft dem Naturgesetz ihrer Bewegung auf die Spur gekommen ist, – und es ist der letzte Endzweck dieses Werks, das ökonomische Bewegungsgesetz der modernen Gesellschaft zu enthüllen – kann sie naturgemäße Entwicklungsphasen weder überspringen noch wegdekretieren ... Die Gestalt von Kapitalist und Grundeigentümer zeichne ich keineswegs in rosigem Licht. Aber es handelt sich hier um die Personen nur, soweit sie die Personifikation ökonomischer Kategorien sind, Träger von bestimmten Klassenverhältnissen und Interessen. Weniger als jeder andere kann mein Standpunkt, der die Entwicklung der ökonomischen Gesellschaftsformation als einen naturgeschichtlichen Prozeß auffaßt, den einzelnen verantwortlich machen für Verhältnisse, deren Geschöpf er sozial bleibt, so sehr er sich auch subjektiv über sie erheben mag.«[47] Gemeint ist gewiß nicht der anthropologische Naturbegriff Feuerbachs, gegen den Marx den dialektischen Materialismus pointierte, im Sinn einer Reprise Hegels wider die Linkshegelianer[48]. Das sogenannte Naturgesetz, das doch nur eines der kapitalistischen Gesellschaft sei, wird daher von Marx Mystifikation genannt: »Das in ein Naturgesetz mystifizierte Gesetz der kapitalistischen Akkumulation drückt also in der Tat nur aus, daß ihre Natur jede solche

Abnahme im Exploitationsgrad der Arbeit oder jede solche Steigerung des Arbeitspreises ausschließt, welche die stetige Reproduktion des Kapitalverhältnisses und seine Reproduktion auf stets erweiterter Stufenleiter ernsthaft gefährden könnte. Es kann nicht anders sein in einer Produktionsweise, worin der Arbeiter für die Verwertungsbedürfnisse vorhandener Werte, statt umgekehrt der gegenständliche Reichtum für die Entwicklungsbedürfnisse des Arbeiters da ist.«[49] Naturhaft ist jenes Gesetz wegen des Charakters seiner Unvermeidlichkeit unter den herrschenden Verhältnissen der Produktion. Ideologie überlagert nicht das gesellschaftliche Sein als ablösbare Schicht, sondern wohnt ihm inne. Sie gründet in der Abstraktion, die zum Tauschvorgang wesentlich rechnet. Ohne Absehen von den lebendigen Menschen wäre nicht zu tauschen. Das impliziert im realen Lebensprozeß bis heute notwendig gesellschaftlichen Schein. Sein Kern ist der Wert als Ding an sich, als ›Natur‹. Die Naturwüchsigkeit der kapitalistischen Gesellschaft ist real und zugleich jener Schein. Daß die Annahme von Naturgesetzen nicht à la lettre zu nehmen, am wenigsten im Sinn eines wie immer gearteten Entwurfs vom sogenannten Menschen zu ontologisieren sei, dafür spricht das stärkste Motiv der Marxschen Theorie überhaupt, das der Abschaffbarkeit jener Gesetze. Wo das Reich der Freiheit begönne, gälten sie nicht mehr. Die Kantische Unterscheidung eines Reichs der Freiheit von einem der Notwendigkeit wird, durch Mobilisierung der Hegelschen vermittelnden Geschichtsphilosophie, auf die Folge der Phasen übertragen. Erst eine Verkehrung der Marxischen Motive wie die des Diamat, der das Reich der Notwendigkeit prolongiert mit der Beteuerung, es wäre das der Freiheit, konnte darauf verfallen, den polemischen Marxischen Begriff der Naturgesetzlichkeit aus einer Konstruktion der Naturgeschichte in eine szientifische Invariantenlehre umzufälschen. Dadurch indessen verliert die Marxische Rede von Naturgeschichte nichts von ihrem Wahrheitsgehalt, eben dem kritischen. Hegel behalf sich noch mit einem personifizierten Transzendentalsubjekt, dem freilich bereits das Subjekt abgeht. Marx denunziert nicht nur die Hegelsche Verklärung, sondern den Sachverhalt, dem sie widerfährt. Menschliche Geschichte, die fortschreitender Naturbeherrschung, setzt die bewußtlose der Natur, Fressen und Gefressenwerden, fort. Ironisch war Marx Sozialdarwinist: was die Sozialdarwinisten priesen und wonach zu handeln es sie gelüstet, ist ihm die Negativität, in welcher die Möglichkeit ihrer Aufhebung erwacht. Am kritischen Wesen seiner Ansicht von Naturgeschichte läßt eine Stelle aus den Grundrissen der politischen Ökonomie keinen Zweifel: »Sosehr nun das Ganze dieser Bewegung als gesellschaftlicher Prozeß erscheint, und sosehr die einzelnen Momente dieser Bewegung vom bewußten Willen und besonderen Zwecken der Individuen ausgehn, sosehr erscheint die Totalität des Prozesses als ein objektiver Zusammenhang, der naturwüchsig entsteht; zwar aus dem Aufeinanderwirken der bewußten Individuen hervorgeht, aber weder in ihrem Bewußtsein liegt, noch als Ganzes unter sie subsumiert wird.«[50] Solcher gesellschaftliche Naturbegriff hat seine eigene Dialektik. Die Naturgesetzlichkeit der Gesellschaft ist Ideologie, soweit sie als unveränderliche Naturgegebenheit hypostasiert wird. Real aber ist die Naturgesetzlichkeit als Bewegungsgesetz der bewußtlosen Gesellschaft, wie es das ›Kapital‹ von der Analyse der Warenform bis zur Zusammenbruchstheorie in einer Phänomenologie des Widergeistes verfolgt. Der Wechsel der jeweils konstitutiven ökonomischen Formen vollzog sich gleich dem der über die Jahrmillionen hochkommenden und aussterbenden Tierarten. Die »theologischen Mucken der Ware« des Fetischkapitels sind Hohn auf das falsche Bewußtsein, das den Kontrahenten das gesellschaftliche Verhältnis des Tauschwerts als Eigenschaft der Dinge an sich reflektiert. Aber sie sind auch so wahr, wie einst die Praxis blutigen Götzendienstes tatsächlich geübt wurde. Denn die konstitutiven Formen der Vergesellschaftung, deren eine jene Mystifikation ist, behaupten ihre unbedingte Suprematie über die Menschen, als wären sie göttliche Vorsehung. Der Satz von den Theorien, die zur realen Gewalt würden, wenn sie die Massen ergriffen, gilt bereits für die allem falschen Bewußtsein vorausgehenden Strukturen, die der gesellschaftlichen Übermacht ihren irrationalen Nimbus, den Charakter fortwesenden Tabus, des archaischen Bannes bis heute sichern. Etwas davon blitzte Hegel auf: »Überhaupt aber ist es schlechthin wesentlich, daß die Verfassung, obgleich in der Zeit hervorgegangen, nicht als ein Gemachtes angesehen werde; denn sie ist vielmehr das schlechthin an und für sich Seyende, das darum als das Göttliche und Beharrende, und als über der Sphäre dessen, was gemacht wird, zu betrachten ist.«[51] Hegel dehnt damit den Begriff dessen, was φύσει sei, auf das aus, was einst den Gegenbegriff des θέσει definierte. Die »Verfassung«, Name der geschichtlichen Welt, die alle Unmittelbarkeit von Natur vermittelte, bestimmt umgekehrt die Sphäre der Vermittlung, eben die geschichtliche, als Natur. Die Hegelsche Wendung fußt auf Montesquieus Polemik gegen die altertümlich geschichtsfremden gängigen Staatsvertragstheorien: die staatsrechtlichen Institutionen wurden von keinem bewußten Willensakt der Subjekte geschaffen. Geist als zweite Natur jedoch ist die Negation des Geistes, und zwar desto gründlicher, je mehr sein Selbstbewußtsein gegen seine Naturwüchsigkeit sich abblendet. Das vollstreckt sich an Hegel. Sein Weltgeist ist die Ideologie der Naturgeschichte. Weltgeist heißt sie ihm kraft ihrer Gewalt. Herrschaft wird absolut, projiziert aufs Sein selber, das da Geist sei. Geschichte aber, die Explikation von etwas, das sie immer schon soll gewesen sein, erwirbt die Qualität des Geschichtslosen. Hegel schlägt sich inmitten der Geschichte auf die Seite ihres Unwandelbaren, der Immergleichheit, Identität des Prozesses, deren Totalität heil sei. So unmetaphorisch ist er der Geschichtsmythologie zu zeihen. Mit den Worten Geist und Versöhnung verkleidet er den erstickenden Mythos: »Was von der Natur des Zufälligen ist, dem widerfährt das Zufällige, und dieses Schicksal eben ist somit die Nothwendigkeit, wie überhaupt der Begriff und die Philosophie den Gesichtspunkt der bloßen Zufälligkeit verschwinden macht und in ihr, als dem Schein, ihr Wesen, die Nothwendigkeit, erkennt. Es ist nothwendig, daß das Endliche, Besitz und Leben als Zufälliges gesetzt werde, weil dieß der Begriff des Endlichen ist. Diese Nothwendigkeit hat einer Seits die Gestalt von Naturgewalt und alles Endliche ist sterblich und vergänglich.«[52] Nichts anderes haben die okzidentalen Naturmythen die Menschen gelehrt. Hegel zitiert nach einem Automatismus, über den die Geistesphilosophie nichts vermag, Natur und Naturgewalt als Modelle der Geschichte. Sie behaupten sich aber in der Philosophie, weil der identitätssetzende Geist identisch ist mit dem Bann der blinden Natur dadurch, daß er ihn verleugnet. In den Abgrund blickend, hat Hegel die welthistorische Haupt- und Staatsaktion als zweite Natur gewahrt, aber in verruchter Komplizität mit ihr die erste darin verherrlicht. »Der Boden des Rechts ist überhaupt das Geistige, und seine nähere Stelle und Ausgangspunkt der Wille, welcher frei ist, so daß die Freiheit seine Substanz und Bestimmung ausmacht, und das Rechtssystem das Reich der verwirklichten Freiheit, die Welt des Geistes aus ihm selbst hervorgebracht, als eine zweite Natur, ist.«[53] Die erstmals in Lukács' Romantheorie philosophisch wieder aufgegriffene zweite Natur[54] bleibt aber das Negativ jener, die irgend als erste gedacht werden könnte. Was wahrhaft θέσει ein wenn schon nicht von Individuen so doch von ihrem Funktionszusammenhang erst Hervorgebrachtes ist, reißt die Insignien dessen an sich, was dem bürgerlichen Bewußtsein als Natur und natürlich gilt. Nichts, was draußen wäre, erscheint mehr jenem Bewußtsein; in gewissem Sinn ist auch tatsächlich nichts mehr draußen, nichts unbetroffen von der totalen Vermittlung. Darum wird das Befangene sich zu seiner eigenen Andersheit: Urphänomen von Idealismus. Je unerbittlicher Vergesellschaftung aller Momente menschlicher und zwischenmenschlicher Unmittelbarkeit sich bemächtigt, desto unmöglicher, ans Gewordensein des Gespinsts sich zu erinnern; desto unwiderstehlicher der Schein von Natur. Mit dem Abstand der Geschichte der Menschheit von jener verstärkt er sich: Natur wird zum unwiderstehlichen Gleichnis der Gefangenschaft. Der junge Marx hat die unaufhörliche Verschlingung beider Momente mit einer Kraft zum Äußersten ausgesprochen, die dogmatische Materialisten irritieren muß: »Wir kennen nur eine einzige Wissenschaft, die Wissenschaft der Geschichte. Die Geschichte kann von zwei Seiten aus betrachtet, in die Geschichte der Natur und die Geschichte der Menschheit abgeteilt werden. Beide Seiten sind indes nicht zu trennen; solange Menschen existieren, bedingen sich Geschichte der Natur und Geschichte der Menschen gegenseitig.«[55] Die herkömmliche Antithesis von Natur und Geschichte ist wahr und falsch; wahr, soweit sie ausspricht, was dem Naturmoment widerfuhr; falsch, soweit sie die Verdeckung der Naturwüchsigkeit der Geschichte durch diese selber vermöge ihrer begrifflichen Nachkonstruktion apologetisch wiederholt.

In der Unterscheidung von Natur und Geschichte hat zugleich

unreflektiert jene Arbeitsteilung sich ausgedrückt, welche die unvermeidliche wissenschaftlicher Methoden bedenkenlos auf die Gegenstände projiziert. Am geschichtslosen Begriff der Geschichte, den die falsch auferstandene Metaphysik in der von ihr so genannten Geschichtlichkeit hegt, wäre das Einverständnis ontologischen Denkens mit naturalistischem darzutun, von dem jenes so eifrig sich abgrenzt. Wird Geschichte zur ontologischen Grundstruktur des Seienden, oder gar zur qualitas occulta des Seins selbst, so ist sie, Veränderung als Unveränderliches, der ausweglosen Naturreligion nachgeahmt. Das erlaubt dann, historisch Bestimmtes nach Gefallen in Invarianz zu transponieren und die vulgäre Ansicht philosophisch zu bemänteln, der geschichtliche Verhältnisse, wie einst als gottgewollte, so im neueren Zeitalter als natürliche sich präsentieren: eine der Versuchungen zur Verwesentlichung des Seienden. Der ontologische Anspruch, über die Divergenz von Natur und Geschichte hinaus zu sein, ist erschlichen. Die aus dem geschichtlich Daseienden abstrahierte Geschichtlichkeit gleitet hinweg über den Schmerz der ihrerseits ebensowenig zu ontologisierenden Antithesis von Natur und Geschichte. Auch darin ist die neue Ontologie krypto-idealistisch, verhält abermals das Unidentische zur Identität, beseitigt durch die Supposition des Begriffs der Geschichtlichkeit als des die Geschichte Tragenden an deren Statt, was immer dem Begriff widerstrebt. Zur ideologischen Prozedur aber, der Versöhnung im Geiste, wird Ontologie bewogen, weil die reale mißlang. Geschichtliche Kontingenz und Begriff widerstreiten einander desto erbarmungsloser, je fugenloser sie ineinander sind. Zufall ist das geschichtliche Schicksal des Einzelnen, sinnlos, weil der geschichtliche Prozeß selber es blieb, der Sinn usurpierte. Nicht minder trugvoll ist bereits die Frage nach Natur als absolut Erstem, gegenüber seinen Vermittlungen schlechthin Unmittelbarem. Sie stellt das, dem sie nachjagt, in der hierarchischen Form des analytischen Urteils vor, dessen Prämissen über alles gebieten, was folgt, und wiederholt dadurch die Verblendung, aus der sie heraus möchte. Der einmal gesetzte Unterschied von θέσει und φύσει läßt von der Reflexion sich verflüssigen, nicht aufheben. Unreflektiert allerdings verharmloste jene Zweiteilung den essentiellen geschichtlichen Prozeß zur bloßen Zutat und hülfe auch ihrerseits, das Ungewordene als Wesen zu inthronisieren. Am Gedanken wäre es statt dessen, alle Natur, und was immer als solche sich installiert, als Geschichte zu sehen und alle Geschichte als Natur, »das geschichtliche Sein in seiner äußersten geschichtlichen Bestimmtheit, da, wo es am geschichtlichsten ist, selber als ein naturhaftes Sein begreifen, oder die Natur, da, wo sie als Natur scheinbar am tiefsten in sich verharrt, begreifen als ein geschichtliches Sein«[56]. Das Moment jedoch, in dem Natur und Geschichte einander kommensurabel werden, ist das von Vergängnis; Benjamin hat das im ›Ursprung des deutschen Trauerspiels‹ zentral erkannt. Den Barockdichtern, heißt es dort, schwebt Natur »vor als ewige Vergängnis, in der allein der saturnische Blick jener Generation die Geschichte erkannte«[57]. Nicht nur der ihre: stets noch bleibt Naturgeschichte der Kanon geschichtsphilosophischer Interpretation: »Wenn mit dem Trauerspiel die Geschichte in den Schauplatz hineinwandert, so tut sie es als Schrift. Auf dem Antlitz der Natur steht ›Geschichte‹ in der Zeichenschrift der Vergängnis. Die allegorische Physiognomie der Natur-Geschichte, die auf der Bühne durch das Trauerspiel gestellt wird, ist wirklich gegenwärtig als Ruine.«[58] Das ist die Transmutation von Metaphysik in Geschichte. Sie säkularisiert Metaphysik in der säkularen Kategorie schlechthin, der des Verfalls. Philosophie deutet jene Zeichenschrift, das immer neue Menetekel, im Kleinsten, den Bruchstücken, welche der Verfall schlägt und welche die objektiven Bedeutungen tragen. Kein Eingedenken an Transzendenz ist mehr möglich als kraft der Vergängnis; Ewigkeit erscheint nicht als solche sondern gebrochen durchs Vergänglichste hindurch. Wo die Hegelsche Metaphysik das Leben des Absoluten mit der Totalität der Vergängnis alles Endlichen verklärend gleichsetzt, blickt sie zugleich um ein Geringes hinaus über den mythischen Bann, den sie auffängt und verstärkt.

III
Meditationen zur Metaphysik

1

Daß das Unveränderliche Wahrheit sei und das Bewegte, Vergängliche Schein, die Gleichgültigkeit von Zeitlichem und ewigen Ideen gegen einander, ist nicht länger zu behaupten, auch nicht mit der verwegenen Hegelschen Auskunft, zeitliches Dasein diene vermöge der seinem Begriff innewohnenden Vernichtung dem Ewigen, das in der Ewigkeit von Vernichtung sich darstelle. Einer der mystischen Impulse, die in Dialektik sich säkularisierten, war die Lehre von der Relevanz des Innerweltlichen, Geschichtlichen für das, was die traditionelle Metaphysik als Transzendenz abhob, oder wenigstens, minder gnostisch und radikal, für die Stellung des Bewußtseins zu den Fragen, welche der Kanon der Philosophie der Metaphysik zuwies. Das Gefühl, das nach Auschwitz gegen jegliche Behauptung von Positivität des Daseins als Salbadern, Unrecht an den Opfern sich sträubt, dagegen, daß aus ihrem Schicksal ein sei's noch so ausgelaugter Sinn gepreßt wird, hat sein objektives Moment nach Ereignissen, welche die Konstruktion eines Sinnes der Immanenz, der von affirmativ gesetzter Transzendenz ausstrahlt, zum Hohn verurteilen. Solche Konstruktion bejahte die absolute Negativität und verhülfe ihr ideologisch zu einem Fortleben, das real ohnehin im Prinzip der bestehenden Gesellschaft bis zu ihrer Selbstzerstörung liegt. Das Erdbeben von Lissabon reichte hin, Voltaire von der Leibniz'schen Theodizee zu kurieren, und die überschaubare Katastrophe der ersten Natur war unbeträchtlich, verglichen mit der zweiten, gesellschaftlichen, die der menschlichen Imagination sich entzieht, indem sie die reale Hölle aus dem menschlich Bösen bereitete. Gelähmt ist die Fähigkeit zur Metaphysik, weil, was geschah, dem spekulativen metaphysischen Gedanken die Basis seiner Vereinbarkeit mit der Erfahrung zerschlug. Noch einmal triumphiert, unsäglich, das dialektische Motiv des Umschlags von Quantität in Qualität. Mit dem Mord an Millionen durch Verwaltung ist der Tod zu etwas geworden, was so noch nie zu fürchten war. Keine Möglichkeit mehr, daß er in das erfahrene Leben der Einzelnen als ein irgend mit dessen Verlauf Übereinstimmendes eintrete. Enteignet wird das Individuum des Letzten und Ärmsten, was ihm geblieben war. Daß in den Lagern nicht mehr das Individuum starb, sondern das Exemplar, muß das Sterben auch derer affizieren, die der Maßnahme entgingen. Der Völkermord ist die absolute Integration, die überall sich vorbereitet, wo Menschen gleichgemacht werden, geschliffen, wie man beim Militär es nannte, bis man sie, Abweichungen vom Begriff ihrer vollkommenen Nichtigkeit, buchstäblich austilgt. Auschwitz bestätigt das Philosophem von der reinen Identität als dem Tod. Das exponierteste Diktum aus Becketts Endspiel: es gäbe gar nicht mehr soviel zu fürchten, reagiert auf eine Praxis, die in den Lagern ihr erstes Probestück lieferte, und in deren einst ehrwürdigem Begriff schon die Vernichtung des Nichtidentischen teleologisch lauert. Absolute Negativität ist absehbar, überrascht keinen mehr. Furcht war ans principium individuationis der Selbsterhaltung gebunden, das, aus seiner Konsequenz heraus, sich abschafft. Was die Sadisten im Lager ihren Opfern ansagten: morgen wirst du als Rauch aus diesem Schornstein in den Himmel dich schlängeln, nennt die Gleichgültigkeit des Lebens jedes Einzelnen, auf welche Geschichte sich hinbewegt: schon in seiner formalen Freiheit ist er so fungibel und ersetzbar wie dann unter den Tritten der Liquidatoren. Weil aber der Einzelne, in der Welt, deren Gesetz der universale individuelle Vorteil ist, gar nichts anderes hat als dies gleichgültig gewordene Selbst, ist der Vollzug der altvertrauten Tendenz zugleich das Entsetzlichste; daraus führt so wenig etwas hinaus wie aus der elektrisch geladenen Stacheldrahtumfriedung der Lager. Das perennierende Leiden hat soviel Recht auf Ausdruck wie der Gemarterte zu brüllen; darum mag falsch gewesen sein, nach Auschwitz ließe kein Gedicht mehr sich schreiben. Nicht falsch aber ist die minder kulturelle Frage, ob nach Auschwitz noch sich leben lasse, ob vollends es dürfe, wer zufällig entrann und rechtens hätte umgebracht werden müssen. Sein Weiterleben bedarf schon der Kälte, des Grundprinzips der bürgerlichen Subjektivität, ohne das Auschwitz nicht möglich gewesen wäre: drastische Schuld des Verschonten. Zur Vergeltung suchen ihn Träume heim wie der, daß er gar nicht mehr lebte, sondern 1944 vergast worden wäre, und seine ganze Existenz danach lediglich in der Einbildung führte, Emanation des irren Wunsches eines vor zwanzig Jahren Umgebrachten.

Reflektierte Menschen, und Künstler, haben nicht selten ein Gefühl des nicht ganz Dabeiseins, nicht Mitspielens aufgezeichnet; als ob sie gar nicht sie selber wären, sondern eine Art Zuschauer. Die anderen stößt das vielfach ab; Kierkegaard hat darauf seine Polemik gegen die von ihm so genannte ästhetische Sphäre gegründet. Kritik des philosophischen Personalismus indessen spricht dafür, daß jener alle existentielle Haltung desavouierenden Stellung zum Unmittelbaren ihre objektive Wahrheit zukommt in einem Moment, das über die Verblendung des selbsterhaltenden Motivs hinausführt. In dem ›Es ist gar nicht so wichtig‹, das seinerseits freilich gern mit bürgerlicher Kälte sich verbündet, kann das Individuum am ehesten noch ohne Angst der Nichtigkeit der Existenz innewerden. Das Unmenschliche daran, die Fähigkeit, im Zuschauen sich zu distanzieren und zu erheben, ist am Ende eben das Humane, dessen Ideologen dagegen sich sträuben. Nicht enträt es aller Plausibilität, daß jenes Teil, das so sich verhält, das unsterbliche sei. Die Szene, in der Shaw auf dem Weg zum Theater einem Bettler seinen Ausweis hinhielt und pressiert »Presse« dazu sagte, versteckt unterm Zynismus ein Bewußtsein davon. Es trüge bei zur Erklärung des Sachverhalts, über den Schopenhauer staunte: daß die Affekte im Angesicht des Todes anderer nicht nur sondern auch des eigenen vielfach so schwach sind. Wohl sind die Menschen ausnahmslos unterm Bann, keiner zur Liebe schon fähig, und darum meint ein jeder sich zu wenig geliebt. Aber die zuschauerhafte Haltung drückt zugleich den Zweifel aus, ob dies denn alles sein könne, während doch das Subjekt, in seiner Verblendung sich so relevant, nichts anderes hat als jenes Arme und in seinen Regungen tierhaft Ephemere. Unterm Bann haben die Lebendigen die Alternative zwischen unfreiwilliger Ataraxie – einem Ästhetischen aus Schwäche – und der Vertiertheit des Involvierten. Beides ist falsches Leben. Etwas von beidem aber gehörte auch zu einer richtigen désinvolture und Sympathie. Überstanden hat der schuldhafte Drang der Selbsterhaltung, vielleicht gerade an der unablässig gegenwärtigen Drohung sich bestärkt. Nur muß die Selbsterhaltung argwöhnen, das Leben, in dem sie sich festmacht, werde zu dem, wovor ihr schaudert, zum Gespenst, einem Stück der Geisterwelt, die das wache Bewußtsein als nicht existent durchschaut. Die Schuld des Lebens, das als pures Faktum bereits anderem Leben den Atem raubt, einer Statistik gemäß, die eine überwältigende Zahl Ermordeter durch eine minimale Geretteter ergänzt, wie wenn das von der Wahrscheinlichkeitsrechnung vorgesehen wäre, ist mit dem Leben nicht mehr zu versöhnen. Jene Schuld reproduziert sich unablässig, weil sie dem Bewußtsein in keinem Augenblick ganz gegenwärtig sein kann. Das, nichts anderes zwingt zur Philosophie. Diese erfährt dabei den Schock, daß, je tiefer, kräftiger sie eindringt, desto mehr der Argwohn sich anmeldet, sie entferne sich von dem, wie es ist; die oberflächlichsten und trivialsten Anschauungen vermöchten, wäre das Wesen einmal entschleiert, recht zu behalten gegen jene, welche auf das Wesen zielen. Damit fällt ein greller Strahl auf Wahrheit selbst. Spekulation spürt eine gewisse Pflicht, ihrem Gegner, dem common sense, die Position des Korrektivs einzuräumen. Das Leben nährt den Horror der Ahnung, was erkannt werden muß, gliche eher dem, was down to earth sich findet, als dem, was sich erhebt; es könnte sein, daß jene Ahnung noch jenseits des Pedestren sich bestätigt, während doch der Gedanke allein in der Elevation sein Glück, die Verheißung seiner Wahrheit hat. Behielte das Pedestre das letzte Wort, wäre es die Wahrheit, so wäre Wahrheit entwürdigt. Das triviale Bewußtsein, wie es theoretisch im Positivismus und unreflektierten Nominalismus sich ausspricht, mag der adaequatio rei atque cogitationis näher sein als das sublime, in fratzenhaftem Hohn auf die Wahrheit wahrer als das überlegene, außer wenn ein anderer Begriff von Wahrheit gelingen sollte als der von adaequatio. Solcher anderen Wahrheit gilt die Innervation, Metaphysik möchte gewinnen allein, wenn sie sich wegwirft. Sie nicht zuletzt motiviert den Übergang in Materialismus. Der Hang dazu läßt vom Hegelianer Marx bis zur Benjaminschen Rettung der Induktion sich verfolgen; seine Apotheose dürfte Kafkas Werk bilden. Erheischt negative Dialektik die Selbstreflexion des Denkens, so impliziert das handgreiflich, Denken müsse, um wahr zu sein, heute jedenfalls, auch gegen sich selbst denken. Mißt es sich nicht an dem Äußersten, das dem Begriff entflieht, so ist es vorweg vom Schlag der Begleitmusik, mit welcher die SS die Schreie ihrer Opfer zu übertönen liebte.

2

Hitler hat den Menschen im Stande ihrer Unfreiheit einen neuen kategorischen Imperativ aufgezwungen: ihr Denken und Handeln so einzurichten, daß Auschwitz nicht sich wiederhole, nichts Ähnliches geschehe. Dieser Imperativ ist so widerspenstig gegen seine Begründung wie einst die Gegebenheit des Kantischen. Ihn diskursiv zu behandeln, wäre Frevel: an ihm läßt leibhaft das Moment des Hinzutretenden am Sittlichen sich fühlen. Leibhaft, weil es der praktisch gewordene Abscheu vor dem unerträglichen physischen Schmerz ist, dem die Individuen ausgesetzt sind, auch nachdem Individualität, als geistige Reflexionsform, zu verschwinden sich anschickt. Nur im ungeschminkt materialistischen Motiv überlebt Moral. Der Gang der Geschichte nötigt das zum Materialismus, was traditionell sein unvermittelter Gegensatz war, die Metaphysik. Was einmal der Geist als seinesgleichen zu bestimmen oder zu konstruieren sich rühmte, bewegt auf das sich hin, was dem Geist nicht gleicht; was seiner Herrschaft sich entzieht und woran sie doch als absolut Böses offenbar wird. Die somatische, sinnferne Schicht des Lebendigen ist Schauplatz des Leidens, das in den Lagern alles Beschwichtigende des Geistes und seiner Objektivation, der Kultur, ohne Trost verbrannte. Der Prozeß, durch den Metaphysik unaufhaltsam dorthin sich verzog, wogegen sie einmal konzipiert war, hat seinen Fluchtpunkt erreicht. Wie sehr sie in die Fragen des materiellen Daseins schlüpfte, hat Philosophie seit dem jungen Hegel nicht verdrängen können, wofern sie sich nicht an die approbierte Denkerei verkaufte. Kindheit ahnt etwas davon in der Faszination, die von der Zone des Abdeckers, dem Aas, dem widerlich süßen Geruch der Verwesung, den anrüchigen Ausdrücken für jene Zone ausgeht. Die

Macht jenes Bereichs im Unbewußten mag nicht geringer sein als die des infantil sexuellen; beide überblenden sich in der analen Fixierung, sind aber kaum dasselbe. Unbewußtes Wissen flüstert den Kindern zu, was da von der zivilisatorischen Erziehung verdrängt wird, darum ginge es: die armselige physische Existenz zündet ins oberste Interesse, das kaum weniger verdrängt wird, ins Was ist das und Wohin geht es. Wem gelänge, auf das sich zu besinnen, was ihn einmal aus den Worten Luderbach und Schweinstiege ansprang, wäre wohl näher am absoluten Wissen als das Hegelsche Kapitel, das es dem Leser verspricht, um es ihm überlegen zu versagen. Theoretisch zu widerrufen wäre die Integration des physischen Todes in die Kultur, doch nicht dem ontologisch reinen Wesen Tod zuliebe, sondern um dessentwillen, was der Gestank der Kadaver ausdrückt und worüber deren Transfiguration zum Leichnam betrügt. Ein Hotelbesitzer, der Adam hieß, schlug vor den Augen des Kindes, das ihn gern hatte, mit einem Knüppel Ratten tot, die auf dem Hof aus Löchern herausquollen; nach seinem Bilde hat das Kind sich das des ersten Menschen geschaffen. Daß das vergessen wird; daß man nicht mehr versteht, was man einmal vorm Wagen des Hundefängers empfand, ist der Triumph der Kultur und deren Mißlingen. Sie kann das Gedächtnis jener Zone nicht dulden, weil sie immer wieder dem alten Adam es gleichtut, und das eben ist unvereinbar mit ihrem Begriff von sich selbst. Sie perhorresziert den Gestank, weil sie stinkt; weil ihr Palast, wie es an einer großartigen Stelle von Brecht heißt, gebaut ist aus Hundsscheiße. Jahre später als jene Stelle geschrieben ward, hat Auschwitz das Mißlingen der Kultur unwiderleglich bewiesen. Daß es geschehen konnte inmitten aller Tradition der Philosophie, der Kunst und der aufklärenden Wissenschaften, sagt mehr als nur, daß diese, der Geist, es nicht vermochte, die Menschen zu ergreifen und zu verändern. In jenen Sparten selber, im emphatischen Anspruch ihrer Autarkie, haust die Unwahrheit. Alle Kultur nach Auschwitz, samt der dringlichen Kritik daran, ist Müll. Indem sie sich restaurierte nach dem, was in ihrer Landschaft ohne Widerstand sich zutrug, ist sie gänzlich zu der Ideologie geworden, die sie potentiell war, seitdem sie, in Opposition zur materiellen Existenz, dieser das Licht einzuhauchen sich anmaßte, das die Trennung des Geistes von körperlicher Arbeit ihr vorenthielt. Wer für Erhaltung der radikal schuldigen und schäbigen Kultur plädiert, macht sich zum Helfershelfer, während, wer der Kultur sich verweigert, unmittelbar die Barbarei befördert, als welche die Kultur sich enthüllte. Nicht einmal Schweigen kommt aus dem Zirkel heraus; es rationalisiert einzig die eigene subjektive Unfähigkeit mit dem Stand der objektiven Wahrheit und entwürdigt dadurch diese abermals zur Lüge. Haben die östlichen Staaten, trotz des Gewäschs vom Gegenteil, Kultur abgeschafft und als pures Herrschaftsmittel in Schund verwandelt, so widerfährt der Kultur, die darüber stöhnt, was sie verdient und wohin sie ihrerseits, im Namen des demokratischen Rechts der Menschen auf das, was ihnen gleicht, eifrig tendiert. Nur wird die administrative Barbarei der Funktionäre drüben dadurch, daß sie als Kultur sich anpreist und deren Unwesen als unverlierbares Erbe behütet, dessen überführt, daß ihre Realität, der Unterbau, ihrerseits so barbarisch ist wie der Überbau, den sie abbaut, indem sie ihn in Regie nimmt. Im Westen ist wenigstens gestattet, es zu sagen. – Die Theologie der Krise registrierte, wogegen sie abstrakt und darum vergebens aufbegehrte: daß Metaphysik fusioniert ist mit Kultur. Die Absolutheit des Geistes, Aureole der Kultur, war dasselbe Prinzip, das unermüdlich dem Gewalt antat, was es auszudrücken vortäuschte. Kein vom Hohen getöntes Wort, auch kein theologisches, hat unverwandelt nach Auschwitz ein Recht. Die Herausforderung der überkommenen Worte; die Probe, ob Gott das zulasse und nicht zürnend eingriffe, vollstreckte an den Opfern noch einmal das Urteil, das Nietzsche längst zuvor über die Ideen gefällt hatte. Einer, der mit einer Kraft, die zu bewundern ist, Auschwitz und andere Lager überstand, meinte mit heftigem Affekt gegen Beckett: wäre dieser in Auschwitz gewesen, er würde anders schreiben, nämlich, mit der Schützengrabenreligion des Entronnenen, positiver. Der Entronnene hat anders recht, als er es meint; Beckett, und wer sonst noch seiner mächtig blieb, wäre dort gebrochen worden und vermutlich gezwungen, jene Schützengrabenreligion zu bekennen, die der Entronnene in die Worte kleidete, er wolle den Menschen Mut geben: als ob das bei irgendeinem geistigen Gebilde läge; als ob der Vorsatz, der an die Menschen sich wendet und nach ihnen sich einrichtet, nicht um das sie brächte, worauf sie Anspruch haben, auch wenn sie das Gegenteil glauben. Dahin ist es mit der Metaphysik gekommen.

3

Das verleiht dem Verlangen seine Suggestivkraft, mit ihr von vorn zu beginnen oder, wie sie es nennen, radikal zu fragen, den Schein abzukratzen, mit welchem die mißlungene Kultur ihre Schuld und die Wahrheit übermale. Aber sobald jener vermeintliche Abbau dem Drang nach einer unverschandelten Grundschicht willfahrt, verschwört er sich erst recht mit der Kultur, die er abzubauen sich brüstet. Während die Faschisten gegen den destruktiven Kulturbolschewismus donnerten, machte Heidegger die Destruktion respektabel als Veranstaltung, ins Sein zu dringen. Kulturkritik und Barbarei sind nicht ohne Einverständnis. Rasch wurde es praktisch erprobt. Metaphysische Erwägungen, die der Elemente sich zu entledigen suchen, die an ihnen Kultur, vermittelt sind, verleugnen das Verhältnis ihrer vorgeblich reinen Kategorien zum gesellschaftlichen Inhalt. Absehend von der Gesellschaft, ermutigen sie deren Fortexistenz in den bestehenden Formen, die ihrerseits die Erkenntnis der Wahrheit samt ihrer Realisierung verriegeln. Das Idol reiner Urerfahrung äfft so sehr wie das kulturell Aufbereitete, der vergriffene Kategorienschatz dessen, was θέσει ist. Herausführen könnte einzig, was beides in seiner Vermitteltheit bestimmt, Kultur als den Deckel überm Unrat, Natur, auch wo sie sich zum Urgestein des Seins wird, als Projektion des schlechten kulturellen Verlangens, es müsse in allem Wandel doch beim Selben bleiben. Sogar die Erfahrung des Todes reicht nicht hin als Letztes und Unbezweifeltes, als Metaphysik gleich der, welche einst Descartes aus dem hinfälligen ego cogitans deduzierte.

Daß die Todesmetaphysiken entweder in Reklame für den heroischen Tod ausarteten oder in die Trivialität purer Wiederholung des Unverkennbaren, man müsse eben sterben, ihr gesamtes ideologisches Unwesen, gründet wohl in der bis heute fortdauernden Schwäche menschlichen Bewußtseins, der Erfahrung des Todes standzuhalten, vielleicht überhaupt sie in sich hineinzunehmen. Kein Menschenleben, das offen und frei zu den Objekten sich verhält, reicht aus, zu vollbringen, was im Geist eines jeden Menschen als Potential vorhanden ist; es und der Tod klaffen auseinander. Die sinngebenden Reflexionen über den Tod sind so hilflos wie die tautologischen. Je mehr das Bewußtsein der Tierheit sich entwindet und sich zum Festen und in seinen Formen Dauernden wird, desto mehr verstockt es sich gegen alles, was ihm die eigene Ewigkeit suspekt macht. Mit der geschichtlichen Inthronisation des Subjekts als Geist war die Täuschung verkoppelt, es sei sich unverlierbar. Gingen frühe Formen des Eigentums zusammen mit magischen Praktiken, den Tod zu bannen, so verscheucht ihn, je vollständiger alle menschlichen Beziehungen von Eigentum determiniert werden, die ratio so hartnäckig wie nur einst die Riten. Auf einer letzten Stufe wird er, in Verzweiflung, selbst zum Eigentum. Seine metaphysische Erhöhung entbindet von seiner Erfahrung. Die gängige Todesmetaphysik ist nichts als der ohnmächtige Trost der Gesellschaft darüber, daß durch gesellschaftliche Veränderungen den Menschen abhanden kam, was ihnen einmal den Tod erträglich gemacht haben soll, das Gefühl seiner epischen Einheit mit dem gerundeten Leben. Auch es mochte nur die Herrschaft des Todes verklären mit der Müdigkeit des Alten und Lebenssatten, der darum recht zu sterben wähnt, weil sein mühsames Leben vorher schon gar kein Leben war und ihm selbst die Kraft des Widerstandes gegens Sterben stahl. In der vergesellschafteten Gesellschaft jedoch, dem ausweglos dichten Gewebe der Immanenz, empfinden die Menschen den Tod einzig noch als ein ihnen Äußerliches und Fremdes, ohne Illusion seiner Kommensurabilität mit ihrem Leben. Sie können sich nicht einverleiben, daß sie sterben müssen. Daran heftet sich ein queres, versprengtes Stück Hoffnung: gerade weil der Tod nicht, wie bei Heidegger, die Ganzheit des Daseins konstituiert, erfährt man, solange man nicht debil ist, den Tod und seine Boten, die Krankheiten, als heterogen, ichfremd. Behend mag man das damit begründen, daß das Ich nichts anderes als das dem Tod entgegengesetzte Prinzip der Selbsterhaltung sei und unfähig, ihn mit dem Bewußtsein zu absorbieren, das selber Ich ist. Aber die Erfahrung des Bewußtseins gibt dem wenig Nahrung; sie hat, angesichts des Todes, nicht notwendig die Gestalt von Trotz, die zu erwarten wäre. Die Hegelsche Lehre, daß, was ist, an sich selbst zugrunde geht, wird vom Subjekt kaum bestätigt. Daß man zu sterben hat, erscheint auch dem Alternden, der die Zeichen der Hinfälligkeit gewahrt, eher wie ein von der eigenen Physis verursachter Unglücksfall, mit Zügen der gleichen Kontingenz wie die der heute typischen auswendigen Unglücksfälle. Das kräftigt die Spekulation, welche die Einsicht vom Vorrang des Objekts kontrapunktiert: ob nicht der Geist ein Moment des Selbständigen, des Unvermischten habe, das frei wird gerade dann, wenn er nicht seinerseits alles frißt und von sich aus die Todverfallenheit reproduziert. Trotz des täuschenden Interesses der Selbsterhaltung wäre die Resistenzkraft der Idee von Unsterblichkeit, wie noch Kant sie hegte, kaum zu erklären ohne dies Moment. Freilich scheint jene Resistenzkraft, wie in verfallenden Individuen, auch in der Geschichte der Gattung zu sinken. Nach dem insgeheim längst ratifizierten Niedergang der objektiven Religionen, die verheißen hatten, dem Tod den Stachel zu nehmen, wird er heute vollends zu dem ganz Fremden durch den gesellschaftlich determinierten Niedergang kontinuierlicher Erfahrung überhaupt.

Je weniger die Subjekte mehr leben, desto jäher, schreckhafter der Tod. Daran, daß er sie buchstäblich in Dinge verwandelt, werden sie ihres permanenten Todes, der Verdinglichung inne, der von ihnen mitverschuldeten Form ihrer Beziehungen. Die zivilisatorische Integration des Todes, ohne Gewalt über ihn und lächerlich vor ihm, den sie zuschminkt, ist die Reaktionsbildung auf dies Gesellschaftliche, täppischer Versuch der Tauschgesellschaft, die letzten Löcher zu verstopfen, welche die Warenwelt noch offen ließ. Tod und Geschichte, zumal die kollektive der Kategorie Individuum, bilden eine Konstellation. Folgerte einmal das Individuum, Hamlet, seine absolute Wesenhaftigkeit aus dem heraufdämmernden Bewußtsein von der Unwiderruflichkeit des Todes, so reißt der Sturz des Individuums die gesamte Konstruktion des bürgerlichen Daseins in sich hinein. Vernichtet wird ein an sich und vielleicht auch schon für sich Nichtiges. Daher die Dauerpanik angesichts des Todes. Sie ist anders nicht mehr zu beschwichtigen als durch dessen Verdrängung. Aus den geschichtlichen Verschlingungen ist der Tod als solcher, oder als biologisches Urphänomen, nicht herauszuschälen[1]; dazu ist das Individuum, das die Erfahrung des Todes trägt, viel zu sehr historische Kategorie. Der Satz, der Tod sei immer dasselbe, ist so abstrakt wie unwahr; die Gestalt, in der das Bewußtsein mit dem Tod sich abfindet, variiert samt den konkreten Bedingungen, wie einer stirbt, bis in die Physis hinein. Neues Grauen hat der Tod in den Lagern: seit Auschwitz heißt den Tod fürchten, Schlimmeres fürchten als den Tod. Was der Tod gesellschaftlich Gerichteten antut, ist biologisch zu antezipieren an geliebten Menschen hohen Alters; ihr Körper nicht nur sondern ihr Ich, alles, wodurch sie als Menschen sich bestimmten, zerbröckelt ohne Krankheit und gewalttätigen Eingriff. Der Rest von Vertrauen auf ihre transzendente Dauer schwindet gleichsam im irdischen Leben: was an ihnen soll es sein, das nicht stürbe. Der gläubige Zuspruch, noch in solcher Desintegration oder im Irrsinn bestünde der Kern der Menschen fort, hat, indifferent gegen jene Erfahrung, etwas Törichtes und Zynisches. Er verlängert die patzige Spießbürgerweisheit: Man bleibt doch immer noch, was man ist, ins Unendliche. Dem metaphysischen Bedürfnis schneidet eine Grimasse, wer sich abwendet von dem, was seine mögliche Erfüllung negiert.

Gleichwohl ist der Gedanke, der Tod sei das schlechthin Letzte, unausdenkbar. Versuche der Sprache, den Tod auszudrücken, sind vergebens bis in die Logik hinein; wer wäre das Subjekt, von dem da prädiziert wird, es sei jetzt, hier, tot. Nicht nur die Lust, die, nach Nietzsches erleuchtetem Wort, Ewigkeit will, sträubt sich gegen Vergängnis. Wäre der Tod jenes Absolute, das die Philosophie positiv vergebens beschwor, so ist alles überhaupt nichts, auch jeder Gedanke ins Leere gedacht, keiner läßt mit Wahrheit irgend sich denken. Denn es ist ein Moment von Wahrheit, daß sie samt ihrem Zeitkern dauere; ohne alle Dauer wäre keine, noch deren letzte Spur verschlänge der absolute Tod. Seine Idee spottet des Denkens kaum weniger als die von Unsterblichkeit. Aber das Unausdenkbare des Todes feit den Gedanken nicht gegen die Unverläßlichkeit jeglicher metaphysischen Erfahrung. Der Verblendungszusammenhang, der alle Menschen umfängt, hat teil auch an dem, womit sie den Schleier zu zerreißen wähnen. Anstelle der Kantischen erkenntnistheoretischen Frage, wie Metaphysik möglich sei, tritt die geschichtsphilosophische, ob metaphysische Erfahrung überhaupt noch möglich ist. Diese war nie so jenseits des Zeitlichen wie im Schulgebrauch des Wortes Metaphysik. Man hat beobachtet, daß die Mystik, deren Name die Unmittelbarkeit metaphysischer Erfahrung gegen ihren Verlust durch institutionellen Einbau zu retten hofft, ihrerseits gesellschaftliche Tradition bildet und aus Tradition stammt, über die Demarkationslinie von Religionen hinweg, die einander Häresien sind. Der Name des Corpus der jüdischen Mystik, Kabbala, bedeutet Tradition. Metaphysische Unmittelbarkeit hat, wo sie am weitesten sich vorwagte, nicht verleugnet, wie sehr sie vermittelt ist. Beruft sie sich aber auf Tradition, so muß sie auch ihre Abhängigkeit vom geschichtlichen Stand des Geistes zugestehen. Bei Kant waren die metaphysischen Ideen zwar den Existentialurteilen einer von Material zu erfüllenden Erfahrung entrückt, sollten aber trotz der Antinomien in der Konsequenz der reinen Vernunft gelegen sein; heute wären sie so absurd, wie man mit beflissen klassifizierender Abwehr die nennt, welche ihre Absenz aussprechen. Das Bewußtsein jedoch, das sich weigert, den geschichtsphilosophischen Sturz der metaphysischen Ideen zu verleugnen, und ihn doch nicht ertragen kann, wenn es nicht sich als Bewußtsein mitverleugnen soll, tendiert dazu, in mehr als nur semantischer Verwechslung das Schicksal der metaphysischen Ideen geradeswegs selber zu einem Metaphysischen zu erheben. Verzweiflung an der Welt, die doch ihr Fundament in der Sache und ihre Wahrheit hat und weder ästhetischer Weltschmerz ist noch ein falsches und verdammenswertes Bewußtsein, garantiere bereits, so wird insgeheim fehlgeschlossen, das Dasein des hoffnungslos Entbehrten, während doch Dasein zum universalen Schuldzusammenhang wurde. Von aller Schmach, die mit Grund der Theologie widerfuhr, ist die ärgste das Freudengeheul, in welches die positiven Religionen über die Verzweiflung der Ungläubigen ausbrechen. Nachgerade stimmen sie bei jeder Gottesleugnung ihr Tedeum an, weil sie wenigstens Gottes Namen gebraucht. Wie in der von sämtlichen Bevölkerungen der Erde geschluckten Ideologie die Mittel die Zwecke usurpieren, so usurpiert in der auferstandenen Metaphysik von heutzutage das Bedürfnis das, was ihm mangelt. Der Wahrheitsgehalt des Absenten wird gleichgültig; sie behaupten es, weil es gut für die Menschen sei. Die Anwälte von Metaphysik argumentieren einig mit dem von ihnen verachteten Pragmatismus, der a priori Metaphysik auflöst. Ebenso ist Verzweiflung die letzte Ideologie, geschichtlich und gesellschaftlich bedingt, wie der Gang der Erkenntnis, der die metaphysischen Ideen angefressen hat, durch kein cui bono aufgehalten werden kann.

4

Was metaphysische Erfahrung sei, wird, wer es verschmäht, diese auf angebliche religiöse Urerlebnisse abzuziehen, am ehesten wie Proust sich vergegenwärtigen, an dem Glück etwa, das Namen von Dörfern verheißen wie Otterbach, Watterbach, Reuenthal, Monbrunn. Man glaubt, wenn man hingeht, so wäre man in dem Erfüllten, als ob es wäre. Ist man wirklich dort, so weicht das Versprochene zurück wie der Regenbogen. Dennoch ist man nicht enttäuscht; eher fühlt man, nun wäre man zu nah, und darum sähe man es nicht. Dabei ist der Unterschied zwischen Landschaften und Gegenden, welche über die Bilderwelt einer Kindheit entscheiden, vermutlich gar nicht so groß. Was Proust an Illiers aufging, ward ähnlich vielen Kindern der gleichen gesellschaftlichen Schicht an anderen Orten zuteil. Aber damit dies Allgemeine, das Authentische an Prousts Darstellung, sich bildet, muß man hingerissen sein an dem einen Ort, ohne aufs Allgemeine zu schielen. Dem Kind ist selbstverständlich, daß, was es an seinem Lieblingsstädtchen entzückt, nur dort, ganz allein und nirgends sonst zu finden sei; es irrt, aber sein Irrtum stiftet das Modell der Erfahrung, eines Begriffs, welcher endlich der der Sache selbst wäre, nicht das Armselige von den Sachen Abgezogene. Die Hochzeit, bei der der Proustsche Erzähler als Kind zum ersten Mal die Duchesse de Guermantes erblickt, mag ganz so, und mit derselben Gewalt fürs spätere Leben, an anderer Stelle und zu anderer Zeit stattgefunden haben. Einzig angesichts des absolut, unauflöslich Individuierten ist darauf zu hoffen, daß es genau dies schon gegeben habe und geben werde; dem nachzukommen erst erfüllte den Begriff des Begriffs. Er haftet aber am Versprechen des Glücks, während die Welt, die es verweigert, die der herrschenden Allgemeinheit ist, gegen die Prousts Rekonstruktion der Erfahrung entêtiert anging. Glück, das einzige an metaphysischer Erfahrung, was mehr ist denn ohnmächtiges Verlangen, gewährt das Innere der Gegenstände als diesen zugleich Entrücktes. Wer indessen an derlei Erfahrung naiv sich erlabt, als hielte er in Händen, was sie suggeriert, erliegt Bedingungen der empirischen Welt, über die er hinaus will, und die ihm doch die Möglichkeit dazu allein beistellen. Der Begriff metaphysischer Erfahrung ist anders noch antinomisch, als die transzendentale Dialektik Kants es lehrt. Was an Metaphysischem ohne Rekurs auf die Erfahrung des Subjekts, ohne sein unmittelbares Dabeisein verkündet wird, ist hilflos vor dem Begehren des autonomen Subjekts, nichts sich aufzwingen zu lassen, was nicht ihm selber einsichtig wäre. Das ihm unmittelbar Evidente jedoch krankt an Fehlbarkeit und Relativität.

Daß der Kategorie der Verdinglichung, die inspiriert war vom Wunschbild ungebrochener subjektiver Unmittelbarkeit, nicht länger jener Schlüsselcharakter gebührt, den apologetisches Denken, froh materialistisches zu absorbieren, übereifrig ihr zuerkennt, wirkt zurück auf alles, was unter dem Begriff metaphysischer Erfahrung geht. Die objektiven theologischen Kategorien, die seit dem jungen Hegel von der Philosophie als Verdinglichungen angegriffen wurden, sind keineswegs nur Rückstände, welche Dialektik aus sich ausscheidet. Sie stehen komplementär zur Schwachheit der idealistischen Dialektik, die als Identitätsdenken das nicht ins Denken Fallende reklamiert, das doch, sobald es jenem als sein bloß Anderes kontrastiert wird, jede mögliche Bestimmung einbüßt. In der Objektivität der metaphysischen Kategorien schlug nicht allein, wie der Existentialismus es möchte, die verhärtete Gesellschaft sich nieder, sondern ebenso der Vorrang des Objekts als Moments der Dialektik. Die Verflüssigung alles Dinghaften ohne Rest regredierte auf den Subjektivismus des reinen Aktes, hypostasierte die Vermittlung als Unmittelbarkeit. Reine Unmittelbarkeit und Fetischismus sind gleich unwahr. Die Insistenz auf jener gegen die Verdinglichung entäußert sich, wie Hegels Institutionalismus durchschaute, ebenso willkürlich des Moments der Andersheit in der Dialektik, wie diese wiederum nicht, nach der Übung des späteren Hegel, in einem ihr jenseitigen Festen zu sistieren ist. Der Überschuß übers Subjekt aber, den subjektive metaphysische Erfahrung nicht sich möchte ausreden lassen, und das Wahrheitsmoment am Dinghaften sind Extreme, die sich berühren in der Idee der Wahrheit. Denn diese wäre so wenig ohne das Subjekt, das dem Schein sich entringt, wie ohne das, was nicht Subjekt ist und woran Wahrheit ihr Urbild hat. – Unverkennbar wird reine metaphysische Erfahrung blasser und desultorischer im Verlauf des Säkularisierungsprozesses, und das weicht die Substantialität der älteren auf. Sie hält sich negativ in jenem Ist das denn alles?, das am ehesten im vergeblichen Warten sich aktualisiert. Kunst hat das aufgezeichnet; Alban Berg stellte im Wozzeck am höchsten jene Takte, welche, wie nur Musik es kann, vergebliches Warten ausdrücken, und hat ihre Harmonie an den entscheidenden Zäsuren und am Schluß der Lulu zitiert. Keine solche Innervation jedoch, nichts von dem, was Bloch Symbolintention nannte, ist gefeit vor der Vermischung mit bloßem Leben. Vergebliches Warten verbürgt nicht, worauf die Erwartung geht, sondern reflektiert den Zustand, der sein Maß hat an der Versagung. Je weniger an Leben mehr bleibt, desto verlockender fürs Bewußtsein, die kargen und jähen Reste des Lebendigen fürs erscheinende Absolute zu nehmen. Gleichwohl könnte nichts als wahrhaft Lebendiges erfahren werden, was nicht auch ein dem Leben Transzendentes verhieße; darüber führt keine Anstrengung des Begriffs hinaus. Es ist und ist nicht. Die Verzweiflung an dem, was ist, greift auf die transzendentalen Ideen über, die ihr einmal Einhalt geboten. Daß die endliche Welt der unendlichen Qual umfangen sei von einem göttlichen Weltplan, wird für jeden, der nicht die Geschäfte der Welt besorgt, zu jenem Irrsinn, der mit dem positiven Normalbewußtsein so gut sich verträgt. Die Unrettbarkeit der theologischen Konzeption des Paradoxen, einer letzten, ausgehungerten Bastion, wird ratifiziert von dem Weltlauf, der das Skandalon, auf das Kierkegaard hinstarrt, in die offene Lästerung übersetzt.

5

Die metaphysischen Kategorien leben, säkularisiert, fort in dem, was dem vulgären höheren Drang die Frage nach dem Sinn des Lebens heißt. Der weltanschauliche Klang des Wortes verurteilt die Frage. Unweigerlich fast gesellt ihr sich die Antwort, der Sinn des Lebens sei der, den der Fragende ihm gibt. Auch der zum offiziellen Credo entwürdigte Marxismus wird, wie der späte Lukács, wenig anders reden. Die Antwort ist falsch. Der Begriff des Sinns involviert Objektivität jenseits allen Machens; als gemachter ist er bereits Fiktion, verdoppelt das sei's auch kollektive Subjekt und betrügt es um das, was er zu gewähren scheint. Metaphysik handelt von einem Objektiven, ohne doch von der subjektiven Reflexion sich dispensieren zu dürfen. Die Subjekte sind in sich, ihre ›Konstitution‹ eingelassen: an Metaphysik ist es, darüber nachzudenken, wie weit sie gleichwohl über sich hinauszusehen vermögen. Philosopheme, die davon sich entlasten, disqualifizieren sich als Zuspruch. Die Tätigkeit eines mit jener Sphäre Verbundenen wurde vor Jahrzehnten charakterisiert: er reist herum und hält Angestellten Vorträge über den Sinn. Wer aufatmet, wenn Leben einmal Ähnlichkeit mit Leben zeigt und nicht, nach der Erkenntnis von Karl Kraus, einzig um der Produktion und Konsumtion willen in Gang gehalten wird, liest daraus begierig und unmittelbar die Gegenwart eines Transzendenten heraus. Die Depravation des spekulativen Idealismus zur Sinnfrage verdammt rückwirkend jenen, der noch auf seiner Scheitelhöhe, wenn auch mit ein bißchen anderen Worten, solchen Sinn proklamierte, den Geist als das Absolute, der seinen Ursprung im unzulänglichen Subjekt nicht loswird und sein Bedürfnis an seinem Ebenbild stillt. Das ist ein Urphänomen von Ideologie. Das Totale der Frage selbst übt einen Bann aus, der bei allem affirmativen Gehabe nichtig wird vorm realen Unheil. Fragt ein Verzweifelter, der sich umbringen will, einen, der ihm gut zuredet, davon abzulassen, nach dem Sinn des Lebens, so wird der hilflose Helfer ihm keinen nennen können; sobald er es versucht, ist er zu widerlegen, Echo eines consensus omnium, den der Spruch auf seinen Kern brachte, der Kaiser brauche Soldaten. Leben, das Sinn hätte, fragte nicht danach; vor der Frage flüchtet er. Das

Gegenteil jedoch, der abstrakte Nihilismus, müßte vor der Gegenfrage: warum lebst denn du selber, verstummen. Das aufs Ganze gehen, den Nettoprofit des Lebens kalkulieren, ist eben der Tod, dem die sogenannte Sinnfrage entgehen will, auch wofern sie, ohne anderen Ausweg, vom Sinn des Todes sich begeistern läßt. Was ohne Schmach Anspruch hätte auf den Namen Sinn, ist beim Offenen, nicht in sich Verschlossenen; die These, das Leben habe keinen, wäre als positive genauso töricht, wie ihr Gegenteil falsch ist; wahr ist jene nur als Schlag auf die beteuernde Phrase. Auch Schopenhauers Neigung, das Wesen der Welt, den blinden Willen, unterm humanen Blick als absolut Negatives zu identifizieren, ist dem Stand des Bewußtseins nicht mehr angemessen; der Anspruch totaler Subsumtion allzu analog dem positiven seiner ihm verhaßten Zeitgenossen, der Idealisten. Naturreligion flackert wieder auf, die Dämonenfurcht, gegen welche die Epikurische Aufklärung einst die elende Idee desinteressiert zuschauender Götter als das Bessere ausmalte. Dem Schopenhauerschen Irrationalismus gegenüber hat der Monotheismus, den er im Geist von Aufklärung attackierte, auch sein Wahres. Schopenhauers Metaphysik regrediert auf eine Phase, in der der Genius noch nicht inmitten des Stummen aufwachte. Er verleugnet das Motiv der Freiheit, an das die Menschen einstweilen, und vielleicht noch in der Phase der vollendeten Unfreiheit, sich erinnern. Schopenhauer blickt dem Scheinhaften der Individuation auf den Grund, aber seine Anweisung zur Freiheit im Vierten Buch, die Verneinung des Willens zum Leben, ist ebenso scheinhaft: als ob das ephemer Individuierte über sein negativ Absolutes, den Willen als Ding an sich, die mindeste Macht haben, anders als in Selbsttäuschung aus seinem Bann treten könnte, ohne daß durch die Lücke die gesamte Willensmetaphysik entwiche. Totaler Determinismus ist nicht weniger mythisch als die Totale der Hegelschen Logik. Schopenhauer war Idealist malgré lui-même, Sprecher des Bannes. Das totum ist das Totem. Bewußtsein könnte gar nicht über das Grau verzweifeln, hegte es nicht den Begriff von einer verschiedenen Farbe, deren versprengte Spur im negativen Ganzen nicht fehlt. Stets stammt sie aus dem Vergangenen, Hoffnung aus ihrem Widerspiel, dem, was hinab mußte oder verurteilt ist; solche Deutung wäre dem letzten Satz von Benjamins Text über die Wahlverwandtschaften, »Nur um der Hoffnungslosen willen ist uns die Hoffnung gegeben«, wohl angemessen. Verführerisch gleichwohl, den Sinn nicht im Leben überhaupt sondern in den erfüllten Augenblicken zu suchen. Diese entschädigten im diesseitigen Dasein dafür, daß es außer sich nichts mehr duldet. Unvergleichliche Gewalt geht vom Metaphysiker Proust aus, weil er dieser Verführung mit unbändigem Glücksverlangen wie kein zweiter, ohne sein Ich zurückbehalten zu wollen, sich anvertraute. Aber der Unbestechliche hat durch den Fortgang des Romans bekräftigt, daß auch jene Fülle, der durchs Eingedenken gerettete Augenblick es nicht sei. So nah Proust dem Erfahrungskreis Bergsons war, der die Vorstellung von der Sinnhaftigkeit des Lebens in dessen Konkretion zur Theorie erhob, so sehr war Proust, Erbe des französischen Desillusionsromans, zugleich der Kritiker des Bergsonianismus. Die Rede von der Fülle des Lebens, einem lucus a non lucendo noch wo es leuchtet, wird eitel durch ihr unmäßiges Mißverhältnis zum Tod. Ist dieser unwiderruflich, so ist noch die Behauptung eines im Glanz fragmentarischer, wenngleich genuiner Erfahrung aufgehenden Sinnes ideologisch. Proust hat daher an einer der zentralen Stellen seines Werkes, beim Tod Bergottes, wider alle Lebensphilosophie, doch ungedeckt von den positiven Religionen, der Hoffnung auf die Auferstehung zum tastenden Ausdruck verholfen. Die Idee einer Fülle des Lebens, auch die, welche die sozialistischen Konzeptionen den Menschen verheißen, ist darum nicht die Utopie, als welche sie sich verkennt, weil jene Fülle nicht getrennt werden kann von der Gier, von dem, was der Jugendstil sich Ausleben nannte, einem Verlangen, das Gewalttat und Unterjochung in sich hat. Ist keine Hoffnung ohne Stillung der Begierde, dann ist diese wiederum eingespannt in den verruchten Zusammenhang des Gleich um Gleich, eben des Hoffnungslosen. Keine Fülle ohne Kraftmeierei. Negativ, kraft des Bewußtseins der Nichtigkeit, behält die Theologie gegen die Diesseitsgläubigen recht. Soviel ist wahr an den Jeremiaden über die Leere des Daseins. Nur wäre sie nicht zu kurieren von innen her, dadurch, daß die Menschen anderen Sinnes werden, sondern einzig durch die Abschaffung des versagenden Prinzips. Mit ihm verschwände am Ende auch der Zyklos von Erfüllung und Aneignung: so sehr sind Metaphysik und Einrichtung des Lebens ineinander.

An die Stichworte Leere und Sinnlosigkeit assoziiert sich das vom Nihilismus. Nietzsche adoptierte den Ausdruck, den zuerst Jacobi philosophisch verwendete, vermutlich aus Zeitungen, die über russische Attentate berichteten. Mit einer Ironie, für welche die Ohren mittlerweile zu stumpf geworden sind, benutzte er ihn zur Denunziation des Gegenteils dessen, was das Wort in der Verschwörerpraxis meinte, des Christentums als der institutionalisierten Verneinung des Willens zum Leben. Die Philosophie hat auf das Wort nicht mehr verzichten mögen. Konformistisch hat sie es, in der Gegenrichtung zu Nietzsche, umfunktioniert zum Inbegriff eines als nichtig verklagten oder sich selbst verklagenden Zustands. Für die Denkgewohnheit, der Nihilismus auf jeden Fall ein Schlechtes ist, wartet jener Zustand auf die Injektion von Sinn, gleichgültig, ob die Kritik an diesem, die man dem Nihilismus zuschreibt, gegründet ist oder nicht. Solche Reden von Nihilismus sind trotz ihrer Unverbindlichkeit geeignet zur Hetze. Sie demolieren aber eine Vogelscheuche, die sie selbst aufgepflanzt haben. Der Satz, alles sei nichts, ist so leer wie das Wort Sein, mit dem die Hegelsche Bewegung des Begriffs ihn identifizierte, nicht um die Identität von beidem festzuhalten sondern um, fortschreitend und wiederum hinter die abstrakte Nihilität zurückgreifend, ein Bestimmtes an beider Stelle zu setzen, das allein schon kraft seiner Bestimmtheit mehr wäre als nichts. Daß Menschen das Nichts wollten, wie gelegentlich Nietzsche suggeriert, wäre für jeden bestimmten Einzelwillen lächerliche Hybris, sogar wenn es der organisierten Gesellschaft gelänge, die Erde unbewohnbar zu machen oder in die Luft zu sprengen. Ans Nichts glauben – darunter läßt schwerlich mehr sich denken als unter dem Nichts selber; das Etwas, das, legitim oder nicht, vom Wort Glaube gemeint wird, ist der eigenen Bedeutung nach kein Nichts. Nichtsgläubigkeit wäre so abgeschmackt wie Seinsgläubigkeit, Quietiv des Geistes, der stolz sein Genügen dabei findet, den Schwindel zu durchschauen. Da die heute schon wieder angedrehte Entrüstung über Nihilismus kaum jener Mystik gilt, die noch im Nichts, als dem nihil privativum, jenes Etwas entdeckt, das da negiert wird, und in die vom Wort Nichts selbst entbundene Dialektik sich begibt, so soll wohl eher, durch Mobilisierung des allverhaßten und mit der universalen Munterkeit unvereinbaren Wortes, einfach der moralisch diffamiert werden, der die abendländische Erbschaft von Positivität anzutreten sich weigert und keinen Sinn des Bestehenden unterschreibt. Schwatzen sie aber von Wertnihilismus, davon, daß nichts sei, woran man sich halten kann, so schreit das nach der in der gleichen subalternen Sprachsphäre zuständigen Überwindung. Verkleistert wird die Perspektive, ob nicht der Zustand, in dem man an nichts mehr sich halten könnte, erst der menschenwürdige wäre; einer, der dem Gedanken erlaubte, endlich so autonom sich zu verhalten, wie die Philosophie es immer bloß ihm abgefordert hatte, um ihn im selben Atemzug daran zu verhindern. Überwindungen, auch die des Nihilismus samt der Nietzscheschen, die es anders meinte und doch dem Faschismus Parolen lieferte, sind allemal schlimmer als das Überwundene. Das mittelalterliche nihil privativum, das den Begriff des Nichts als Negation von Etwas anstatt eines autosemantischen erkannte, hat vor den beflissenen Überwindungen ebensoviel voraus wie die imago des Nirwana, des Nichts als eines Etwas. Fragen ließe sich, von solchen, denen Verzweiflung kein Terminus ist, ob es besser wäre, daß gar nichts sei als etwas. Noch das weigert sich der generellen Antwort. Für einen Menschen im Konzentrationslager wäre, wenn ein rechtzeitig Entkommener irgend darüber urteilen darf, besser, er wäre nicht geboren. Trotzdem verflüchtigte sich vorm Aufleuchten eines Auges, ja vorm schwachen Schwanzklopfen eines Hundes, dem man einen guten Bissen gegeben hat, den er sogleich vergißt, das Ideal des Nichts. Auf die Frage, ob er ein Nihilist sei, hätte ein Denkender mit Wahrheit wohl zu antworten: zu wenig, vielleicht aus Kälte, weil seine Sympathie mit dem, was leidet, zu gering ist. Im Nichts kulminiert die Abstraktion, und das Abstrakte ist das Verworfene. Beckett hat auf die Situation des Konzentrationslagers, die er nicht nennt, als läge über ihr Bilderverbot, so reagiert, wie es allein ansteht. Was ist, sei wie das Konzentrationslager. Einmal spricht er von lebenslanger Todesstrafe. Als einzige Hoffnung dämmert, daß nichts mehr sei. Auch die verwirft er. Aus dem Spalt der Inkonsequenz, der damit sich bildet, tritt die Bilderwelt des Nichts als Etwas hervor, die seine Dichtung festhält. Im Erbe von Handlung darin, dem scheinbar stoischen Weitermachen, wird aber lautlos geschrien, daß es anders sein soll. Solcher Nihilismus impliziert das Gegenteil der Identifikation mit dem Nichts. Gnostisch ist ihm die geschaffene Welt die radikal böse und ihre Verneinung die Möglichkeit einer anderen, noch nicht seienden. Solange die Welt ist, wie sie ist, ähneln alle Bilder von Versöhnung, Frieden und Ruhe dem des Todes. Die kleinste Differenz zwischen dem Nichts und dem zur Ruhe Gelangten wäre die Zuflucht der Hoffnung, Niemandsland zwischen den Grenzpfählen von Sein und Nichts. Jener Zone müßte, anstelle von Überwindung, Bewußtsein das entwinden, worüber die Alternative keine Macht hat. Nihilisten sind die, welche dem Nihilismus ihre immer ausgelaugteren Positivitäten entgegenhalten, durch diese mit aller bestehenden Gemeinheit und schließlich dem zerstörenden Prinzip selber sich verschwören. Der Gedanke hat seine Ehre daran, zu verteidigen, was Nihilismus gescholten wird.

6

Die antinomische Struktur des Kantischen Systems hat mehr ausgedrückt denn Widersprüche, in welche die Spekulation über metaphysische Gegenstände notwendig sich verwickle: ein Geschichtsphilosophisches. Die mächtige Wirkung der Vernunftkritik, weit über ihren erkenntnistheoretischen Gehalt hinaus, ist der Treue zuzuschreiben, mit der das Werk den Stand der Erfahrung des Bewußtseins verzeichnete. Die Geschichtsschreibung der Philosophie erblickt die Leistung der Schrift vorab in der bündigen Scheidung zwischen gültiger Erkenntnis und Metaphysik. Tatsächlich tritt sie zunächst als Theorie wissenschaftlicher Urteile auf, nicht als mehr. Erkenntnistheorie, Logik im weiteren Verstande sind der Erforschung der empirischen Welt nach Gesetzen zugewandt. Kant jedoch intendiert mehr. Er erteilt durchs Medium der erkenntnistheoretischen Besinnung den sogenannten metaphysischen Fragen die metaphysisch keineswegs neutrale Antwort, jene dürften eigentlich nicht gefragt werden. Insofern präformiert die Kritik der reinen Vernunft ebenso die Hegelsche Lehre, Logik und Metaphysik seien dasselbe, wie die positivistische, welche die Fragen, an denen alles hinge, umgeht durch ihre Abschaffung, und sie mittelbar negativ entscheidet. Aus dem Fundamentalanspruch der Erkenntnistheorie, die das Ganze zu tragen sich anheischig macht, hat der deutsche Idealismus seine Metaphysik extrapoliert. Zuende gedacht, urteilt die Vernunftkritik, welche objektiv gültige Erkenntnis des Absoluten bestreitet, eben damit selber Absolutes. Das hat der Idealismus hervorgekehrt. Gleichwohl biegt seine Konsequenz das Motiv um in sein Gegenteil und ins Unwahre. Den objektiv viel bescheideneren: wissenschaftstheoretischen Lehren Kants wird eine These unterlegt, gegen die sie, trotz ihrer Unausweichlichkeit, mit Grund sich wehrten. Kant wird durch die aus ihm stringent gezogenen Folgerungen gegen ihn über die Wissenschaftstheorie hinaus expandiert. Durch seine Konsequenz vergeht sich der Idealismus gegen den metaphysischen Vorbehalt Kants; reines Konsequenzdenken wird unaufhaltsam sich zum Absoluten. Antipositivistisch war Kants Geständnis, daß die Vernunft notwendig in jene Antinomien sich verwickle, die er dann mit Vernunft auflöst*. Dennoch verschmäht er nicht den positivistischen Trost, daß man in dem schmalen Bereich, den die Kritik des Vermögens der Vernunft dieser übriglasse, sich einrichten könne, zufrieden mit dem festen Boden unter den Füßen. Er stimmt ein in die eminent bürgerliche Bejahung der eigenen Enge. Nach Hegels Kantkritik setzt die Rechtsprechung der Vernunft darüber, ob sie die Grenzen der Möglichkeit von Erfahrung überschritten habe und ob sie das dürfe, bereits eine Position jenseits der auf der Kantischen Landkarte getrennten Bereiche voraus, gleichsam eine dritte Instanz**. Kants topologischer Eifer unterstelle, ohne

* »Ein dialektischer Lehrsatz der reinen Vernunft muß demnach dieses ihn von allen sophistischen Sätzen Unterscheidende an sich haben, daß er nicht eine willkürliche Frage betrifft, die man nur in gewisser beliebiger Absicht aufwirft, sondern eine solche, auf die jede menschliche Vernunft in ihrem Fortgange nothwendig stoßen muß; und zweitens, daß er mit seinem Gegensatze nicht bloß einen gekünstelten Schein, der, wenn man ihn einsieht, sogleich verschwindet, sondern einen natürlichen und unvermeidlichen Schein bei sich führe, der selbst, wenn man nicht mehr durch ihn hintergangen wird, noch immer täuscht, obschon nicht betrügt, und also zwar unschädlich gemacht, aber niemals vertilgt werden kann.« (Kant, Kritik der reinen Vernunft, WW III, Akademie-Ausgabe, S. 290 f.)

** »Es pflegt ... viel auf die Schranken des Denkens, der Vernunft u.s.f. gehalten zu werden, und es wird behauptet, es könne über die Schranke nicht hinausgegangen werden. In dieser Behauptung liegt die Bewußtlosigkeit, daß

Rechenschaft davon zu geben, als Möglichkeit der Entscheidung, eben jene Transzendenz dem Verstandesbereich gegenüber, über die positiv zu urteilen er verpönt. Zu dieser Instanz wurde dem deutschen Idealismus das absolute Subjekt, ›Geist‹, das die Dichotomie Subjekt-Objekt und damit die Grenze endlicher Erkenntnis erst produziere. Ist jedoch solche metaphysische Ansicht von Geist einmal depotenziert, so schränkt die grenzsetzende Intention einzig noch den Erkennenden, das Subjekt ein. Das kritische wird zum entsagenden. Nicht länger der Unendlichkeit des Wesens vertrauend, das es selber beseele, befestigt es sich widers eigene Wesen in der eigenen Endlichkeit und in dem Endlichen. Es will ungestört sein noch bis in die metaphysische Sublimierung hinein, das Absolute wird ihm zur müßigen Sorge. Das ist die repressive Seite des Kritizismus; die nachfolgenden Idealisten waren ihrer Klasse so weit voraus, wie sie dagegen aufbegehrten. Im Ursprung dessen, was noch Nietzsche als intellektuelle Redlichkeit pries, lauert der Selbsthaß des Geistes, die verinnerlichte Protestantenwut auf die Hure Vernunft. Rationalität, welche die noch bei den Aufklärern und St. Simon hoch rangierende Phantasie ausscheidet, die, komplementär dazu, von sich aus eintrocknet, ist irrationalistisch korrumpiert. Auch der Kritizismus wechselt seine Funktion: an ihm wiederholt sich die Wandlung des Bürgertums von der revolutionären in die konservative Klasse. Nachhall dieses philosophischen Sachverhalts ist die Bosheit des auf die eigene Borniertheit stolzen gesunden Menschenverstandes, die heute die Welt erfüllt. Sie spricht, e contrario, dafür, daß die Grenze, in deren Kultus nachgerade alle einig sind, nicht zu achten sei. Sie ist ›positiv‹, gezeichnet von jener Willkür des subjektiv Veranstalteten, dessen der in Babbit verkörperte common sense den spekulativen Gedanken bezichtigt. Kants Gleichnis fürs Land der Wahrheit, die Insel im Ozean, charakterisiert objektiv das intellektuelle Glück im Winkel als Robinsonade: so wie die Dynamik der Produktivkräfte rasch genug das Idyll zerstörte, in dem die Kleinbürger, mit Recht mißtrauisch gegen die Dynamik,

darin selbst, daß etwas als Schranke bestimmt ist, darüber bereits hinausgegangen ist. Denn eine Bestimmtheit, Grenze, ist als Schranke nur bestimmt, im Gegensatz gegen sein Anderes überhaupt, als gegen sein Unbeschränktes; das Andere einer Schranke ist eben das Hinaus über dieselbe.« (Hegel, WW 4, S. 153.)

gern verweilt hätten. Kraß widerstreitet dem Kantischen Pathos des Unendlichen das Hausbackene seiner Lehre. Hat die praktische Vernunft den Primat über die theoretische inne, so müßte auch diese, selber eine Verhaltensweise, an das heranreichen, wozu die ihr übergeordnete angeblich fähig ist, wenn nicht durch den Schnitt zwischen Verstand und Vernunft deren eigener Begriff hinfällig werden soll. Eben dahin jedoch wird Kant von seiner Vorstellung von Wissenschaftlichkeit gedrängt. Er darf es nicht sagen und muß es doch sagen; die Unstimmigkeit, welche so leicht geistesgeschichtlich als Rückstand älterer Metaphysik verbucht wird, ist von der Sache gezeitigt. Die Insel der Erkenntnis, die Kant vermessen zu haben sich rühmt, gerät ihrerseits durch selbstgerechte Beschränktheit in jenes Unwahre, das er auf die Erkenntnis des Unbegrenzten projiziert. Unmöglich, der Erkenntnis des Endlichen eine Wahrheit zuzubilligen, die ihrerseits vom Absoluten – kantisch: der Vernunft – abgeleitet ist, an das Erkenntnis nicht heranreiche. Der Ozean der Kantischen Metapher droht die Insel in jedem Augenblick zu verschlingen.

7

Daß der metaphysischen Philosophie, wie sie historisch wesentlich zusammenfällt mit den großen Systemen, mehr Glanz eignet als den empiristischen und positivistischen, ist nicht, wie das alberne Wort Begriffsdichtung glauben machen möchte, ein bloß Ästhetisches, auch keine psychologische Wunscherfüllung. Die immanente Qualität eines Denkens: was darin an Kraft, Widerstand, Phantasie, als Einheit des Kritischen mit dessen Gegenteil sich manifestiert, ist, wenn kein index veri, so wenigstens ein Hinweis. Daß Carnap und Mieses wahrer seien als Kant und Hegel, könnte selbst dann nicht die Wahrheit sein, wenn es zuträfe. Der Kant der Vernunftkritik hat in der Ideenlehre ausgesprochen, ohne Metaphysik sei Theorie nicht möglich. Daß sie aber möglich ist, impliziert jenes Recht der Metaphysik, an dem der gleiche Kant festhielt, der sie, durch die Wirkung seines Werkes, zerschmetterte. Die Kantische Rettung der intelligiblen Sphäre ist nicht nur, wie alle wissen, protestantische Apologetik, sondern möchte auch in die Dialektik der Aufklärung dort eingreifen, wo sie in der Abschaffung von Vernunft selbst terminiert. Wieviel tiefer die Kantische Begierde des Rettens gründet denn einzig im frommen Wunsch, etwas von den traditionellen Ideen inmitten des Nominalismus und wider ihn in Händen zu halten, bezeugt die Konstruktion der Unsterblichkeit als eines Postulats der praktischen Vernunft. Es verurteilt die Unerträglichkeit des Bestehenden und bekräftigt den Geist, der sie erkennt. Daß keine innerweltliche Besserung ausreichte, den Toten Gerechtigkeit widerfahren zu lassen; daß keine ans Unrecht des Todes rührte, bewegt die Kantische Vernunft dazu, gegen Vernunft zu hoffen. Das Geheimnis seiner Philosophie ist die Unausdenkbarkeit der Verzweiflung. Genötigt von der Konvergenz aller Gedanken in einem Absoluten, beließ er es nicht bei der absoluten Grenze zwischen dem Absoluten und dem Seienden, die zu ziehen er nicht minder genötigt war. Er hielt an den metaphysischen Ideen fest und verbot dennoch, vom Gedanken des Absoluten, das einmal so sich verwirklichen könne wie der ewige Friede, überzuspringen in den Satz, das Absolute sei darum. Seine Philosophie kreist, wie übrigens wohl eine jede, um den ontologischen Gottesbeweis. In großartiger Zweideutigkeit hat er die eigene Position offen gelassen; dem Motiv des »Muß ein ewiger Vater wohnen«, das Beethovens Komposition der kantianischen Hymne an die Freude in Kantischem Geist auf dem Muß akzentuierte, stehen die Passagen gegenüber, in denen Kant, darin Schopenhauer so nahe, wie dieser später es reklamierte, die metaphysischen Ideen, insbesondere die der Unsterblichkeit, als gefangen in den Vorstellungen von Raum und Zeit, und darum ihrerseits beschränkt, verwarf. Verschmäht hat er den Übergang zur Affirmation.

Der Kantische Block, die Theorie von den Grenzen möglicher positiver Erkenntnis, leitet, auch nach Hegels Kritik, vom Form-Inhalt-Dualismus sich her. Das menschliche Bewußtsein sei, wird anthropologisch argumentiert, gleichsam zu ewiger Haft in den ihm nun einmal gegebenen Formen der Erkenntnis verurteilt. Das diese Affizierende entrate jeglicher Bestimmung, empfange sie erst von den Formen des Bewußtseins. Aber die Formen sind nicht jenes Letzte, als das Kant sie beschrieb. Vermöge der Reziprozität zwischen ihnen und dem seienden Inhalt entwickeln sie sich auch ihrerseits. Das jedoch ist unvereinbar mit der Konzeption des unzerstörbaren Blocks. Sind die Formen einmal, wie es in Wahrheit bereits der Auffassung vom Subjekt als ursprünglicher Apperzeption gemäß wäre, Momente einer Dynamik, so kann ihre positive Gestalt so wenig für alle künftige Erkenntnis stipuliert werden wie irgendeiner der Inhalte, ohne die sie nicht sind und mit denen sie sich verändern. Nur wenn die Dichotomie von Form und Inhalt absolut wäre, dürfte Kant behaupten, die Dichotomie verwehre jeglichen nur aus den Formen kommenden, nicht materialen Inhalt. Eignet den Formen selbst dies materiale Moment, so zeigt sich der Block als geschaffen von eben dem Subjekt, das er hemmt. Das Subjekt wird sowohl erhöht wie erniedrigt, wenn die Grenze in es, seine transzendentallogische Organisation verlagert wird. Das naive Bewußtsein, dem wohl auch Goethe zuneigte: man wisse es noch nicht, aber vielleicht enträtsele es sich doch noch, ist an der metaphysischen Wahrheit näher als Kants Ignoramus. Seine anti-idealistische Lehre von der absoluten Schranke und die idealistische vom absoluten Wissen sind einander gar nicht so feind, wie sie voneinander meinten; auch diese läuft, nach dem Gedankengang der Hegelschen Phänomenologie, darauf hinaus, das absolute Wissen sei nichts als der Gedankengang der Phänomenologie selber, also transzendiere keineswegs.

Kant, der die Ausschweifung in intelligible Welten verpönt, setzt Newtonsche Wissenschaft ihrer subjektiven Seite nach gleich mit Erkenntnis, nach der objektiven mit Wahrheit. Die Frage, wie Metaphysik als Wissenschaft möglich sei, ist daher prägnant zu nehmen: ob sie den Kriterien einer am Ideal der Mathematik und der sogenannten klassischen Physik orientierten Erkenntnis genüge. Die Kantische Problemstellung bezieht sich, im Gedanken an die von ihm angenommene Metaphysik als Naturanlage, auf das Wie als allgemeingültig und notwendig supponierter Erkenntnis, meint jedoch ihr Was, ihre Möglichkeit selbst. Er verneint sie nach dem Maß jenes Ideals. Die von ihm ihrer imponierenden Resultate wegen von weiteren Bedenken entbundene Wissenschaft ist aber das Produkt der bürgerlichen Gesellschaft. Die starr dualistische Grundstruktur von Kants vernunftkritischem Modell verdoppelt die eines Produktionsverhältnisses, in dem die Waren aus den Maschinen herausfallen wie seine Phänomene aus dem cognitiven Mechanismus; wo das Material und seine eigene Bestimmtheit, gegenüber dem Profit, so gleichgültig ist wie bei Kant, der es stanzen läßt. Das tauschwertige Endprodukt gleicht den subjektiv gemachten und als Objektivität akzeptierten Kantischen Gegenständen. Die permanente reductio ad hominem alles Erscheinenden rüstet Erkenntnis zu nach Zwecken innerer und äußerer Herrschaft; ihr oberster Ausdruck ist das Prinzip der Einheit, entlehnt von der in Teilakte zerlegten Produktion. Herrschaftlich ist die Kantische Vernunfttheorie darin, daß sie eigentlich nur am Machtbereich wissenschaftlicher Sätze sich interessiert. Die Einschränkung der Kantischen Fragestellung auf die organisierte naturwissenschaftliche Erfahrung, die Orientierung an der Gültigkeit und der erkenntniskritische Subjektivismus sind derart ineinander, daß das eine nicht ohne das andere sein könnte. Solange die subjektive Rückfrage die Probe auf Gültigkeit sein soll, solange sind nicht wissenschaftlich sanktionierte, nämlich nicht-notwendige und nicht-allgemeine Erkenntnisse minderwertig; darum mußten alle Bemühungen scheitern, die Kantische Erkenntnistheorie vom naturwissenschaftlichen Bereich zu emanzipieren. Innerhalb des identifizierenden Ansatzes läßt sich nicht ergänzend nachholen, was jener dem eigenen Wesen nach eliminiert; allenfalls der Ansatz ist aus der Erkenntnis seiner Unzulänglichkeit heraus zu verändern. Daß er aber der lebendigen Erfahrung, die Erkenntnis ist, so wenig gerecht wird, indiziert seine Falschheit, das Unvermögen, zu leisten, was er sich vorsetzt, nämlich Erfahrung zu begründen. Denn eine solche Begründung in einem Starren und Invarianten widerstreitet dem, was Erfahrung von sich selbst weiß, die ja, je offener sie ist und je mehr sie sich aktualisiert, immer auch ihre eigenen Formen verändert. Die Unfähigkeit dazu ist Unfähigkeit zur Erfahrung selber. Man kann Kant keine Erkenntnistheoreme hinzufügen, die bei ihm nicht ausgeführt sind, weil seiner Erkenntnistheorie deren Ausschluß zentral ist; ihn meldet der systematische Anspruch der Lehre von der reinen Vernunft unmißverständlich genug an. Kants System ist eines von Haltesignalen. Die subjektiv gerichtete Konstitutionsanalyse verändert nicht die Welt, so wie sie dem naiven bürgerlichen Bewußtsein gegeben ist, sondern ist stolz auf ihren ›empirischen Realismus‹. Die Höhe ihres Geltungsanspruchs aber ist ihr eins mit dem Niveau der Abstraktion. Tendenziell merzt sie, versessen auf die Apriorität ihrer synthetischen Urteile, alles an Erkenntnis aus, was nicht deren Spielregeln sich fügt. Ohne Reflexion wird die gesellschaftliche Arbeitsteilung respektiert samt dem Mangel, der in den zweihundert Jahren seitdem eklatant wurde: daß die arbeitsteilig organisierten Wissenschaften illegitim ein Monopol der Wahrheit an sich rissen. Paralogismen der Kantischen Erkenntnistheorie sind, bürgerlich und sehr kantisch gesprochen, die ungedeckten Wechsel, welche mit der Entfaltung der Wissenschaft zu einem mechanischen Betrieb zu Protest gingen. Die Autorität des Kantischen Wahrheitsbegriffs wurde terroristisch mit dem Verbot, das Absolute zu denken. Unaufhaltsam treibt es zum Denkverbot schlechthin. Der Kantische Block projiziert auf Wahrheit die Selbstverstümmelung der Vernunft, die sie sich als Initiationsritus ihrer Wissenschaftlichkeit zufügte. Deswegen ist so karg, was bei Kant als Erkenntnis passiert, verglichen mit der Erfahrung Lebendiger, der die idealistischen Systeme, sei's auch verkehrt, ihr Recht verschaffen wollten.

Daß die Idee der Wahrheit dem szientifischen Ideal Hohn spricht, hätte Kant schwerlich bestritten. Aber das Mißverhältnis offenbart sich keineswegs erst im Hinblick auf den mundus intelligibilis sondern in jeder vom ungegängelten Bewußtsein vollzogenen Erkenntnis. Insofern ist der Kantische Block ein Schein, der am Geist lästert, was in den Hymnen des späten Hölderlin philosophisch der Philosophie voraus ist. Den Idealisten war das nicht fremd, aber das Offene geriet ihnen unter den gleichen Bann, der Kant zur Kontamination von Erfahrung und Wissenschaft zwang. Während manche Regung des Idealismus ins Offene wollte, verfolgte er es in Ausdehnung des Kantischen Prinzips, und die Inhalte wurden ihm unfreier noch als bei Kant. Das verleiht dessen Block wiederum sein Wahrheitsmoment: er hat der Begriffsmythologie vorgebeugt. Gegründet ist der gesellschaftliche Verdacht, jener Block, die Schranke vorm Absoluten, sei eins mit der Not von Arbeit, welche die Menschen real im gleichen Bann hält, den Kant zur Philosophie verklärte. Die Gefangenschaft in der Immanenz, zu der er, so redlich wie grausam, den Geist verdammt, ist die in der Selbsterhaltung, wie sie den

Menschen eine Gesellschaft auferlegt, die nichts konserviert als die Versagung, deren es schon nicht mehr bedürfte. Wäre die käferhaft naturgeschichtliche Sorge einmal durchstoßen, so wäre die Stellung des Bewußtseins zur Wahrheit verändert. Seine gegenwärtige ist diktiert von der Objektivität, welche sie in ihrem Zustand verhält. War die Kantische Lehre vom Block ein Stück gesellschaftlichen Scheins, so ist sie doch so gegründet, wie tatsächlich der Schein herrscht über die Menschen. Die Trennung von Sinnlichkeit und Verstand, der Nerv der Argumentation für den Block, ist ihrerseits gesellschaftliches Produkt; Sinnlichkeit wird durch den Chorismos als Opfer des Verstandes designiert, weil die Einrichtung der Welt, trotz aller entgegengesetzten Veranstaltungen, sie nicht befriedigt. Mit ihrer gesellschaftlichen Bedingung vermöchte wohl die Trennung einmal zu verschwinden, während die Idealisten Ideologen sind, weil sie die Versöhnung inmitten des Unversöhnten als geleistet glorifizieren oder der Totalität des Unversöhnten zuschreiben. So folgerecht wie vergebens haben sie den Geist als Einheit seiner selbst mit seinem Nichtidentischen zu explizieren sich bemüht. Solche Selbstreflexion ereilt sogar die These vom Primat der praktischen Vernunft, die von Kant über die Idealisten geradeswegs zu Marx reicht. Die Dialektik von Praxis verlangte auch: Praxis, Produktion um der Produktion willen, universales Deckbild einer falschen, abzuschaffen. Das ist der materialistische Grund der Züge, die in negativer Dialektik gegen den offiziellen Lehrbegriff von Materialismus rebellieren. Das Moment von Selbständigkeit, Irreduktibilität am Geist dürfte wohl zum Vorrang des Objekts stimmen. Wo Geist heut und hier selbständig wird, sobald er die Fesseln nennt, in welche er gerät, indem er anderes in Fesseln schlägt, antezipiert er, und nicht die verstrickte Praxis, Freiheit. Die Idealisten haben den Geist verhimmelt, aber wehe, wenn einer ihn hatte.

8

Der Konstruktion des Blocks steht bei Kant die positive der Metaphysik in der Praktischen Vernunft gegenüber. Ihr Verzweifeltes hat er keineswegs verschwiegen: »Wenn auch indessen allenfalls ein transcendentales Vermögen der Freiheit nachgegeben wird, um die Weltveränderungen anzufangen, so würde dieses Vermögen doch wenigstens nur außerhalb der Welt sein müssen (wiewohl es immer eine kühne Anmaßung bleibt, außerhalb dem Inbegriffe aller möglichen Anschauungen noch einen Gegenstand anzunehmen, der in keiner möglichen Wahrnehmung gegeben werden kann).«[2] Die Parenthese von der »kühnen Anmaßung« meldet Kants Skepsis wider seinen eigenen mundus intelligibilis an. Dem Atheismus kommt jene Formulierung aus der Anmerkung zur Antithesis der dritten Antinomie recht nahe. Was später eifernd gefordert wird, heißt hier theoretische Anmaßung; der desperaten Scheu Kants vor der Einbildung, das Postulat sei ein Existentialurteil, ist dann mühsam ausgewichen. Dem Passus zufolge müßte als Gegenstand wenigstens möglicher Anschauung gedacht werden können, was zugleich als ein jeglicher Anschauung Entrücktes gedacht werden muß. Vor dem Widerspruch hätte Vernunft zu kapitulieren, es sei denn, sie hätte durch die Hybris, sich selbst die Grenze vorzuschreiben, ihren eigenen Geltungsbereich erst irrationalistisch eingeschränkt, ohne objektiv, als Vernunft, an jene Grenze gebunden zu sein. Würde aber, wie bei den Idealisten und auch den Neukantianern, noch Anschauung der unendlichen Vernunft einverleibt, so wäre Transzendenz virtuell von der Immanenz des Geistes kassiert. – Was Kant mit Rücksicht auf die Freiheit durchblicken läßt, gälte erst recht von Gott und Unsterblichkeit. Denn diese Worte beziehen sich auf keine reine Möglichkeit von Verhalten, sondern sind, dem eigenen Begriff nach, Postulate eines wie immer auch gearteten Seienden. Es bedarf einer ›Materie‹ und hinge bei Kant vollends von jener Anschauung ab, deren Möglichkeit er von den transzendenten Ideen ausschließt. Das Pathos des kantisch Intelligiblen ist Komplement der Schwierigkeit, seiner irgend sich zu versichern, auch nur im Medium des sich selbst genügenden Gedankens, welches das Wort intelligibel designiert. Es dürfte nichts Wirkliches nennen. Die Bewegung der Kritik der praktischen Vernunft indessen schreitet zu einer Positivität des mundus intelligibilis fort, die in Kants Intention nicht abzusehen war. Sobald das vom Seienden emphatisch geschiedene Seinsollende als Reich eigenen Wesens statuiert und mit absoluter Autorität ausgestattet wird, nimmt es, wäre es auch ungewollt, durchs Verfahren den Charakter eines zweiten Daseins an. Der Gedanke, der kein Etwas denkt, ist keiner. So wenig wie anschaulich dürften die Ideen, der Gehalt von Metaphysik, Luftspiegelungen des Denkens sein; sonst würde ihnen jede Objektivität geraubt. Das Intelligible würde verschlungen von eben jenem Subjekt, das von der intelligiblen Sphäre transzendiert werden sollte. Ein Jahrhundert nach Kant wurde die Einebnung des Intelligibeln aufs Imaginäre zur Kardinalsünde von Neuromantik und Jugendstil und der ihnen auf den Leib gedachten Philosophie, der phänomenologischen. Der Begriff des Intelligibeln ist weder einer von Realem noch einer von Imaginärem. Vielmehr aporetisch. Nichts auf der Erde und nichts im leeren Himmel ist dadurch zu retten, daß man es verteidigt. Das ›Ja aber‹ gegen das kritische Argument, das etwas nicht sich entreißen lassen möchte, hat bereits die Gestalt des stur auf Bestehendem Bestehens, sich Anklammerns, unversöhnlich mit der Idee des Rettens, in der der Krampf solcher prolongierten Selbsterhaltung sich löste. Nichts kann unverwandelt gerettet werden, nichts, das nicht das Tor seines Todes durchschritten hätte. Ist Rettung der innerste Impuls jeglichen Geistes, so ist keine Hoffnung als die der vorbehaltlosen Preisgabe: des zu Rettenden wie des Geistes, der hofft. Der Gestus der Hoffnung ist der, nichts zu halten von dem, woran das Subjekt sich halten will, wovon es sich verspricht, daß es dauere. Das Intelligible wäre, im Geist der Kantischen Grenzsetzung nicht weniger als der Hegelschen Methode, diese zu überschreiten, einzig negativ zu denken. Paradox wäre die von Kant visierte intelligible Sphäre abermals ›Erscheinung‹: was das dem endlichen Geist Verborgene diesem zukehrt, was er zu denken gezwungen ist und vermöge der eigenen Endlichkeit deformiert. Der Begriff des Intelligibeln ist die Selbstnegation des endlichen Geistes. Im Geist wird, was bloß ist, seines Mangels inne; Abschied vom in sich verstockten Dasein ist der Ursprung dessen am Geist, worin er sich sondert von dem naturbeherrschenden Prinzip in ihm. Diese Wendung will, daß er auch nicht sich selber zum Daseienden werde: sonst wiederholt endlos sich das Immergleiche. Das Lebensfeindliche am Geist wäre nichts als verrucht, gipfelte es nicht in seiner Selbstbesinnung. Falsch ist die Askese, die er anderem abverlangt, gut seine eigene: in seiner Selbstnegation überschreitet er sich; der späteren Kantischen Metaphysik der Sitten war das nicht so fremd, wie man erwarten würde. Um Geist zu sein, muß er wissen, daß er in dem, woran er reicht, nicht sich erschöpft; nicht in der Endlichkeit, der er gleicht. Darum denkt er, was ihm entrückt wäre. Solche metaphysische Erfahrung inspiriert Kants Philosophie, bricht man sie einmal aus dem Panzer der Methode heraus. Die Erwägung, ob Metaphysik überhaupt noch möglich sei, muß die von der Endlichkeit erheischte Negation des Endlichen reflektieren. Ihr Rätselbild beseelt das Wort intelligibel. Seine Konzeption ist nicht durchaus unmotiviert dank jenes Moments von Selbständigkeit, das der Geist durch seine Verabsolutierung einbüßte und das er als auch seinerseits mit dem Seienden nicht Identisches erlangt, sobald auf dem Nichtidentischen bestanden, nicht alles Seiende in Geist verflüchtigt wird. Geist hat, bei all seinen Vermittlungen, an dem Dasein teil, das seine vorgebliche transzendentale Reinheit substituierte. Im Moment transzendenter Objektivität an ihm, so wenig es abzuspalten und zu ontologisieren ist, hat die Möglichkeit von Metaphysik ihre unauffällige Stätte. Der Begriff des intelligiblen Bereichs wäre der von etwas, was nicht ist und doch nicht nur nicht ist. Nach den Regeln der Sphäre, die in der intelligibeln sich negiert, wäre diese widerstandslos als imaginär zu verwerfen. Nirgends sonst ist Wahrheit so fragil wie hier. Sie kann zur Hypostase eines grundlos Erdachten ausarten, in welchem der Gedanke das Verlorene zu besitzen wähnt; leicht verwirrt die Anstrengung, es zu begreifen, wiederum sich mit Seiendem. Nichtig ist Denken, welches das Gedachte mit Wirklichem verwechselt, in dem von Kant zertrümmerten Fehlschluß des ontologischen Gottesbeweises. Fehlgeschlossen aber wird durch die unmittelbare Erhebung der Negativität, der Kritik am bloß Seienden, zum Positiven, so als ob die Insuffizienz dessen, was ist, garantierte, daß, was ist, jener Insuffizienz ledig wäre. Auch im Äußersten ist Negation der Negation keine Positivität. Kant hat die transzendentale Dialektik eine Logik des Scheins genannt: die Lehre von den Widersprüchen, in die jegliche Behandlung von Transzendentem als einem positiv Erkennbaren zwangsläufig sich verwickle. Sein Verdikt ist nicht überholt von Hegels Anstrengung, die Logik des Scheins als die der Wahrheit zu vindizieren. Aber mit dem Verdikt über den Schein bricht die Reflexion nicht ab. Seiner selbst bewußt, ist er nicht mehr der alte. Was von endlichen Wesen über Transzendenz gesagt wird, ist deren Schein, jedoch, wie Kant wohl gewahrte, ein notwendiger. Daher hat die Rettung des Scheins, Gegenstand der Ästhetik, ihre unvergleichliche metaphysische Relevanz.

9

In angelsächsischen Ländern wird Kant vielfach, euphemistisch, Agnostiker genannt. So wenig vom Reichtum seiner Philosophie dabei übrigbleibt, die gräßliche Vereinfachung ist kein barer Unsinn. Die antinomische Struktur der Kantischen Lehre, welche die Auflösung der Antinomien überlebt, kann grob in eine Anweisung ans Denken übersetzt werden, müßiger Fragen sich zu enthalten. Sie überhöht die vulgäre Gestalt bürgerlicher Skepsis, deren Solidität es ernst ist nur mit dem, was man sicher in Händen hält. Von solcher Gesinnung war Kant nicht durchaus frei. Daß er im kategorischen Imperativ und schon in den Ideen der Kritik der reinen Vernunft jenes verschmähte Höhere mit erhobenem Zeigefinger dreingibt, einen Zuschuß, auf den das Bürgertum so ungern verzichtet wie auf seinen Sonntag, die Parodie der Freiheit von Arbeit – das hat sicherlich Kants Autorität in Deutschland, weit über die Wirkung der Gedanken hinaus, verstärkt. Das Moment unverbindlicher Konzilianz im Rigorismus fügte der Tendenz zur Neutralisierung alles Geistigen in Dekor gut sich ein, die nach dem Sieg der Revolution, oder, wo diese unterblieb, durch die unmerklich sich durchsetzende Verbürgerlichung, die gesamte Szenerie des Geistes eroberte und auch die Theoreme, die zuvor die bürgerliche Emanzipation als Waffen benutzte. Nachdem die Interessen der siegreichen Klasse sie nicht länger brauchten, wurden sie, wie Spengler scharfsinnig genug an Rousseau bemerkte, uninteressant im doppelten Sinn. Untergeordnet ist die Funktion des Geistes in der Gesellschaft, obwohl sie ihn ideologisch preist. Das Kantische non liquet trug bei zur Verwandlung der Kritik an der mit dem Feudalismus verbündeten Religion in jene Gleichgültigkeit, die mit dem Namen Toleranz sich ein Mäntelchen von Humanität umhängte. Geist, als Metaphysik nicht minder denn als Kunst, neutralisiert sich, je mehr, worauf die Gesellschaft als auf ihre Kultur stolz war, die Beziehung auf mögliche Praxis einbüßt. In den Kantischen metaphysischen Ideen war sie noch unverkennbar. Mit ihnen wollte die bürgerliche Gesellschaft über ihr eigenes eingeschränktes Prinzip hinaus, gleichsam sich selbst aufheben. Solcher Geist wird inakzeptabel und Kultur zum Kompromiß zwischen seiner bürgerlich verwertbaren Gestalt und seinem nach neudeutscher Nomenklatur Untragbaren, das sie in unerreichbare Ferne projiziert. Die materiellen Umstände tun dazu ein Übriges. Unterm Zwang zur erweiterten Investition bemächtigt das Kapital sich des Geistes, dessen Objektivationen vermöge ihrer eigenen und unvermeidlichen Vergegenständlichung dazu aufreizen, sie in Besitz, Waren zu verwandeln. Das interesselose Wohlgefallen der Ästhetik verklärt den Geist und erniedrigt ihn, indem es sich daran genug sein läßt, zu betrachten, zu bewundern, am Ende blind und beziehungslos zu verehren, was da alles einmal geschaffen und gedacht wurde, ohne Rücksicht auf dessen Wahrheitsgehalt. Mit objektivem Hohn ästhetisiert der ansteigende Warencharakter die Kultur um des Nutzens willen. Philosophie wird zur Manifestation des Geistes als Schaustück. Was Bernard Groethuysen an der Religion bis ins achtzehnte und siebzehnte Jahrhundert zurückverfolgte: daß der Teufel nicht mehr zu fürchten und auf Gott nicht mehr zu hoffen sei, expandiert sich über die Metaphysik, in der die Erinnerung an Gott und Teufel nachlebt, auch wo sie jene Angst und Hoffnung kritisch reflektiert. Es verschwindet, was den Menschen in höchst unideologischem Verstande das Dringlichste sein müßte; objektiv ist es problematisch geworden; subjektiv vergönnt das soziale Gespinst und die permanente Überforderung durch den Druck zur Anpassung ihnen weder Zeit noch Kraft mehr, darüber nachzudenken. Nicht sind die Fragen gelöst, nicht einmal ihre Unlösbarkeit bewiesen. Sie sind vergessen, und wo man sie beredet, werden sie nur desto tiefer in ihren schlimmen Schlaf gesungen. Goethes fatales Diktum, Eckermann brauche Kant nicht zu lesen, weil seine Philosophie ihre Wirkung getan hätte, ins Allgemeinbewußtsein übergegangen wäre, hat triumphiert in der Sozialisierung metaphysischer Indifferenz.

Die Gleichgültigkeit des Bewußtseins gegen die metaphysischen Fragen, die keineswegs durch Befriedigung im Diesseits abgegolten sind, ist aber schwerlich für die Metaphysik selbst gleichgültig. Es versteckt darin sich ein Horror, der, verdrängten die Menschen ihn nicht, ihnen den Atem verschlüge. Man könnte zu anthropologischen Spekulationen darüber sich verleiten lassen, ob nicht der entwicklungsgeschichtliche Umschlag, welcher der Gattung Mensch das offene Bewußtsein und damit das des Todes verschaffte, einer gleichwohl fortwährenden animalischen Verfassung widerspricht, die es nicht erlaubt, jenes Bewußtsein zu ertragen. Dann wäre für die Möglichkeit des Weiterlebens der Preis einer Beschränkung des Bewußtseins zu entrichten, die es vor dem schützt, was es doch selber ist, Bewußtsein des Todes. Trostlos die Perspektive, die Borniertheit aller Ideologie ginge, gleichsam biologisch, auf eine Nezessität der Selbsterhaltung zurück und müßte keineswegs mit einer richtigen Einrichtung der Gesellschaft verschwinden, während freilich erst in der richtigen Gesellschaft die Möglichkeit richtigen Lebens aufginge. Von der gegenwärtigen wird noch vorgelogen, der Tod sei nicht zu fürchten, und die Besinnung darüber sabotiert. Schopenhauers Pessimismus wurde aufmerksam darauf, wie wenig die Menschen media in vita um den Tod sich zu kümmern pflegen*.

* »Der Mensch allein trägt in abstrakten Begriffen die Gewißheit seines Todes mit sich herum: diese kann ihn dennoch, was sehr seltsam ist, nur auf einzelne Augenblicke, wo ein Anlaß sie der Phantasie vergegenwärtigt, ängstigen. Gegen die mächtige Stimme der Natur vermag die Reflexion wenig. Auch in ihm, wie im Thiere, das nicht denkt, waltet als dauernder Zustand jene, aus dem innersten Bewußtseyn, daß er die Natur, die Welt selbst ist, entspringende Sicherheit vor, vermöge welcher keinen Menschen der Gedanke des gewissen und nie fernen Todes merklich beunruhigt, sondern jeder dahinlebt, als müsse er ewig leben; was so weit geht, daß sich sagen ließe, keiner habe eine eigentlich lebendige Überzeugung von der Gewißheit seines Todes, da sonst zwischen seiner Stimmung und der des verurtheilten Verbrechers kein so großer Unterschied seyn könnte; sondern jeder erkenne zwar jene Gewißheit in abstracto und theoretisch an, lege sie jedoch, wie andere theoretische Wahrheiten, die aber auf die Praxis nicht anwendbar sind, bei Seite, ohne sie irgend in sein lebendiges Bewußtseyn aufzunehmen.« (Schopenhauer, Die Welt als Wille und Vorstellung I, SWW, ed. Frauenstädt, II. Band, Leipzig 1888, S. 332.)

Er hat, wie hundert Jahre später Heidegger, diese Gleichgültigkeit aus dem Menschenwesen herausgelesen, anstatt aus den Menschen als Produkten der Geschichte. Der Mangel an metaphysischem Sinn wird beiden zum Metaphysikum. Damit ist jedenfalls die Tiefe zu ermessen, in welche Neutralisierung, ein Existential bürgerlichen Bewußtseins, hinabreicht. Jene Tiefe weckt den Zweifel, ob es, wie eine alle Romantik überdauernde romantische Tradition dem Geist einbläut, in den angeblich metaphysisch überwölbten Zeiten, die der junge Lukács die sinnerfüllten nannte, darum soviel anders bestellt war. Die Tradition schleppt einen Paralogismus mit. Die Geschlossenheit von Kulturen, die kollektive Verbindlichkeit metaphysischer Anschauungen, ihre Macht übers Leben, garantiert nicht ihre Wahrheit. Eher ist die Möglichkeit metaphysischer Erfahrung verschwistert der von der Freiheit, und ihrer ist erst das entfaltete Subjekt fähig, das die als heilsam angepriesenen Bindungen zerrissen hat. Der dumpf in gesellschaftlich sanktionierter Anschauung vorgeblich seliger Zeiten Befangene dagegen ist dem positivistischen Tatsachengläubigen verwandt. Das Ich muß geschichtlich erstarkt sein, um über die Unmittelbarkeit des Realitätsprinzips hinaus die Idee dessen zu konzipieren, was mehr ist als das Seiende. Ordnung, die sinnhaft sich in sich zusammenschließt, verschließt sich auch gegen die Möglichkeit über der Ordnung. Metaphysik ist gegenüber der Theologie nicht bloß, wie nach positivistischer Doktrin, ein historisch späteres Stadium, nicht nur die Säkularisation der Theologie in den Begriff. Sie bewahrt Theologie auf in der Kritik an ihr, indem sie den Menschen als Möglichkeit freilegt, was die Theologie ihnen aufzwingt und damit schändet. Den Kosmos des Geistes sprengten die Kräfte, die er band; ihm widerfuhr sein Recht. Der autonome Beethoven ist metaphysischer als Bachs ordo; deshalb wahrer. Subjektiv befreite und metaphysische Erfahrung konvergieren in Humanität. Jeglicher Ausdruck von Hoffnung, wie er von den großen Kunstwerken noch im Zeitalter ihres Verstummens mächtiger ausgeht als von den überlieferten theologischen Texten, ist konfiguriert mit dem des Menschlichen; nirgends unzweideutiger als in den Augenblicken Beethovens. Was bedeutet, nicht alles sei vergebens, ist durch Sympathie mit dem Menschlichen, Selbstbesinnung der Natur in den Subjekten; allein in der Erfahrung der eigenen Naturhaftigkeit entragt der Genius der Natur. Ehrwürdig bleibt an Kant, daß er wie sonst kein Philosoph die Konstellation des Humanen und Transzendenten, in der Lehre vom Intelligibeln, verzeichnete. Ehe Humanität die Augen aufschlug, gingen unterm objektiven Druck der Lebensnot die Menschen auf in der Schmach des Nächsten, und die Lebensimmanenz des Sinnes ist das Deckbild ihrer Befangenheit. Seitdem es so etwas wie organisierte Gesellschaft, einen in sich festgefügten, autarkischen Zusammenhang überhaupt gibt, war der Drang nur schwach, ihn zu verlassen. Dem Kind, das nicht schon präpariert ward, müßte in seinem protestantischen Gesangbuch auffallen, wie arm und dünn der Teil darin ist, der die Überschrift ›Die letzten Dinge‹ trägt, verglichen mit all den Einübungen dessen, was die Gläubigen zu glauben und wie sie sich zu benehmen hätten. Der alte Verdacht, in den Religionen wucherten Magie und Aberglaube fort, hat zur Kehrseite, daß den positiven Religionen der Kern, die Hoffnung aufs Jenseits, kaum je so wichtig war, wie ihr Begriff es forderte. Metaphysische Spekulation vereint sich der geschichtsphilosophischen: sie traut die Möglichkeit eines richtigen Bewußtseins auch von jenen letzten Dingen erst einer Zukunft ohne Lebensnot zu. Deren Fluch ist es, daß sie nicht sowohl übers bloße Dasein hinaustreibt, als es verbrämt, selber als metaphysische Instanz befestigt. Das Alles ist eitel, mit dem seit Salomo die großen Theologen die Immanenz bedachten, ist zu abstrakt, um über die Immanenz hinauszugeleiten. Wo die Menschen der Gleichgültigkeit ihres Daseins versichert sind, erheben sie keinen Einspruch; solange sie nicht ihre Stellung zum Dasein verändern, ist ihnen eitel auch das Andere. Wer das Seiende unterschiedslos und ohne Perspektive aufs Mögliche der Nichtigkeit zeiht, leistet dem stumpfen Betrieb Beihilfe. Die Vertiertheit, auf die solche totale Praxis hinausläuft, ist schlimmer als die erste: sie wird sich selbst zum Prinzip. Die Kapuzinerpredigt von der Eitelkeit der Immanenz liquidiert insgeheim auch die Transzendenz, die einzig von Erfahrungen in der Immanenz gespeist wird. Neutralisierung jedoch, jener Indifferenz tief verschworen, hat noch die Katastrophen überlebt, die nach den Fanfaren der Apologeten die Menschen auf das zurückgeworfen haben sollen, was sie radikal betrifft. Denn die Grundverfassung der Gesellschaft hat sich nicht geändert. Sie verdammt die aus Not auferstandene Theologie und Metaphysik, trotz mancher tapferen protestantischen Gegenwehr, zum Gesinnungspaß fürs Einverständnis. Darüber führt keine Rebellion bloßen Bewußtseins hinaus. Auch im Bewußtsein der Subjekte wählt die bürgerliche Gesellschaft lieber den totalen Untergang, ihr objektives Potential, als daß sie zu Reflexionen sich aufschwänge, die ihre Grundschicht bedrohten. Die metaphysischen Interessen der Menschen bedürften der ungeschmälerten Wahrnehmung ihrer materiellen. Solange diese ihnen verschleiert sind, leben sie unterm Schleier der Maja. Nur wenn, was ist, sich ändern läßt, ist das, was ist, nicht alles.

10

In einer nach Jahrzehnten verfaßten Erläuterung zu seiner Komposition der Georgeschen ›Entrückung‹ hat Arnold Schönberg das Gedicht als prophetische Vorwegnahme der Gefühle von Raumschiffahrern gepriesen. Indem er damit, naiv, eines seiner bedeutendsten Stücke aufs Niveau von science fiction herunterdrückte, handelte er unwillentlich aus der Not der Metaphysik heraus. Fraglos ist in dem neuromantischen Gedicht der Stoffgehalt, das Gesicht dessen, der »anderen planeten« betritt, Gleichnis eines Inwendigen, der Verzückung und Elevation im Eingedenken Maximins. Die Ekstase ist keine im Raum, wäre es auch der kosmischer Erfahrung, obwohl sie ihre Bilder dieser entlehnen muß. Aber das eben verrät den objektiven Grund der gar zu irdischen Auslegung. So barbarisch wie sie wäre es, die Verheißung der Theologie wörtlich zu nehmen. Einzig geschichtlich angehäufter Respekt hemmt das Bewußtsein davon. Und aus dem theologischen Bereich ist die dichterische Elevation entwendet wie die Symbolsprache jenes Zyklus insgesamt. Religion à la lettre gliche selbst schon der science fiction; Weltraumfahrt führte in den wirklichen verheißenen Himmel. Kindischen Überlegungen zu den Konsequenzen von Raketenreisen für ihre Christologie konnten die Theologen nicht sich entziehen, während umgekehrt der Infantilismus des Interesses an der Raumschiffahrt den latenten in den Heilsbotschaften an den Tag bringt. Würden diese jedoch von allem Stoffgehalt gereinigt, vollends sublimiert, so gerieten sie in die ärgste Verlegenheit, zu sagen, wofür sie stehen. Symbolisiert jedes Symbol nur ein anderes, abermals Begriffliches, so bleibt sein Kern leer und damit die Religion. Das ist die Antinomie theologischen Bewußtseins heute. Mit ihr fände noch am ehesten das Tolstoische – anachronistische – Urchristentum sich ab, Nachfolge Christi jetzt und hier ohne jede Besinnung, mit geschlossenen Augen. Etwas von der Antinomie verbirgt sich bereits in der Konstruktion des Faust. Mit dem Vers »Die Botschaft hör' ich wohl, allein mir fehlt der Glaube« deutet er seine eigene Ergriffenheit, die ihn vorm Selbstmord bewahrt, als Wiederkehr trügerisch tröstender Überlieferungen aus der Kindheit. Dennoch wird er erlöst in den Marianischen Himmel. Die Dichtung entscheidet nicht, ob ihr Stufengang die Skepsis des mündig Denkenden widerlege oder ob ihr letztes Wort wiederum Symbol – »nur ein Gleichnis« – sei und die Transzendenz, näherungsweise hegelisch, säkularisiert zum Bild des Ganzen erfüllter Immanenz. Wer Transzendenz dingfest macht, dem kann mit Recht, so wie von Karl Kraus, Phantasielosigkeit, Geistfeindschaft und in dieser Verrat an der Transzendenz vorgeworfen werden. Ist dagegen die sei's noch so ferne und schwache Möglichkeit von Einlösung im Seienden ganz abgeschnitten, so würde der Geist zur Illusion, schließlich das endliche, bedingte, bloß seiende Subjekt als Träger von Geist vergottet. Auf diese Paradoxie des Transzendenten antwortete Rimbauds Vision einer von Unterdrückung befreiten Menschheit als der wahren Gottheit. Später hat der Altkantianer Mynona das Subjekt unverhohlen mythologisiert und den Idealismus als Hybris manifest werden lassen. Mit derlei spekulativen Konsequenzen verständigten science fiction und Raketenwesen sich leicht. Wäre tatsächlich unter allen Gestirnen allein die Erde von vernünftigen Wesen bewohnt, so wäre das ein Metaphysikum, dessen Idiotie die Metaphysik denunzierte; am Ende wären die Menschen wirklich die Götter, nur unter dem Bann, der ihnen verwehrt, es zu wissen; und was für Götter! – freilich ohne Herrschaft über den Kosmos, womit derlei Spekulationen zum Glück wiederum entfielen.

Alle metaphysischen jedoch werden fatal ins Apokryphe gestoßen. Die ideologische Unwahrheit in der Konzeption von Transzendenz ist die Trennung von Leib und Seele, Reflex von Arbeitsteilung. Sie führt zur Vergötzung der res cogitans als des naturbeherrschenden Prinzips, und zur materiellen Versagung, die am Begriff einer Transzendenz jenseits des Schuldzusammenhangs zerginge. Hoffnung aber heftet sich, wie in Mignons Lied, an den verklärten Leib. Metaphysik will davon nichts hören, nicht mit Materiellem sich gemein machen. Deswegen überschreitet sie die Grenze zum inferioren Geisterglauben. Zwischen der Hypostasis eines unkörperlichen und gleichwohl individuierten Geistes – und was behielte ohne sie Theologie in Händen – und der schwindelhaften Behauptung existierender rein geistiger Wesen durch den Spiritismus ist kein Unterschied als die historische Würde, die den Begriff Geist bekleidet. Gesellschaftlicher Erfolg, Macht wird durch solche Würde zum Kriterium metaphysischer Wahrheit. Spiritualismus, deutsch die Lehre vom Geist als dem individuell-substantiellen Prinzip, ist, ohne die Endbuchstaben, das englische Wort für Spiritismus. Die Äquivokation rührt her von der erkenntnistheoretischen Not, die einst die Idealisten über die Analyse des individuellen Bewußtseins hinaus zur Konstruktion eines transzendentalen oder absoluten bewog. Individuelles Bewußtsein ist ein Stück raumzeitlicher Welt, ohne Prärogative vor dieser und losgelöst von der Körperwelt nach menschlichem Vermögen nicht vorzustellen. Die idealistische Konstruktion jedoch, die den Erdenrest auszuscheiden vorhat, wird wesenlos, sobald sie jene Egoität gänzlich ausmerzt, die Modell des Begriffs Geist war. Darum die Annahme unsinnlicher Egoität, die doch als Dasein, wider ihre eigene Bestimmung, in Raum und Zeit sich manifestieren soll. Nach dem Stand der Kosmologie sind Himmel und Hölle als im Raum Seiendes simple Archaismen. Das relegierte Unsterblichkeit zu der von Geistern, verliehe ihr ein Gespenstisches und Unwirkliches, das ihren eigenen Begriff verhöhnt. Die christliche Dogmatik, welche die Erweckung der Seelen mit der Auferstehung des Fleisches zusammendachte, war metaphysisch folgerechter, wenn man will: aufgeklärter als die spekulative Metaphysik; so wie Hoffnung leibhafte Auferstehung meint und durch deren Vergeistigung ums Beste sich gebracht weiß. Damit indessen wachsen die Zumutungen metaphysischer Spekulation unerträglich an. Erkenntnis neigt sich tief auf die Seite der absoluten

Sterblichkeit, dem ihr Unerträglichen, vor dem sie sich zum absolut Gleichgültigen wird. Dazu treibt die Idee von Wahrheit, unter den metaphysischen die oberste. Wer an Gott glaubt, kann deshalb an ihn nicht glauben. Die Möglichkeit, für welche der göttliche Name steht, wird festgehalten von dem, der nicht glaubt. Erstreckte einst das Bilderverbot sich auf die Nennung des Namens, so ist es in dieser Gestalt selbst der Superstition verdächtig geworden. Es hat sich verschärft: Hoffnung auch nur zu denken, frevelt an ihr und arbeitet ihr entgegen. So tief ist die Geschichte der metaphysischen Wahrheit eingesenkt, die umsonst Geschichte verleugnet, die fortschreitende Entmythologisierung. Diese jedoch frißt sich auf wie die mythischen Götter mit Vorliebe ihre Kinder. Indem sie nichts übrigläßt als das bloß Seiende, schlägt sie in den Mythos zurück. Denn er ist nichts anderes als der geschlossene Immanenzzusammenhang dessen, was ist. In diesen Widerspruch hat heute Metaphysik sich zusammengezogen. Dem Denken, das versucht, ihn zu beseitigen, droht Unwahrheit hier und dort.

11

Der ontologische Gottesbeweis ist, trotz der Kantischen Kritik gleichsam diese noch in sich hineinsaugend, in der Hegelschen Dialektik auferstanden. Jedoch vergeblich. Indem Hegel, folgerecht, das Nichtidentische in die reine Identität auflöst, wird der Begriff Garant des nicht Begrifflichen, Transzendenz von der Immanenz des Geistes eingefangen und zu seiner Totalität sowohl wie abgeschafft. Je mehr an Transzendenz danach durch Aufklärung in der Welt und im Geist zerfällt, desto mehr wird sie zum Verborgenen, wie wenn sie in einer äußersten Spitze über allen Vermittlungen sich konzentrierte. Insofern hat die antihistorische Theologie des schlechthin Verschiedenen ihren historischen Index. Die Frage nach der Metaphysik schärft sich zu der, ob dies ganz Dünne, Abstrakte, Unbestimmte deren letzte und bereits verlorene Verteidigungsposition sei, oder ob Metaphysik allein im Geringsten und Schäbigsten überlebt, im Stand vollendeter Unscheinbarkeit die selbstherrliche und widerstandslos, reflexionslos ihr Geschäft besorgende Vernunft zur Vernunft bringt. Die These des Positivismus ist die von der Nichtigkeit auch der in Profanität geflüchteten Metaphysik. Noch die Idee der Wahrheit wird geopfert, um deretwillen der Positivismus initiiert ward. Das herausgestellt zu haben, ist Wittgensteins Verdienst, wie gut im übrigen sein Schweigegebot zur falsch auferstandenen, dogmatischen Metaphysik paßt, nicht mehr zu unterscheiden von der wortlos verzückten Seinsgläubigkeit. Was von Entmythologisierung nicht getroffen würde, ohne apologetisch sich zur Verfügung zu stellen, wäre kein Argument – dessen Sphäre ist die antinomische schlechthin – sondern die Erfahrung, daß der Gedanke, der sich nicht enthauptet, in Transzendenz mündet, bis zur Idee einer Verfassung der Welt, in der nicht nur bestehendes Leid abgeschafft, sondern noch das unwiderruflich vergangene widerrufen wäre. Die Konvergenz aller Gedanken im Begriff von etwas, das anders wäre als das unsägliche Seiende, die Welt, ist nicht dasselbe wie das Infinitesimalprinzip, mit dem Leibniz und Kant die Idee der Transzendenz einer Wissenschaft kommensurabel zu machen gedachten, deren eigene Fehlbarkeit, die Verwechslung von Naturbeherrschung und Ansichsein, erst die berichtigende Erfahrung von Konvergenz motiviert. Die Welt ist schlimmer als die Hölle und besser. Schlimmer, weil nicht einmal die Nihilität jenes Absolute wäre, als welches sie schließlich noch im Schopenhauerschen Nirwana versöhnlich erscheint. Der ausweglos geschlossene Immanenzzusammenhang verweigert selbst jenen Sinn, den das indische Philosophem von der Welt als dem Traum eines bösen Dämons in jener erblickt; Schopenhauer denkt fehl, weil er das Gesetz, welches die Immanenz in ihrem eigenen Bann erhält, unvermittelt zu jenem Wesenhaften erklärt, das von der Immanenz versperrt ist und anders als transzendent gar nicht vorgestellt werden könnte. Besser aber ist die Welt, weil die absolute Geschlossenheit, die Schopenhauer dem Weltlauf zuerkennt, ihrerseits erborgt ist vom idealistischen System, reines Identitätsprinzip und so trügend wie jegliches. Der verstörte und beschädigte Weltlauf ist, wie bei Kafka, inkommensurabel auch dem Sinn seiner reinen Sinnlosigkeit und Blindheit, nicht stringent zu konstruieren nach deren Prinzip. Er widerstreitet dem Versuch verzweifelten Bewußtseins, Verzweiflung als Absolutes zu setzen. Nicht absolut geschlossen ist der Weltlauf, auch nicht die absolute Verzweiflung; diese ist vielmehr seine Geschlossenheit. So hinfällig in ihm alle Spuren des Anderen sind; so sehr alles Glück durch seine Widerruflichkeit entstellt ist, das Seiende wird doch in den Brüchen, welche die Identität Lügen strafen, durchsetzt von den stets wieder gebrochenen Versprechungen jenes Anderen. Jegliches Glück ist Fragment des ganzen Glücks, das den Menschen sich versagt und das sie sich versagen. Konvergenz, das menschlich verheißene Andere der Geschichte, deutet unbeirrt auf das, was illegitim Ontologie vor der Geschichte ansiedelt oder aus ihr eximiert. Der Begriff ist nicht wirklich, wie es dem ontologischen Beweis beliebte, aber er könnte nicht gedacht werden, wenn nicht in der Sache etwas zu ihm drängte. Kraus, der, gepanzert gegen jede handfeste, phantasierend-phantasielose Behauptung von Transzendenz, sehnsüchtig diese lieber aus der Sehnsucht herauslas als sie zu durchstreichen, war kein romantisch liberaler Metaphoriker. Nicht zwar vermag Metaphysik aufzuerstehen – der Begriff der Auferstehung gehört Geschöpfen, keinem Geschaffenen, und ist bei geistigen Gebilden Index ihrer Unwahrheit –, vielleicht aber entsteht sie erst mit der Realisierung des in ihrem Zeichen Gedachten. Kunst antezipiert davon etwas. Nietzsches Werk fließt über von Invektiven gegen die Metaphysik. Aber keine Formel beschreibt sie treuer als die des Zarathustra: Nur Narr, Nur Dichter. Der denkende Künstler verstand die ungedachte Kunst. Der Gedanke, der vor dem elend Ontischen nicht kapituliert, wird vor dessen Kriterien zunichte, Wahrheit zur Unwahrheit, Philosophie zur Narretei. Dennoch kann sie nicht abdanken, wenn nicht Stumpfsinn in verwirklichter Widervernunft triumphieren soll. Aux sots je préfère les fous. Narretei ist Wahrheit in der Gestalt, mit der die Menschen geschlagen werden, sobald sie inmitten des Unwahren nicht von ihr ablassen. Noch auf ihren höchsten Erhebungen ist Kunst Schein; den Schein aber, ihr Unwiderstehliches, empfängt sie vom Scheinlosen. Indem sie des Urteils sich entschlägt, sagt sie, zumal die nihilistisch gescholtene, es sei nicht alles nur nichts. Sonst wäre, was immer ist, bleich, farblos, gleichgültig. Kein Licht ist auf den Menschen und Dingen, in dem nicht Transzendenz widerschiene. Untilgbar am Widerstand gegen die fungible Welt des

Tauschs ist der des Auges, das nicht will, daß die Farben der Welt zunichte werden. Im Schein verspricht sich das Scheinlose.

12

Zu fragen ist, ob Metaphysik, als Wissen vom Absoluten, überhaupt möglich sei ohne die Konstruktion absoluten Wissens, jenen Idealismus, der dem letzten Kapitel der Hegelschen Phänomenologie den Titel leiht. Sagt nicht, wer vom Absoluten handelt, notwendig, es sei das denkende Organ, das dessen mächtig sei, eben dadurch selbst das Absolute; verginge andererseits Dialektik, im Übergang zu einer Metaphysik, die nicht einfach der Dialektik gliche, sich nicht gegen ihren strengen Begriff von Negativität? Dialektik, Inbegriff negativen Wissens, möchte kein anderes neben sich haben; noch als negative schleppt sie das Gebot der Ausschließlichkeit aus der positiven, dem System, mit sich fort. Sie hätte nach solchem Raisonnement nichtdialektisches Bewußtsein zu negieren als endlich und fehlbar. In ihren sämtlichen historischen Gestalten hat sie verwehrt, aus ihr herauszutreten. Sie vermittelte, mag sie es wollen oder nicht, begrifflich zwischen dem unbedingten und dem endlichen Geist; das machte die Theologie intermittierend stets wieder zu ihrem Feind. Obwohl sie das Absolute denkt, bleibt es, als von ihr Vermitteltes, dem bedingten Denken hörig. War das Hegelsche Absolute Säkularisation der Gottheit, so eben doch deren Säkularisation; als Totalität des Geistes blieb jenes Absolute gekettet an ihr endlich menschliches Modell. Tastet aber der Gedanke, im ungeschmälerten Bewußtsein dessen, derart über sich hinaus, daß er das Andere ein ihm schlechthin Inkommensurables nennt, das er doch denkt, so findet er nirgends Schutz als in der dogmatischen Tradition. Denken ist in solchem Gedanken zu seinem Gehalt fremd, unversöhnt, und findet sich aufs neue zu zweierlei Wahrheit verurteilt, die mit der Idee des Wahren unvereinbar wäre. Metaphysik hängt daran, ob ohne Erschleichung aus dieser Aporie hinauszugelangen ist. Dazu muß Dialektik, in eins Abdruck des universalen Verblendungszusammenhangs und dessen Kritik, in einer letzten Bewegung sich noch gegen sich selbst kehren. Die Kritik an allem Partikularen, das sich absolut setzt, ist die am Schatten von Absolutheit über ihr selbst, daran, daß auch sie, entgegen ihrem Zug, im Medium des Begriffs verbleiben muß. Sie zerstört den Identitätsanspruch, indem sie ihn prüfend honoriert. Darum reicht sie nur so weit wie dieser. Er prägt ihr als Zauberkreis den Schein absoluten Wissens auf. An ihrer Selbstreflexion ist es, ihn zu tilgen, eben darin Negation der Negation, welche nicht in Position übergeht. Dialektik ist das Selbstbewußtsein des objektiven Verblendungszusammenhangs, nicht bereits diesem entronnen. Aus ihm von innen her auszubrechen, ist objektiv ihr Ziel. Die Kraft zum Ausbruch wächst ihr aus dem Immanenzzusammenhang zu; auf sie wäre, noch einmal, Hegels Diktum anzuwenden, Dialektik absorbiere die Kraft des Gegners, wende sie gegen ihn; nicht nur im dialektisch Einzelnen sondern am Ende im Ganzen. Sie faßt mit den Mitteln von Logik deren Zwangscharakter, hoffend, daß er weiche. Denn jener Zwang ist selber der mythische Schein, die erzwungene Identität. Das Absolute jedoch, wie es der Metaphysik vorschwebt, wäre das Nichtidentische, das erst hervorträte, nachdem der Identitätszwang zerging. Ohne Identitätsthese ist Dialektik nicht das Ganze; dann aber auch keine Kardinalsünde, sie in einem dialektischen Schritt zu verlassen. Es liegt in der Bestimmung negativer Dialektik, daß sie sich nicht bei sich beruhigt, als wäre sie total; das ist ihre Gestalt von Hoffnung. Kant hat in der Lehre vom transzendenten Ding an sich jenseits der Identifikationsmechanismen davon etwas aufgezeichnet. So stringent die Kritik an jener Lehre durch seine Nachfolger, so sehr verstärkten sie den Bann, regressiv gleich dem nachrevolutionären Bürgertum insgesamt: sie hypostasierten den Zwang selbst als Absolutes. Freilich hat Kant seinerseits, in der Bestimmung des Dinges an sich als des intelligibeln Wesens, Transzendenz zwar als Nichtidentisches konzipiert, aber mit dem absoluten Subjekt gleichgesetzt, vorm Identitätsprinzip doch noch sich gebeugt. Der Erkenntnisprozeß, der dem transzendenten Ding asymptotisch sich annähern soll, schiebt es gleichsam vor sich her und entfernt es von dem Bewußtsein. Die Identifizierungen des Absoluten transponieren es auf den Menschen, von dem das Identitätsprinzip herstammt; sie sind, wie sie zuweilen eingestehen und wie Aufklärung jedesmal schlagend ihnen vorhalten kann,

Anthropomorphismen. Deshalb verflüchtigt sich das Absolute, dem der Geist sich nähert, vor ihm: seine Näherung ist Spiegelung. Die gelungene Eliminierung eines jeglichen Anthropomorphismus jedoch, mit welchem der Verblendungszusammenhang beseitigt sei, koinzidiert am Ende wahrscheinlich mit diesem, der absoluten Identität. Das Geheimnis durch Identifikation verleugnen, dadurch, daß man stets mehr Brocken ihm entreißt, löst es nicht. Eher straft es, als wenn es spielte, die Naturbeherrschung Lügen durchs Memento der Ohnmacht ihrer Macht. Aufklärung läßt vom metaphysischen Wahrheitsgehalt so gut wie nichts übrig, nach einer neueren musikalischen Vortragsbezeichnung presque rien. Das Zurückweichende wird immer kleiner, so wie Goethe in der ein Äußerstes nennenden Parabel des Kästchens der Neuen Melusine es darstellte; immer unscheinbarer; das ist der erkenntniskritische wie der geschichtsphilosophische Grund dafür, daß Metaphysik in die Mikrologie einwandert. Diese ist Ort der Metaphysik als Zuflucht vor der Totale. Kein Absolutes ist anders auszudrücken als in Stoffen und Kategorien der Immanenz, während doch weder diese in ihrer Bedingtheit noch ihr totaler Inbegriff zu vergotten ist. Metaphysik ist, dem eigenen Begriff nach, möglich nicht als ein deduktiver Zusammenhang von Urteilen über Seiendes. Genausowenig kann sie nach dem Muster eines absolut Verschiedenen gedacht werden, das furchtbar des Denkens spottete. Danach wäre sie möglich allein als lesbare Konstellation von Seiendem. Von diesem empfinge sie den Stoff, ohne den sie nicht wäre, verklärte aber nicht das Dasein ihrer Elemente, sondern brächte sie zu einer Konfiguration, in der die Elemente zur Schrift zusammentreten. Dazu muß sie sich auf das Wünschen verstehen. Daß der Wunsch ein schlechter Vater des Gedankens sei, ist seit Xenophanes eine der Generalthesen der europäischen Aufklärung, und sie gilt ungemildert noch gegenüber den ontologischen Restaurationsversuchen. Aber Denken, selber ein Verhalten, enthält das Bedürfnis – zunächst die Lebensnot – in sich. Aus dem Bedürfnis wird gedacht, auch, wo das wishful thinking verworfen ist. Der Motor des Bedürfnisses ist der der Anstrengung, die Denken als Tun involviert. Gegenstand von Kritik ist darum nicht das Bedürfnis im Denken sondern das Verhältnis zwischen beiden. Das Bedürfnis im Denken will aber, daß gedacht werde.

Es verlangt seine Negation durchs Denken, muß im Denken verschwinden, wenn es real sich befriedigen soll, und in dieser Negation überdauert es, vertritt in der innersten Zelle des Gedankens, was nicht seinesgleichen ist. Die kleinsten innerweltlichen Züge hätten Relevanz fürs Absolute, denn der mikrologische Blick zertrümmert die Schalen des nach dem Maß des subsumierenden Oberbegriffs hilflos Vereinzelten und sprengt seine Identität, den Trug, es wäre bloß Exemplar. Solches Denken ist solidarisch mit Metaphysik im Augenblick ihres Sturzes.

Nachweise

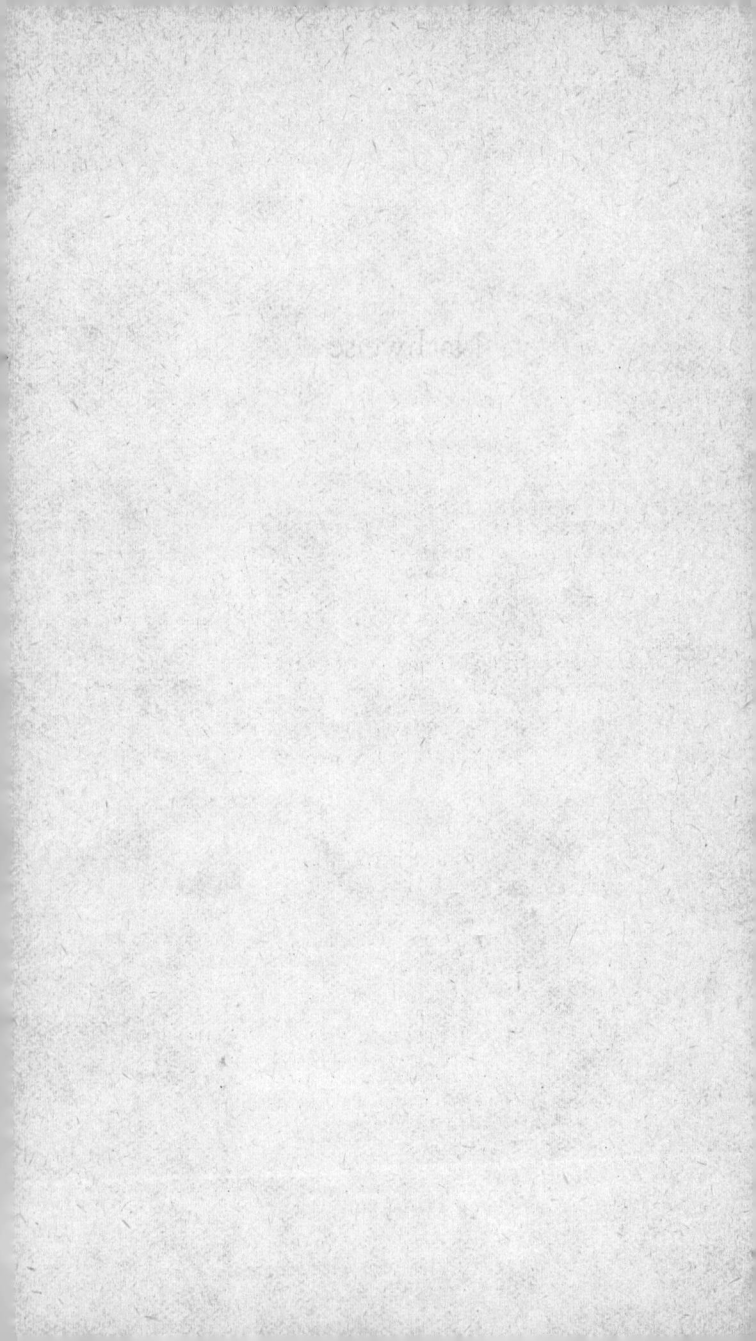

Einleitung

1 Vgl. Kant, Kritik der reinen Vernunft, 2. Aufl., WW III, Akademie-Ausgabe (Drittes Hauptstück der Transzendentalen Methodenlehre).
2 Vgl. F. A. Trendelenburg, Logische Untersuchungen, I. Bd., Leipzig 1870, S. 43 ff., 167 ff.
3 Vgl. Benedetto Croce, Lebendiges und Totes in Hegels Philosophie, Übersetzung von K. Büchler, Heidelberg 1909, S. 66 ff., 68 ff., 72 ff., 82 ff.
4 Vgl. Hegel*, WW 4, S. 78.
5 Vgl. Theodor W. Adorno, Zur Metakritik der Erkenntnistheorie, Stuttgart 1956, passim.
6 Hegel, WW 6, Heidelberger Enzyklopädie, S. 28.
7 Kant, Kritik der reinen Vernunft, 1. Aufl., WW IV, Akademie-Ausgabe, S. 11.
8 Walter Benjamin, Briefe Bd. 2, Frankfurt 1966, S. 686.
9 Vgl. Karl Marx, Das Kapital I, Berlin 1955, S. 621 f. Karl Marx/Friedrich Engels, Kommunistisches Manifest, Stuttgart 1953, S. 10.
10 Kant, Kritik der reinen Vernunft, 2. Aufl., WW III, a. a. O., S. 109.
11 Vgl. Ed. Zeller, Die Philosophie der Griechen, 2.1, Tübingen 1859, S. 390.
12 St. 265.
13 Hegel, WW 4, S. 402.
14 WW 8, S. 217.
15 Vgl. WW 4, S. 291 f.
16 Vgl. Theodor W. Adorno, Thesen über Tradition; in: Insel Almanach auf das Jahr 1966, Frankfurt 1965, S. 21 ff.

Erster Teil. Verhältnis zur Ontologie
I Das ontologische Bedürfnis

1 Martin Heidegger, Aus der Erfahrung des Denkens, Pfullingen 1954, S. 7.
2 Vgl. Heidegger, Vom Wesen des Grundes, Frankfurt am Main 1949, S. 14.
3 Heidegger, Platons Lehre von der Wahrheit, 2. Aufl., Bern 1954, S. 76.
4 Karl Heinz Haag, Kritik der neueren Ontologie, Stuttgart 1960, S. 73.
5 Vgl. Heidegger, Was heißt Denken?, Tübingen 1954, S. 57.
6 Vgl. a. a. O., S. 72 f.

* Hegels Schriften werden nach der Jubiläumsausgabe, neu herausgegeben von Hermann Glockner, Stuttgart, seit 1927, zitiert, außer der Meinerschen Sonderausgabe ›Die Vernunft in der Geschichte‹.

7 Kant, Kritik der reinen Vernunft, WW IV, Akademie-Ausgabe, S. 233.
8 Heidegger, Einführung in die Metaphysik, Tübingen 1958, S. 31.
9 Nietzsche, Gesammelte Werke, München 1924, 12. Bd., S. 182, Aph. 193.
10 Vgl. Heidegger, Holzwege, Frankfurt am Main 1950, S. 121 ff.
11 Vgl. Heidegger, Sein und Zeit, 6. Aufl., Tübingen 1949, S. 27.
12 Heidegger, Platons Lehre von der Wahrheit, a. a. O., S. 119.
13 Vgl. Theodor W. Adorno, Zur Metakritik der Erkenntnistheorie, Stuttgart 1956, S. 168.
14 Heidegger, Platons Lehre von der Wahrheit, a. a. O., S. 119.
15 Vgl. Heidegger, Sein und Zeit, a. a. O., S. 35.
16 Vgl. Adorno, a. a. O., S. 135 ff.
17 Vgl. Heidegger, Einführung in die Metaphysik, a. a. O., S. 155.
18 Vgl. a. a. O., S. 154 f.
19 Vgl. Theodor W. Adorno, Drei Studien zu Hegel, Frankfurt 1963, S. 127 ff.
20 Heidegger, Identität und Differenz, 2. Aufl., Pfullingen 1957, S. 47.
21 Heidegger, Platons Lehre von der Wahrheit, a. a. O., S. 84.
22 Vgl. a. a. O., S. 75.
23 a. a. O., S. 84.
24 Vgl. etwa Heidegger, Vom Wesen des Grundes, a. a. O., S. 42 und S. 47.
25 Vgl. Kant, Kritik der reinen Vernunft, a. a. O., S. 95.
26 Vgl. Adolf Loos, Sämtliche Schriften, Erster Band, Wien-München 1962, S. 278 und passim.

II Sein und Existenz

1 Entwickelt von Walter Benjamin, Schriften I, Frankfurt 1955, S. 366 ff. und S. 426 ff.
2 Vgl. Max Horkheimer und Theodor W. Adorno, Dialektik der Aufklärung, Amsterdam 1947, S. 26.
3 Hölderlin, WW 2, hrsg. v. Friedrich Beissner, Stuttgart 1953, S. 190.
4 Vgl. Hermann Schweppenhäuser, Studien über die Heideggersche Sprachtheorie, in: Archiv für Philosophie 7, 1957, S. 304.
5 Heidegger, Sein und Zeit, 6. Aufl., Tübingen 1949, S. 11.
6 Vgl. Text, I, S. 78.
7 Karl Heinz Haag, Kritik der neueren Ontologie, Stuttgart 1960, S. 71.
8 Heidegger, Sein und Zeit, a. a. O., S. 42.
9 Heidegger, Platons Lehre von der Wahrheit, 2. Aufl., Bern 1954, S. 68.
10 a. a. O., S. 70 f.
11 Vgl. a. a. O., S. 68.
12 a. a. O., S. 75.
13 Hegel, WW 4, S. 110.
14 Vgl. dazu Werner Becker, Die Dialektik von Grund und Begründetem in Hegels Wissenschaft der Logik, Frankfurter Dissertation 1964, S. 73.
15 Vgl. Alfred Schmidt, Der Begriff der Natur in der Lehre von Marx, Frankfurter Beiträge zur Soziologie, Bd. 11, Frankfurt 1962, S. 22 f.
16 Karl Jaspers, Philosophie, Berlin-Göttingen-Heidelberg 1956, Bd. I, S. XX.
17 a. a. O., S. 4.
18 Vgl. a. a. O., S. XXIII, und Heidegger, Über den Humanismus, Frankfurt am Main 1949, etwa S. 17 f.

19 Heidegger, Sein und Zeit, a. a. O., S. 12.
20 a. a. O., S. 13.
21 Jaspers, Philosophie, a. a. O., S. 264.

Zweiter Teil. Negative Dialektik. Begriff und Kategorien

1 Vgl. Theodor W. Adorno, Zur Metakritik der Erkenntnistheorie, Stuttgart 1956, S. 97 und passim.
2 Vgl. Weltgeist und Naturgeschichte, passim.
3 Vgl. Hegel, WW 4, a. a. O., S. 543.
4 Vgl. a. a. O., S. 98 ff.
5 Hegel, a. a. O., S. 543.
6 Vgl. Walter Benjamin, Ursprung des deutschen Trauerspiels, Frankfurt 1963, S. 15 ff.
7 Max Weber, Gesammelte Aufsätze zur Religionssoziologie I, Tübingen 1947, S. 30.
8 a. a. O.
9 Vgl. a. a. O., S. 4 ff.
10 Vgl. Marx, Kritik des Gothaer Programms, Auswahl und Einleitung von Franz Borkenau, Frankfurt am Main 1956, S. 199 ff.
11 Vgl. Alfred Schmidt, Der Begriff der Natur in der Lehre von Marx, Frankfurter Beiträge zur Soziologie, Bd. 11, Frankfurt 1962, S. 21.
12 Vgl. Kant, Kritik der reinen Vernunft, WW III, Akademie-Ausgabe, Berlin 1911, S. 93 f.
13 Vgl. Benjamin, Deutsche Menschen. Eine Folge von Briefen, Frankfurt 1962, Nachwort von Theodor W. Adorno, S. 128.
14 Vgl. Marx, Das Kapital, Bd. I, Berlin 1955, S. 514.
15 Benjamin, Passagenarbeit, Manuskript, Konvolut K, Bl. 6.

Dritter Teil. Modelle
I Freiheit

1 Aristoteles, Metaphysik, Buch A, 983 b.
2 Kant, Grundlegung zur Metaphysik der Sitten, WW IV, Akademie-Ausgabe, S. 432.
3 Vgl. Max Horkheimer und Theodor W. Adorno, Dialektik der Aufklärung, Amsterdam 1947, S. 106.
4 Kant, Grundlegung zur Metaphysik der Sitten, a. a. O., S. 454 f.
5 a. a. O., S. 454.
6 Kant, Kritik der praktischen Vernunft, WW V, Akademie-Ausgabe, S. 30.
7 a. a. O.
8 a. a. O., S. 37.
9 Kant, Kritik der reinen Vernunft, 2. Aufl., WW III, Akademie-Ausgabe, S. 97. – Auch Hegel hat wiederholt, insbesondere in der Geschichte der Philosophie, den philosophischen Gebrauch von Beispielen einschneidend kritisiert.

10 Kant, Kritik der praktischen Vernunft, a. a. O., S. 56 f.
11 Kant, Grundlegung, a. a. O., S. 427.
12 a. a. O., S. 446.
13 Kant, Kritik der praktischen Vernunft, a. a. O., S. 59.
14 a. a. O.
15 Kant, Grundlegung, a. a. O., S. 448.
16 a. a. O.
17 Kant, Kritik der praktischen Vernunft, a. a. O., S. 80.
18 Vgl. Walter Benjamin, Schriften I, Frankfurt am Main 1955, S. 36 f.
19 Kant, Kritik der praktischen Vernunft, a. a. O., S. 6.
20 Kant, Kritik der reinen Vernunft, a. a. O., S. 311.
21 a. a. O.
22 a. a. O., S. 308.
23 a. a. O., S. 310.
24 a. a. O., S. 309.
25 a. a. O., S. 311.
26 a. a. O.
27 Kant, Kritik der praktischen Vernunft, a. a. O., S. 95.
28 Kant, Grundlegung, a. a. O., S. 451.
29 Vgl. Nachweis 19, Text, Seite 239.
30 Kant, Kritik der praktischen Vernunft, a. a. O., S. 6.
31 a. a. O., S. 114.
32 a. a. O., S. 99.
33 Kant, Kritik der reinen Vernunft, a. a. O., S. 309.
34 Kant, Kritik der praktischen Vernunft, a. a. O., S. 89.
35 a. a. O., S. 24.
36 a. a. O., S. 22.
37 Kant, Grundlegung, a. a. O., S. 429.
38 Kant, Idee zu einer allgemeinen Geschichte in weltbürgerlicher Absicht, WW VIII, Akademie-Ausgabe, S. 20 f.
39 Kant, Grundlegung, a. a. O., S. 430.
40 a. a. O., S. 447.
41 a. a. O., S. 462.
42 Kant, Kritik der praktischen Vernunft, a. a. O., S. 36.
43 a. a. O., S. 62 f.
44 a. a. O., S. 34 f.
45 a. a. O., S. 92 f.
46 a. a. O., S. 118; vgl. Horkheimer und Adorno, Dialektik der Aufklärung, a. a. O., S. 123 ff.
47 Kant, Grundlegung, a. a. O., S. 459.
48 Kant, Kritik der praktischen Vernunft, a. a. O., S. 31; dazu Horkheimer und Adorno, a. a. O., S. 114.
49 Sandor Ferenczi, Bausteine zur Psychoanalyse, Bern 1939, Bd. III, S. 394 f.
50 a. a. O., S. 398.
51 a. a. O.
52 a. a. O., S. 435.
53 Kant, Kritik der praktischen Vernunft, a. a. O., S. 48.
54 a. a. O., S. 67.
55 a. a. O., S. 68.
56 a. a. O., S. 72.
57 a. a. O.

58 a. a. O., S. 99.
59 a. a. O.
60 a. a. O., S. 99 f.
61 a. a. O., S. 87.
62 Vgl. Benjamin, a. a. O., S. 36 ff.
63 Vgl. Kant, Kritik der praktischen Vernunft, a. a. O., S. 76.

II Weltgeist und Naturgeschichte

1 Karl Marx / Friedrich Engels, Die heilige Familie, Berlin 1953, S. 211.
2 Karl Marx, Das Kapital, Bd. 1, Berlin 1955, S. 621 f.
3 a. a. O., S. 621.
4 Hegel, WW 7, a. a. O., S. 28 f.
5 Vgl. Walter Benjamin, Schriften I, Frankfurt am Main 1955, S. 494 ff.
6 Hegel, Die Vernunft in der Geschichte, 5. Aufl., Hamburg 1955, S. 60.
7 a. a. O.
8 a. a. O., S. 48.
9 Hegel, WW 7, a. a. O., S. 230.
10 Hegel, Die Vernunft in der Geschichte, a. a. O., S. 77.
11 a. a. O., S. 78.
12 a. a. O., S. 115.
13 a. a. O., S. 60.
14 a. a. O., S. 95.
15 a. a. O., S. 60.
16 Hegel, WW 5, a. a. O., S. 43 f.
17 Hegel, Die Vernunft in der Geschichte, a. a. O., S. 59 f.
18 a. a. O., S. 105.
19 Vgl. Text, insbes. Sein und Existenz, passim.
20 Hegel, WW 7, a. a. O., S. 231.
21 a. a. O., S. 32 ff.
22 Karl Marx, Grundrisse der Kritik der politischen Ökonomie, Berlin 1953, S. 73 f.
23 a. a. O., S. 76.
24 Hegel, WW 7, a. a. O., S. 336.
25 a. a. O., S. 268 f.
26 Vgl. a. a. O., S. 235.
27 a. a. O., S. 329.
28 a. a. O.
29 Hegel, Die Vernunft in der Geschichte, a. a. O., S. 111.
30 Vgl. Oskar Negt, Strukturbeziehungen zwischen den Gesellschaftslehren Comtes und Hegels, Frankfurter Beiträge zur Soziologie Bd. 14, Frankfurt am Main 1964, S. 49 und passim.
31 Hegel, Die Vernunft in der Geschichte, a a. O., S. 72.
32 a. a. O., S. 67.
33 a. a. O.
34 a. a. O.
35 a. a. O., S. 95.
36 a. a. O., S. 73.
37 a. a. O., S. 95.

38 Vgl. Benjamin, Schriften II, Frankfurt am Main 1955, S. 197.
39 Hegel, WW 7, a. a. O., S. 234 f.
40 Hegel, Die Vernunft in der Geschichte, a. a. O., S. 115.
41 Vgl. Theodor W. Adorno, Versuch über Wagner, Berlin und Frankfurt am Main 1952, S. 195.
42 Vgl. Emile Durkheim, Les règles de la méthode sociologique, 13e éd. Paris 1956, p. 100 f.; dazu vgl. Adorno, Notiz über sozialwissenschaftliche Objektivität, in: Kölner Zeitschrift für Soziologie und Sozialpsychologie, 17. Jahrg. 1965, Heft 3, S. 416 ff.
43 Vgl. Durkheim, Les règles, a. a. O., p. 104.
44 Vgl. Herbert Marcuse, Zur Kritik des Hedonismus, in: Zeitschrift für Sozialforschung, Jg. VII 1938, Paris 1939, S. 55 f.
45 Hegel, Die Vernunft in der Geschichte, a. a. O., S. 92 f.
46 Vgl. Adorno, Drei Studien zu Hegel, Frankfurt am Main 1963, S. 154 f.
47 Marx, Das Kapital, Bd. 1, a. a. O., Vorwort zur ersten Auflage, S. 7 f.
48 Vgl. Alfred Schmidt, Der Begriff der Natur in der Lehre von Marx, Frankfurter Beiträge zur Soziologie, Bd. 11, Frankfurt am Main 1962, S. 15.
49 Marx, Das Kapital, a. a. O., S. 652 f.
50 Marx, Grundrisse, a. a. O., S. 111.
51 Hegel, WW 7, a. a. O., S. 375.
52 a. a. O., S. 434.
53 a. a. O., S. 50.
54 Vgl. Georg Lukács, Die Theorie des Romans, Berlin 1920, S. 54 ff.
55 Marx, Deutsche Ideologie, in: MEGA, 1. Abtlg., Bd. V, Berlin 1932, S. 567.
56 Adorno, Die Idee der Naturgeschichte, Vortrag in der Frankfurter Ortsgruppe der Kantgesellschaft, Juli 1932.
57 Benjamin, Ursprung des deutschen Trauerspiels, Frankfurt am Main 1963, S. 199.
58 a. a. O., S. 197.

III Meditationen zur Metaphysik

1 Vgl. Heinrich Regius, Dämmerung, Zürich 1934, S. 69 f.
2 Kant, Kritik der reinen Vernunft, 2. Aufl., WW III, Akademie-Ausgabe, S. 313.

Notiz

Geschrieben ist die Negative Dialektik von 1959 bis 1966. Den Kern bilden drei Vorlesungen, die der Autor im Frühjahr 1961 am Collège de France in Paris hielt. Aus den beiden ersten Vorlesungen ist, in der Struktur unverändert, der erste Teil des Buches geworden; die dritte, sehr umgeformt und erweitert, liegt dem zweiten Teil zugrunde. Vieles jedoch datiert weit dahinter zurück: so stammen die ersten Entwürfe des Kapitels über Freiheit aus dem Jahr 1937, Motive von »Weltgeist und Naturgeschichte« aus einem Vortrag des Autors in der Frankfurter Ortsgruppe der Kant-Gesellschaft (1932). Die Idee einer Logik des Zerfalls ist die älteste seiner philosophischen Konzeptionen: noch aus seinen Studentenjahren.

In der zweiten Auflage [1967] sind Druckfehler berichtigt; hinzugefügt wurde ein Abschnitt über das qualitative Moment von Rationalität und eine Fußnote über Kontingenz und Notwendigkeit.

Übersicht

Alphabetisches Verzeichnis der suhrkamp taschenbücher wissenschaft